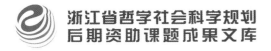浙江省哲学社会科学规划
后期资助课题成果文库

近代中国教育社会学研究

Jindai Zhongguo Jiaoyu Shehuixue Yanjiu

许刘英　著

中国社会科学出版社

图书在版编目(CIP)数据

近代中国教育社会学研究／许刘英著 . —北京：中国社会科学出版社，
2016.8

ISBN 978 – 7 – 5161 – 8382 – 3

Ⅰ.①近⋯　Ⅱ.①许⋯　Ⅲ.①教育社会学 – 研究 – 中国 – 近代
Ⅳ.①G40 – 052

中国版本图书馆 CIP 数据核字(2016)第 133340 号

出 版 人	赵剑英	
责任编辑	宫京蕾	
责任校对	秦 婵	
责任印制	何 艳	

出　　版	中国社会科学出版社	
社　　址	北京鼓楼西大街甲 158 号	
邮　　编	100720	
网　　址	http://www.csspw.cn	
发 行 部	010 – 84083685	
门 市 部	010 – 84029450	
经　　销	新华书店及其他书店	

印刷装订	北京市兴怀印刷厂	
版　　次	2016 年 8 月第 1 版	
印　　次	2016 年 8 月第 1 次印刷	

开　　本	710 × 1000　1/16	
印　　张	20.25	
插　　页	2	
字　　数	332 千字	
定　　价	75.00 元	

序

　　美国著名科学哲学家、史学家库恩（T. S. Kuhn）在撰写《国际社会科学百科全书》中的"科学史"条目时，将科学史划分为科学内部史（internal history of science）和科学外部史（external history of science）。他阐释道：所谓内部史主要关注科学知识的创造，旨在揭示科学理论和方法产生的内在逻辑规律；所谓外部史主要关注科学知识创造的外部条件和体制，力求阐明影响和制约科学发展的各种社会因素（在近现代主要表现为政府、高校、学会、科研机构、企业、出版社以及各种组织、团体和机构的影响与作用）。在此基础上，库恩进一步区分了科学外部史的三种形式，即科学制度史，史学家关于科学与思想、文化关系的考察，结合制度考察和思想考察来研究科学的某一具体领域的学科史。[①] 如果说科学史偏重于自然科学技术的历史而学术史偏重于人文社会科学的历史，那么依据同理也可将学术史视为由其内部史和外部史所构成。

　　应该说，上述观点迄今已获得国内学界的普遍认可和采纳。例如，有的学者认为"对学术史的考察主要有内外两种研究方式"，并具体解释道："学术史内在理路的研究通过对学术大家的思想的解释和阐发，从而把握学术思想内在发展线索。比如，梁启超和钱穆的同名著作《中国近三百年学术史》就是这种观念史研究的范例。而学术史外在理路的研究侧重于分析学术内外的社会因素与学术之间的关系。比如，默顿的《十七世纪英格兰的科学、技术与社会》就是这种社会史研究的范例。"[②] 有的专家

　　[①]　T. S. Kuhn, *The History of Science*, in D. L. Sills（ed.）, *International Encyclopedia of the Social Sciences*, Vol. 14, New York: Macmillan and Free Press, 1968, pp. 74 - 83.

　　[②]　应星：《蔡元培治校与中国现代学术共同体的兴起——1917—1923 年的北京大学》，《思想与社会》编委会编：《教育与现代社会》，上海三联书店 2009 年版，第 157 页。

强调："中国学术之发展演变，主要体现在两个方面：一是思想层面的演变，二是制度层面的演变。具体到近代中国学术转型，则不仅体现在学术思想本身的转型，而且体现在学术思想赖以产生和发展的学术制度之转型。"① 笔者也曾指出："概而言之，学术史的研究主要有内外两种不同的分析框架，即偏重'内在理路的研究'和偏重'外在理路的研究'。前者旨在通过对学术代表人物及其代表作的考察和分析来揭示学术思想的内在逻辑线索，因而重在学术的观念和理论层面……而后者则侧重于考察和分析学术与社会（主要包括政府、大学、学会、企业以及各种组织和机构等）的互动关系，力求阐明影响和制约学术发展的各种外在社会因素，因而重在学术的实践和制度层面。"②

许刘英的专著《近代中国教育社会学研究》即依据并贯彻了学术史由内部史和外部史构成的总体思路。本书结合中国近代教育学术产生、发展的实际状况，运用学术内部史和外部史相结合的分析框架，既考察了近代中国高校教育社会学的课程设置及人才培养，又探讨了近代中国教育学会、期刊对教育社会学创立和发展所发挥的巨大作用；既论述了陶孟和、雷通群、卢绍稷等个别代表人物创建近代中国教育社会学理论的业绩及其主要观点、思想，又分析了近代中国教育社会学学者群体的构成及其基本特征；既围绕教育社会学的研究对象、主题、学科性质、功能等核心问题从理论层面上考察了近代中国教育社会学学科体系的构建，又把近代中国教育社会学与乡村建设运动紧密结合起来从实践层面上揭示了近代中国教育社会学学者投身乡村建设运动对其理论研究和发展所产生的意义及影响。全书主题集中，条理清晰，结构严谨，逻辑性强，不仅在学界率先系统论述了近代中国教育社会学学科建立、发展的历史，而且较大程度上深化了中国近代教育学术史的研究，使之达到了一个新的学术水准。具体而言，本书的主要价值和突出特点可归结为以下几点：

其一，勾画了近代中国教育社会学学科体制化、制度化的历史面貌。如上所述，学界一致认为高校、学会、期刊等是现代学术体制的重要组成部分，因为它们对学术人才的培养、学术活动的开展、学术思想的交流以

---

① 左玉河：《中国近代学术体制之创建》，四川人民出版社 2008 年版，第 7 页。

② 肖朗、项建英：《学术史视野中的近代中国大学教育学科》，《社会科学战线》2009 年第 9 期。

及学术成果的发表、传播和推广都发挥了重要作用，并为现代"学术共同体"的形成提供了重要的基础和平台。有鉴于此，本书主要采用学术外部史的分析视角，对近代中国高校教育学科、教育学会、教育期刊所开展的教育社会学研究活动和学术成果传播工作进行了综合考察，特别是将中央大学教育社会学系的建制及其所开展的教学、科研工作作为典型个案加以深入剖析，并力求阐发它们作为中国近代教育学术体制的重要环节对推动近代中国教育社会学学科的建立、发展所发挥的作用和影响。在此基础上，本书分析了近代中国教育社会学学者正是凭借高校教育学科、教育学会、教育期刊等平台而形成"学术共同体"，并从国外思想因素的影响、多学科的知识结构、关注中国教育现实问题等三个方面揭示了这个群体的基本特征。

其二，力求分析揭示近代中国教育社会学的理论体系。为此，本书又采用了学术内部史的分析视角，针对近代中国教育社会学的代表人物及其代表作，如陶孟和及其《社会与教育》、雷通群及其《教育社会学》、沈冠群（解放后改名为沈灌群）和吴同福及其《教育社会学通论》、卢绍稷及其《教育社会学》、陈科美及其《教育社会学》，从观念和理论研究的角度力求揭示贯穿其中的内在逻辑线索，从而说明了这些代表人物及其代表作对中国近代教育社会学理论体系的建立所起到的奠基性作用和影响。在此基础上，本书较为全面地介绍和梳理了近代中国教育社会学者关于教育社会学学科的研究对象及主题、学科性质及功能等学科核心理论问题所发表的观点、见解，并指出从思想来源看近代中国教育社会学理论体系主要接受和借鉴了以美国哲学家、教育学家杜威等人为代表的"哲学派"教育社会学理论，以美国教育学家史密斯（W. R. Smith）、司纳顿（D. Snedden）、克劳（F. R. Clow）、彼得斯（C. C. Peters）等人为代表的"应用派"教育社会学理论，以及以法国社会学家、教育学家涂尔干等人为代表的"功能派"教育社会学理论。

其三，在上述研究的基础上将近代中国教育社会学的发展与乡村建设运动的开展紧密结合起来，以求展现近代中国教育学家及教育社会学学者推进教育社会学"中国化"的尝试及其努力，可谓本书的又一明显特色。总的来说，近代中国教育社会学是在导入和吸收欧美教育社会学的理论资源的基础上产生的，而如何使外国的教育社会学转化为中国的教育社会学，即教育社会学的"中国化"问题，始终是近代中国广大教育学家及教育社会学学者关注的中心课题，同时他们也充分认识到中国自古为农业大国，乡村堪称中国社会的"主角"，也是新教育亟待推行之地，因而十分重视乡村建设和教育。随着20世纪20—30年代乡村建设运动在全国范围内展开，许多教育学家及教育社会学学者投身于这场声势浩大的运动，他们认为乡村教育理应成为中国教育社会学研究的重点课题，于是一方面注重乡村教育的理论研究和实际调查，另一方面积极创办各种乡村教育实验区，并努力将实践经验转化为构建"中国化"的教育社会学的理论资源和现实素材。崔载阳在参加国立中山大学教育研究所乡村教育实验活动的过程中提出了"民族中心教育"思想，邰爽秋在领导开展"念二运动"期间阐发了"民生本位教育"主张，廖泰初通过参与燕京大学"乡村社区教育研究"项目而确立了教育社会学"原野调查""实地调查"等研究方法，本书通过列举和论述这些生动案例较为深入地阐析了近代中国教育社会学与乡村建设运动的互动关系及其影响，即前者推动了后者，后者又"反哺"了前者。

经过上述一系列分析和论述，本书首先认为近代中国教育社会学的理论构架已基本形成，主要包括"理论—实践（实际）""本质—方法""理论—实践（实际）—方法"等类型，其学科方法论也已初步确立；继而，本书主要从丰富教育学的研究内容、促进教育研究方法的"科学化"两方面，力求论证近代中国教育社会学有助于推进近代中国教育学的"科学化"趋势；最后，本书指出近代中国教育社会学的局限性主要表现在"实证性研究相对薄弱""教育社会学学科的制度化建设很不完善""出版物以教科书为主，缺少专题性研究成果"等方面。上述结论和观点在一定程度上可以说发前人所未发，颇具创新意义。

鸦片战争后伴随着"西学东渐"的历史潮流，西方"分科治学"的理念、近代教育制度以及各门自然科学和人文社会科学大规模传入中国，但直到20世纪初才形成严格意义上的近现代学科。进入21世纪，国内学者普遍围绕着各门学科的百年变迁，开始系统回顾并总结本学科的学术发展史。据笔者之管见，哲学、历史学、文学、社会学等学科遥居领先地位，法律学、教育学、心理学、人类学等学科则为"后起之秀"；就教育学各分支学科而言，虽也取得了一些成果，但总体上说仍处于起步阶段。从这个意义上讲，本书可谓弥补了中国近代教育学术史研究的薄弱环节。本书作者早年就读于徐州师范大学（现改名为江苏师范大学）历史系，在历史学、特别是中国近代史方面奠定了较为扎实的专业基础；后又入浙江大学教育学院深造，加强了教育学原理、中外教育史和比较教育学等方面的理论素养。笔者作为其博士生导师，对她取得的研究成果感到十分高兴，在本书即将付梓之际写下上述文字，既有意向读者推荐中国近代教育学术史研究的这一新成果，也希望作者以此为新起点，再接再厉，不断探索，努力争取更大的成绩。

　　是为序。

肖　朗

2015 年 10 月于浙江大学教育学院

　　（本序作者系中国教育学会教育史分会副理事长，浙江大学教育学院教授、博士生导师）

目　　录

绪　　论

一　选题的缘起及意义

教育社会学是教育学专业的基础学科，也是社会学专业的分支学科。它作为一门专门的、独立的学科起源于欧美，是伴随着西方工业革命所引起的欧洲社会急剧转型、教育（主要指学校教育）与社会的矛盾和冲突不断加剧而逐步形成和发展起来的。教育社会学对于中国来说是"舶来品"，我国教育社会学学科诞生于20世纪20年代，1922年陶孟和所著的《社会与教育》一书为其确立的主要标志。自此以后直到1949年，教育社会学研究在我国取得了重要的进展，学界既翻译介绍了国外一些重要的教育社会学代表作，也有相当数量的教育社会学论著相继问世，同时教育社会学作为一门课程不仅在大学，甚至在部分中学、师范讲习所开设，许多学者也因此称之为中国教育社会学学科的萌芽期或创建期[①]。尽管如此，有些学者仍认为这一时期的教育社会学"尚未具有独立学科的地位""尚无多少实在的研究"[②]。也许是在这种思想的主导下，对这一时期乃至整个近代中国的教育社会学的研究都没有得到应有的重视。这一点，不仅表现在个别材料引用上存在若干不当之处和对基本史实的误解，如把同一

[①] "创建期"的说法主要见于：高旭平《教育社会学在中国》，《现代教育》1993年第2期；李锦旭《中文教育社会学的回顾与展望》，《佛光学刊》1996年"创刊"；程天君：《中国教育社会学"学科论"百年概要》，《北京大学教育评论》2011年第4期；侯怀银、王晋：《20世纪中国学者对教育社会学学科建设的探索》，《华东师范大学学报》（教育科学版）2008年第3期；吴康宁：《教育社会学》，人民教育出版社1998年版，第47页。

[②] 吴康宁：《教育社会学》，人民教育出版社1998年版，第48页。

著作的作者误认为两位①；而且，在众多教育社会学或教育学史的著作中，对这一时期以及整个近代中国教育社会学的发展状况都着墨较少，没有展开充分的研讨。这在一定程度上势必影响学界对我国教育社会学的认识和把握，甚至会影响当前我国教育社会学的学科建设。正如梁启超所说，"盖吾辈不治一学则已，既治一学，则第一步须先将此学之真相，了解明确，第二步乃批评其是非得失"②。有鉴于此，本书作者拟以近代中国教育社会学为研究对象，在充分发掘和占有史料的基础上，多方位、多视角地揭示教育社会学学科在近代中国的发展历程。本课题研究的价值与意义主要表现在以下几点：

其一，在中国现代学术建立百余年后的今天，人文社会科学的各分支学科都在系统地回顾本学科产生和发展的历程，试图用学术史的分析框架全面梳理本学科建设所取得的成就以及所存在的问题，并在此基础上探索和总结学术演变和发展的客观规律。然而，关于近代中国教育社会学产生和发展的历史却鲜有人问津，那些为数甚少的先期研究成果也仅限于考察近代中国教育社会学领域的个别代表人物及其代表作，而对近代中国教育社会学的学科建制、人才培养、理论框架、研究方法等诸如此类的重大问题却未予以深入的研讨。众所周知，一门学科如果不了解自己的历史，必然会影响这门学科进一步发展的可能，这种情况对于新中国成立后被迫中止研究近三十年时间③的教育社会学来说尤为严重。应该说，从学术史的角度来全面而深入地研究近代中国教育社会学，不仅有助于厘清近代中国教育社会学自身的历史，而且可以从一个侧面了解百余年来中国现代知识体系如何创建的过程。

其二，从中国教育现代化的角度来看，教育社会学是伴随着旧教育的解体与近代新式教育的产生而在中国诞生的，是中国教育现代化的重要组

---

① 将《社会与教育》的作者陶孟和与陶履恭误认为是两个人，这种错误笔者见到如下两处：（1）李长伟、杨昌勇：《20世纪中国大陆教育社会学的回顾》，《河北师范大学学报》（教育科学版）2003年第3期；（2）侯怀银：《中国教育学发展问题研究——以20世纪上半叶为中心》，山西教育出版社2008年版，第275—276页。

② 梁启超：《清代学术概论》，上海古籍出版社1998年版，第45页。

③ 多数学者把这段时间视为教育社会学的"停滞期"，如叶澜主编：《二十世纪中国社会科学·教育学卷》，上海人民出版社2005年版，第229页；李长伟、杨昌勇：《20世纪中国大陆教育社会学的回顾》，《河北师范大学学报》（教育科学版）2003年第3期。

成部分。众所周知，自鸦片战争以来，中国的教育经历了前所未有的变革，尤其是到 20 世纪初，教育是社会改造的工具已成为有识之士的共识，但教育与社会之间的复杂关系并没有得到合理的理论解释。教育社会学作为密切联系和沟通教育与社会的学科，主张从社会的角度来确定教育目的、制定教育政策，符合当时教育改革和思想理论界的需要。因此，通过对教育社会学在近代中国的发展状况进行研究，有助于人们从另一个侧面了解中国教育现代化的历史进程。

其三，通过对近代中国教育社会学的历史开展实证性研究来探索和总结教育社会学学科建设的经验教训，这将为促进和加强当前我国教育社会学学科的建设提供历史的借鉴。事实上，近代中国教育社会学在将近半个世纪的发展历程中，无论在学科建制、人才培养方面，还是在理论框架、研究方法方面，都取得了较大的成就，也存在不少问题，其长期积累的经验和教训对当今我国教育社会学的建设和发展来说仍是一笔值得借鉴的宝贵财富。任何一门学术的产生和发展都脱离不了一定的社会环境，因而探讨近代中国教育社会学的发展过程，特别是注重把握学术与制度、学术与社会之间的互动作用及其影响，对于推动当前我国教育社会学教学和科研的发展也具有积极意义。

二　文献综述

（一）先期研究成果综述

总的来说，从学术史的角度出发，系统、深入地考察近代中国教育社会学的研究成果迄今为止尚未见到。就目前而言，学界出现了一些与本课题相关的研究成果，如学科、中国近代学术体制的研究成果；另外，在有关教育社会学和教育学史等方面的研究成果中，也或多或少地涉及近代中国教育社会学。所有这些研究成果对本课题的研究都有着一定的指导和借鉴意义。

1. 关于"学科"方面的研究

"学科"一词是清末新式学堂采用分科教学以后才逐渐由西方引进的一种知识分类概念，它具有教学的科目、训练、训练的方式、纪律、处罚以至熏陶等多重含义。① 近年来，我国学者对"学科"这一概念从各个层

---

① 霍恩比（A. S. Hornby）著，李北达译：《牛津高阶英汉双解词典》（第四版增补本），商务印书馆 2002 年版，第 408 页。

面都进行过广泛而深入的研讨。鲍嵘在《学科制度的源起及走向初探》一文中从广义与狭义的角度对学科进行了划分，指出广义的"学科"指一般而言的学问分支或学术组织机构，狭义的"学科"是指高等学校利用学问划分来组织高校教学、研究工作，以实现高校培养人才、发展科学、服务社会之职能的单位。① 李光、任定成的《交叉科学导论》一书对学科的特征作了阐释："学科的特征在于它不依赖其他学科的独立性。这种独立性反映在它的研究对象、语言系统和研究规范上。"② 刘仲林的《跨学科教育论》对一门成熟的学科所应具备的条件作了如下严格的界定：（1）有一个最基本最简单的质的规定；（2）是构成该学科研究对象的最基本单位；（3）内含贯穿发展全过程的核心矛盾。③ 万力维则在《控制与分等：大学学科制度的权力逻辑》一书中综合国内外学者关于学科含义的基础上将学科分为本指、隐指、延指三个方面，并分别解释道："学科本指一定历史时期形成的规范化、专门化的知识体系；延指围绕着规范化、专门化的知识体系结成的学术组织，它为专门化知识的生产与再生产提供平台；隐指为实现知识的专门化、规范化，对研究对象与门徒予以规训和控制的权力技术的组合。"④ 此外，学界还翻译了美国史学家华勒斯坦（I. Wallerstein）等人所写的关于学科体制的著作《学科·知识·权力》⑤ 和《开放社会科学——重建社会科学报告书》⑥ 等。这些著述对笔者理解和把握"学科"这一概念很有帮助。

2. 关于中国近代学术体制方面的研究

台湾学者陈以爱指出："过去研究中国学术思想史的著作，无不提及学术思想与世变之关系，同时亦注意及研究对象之家庭背景、求学过程、师友关系及人际脉络，以求索各种可能对研究对象的学术思想造成影响之

---

① 鲍嵘：《学科制度的源起及走向初探》，《高等教育研究》2002 年第 4 期。

② 李光、任定成主编：《交叉科学导论》，湖北人民出版社 1989 年版，第 43 页。

③ 刘仲林：《跨学科教育论》，河南教育出版社 1991 年版，第 1 页。

④ 万力维：《控制与分等：大学学科制度的权力逻辑》，南京师范大学出版社 2005 年版，第 28 页。

⑤ ［美］华勒斯坦著，刘健芝等编译：《学科·知识·权力》，生活·读书·新知三联书店 1999 年版。

⑥ ［美］华勒斯坦著，刘峰译：《开放社会科学——重建社会科学报告书》，生活·读书·新知三联书店 1997 年版。

因素。可惜的是，虽然在 20 世纪的中国，学术研究明显出现制度化的发展，然迄今尚未有一本专著，就研究机构之建立对推动学术成长所发挥的作用，作深入细致的分析"①，并以其《中国现代学术研究机构的兴起——以北京大学研究所国学门为中心的探讨》一书对近代中国学术体制问题进行了初步研究，给人以很大启发。在此前后，台湾地区有关这方面的研究成果逐渐增多，如台湾"中研院"近代史研究所陶英惠的《蔡元培与中央研究院》（1927—1940）②、杨翠华著《中基会对科学的赞助》③以及刘龙心著《学术与制度——学科体制与现代中国史学的建立》④，等等。近年来，大陆学术界开始关注中国近代学术体制问题的研究，如徐明华著《中央研究院与中国科学研究的制度化》⑤、胡逢祥的《中国现代史学的制度建设及其运作》⑥、孙宏云著《中国现代政治学的展开：清华政治学系的早期发展（一九二六——九三七）》⑦、阎明著《一门学科与一个时代——社会学在中国》⑧、左玉河的《从四部之学到七科之学——学术分科与近代中国知识系统之创建》⑨，以及黄国庭的《教育刊物与中国近代教育学术》⑩、杨卫明的《教育学会与中国近代教育学术》⑪ 博士学位论文，等等，这些论著也开始注意考察近代学术转型中的制度性因素，从不同的视角探讨了中国近代学术体制的确立和发展，对本课题的研究有很重

① 陈以爱：《中国现代学术研究机构的兴起——以北大研究所国学门为中心的探讨》，江西教育出版社 2002 年版，"前言"。

② 陶英惠：《蔡元培与中央研究院》（1927—1940），《近代史研究所集刊》1978 年第 7 期。

③ 杨翠华：《中基会对科学的赞助》，"中研院"近代史研究所 1991 年版。

④ 刘龙心：《学术与制度——学科体制与现代中国史学的建立》，新星出版社 2007 年版。

⑤ 徐明华：《中央研究院与中国科学研究的制度化》，《近代史研究所集刊》1993 年第 22 期下册。

⑥ 胡逢祥：《中国现代史学的制度建设及其运作》，《郑州大学学报》（哲学社会科学版）2004 年第 2 期。

⑦ 孙宏云：《中国现代政治学的展开：清华政治学系的早期发展（一九二六——九三七）》，生活·读书·新知三联书店 2005 年版。

⑧ 阎明：《一门学科与一个时代——社会学在中国》，清华大学出版社 2004 年版。

⑨ 左玉河：《从四部之学到七科之学——学术分科与近代中国知识系统之创建》，上海书店出版社 2004 年版。

⑩ 黄国庭：《教育刊物与中国近代教育学术》，浙江大学博士学位论文，2010 年。

⑪ 杨卫明：《教育学会与中国近代教育学术》，浙江大学博士学位论文，2011 年。

要的启示。中国近代学术体制的综合性研究成果当推左玉河著《中国近代学术体制之创建》，该书详细考察了近代中国学术制度各个层面：学术研究主体的转换，学术研究对象的扩展，学术研究共同体的形成，学术中心的转移，专业学术机构的设立，以及新的学术交流、学术评议、学术奖惩机制的建立等问题，① 这为本研究提供了一种总体的思路和视角，明确了教育社会学学科在近代中国是置于怎样的生存空间，以及如何在中国学术由传统向现代转换的过程中寻找适宜自身发展的方式和途径。

3. 关于教育社会学的研究

教育社会学自 20 世纪 20 年代由欧美传入中国，但 1949 年后我国教育社会学却没有在新的历史条件下实现"新生"，反而却因其与社会学关系密切而备受打击，直至取消，因而 20 世纪 50—70 年代教育社会学的研究基本上处于沉寂状态。80 年代后，随着我国社会学进入复兴与重建时期，同时由于我国教育学的研究出现了繁荣的局面，与之唇齿相依的教育社会学也获得了生存与发展的权利。重建时期的教育社会学在学科理论和制度建设方面都取得了重要进展，研究成果也颇丰硕。

作为教育社会学的文选目前已出版三本。一本是张人杰主编《国外教育社会学基本文选》②，该书收录了若干教育社会学的经典著作，范围上溯到西方教育社会学奠基者之一——涂尔干的著作，下至"新"教育社会学的标志性成果。一本是厉以贤主编《西方教育社会学文选》③，该书共收集 44 篇文章，并按照教育与经济、教育与文化、教师的角色、课程知识社会学等七个不同的专题分门别类、由宏观至微观加以汇编。第三本是谭光鼎、王丽云主编的《教育社会学：人物与思想》④，该书共涵盖当代国外 18 位颇具代表性的教育社会学思想家，分成 18 章，每章内容均包括四部分：生平与重要著述简介、社会学思想背景与主要理论内容、对教育社会学理论与研究之贡献或启示、综合评述与结论。这些文选均反映了近代国外（主要指欧美及日本）教育社会学的研究进展和主要代表人物的研究成果，而近代中国教育社会学正是通过借鉴欧美和日本教育社会学

---

① 左玉河：《中国近代学术体制之创建》，四川人民出版社 2008 年版，第 13 页。

② 张人杰主编：《国外教育社会学基本文选》，华东师范大学出版社 1989 年版，2009 年修订版。

③ 厉以贤主编：《西方教育社会学文选》，五南图书出版公司 1992 年版。

④ 谭光鼎、王丽云主编：《教育社会学：人物与思想》，华东师范大学出版社 2009 年版。

理论资源而产生和发展起来的，因此它们有助于笔者深入了解近代中国教育社会学的理论来源和特征。

顾明远主编《教育大辞典》第 6 卷在"教育社会学"部分所收集的词条涵盖了学科总论、教育与社会结构、教育与社会变迁、学校教育社会学、班级社会学、教师社会学、教育与个体社会化、教育与家庭等，并将教育社会学界定为"研究教育制度与整个社会结构、学校与社会、个人与社会的基本关系，以社会学和教育学为主干的一门交叉学科。"[①] 上述内容为本研究提供了许多可资参照的标准。

自教育社会学恢复重建以来，有关专著达几十本之多，其中有的研究成果对近代中国教育社会学也有所涉猎。裴时英著《教育社会学概论》[②] 可谓是教育社会学重建时期的拓荒之作，它试图为我国教育社会学学科体系的构建奠定基础。其中第一章第三节"教育社会学发展概况"，对外国教育社会学的历史，尤其是在欧美和苏联的发展作了较为详细的论述，而对近代中国教育社会学的发展历程的论述不仅内容过于简略，而且存在若干可商榷之处。[③] 鲁洁主编的《教育社会学》[④]，从学科体系上看，是对裴著的一次超越，但其在第一章"绪论"、第一节"教育社会学的产生与发展"中对教育社会学在近代中国发展的论述较之裴著，仍然没有大的突破。吴康宁主编《教育社会学》[⑤] 的出版标志着我国教育社会学学科体系的初步确立。其在第一编"教育社会学学科论"、第二章"教育社会学的学科发展"中明确提出近代中国教育社会学是我国教育社会学发展过程中的创建时期。至此，近代中国教育社会学在我国教育社会学学科发展史上逐渐确立了自身明确的地位。

在各种类型的教育社会学研究成果中，论文所占的比例最大。就涉及

---

① 顾明远主编：《教育大辞典》（第 6 卷），上海教育出版社 1992 年版，第 373 页。

② 裴时英：《教育社会学概论》，南开大学出版社 1986 年版。

③ 如作者对近代中国教育社会学的发展概况仅写了这样几句话："在二十年代至四十年代的中国社会里，一些知识分子受美国杜威、法国涂尔干等教育社会学思潮的影响，在一部分师范院校、综合大学教育系开出了教育社会学课程"，随后作者又举出陶行知和毛泽东二人为近代中国教育社会学的代表人物。参见裴时英《教育社会学概论》，南开大学出版社 1986 年版，第 33—37 页。

④ 鲁洁：《教育社会学》，人民教育出版社 1990 年版。

⑤ 吴康宁：《教育社会学》，人民教育出版社 1998 年版。

近代中国教育社会学而言，黄姗姗的硕士学位论文《民国教育社会学的学术性与应用性之争及启示》，该文主要阐述了教育社会学的"学术性"与"应用性"之争的历史渊源，在此基础上进一步分析了民国时期教育社会学所处的社会背景、文化环境、学术氛围及其综合影响。[①] 这些对笔者理解近代中国教育社会学所处的特定的社会文化背景启发良多。李长伟，杨昌勇的《20世纪中国大陆教育社会学的回顾》[②] 将20世纪中国教育社会学分为三个阶段：孕育创建期（20世纪初—1949年），停止沉沦期（1949—1979年）和重建发展期（1979—2000年），从制度化的视角回顾了这三个阶段教育社会学的发展。阎广芬、苌庆辉的《中国教育社会学的发端——一种知识社会学的视角》[③] 从知识社会学视角梳理了近代中国教育社会学学科的发展、其独特背景以及参与主体的特质及其产生的历史作用。程天君的《中国教育社会学"学科论"百年概要》[④] 则回顾了中国教育社会学在其百年发展过程中所面临的学科发展阶段、学科性质、研究对象、研究方法等几个困扰性问题。上述文章均有涉及面过于宽泛之嫌，难免流于简略而无法深入，但为本研究提供了重要的线索。胡金平的《论雷通群对教育社会学中国化问题的探讨》[⑤] 和《雷通群与中国教育社会学的学术传统》[⑥]，以及周勇的《中国教育社会学的学术文化与精神遗产：以陶孟和为例》[⑦]，这三篇论文均以典型人物为个案来展开对近代中国教育社会学理论层面的探讨，对本课题中的个案研究有很重要的参考和借鉴。

---

① 黄珊珊：《民国教育社会学的学术性与应用性之争及启示》，南京师范大学硕士学位论文，2009年。

② 李长伟、杨昌勇：《20世纪中国大陆教育社会学的回顾》，《河北师范大学学报》（教育科学版）2003年第3期。

③ 阎广芬、苌庆辉：《中国教育社会学的发端——一种知识社会学的视角》，《河北师范大学学报》（教育科学版）2008年第5期。

④ 程天君：《中国教育社会学"学科论"百年概要》，《北京大学教育评论》2011年第4期。

⑤ 胡金平：《论雷通群对教育社会学中国化问题的探讨》，《教育学报》2007年第5期。

⑥ 胡金平：《雷通群与中国教育社会学的学术传统》，《南京晓庄学院学报》2008年第2期。

⑦ 周勇：《中国教育社会学的学术文化与精神遗产：以陶孟和为例》，《华东师范大学学报》（教育科学版）2007年第3期。

肖朗、许刘英的《陶孟和与中国大学教育社会学学科的发端》一文，[①] 从北京大学这个特定的视角探讨了近代中国教育社会学学科的产生，但囿于篇幅无法展开，这也是促发本研究开展的直接原因之一。

4. 关于近代中国教育学史的研究

自 20 世纪 80 年代起，我国教育学界开展了以教育学科自身的发展历史为对象的研究，其中也包含有关近代中国教育社会学的研究。金林祥主编《20 世纪中国教育学科的发展与反思》中的"第三章中国教育学科体系的构建（1919—1949）""第一节主要分支学科的建立和发展"中论述了教育社会学学科初建时的课程设置情况，并列出很多教育社会学的代表作。[②] 叶澜主编《二十世纪中国社会科学·教育学卷》是对 20 世纪中国教育学各主干学科的发展与主要成就进行系统总结的力作，书中对教育社会学自欧美传入以及在中国发展的各个时期的特点和成就进行了详细的论述。[③] 这两本著作对笔者从宏观的视角把握近代中国教育社会学的学术发展情况有重要的参考和借鉴价值。

从上述先期研究成果中不难发现，从学术史的角度深入系统地探讨近代中国教育社会学发展历程中的有关问题尚是一个有待深入发掘的领域，有着极为广阔的探索空间。这种客观状况，既为本研究提供了一定的基础，也成为本研究展开的起点。

（二）相关文献史料综述

以学术史的分析框架来探讨近代中国教育社会学发展的研究之所以显得滞后，除了学术研究意识方面的因素外，史料的不足也是很重要的制约因素。近代学者关于教育社会学方面的著（译）作是本文写作的基本文献自不待言，但要从制度和实践的层面来研究近代中国教育社会学的发展过程，这还远远不够，因而史料搜寻范围必须拓宽。本研究的基本文献史料来源大致包括以下几个方面：

1. 近代中国教育社会学的代表作方面，主要有陶孟和著《社会与教育》、孟宪承著《教育社会学讲义》、雷通群著《教育社会学》、卢绍稷著

---

① 肖朗、许刘英：《陶孟和与近代中国大学教育社会学的发端》，《高等教育研究》2010 年第 1 期。

② 金林祥主编：《20 世纪中国教育学科的发展与反思》，上海教育出版社 2002 年版。

③ 叶澜主编：《二十世纪中国社会科学·教育学卷》，上海人民出版社 2005 年版。

《教育社会学》、苏芗雨著《教育社会学》、沈冠群与吴同福合著《教育社会学通论》、陈翊林著《教育社会学概论》、陈科美著《教育社会学讲话》，以及史密斯（W. R. Smith）著，陈启天译的《应用教育社会学》、彼得斯（C. C. Peters）著，鲁继曾译《教育社会学原论》，等等。此外，与此密切相关的近代中国社会学的代表作，则主要可参考李培林、渠敬东、杨雅彬主编《中国社会学经典导读》（上、下册），该书以历史发展脉络为经，以近代中国社会学学术流派为纬，通过五种思潮——唯物史观社会学、乡村建设和社会调查运动、社会学的"中国学派"、社会学的"学院派"和社会史研究的分类框架汇编了近代中国社会学有代表性的经典著作。①

　　2. 近代以来，中外教育学界开展了对中国教育史料的发掘、整理工作。20 世纪 80 年代前后这一工作取得了长足的进展，出版了一系列的教育史料汇编，主要有陈学恂主编的《中国近代教育史教学参考资料》（上、中、下册）；舒新城编的《中国近代教育史资料》（3 册）；朱有瓛主编的《中国近代学制史料》（共 4 辑）；[日] 多贺秋五郎编的《近代中国教育史资料》（3 卷）；中国第二历史档案馆编的《中华民国史档案资料汇编》（第三辑·教育）、（第五辑·第一编·教育）、（第五辑·第二编·教育）；璩鑫圭、唐良炎编的《中国近代教育史资料汇编·学制演变》；李友芝编的《中国近现代师范教育史资料》（第一、二册）；潘懋元、刘海峰主编的《中国近代教育史资料汇编·高等教育》；北京图书馆编的《民国时期总书目》（教育·体育）等。此类史料汇编为本研究提供了大量有关近代中国教育社会学产生、发展的背景性史料，因而有重要的参考价值。

　　3. 从历史上看，近代大学以其学科为中心，为中国现代学术的建立提供了最重要的平台，而近代中国教育社会学学科即诞生于北京大学，其后又出现在其他大学中。20 世纪上半叶很多大学都开设了有关教育社会学方面的课程，并通过这类课程的系统开设培养出第一代教育社会学的专业人才，这标志着近代中国教育社会学的制度化已迈出了第一步，当时的有关情况反映在诸如《国立中央大学一览》《国立北平师范大学一览》

---

　　① 李培林、渠敬东、杨雅彬主编：《中国社会学经典导读》（上、下册），社会科学文献出版社 2009 年版。

《国立中山大学一览》《私立大夏大学一览》《北平辅仁大学教育学院概览》《国立中央大学教育学院选课指导书》等出版物中。另外，自 20 世纪 80 年代开始陆续出版的《北京师范大学校史：1902—1982》《北京大学史料·第二卷》（1912—1937）、《南大百年实录·中央大学史料选》（上、下卷）、《燕京大学史稿》（1919—1952）等也涉及近代中国大学创建教育社会学学科的有关史实，这类校史及其史料汇编有助于笔者了解近代中国教育社会学课程设置、师资建设和科系发展的具体情况，以及教育社会学如何利用大学这个平台来实现自身的制度化、体制化。

4. 众所周知，近代教育刊物为构建教育学术的"公共话语"提供了重要的平台，而教育社会学是教育学和社会学的交叉学科，近代中国从事教育社会学教学和研究的学者正是利用该学科的这种交叉综合的优势来弥补自身没有专业刊物的不足，他们多半以近代教育学和社会学刊物为主要平台，与其他学者进行学术交流。因此，这方面的刊物是本研究所要重点关注的，近代学者在这类刊物上发表的有关教育社会学的论述也成为本研究的重要参考资料。与教育社会学密切相关的公开刊物主要有《教育杂志》《中华教育界》《教育通讯》《高等教育季刊》《教育研究》（中山大学）、《社会学杂志》《社会学刊》《社会学界》等；未公开出版的刊物主要有中央大学主办的《教育丛刊》、北京师范大学主办的《教育丛刊》等。

5. 20 世纪二三十年代，一些社会学者对各地城乡进行社会调查，许多社会团体也将教育作为社会的重要组成部分来进行调查研究，在此基础上发表了诸多成果，如李景汉主编的《定县社会调查概况》，廖泰初著《动变中的中国乡村教育》、陶孟和针对北平 48 户工人家庭和 12 户小学教员家庭生活费用的调查所撰写的《北京生活费之分析》调查报告等。此外，不少教育学者也开展了教育调查，如邰爽秋关于小学教师生活的调查、沈锐就小学生退学现象对上海市立 47 个学校的问卷调查、卢绍稷对中学教师健康问题的调查等，在当时都产生了很大的影响，这类成果也是本研究的重要参考资料。此外，学界十分重视上述社会和教育调查成果的价值，并陆续整理出版了《民国时期社会调查丛编》（10 卷）①、《民国时

---

① 李文海主编：《民国时期社会调查丛编》（10 卷），福建教育出版社 2005 年版。

期社会调查丛编》（二编）（7卷）①，为本研究提供了极大的便利。

三　研究思路与研究方法

（一）研究思路

晚清废科举兴学堂，传统教育向现代教育转型，这既是旧学术解体的标志，也是新学术建立的开端。在引入、移植西方近代学术分科观念及学科体系的基础上，中国创建起一套新的学术分科体制，并使学术研究日益纳入这套学术分科体制中。一方面，中国近代学术分科体制的建立为教育社会学在中国的产生和发展提供了制度保障；另一方面，任何一个时代的学者在进行学术研究时都无法超越自身所处的时代和环境的限制。近代中国教育学学者在借鉴西方社会学和教育社会学理论资源的基础上，如何在中国近代学科体制创建的过程中开展自己的学术研究，这是本研究关注的重点。据此，本研究首先拟对近代中国教育社会学的兴起及其主要背景进行分析，继而拟重点考察近代中国教育社会学的学科制度建设、学科理论研究以及近代中国教育社会学与乡村建设运动的互动及其影响等重要方面，最后对近代中国教育社会学的主要成就、学科地位及其局限性进行归纳和总结。

本研究除"绪论"外分为五章，具体将从以下几个方面展开论述：

第一章"近代中国教育社会学的兴起"。本章首先依据清末新式学堂采用分科教学的内容及其课程设置的演变，考察近代中国学术分科体制最初建立的过程，旨在阐明哲学、社会学、教育学、心理学等这些与教育社会学密切相关的学科在近代中国大学渐次创立的意义和影响。其次，重点分析近代中国社会学的兴起和发展对教育社会学的建立所具有的意义和影响。最后，以陶孟和在北京大学开设教育社会学课程为背景，重点分析他在授课讲义基础上所著的《社会与教育》的主要内容及其对近代中国教育社会学的贡献和影响。

第二章"近代中国教育社会学的学科建制"。本章首先以近代中国高校教育社会学的课程设置为考察重点，集中分析 20 世纪 30 年代中期之前教育社会学课程设置在近代中国各种不同类型的大学教育学系中所表现出的不同特征，以及导致在此之后近代中国各大学教育学系开设教育社会学

---

① 李文海主编：《民国时期社会调查丛编》（二编）（7卷），福建教育出版社 2009 年版。

课程大幅度减少的根本原因所在，同时分析教育社会学课程设置如何借助社会学学科建设的发展而实现自身的"制度化"。不言而喻，学者群体及其基本特征也是学科制度化建设中的重要因素之一，本章继而重点考察近代中国教育社会学学者如何利用中国教育学会、中国社会学社等学术团体以及教育学和社会学的有关学术刊物作为重要平台来形成本学科的学者群体，并进一步归纳出该学者群体所具有的共同特征。1930 年，中央大学教育学院增设教育社会学系，"以作专精的探讨"①，这是近代中国教育社会学发展过程中唯一设立过的专业系科，本章最后对此展开个案考察，分别从该系设立背景、师资建设、课程设置等方面进行深入分析。

　　第三章"近代中国教育社会学的理论研究"。如前所述，教育社会学对中国来说是"舶来品"，国外教育社会学理论始终是其重要的思想来源，译介国外教育社会学遂成为近代中国教育社会学理论研究的基础性工作。本章首先考察了近代中国学者对国外教育社会学的译介与导入的概况，进而具体分析了近代中国学者围绕着教育社会学的研究对象、学科属性、学科功能等学科基本要素问题所作的深入探讨；同时选取若干代表性的教育社会学专著来重点考察近代中国教育社会学学科体系的特征和成就；最后拟以雷通群、卢绍稷两人为主要代表，力求对近代中国学者致力于教育社会学"中国化"的理论尝试进行较为深入的分析。

　　第四章"近代中国教育社会学与乡村建设运动"。20 世纪二三十年代兴起的乡村建设运动无疑是中国近代史上一场影响广泛的社会改革运动，教育社会学学者积极投身到这场运动中来，并在参与乡村建设运动的过程中推动着教育社会学学科在中国的进一步发展。从参与的方式来看大体可分为两类：一类注重乡村教育的理论研究，另一类努力于创办各种乡村教育实验区和乡村教育的实际调查。前者以余家菊为考察中心，侧重分析其社会学及教育社会学思想的演变历程以及如何利用这种思想来从事乡村教育的理论研究；后者则分别以崔载阳、邵爽秋、廖泰初、许仕廉、童润之等人为具体考察对象，其中，崔、邵二人是教育社会学学者创办乡村教育实验区的突出代表，因而重点论述他们在创办乡村教育实验区的过程中如何借鉴西方社会学及教育社会学理论与方法创建新的教育学说以指导乡村教育实验；廖泰初、许仕廉、童润之等人是乡村教育调查的典型代表，但

---

　　①　沈冠群、吴同福：《教育社会学通论》，南京书店 1932 年版，"序言"。

各人的侧重点有所不同，廖泰初在借鉴西方社区研究方法的基础上联系中国的社会实际倡导"居住调查法"，此后又进一步提出以"乡村社区"为核心建设中国的教育研究途径，而许仕廉、童润之两人旨在通过乡村社会状况及乡村教育实际调查所获得的资料为近代中国乡村教育的研究和乡村建设的开展提供事实依据和科学指导。通过对上述内容的论述，本章一方面力求阐明近代中国教育社会学学者对促进乡村建设和乡村教育的贡献和影响，另一方面力求揭示乡村建设和乡村教育对近代中国教育社会学理论的"反哺"作用。

第五章"近代中国教育社会学的主要成就、学科地位及其局限性"。本章以前面各章内容为论述的基础，对近代中国教育社会学从整体上进行考察得出如下结论：教育社会学被移植到中国后，在近代中国特定的时代和社会背景下，其理论构架、研究方法均呈现出鲜明的特征，近代中国教育社会学分别在教育学和社会学中确立了自己的学科地位，并对近代中国教育学"科学化"产生了重要的影响；另一方面，近代中国教育社会学在取得成就的同时也存在着很大的局限性，主要表现在实证性研究相对薄弱、制度化建设很不完善等方面。

（二）研究方法

1. 文献研究法：文献研究法对任何历史研究来说都是最基本的方法，因为只有在掌握和利用大量的文献史料的基础上，通过实证性研究才能最大限度地接近历史真实。所谓实证研究，就是努力发掘相关文献资料，在此基础上分析近代中国教育社会学兴起的背景因素，展现近代中国教育社会学学科建制及理论研究的具体情形。

2. 个案研究法：所谓个案研究法是对单一的研究对象进行深入而具体的研究方法。本文拟对近代中国教育社会学的代表人物陶孟和、雷通群、卢绍稷及其代表作展开个案研究，并对近代中国教育社会学科系建制的典型代表——中央大学教育社会学系作个案考察，力求以微观分析来印证宏观描述，从而深化本文的研究。

3. 比较研究法：比较研究法旨在从"事物的相互联系和差异的比较中观察事物、认识事物，从而探索规律。"[①] 在本研究过程中，拟将近代中国教育社会学的产生和发展置于中国近代学科体制创建、学术研究及人

---

① 裴娣娜：《教育研究方法导论》，安徽教育出版社 1995 年版，第 224 页。

才培养逐步走向制度化的大背景之下，结合西方教育社会学学术研究的发展趋势和水平进行比较考察，以求揭示近代中国教育社会学的特殊性。就具体方面而言，本研究拟结合近代中国各类高校不同的人才培养目标对其教育社会学课程设置的具体情况进行比较考察，另外也试图对投身乡村建设运动的不同派别及其学者的贡献和影响加以比较分析，力求充分展现其寓于共性中的个性。

第一章

近代中国教育社会学的兴起

尽管学术发展须遵循自身的内在规律，但政治与社会结构的变动也在很大程度上左右着整个学术发展的方向。甲午战败，变法维新，促使国人将"救亡图存"的希望寄托在设立新式学堂、废除科举制度等一系列教育改革的举措上。这些教育改革举措的实施，不仅改变了传统的学术与政治之间的关系，顺应了时代变迁和社会发展的需要，同时也标志着学术体系转型时代之来临。

近代学术体系之转型，学科体制的建立至关重要。围绕着新式学堂课程设置内容的演变，近代中国学科体制大致于民国初年初步确立。在中国近代学术分科体制确立的过程中，西方社会学开始传入中国，于民国以后得到了进一步的发展。社会学在中国的兴起和发展对于我国教育社会学的产生来说，有着特殊的意义，正是由于近代中国社会学学者们对教育的重视，并将教育社会学作为社会学专门的研究领域，对社会学与教育学两者之间的关系加以系统的研究，才直接促成教育社会学在中国的确立。而作为社会学家及教育学家的陶孟和，即是尝试这项工作的"第一人"。

第一节 清末新式教育与近代学科体制的建立

中国近代学术体系之转型，是指由传统的"四部之学"向近代分科性质的"七科之学"的转变，其中学科体制的建立相当重要；清末新式学堂所采用的"分科设学"的举措，又与学科体制的建立有着极为密切的关联。鸦片战争前后，伴随着西学的大规模输入及中国近代教育改革的发展，西方近代意义上的学术分科观念及学科体系逐步传入中国，并最早体现在清末创办的各类新式学堂的课程设置上。在新式学堂课程门类设立及演变之过程中，西方"分科立学""分科治学"的理念和方法得到充分体现，它们逐渐为中国学人所了解、接受，进而建立起中国近代学术体系。因此，本节试图分析清末新式学堂教学内容及其课程设置的演变，借以考察近代中国学术体系及其学科体制建立的过程。

有关新式学堂的建立，最早以洋务运动时期创办的京师同文馆、上海广方言馆、福建船政学堂、江南水师学堂、天津武备学堂等为代表。然而，因甲午战败，人们深刻检讨和反思兴办三十余年洋务运动及洋务教育失败的原因，指出"近者日本胜我，亦非其将相兵士能胜我也，其国遍设各学，才艺足用，实能胜我也"①，同时对洋务时期所设学堂提出尖锐的批评，认为其"不过语言文字之浅，兵学之末，不务其大，不揣其本"，"言艺之事多，言政与教之事少"②；而"同文馆各省广方言馆之式，斤斤于文字语言，充其量不过得数十翻译人才而止。福建之船政学堂，江南制造局学堂，及南北洋水师武备各学堂，皆囿于一才一艺，即稍有成就，多不明大体"③，无法形成全面的认识。因此甲午战败后，这类只重于一才一艺的语言技术类学校便不再是学堂兴设的重点，取而代之的是兴设立分科肄习、分科讲授"普通学"的西式学堂。④ 另一方面，甲午战败也推动

---

① 汤志钧主编：《康有为政论集》，中华书局1981年版，第306页。

② 梁启超：《变法通议·学校总论》，《饮冰室合集》"文集之一"，中华书局1989年版，第19页。

③ 朱有瓛主编：《中国近代学制史料》第一辑（下），华东师范大学出版社1987年版，第623页。何启、胡礼垣对洋务运动时期新式学堂设置也提出了批评，指出："中国学校之设，独有文字一途。夫文字固为学之根本，然不过学中之一艺耳。非文字之学通，则万事之学皆通也"（参见郑大华点校：《新政真诠：何启，胡礼垣集》，辽宁人民出版社1994年版，第109—110页）；刘锡鸿在参观格致书院后，对晚清以来只以"制造"讲求富强之术的西学方向提出严厉的批评，他指出："自西洋各国以富强称，论者不察其政治之根柢"，而"反先推求夫一器一技之巧……一器一技，与正心修身奚与？入学而先事此，不且役乱其心，淆杂其意，愈考索而愈乖其所向哉？"（参见刘锡鸿著、朱纯校点：《英轺私记》，湖南人民出版社1981年版，第26—27页）。

④ 此处所谓讲授"普通学的西式学堂"绝非等同于西方近代意义上的学校，所设学堂依然固守"中学为体，西学为用"的思想，只是在学堂课程中适当增加西学科目的比例，这点可以从当时大臣奏折很清楚地看出。如李端棻在《奏请推广学校折》中建议自京师以及各省府州县皆设学堂，其中府州县学课程，除诵读《四书》《通鉴》《小学》等书外，要加授"各国语言文字及算学天文地理之粗前者""万国古史近事之简明者""格致理之平易者"；省学课程"诵经史子及国朝掌故诸书"，而辅之以"天文、舆地、算学、格致、制造、农桑、兵、矿、时事、交涉"等西学课程；京师大学课程同省学，惟"益加专精，各执一门，不迁其业"。（参见朱有瓛主编《中国近代学制史料》第一辑（下），华东师范大学出版社1987年版，第485页）。

着人们对西方学术分科观念及近代学科体系认识的深化。康有为指出："今宜改武科为艺科，令各省、州、县遍开艺学书院。凡天文、地矿、医律、光重、化电、机器、武备、驾驶分立学堂，而测量、图绘、语言、文学、皆学之"①；梁启超则认为："今日之学校，当以政学为主义，以艺学为附庸"；张之洞也同样指出学习西学应"政艺兼学"，且"西政"较"西艺"更为重要，"大抵救时之计，谋国之方，政尤急于艺"②。这是在总结洋务运动时期兴学举措成败得失的经验教训基础上而获得的一种新的认识，表明国人已基本把握了西方近代学术专门化、分科治学的趋势和特征，他们此时所理解的"西学"已不仅仅是指以"工艺制造"为主的"洋务之学"，也不仅仅是以西方自然科学为主的"格致之学"，而是包括了西方人文社会科学为主的"西政"。从以工艺制造及自然科学为主的"西艺"向以西方人文社会科学为主的"西政"的转变，标志着清末人们对西方知识分类体系及分科观念的认识有了重大突破，产生了质的飞跃，已经初步意识到在近代学科分类体系中自然科学技术与人文社会科学是两个相互联系、不可或缺的组成部分，从而为新的综合性学科方案的产生奠定了基础。③

甲午战败后，随着传统教育变革、新式教育发展"速率的加快"，人们对近代学术分科观念及学科体系的认识已不再停留在提出方案阶段，而开始在办学实践活动中将这类学科分类方案具体化为新式学堂课程设置体系。1897 年，梁启超担任湖南事务学堂总教习，他在《湖南时务学堂学约》中不仅规定其立学之十项宗旨（立志、养心、治身、读书、穷理、学文、乐群、摄生、经世、传教），而且规定了时务学堂所讲授的课程。他将时务学堂"所广之学"分为两类：一为"溥通学"；二为"专门学"。"溥通学之条目有四：一曰经学，二曰诸子学，三曰公理学，四曰中外史志及格算诸学之粗浅者"；"专门学之条目有三：一曰公法学，二曰掌故学，三曰格算学"。④梁氏从中国传统学术门类中选取了经学、诸子学、

①　康有为：《上清帝第二书》，汤志钧主编：《康有为政论集》，中华书局 1981 年版，第 131 页。

②　张之洞：《劝学篇》，《张文襄公全集》（第四册），中国书店 1990 年版，第 570 页。

③　肖朗：《中国近代大学学科体系的形成——从"四部之学"到"七科之学"的转型》，《高等教育研究》2001 年第 6 期。

④　《时务学堂功课详细章程》，《湘报》第 102 号，1898 年 7 月 4 日。

历史学、掌故学四门，又从西方学术门类中选取了公理学、公法学、格算学、历史学四门，将中西学术结合在一起形成了新的综合性学科分类体系。这个学科分类体系需要注意的地方有，本来经学、历史学、掌故学是中国传统学术门类中最主要者，也是当时公认之中学学术门类，梁氏选取它们作为新式学堂的科目，实属自然；但将诸子学也作为中学学科门类纳入溥通学中供学生研读，实表明此时诸子学在中国传统学术系统中地位之上升。格致学和西方史学是当时西学中公认之主要学术门类，梁氏选取它们也属情理之中；但是将公理学和公法学作为西学学科门类要求学生研读，则表明他对西学学术体系认识的深化，已意识到"西政"的重要。从梁启超为时务学堂制定的课程设置体系中可以看出，"中学"中的"诸子学"和西学中的"公理学""公法学"已逐渐引起中国学界的重视。

　　同年，张元济创办通艺学堂，在"专讲泰西诸种实学"的宗旨指导下①，开设了"文学门"和"艺术门"两类课程。"文学门"分别开设了舆地志、泰西近史、名学、计学、公法学、理学、政学、教化学、人种论共九门课程；"艺术门"分别开设了算学、几何、代数、三角术、化学、格物学、天学、地学、人身学、制造学共十门课程。特别值得注意的是，在通艺学堂"文学门"开设的课程中，"名学"就是西方近代的逻辑学，"计学"就是西方近代的经济学，"公法学"就是西方近代法学中的国际公法，"理学"就是西方近代的哲学，"政学"就是西方近代的政治学，"教化学"就是西方近代的伦理学。这些以西方人文社会科学为主的新型学科在过去还鲜为人知，而这些学科以课程设置的方式出现在国人自办的新式学堂中则实属首次。这样既有利于西方近代人文社会科学在中国学界的传播，也有助于国人全面把握西方近代学术及学科分类体系。

　　传统书院的改造也是清末新式学堂教育发展的重要组成部分。自西方学术分科观念及方法为中国学人所了解、接受之后，不仅新建的西式学堂按照西方的"分科立学"和"分科治学"的原则设置课程，传统的书院也开始采用"分斋设学"和"分斋治学"的方式改革课程、组织教学。1895 年，在《味经创设时务斋章程》中，刘古愚给时务斋学生开列了一个读书目录，将所要研读之中西书籍作了初步分类，其所分类别与西方近

---

①　陈学恂主编：《中国近代教育史教学参考资料》（上），人民教育出版社 1986 年版，第 386 页。

代意义之学术门类基本吻合。他说：《易经》《四书》儒先（疑为"先儒"——笔者注）性命之书，为道学类，须兼涉外洋教门，风土人情等书。《书经》《春秋》《历代正史》《通鉴纲目》《九朝东华录》等书为史学类，须兼涉外洋各国之史，审其兴衰治乱与中国相印证。《三礼》《通志》《通典》《通考》《续三通》《皇朝三通》及一切掌故之书，为经济类，须兼涉外洋政治《万国公法》等书，以与中国现行政治相印证。《诗经》《尔雅》《十三经注疏》及《说文》，儒先考据之书，为训诂类，须兼涉外洋语言文字之学。以及历算须融中西；地舆必遍五洲；制造以火轮舟车为最要；兵事以各种枪炮为极烈；电气不惟传信，且以作灯；光镜不惟测天，且以焚敌；化学之验物质，医学之辨人体，矿学之察地脉，气球以行空，气钟以入水，算学为各学之门径，重学为制造之权舆"①。与此相对应他又将学生应当研习之中西学术科目分成五类：道学类、史学类、经济类（经世类）、训诂类和诸艺类。他所谓的"诸艺"基本上是当时传入中国之西方学术门类，包括了舆地、制造、兵学、电气、化学、医学、矿学、算学、重学等，使西学科目开始渗入传统书院的课程设置体系。同时他还指出："诸艺皆天地自泄之奇，西人得之以觊我中国，我中国不受其利，将受其害，可不精心以究其所以然乎"②，以强调对"诸艺"进行"专门研究"的重要。尽管如此，我们能清楚地看出，刘氏仍固守"中体西用"的原则，因而在课程设置中中学科目所占的比例超过了西学科目。

　　1896 年，胡聘之在《请变通书院章程折》中主张将书院中之"每月诗文等课，酌量并裁"，重新设置课程，延聘教习，专研经义、史事等课，兼习时务、算学、天文、地舆、农务、兵事等实用之学，并"分门探讨，务臻其奥"。③ 此奏折即是希望将原本专重时文帖括的书院改为兼重中西实学的学堂，以实用性的课程取代书院原有的考课科目。这一建议得到了翰林院侍讲秦绶章的呼应，秦氏认为整顿旧式书院首先要"定课程"，在学科设置及研习上应将传统的四部之学进行分类，并加以扩充。为此，他拟订了一份兼采中西学术之"六斋分科"方案："宋胡瑗教授湖

　　① 刘古愚：《刘古愚教育论文选注》，陕西人民出版社 1988 年版，第 3—4 页。

　　② 同上书，第 4 页。

　　③ 胡聘之：《请变通书院章程折》，朱有瓛主编：《中国近代学制史料》第一辑（下），华东师范大学出版社 1987 年版，第 156 页。

州，以经义、治事分为两斋，法最称善；宜仿其意分类为六：曰经学、讲义、训诂附焉；曰史学，时务附焉；曰掌故之学，洋务，条约、税则附焉；曰舆地之学，测量、图绘附焉；曰算学，格致、制造附焉；曰译学，各国语言文字附属……制艺试帖未能尽革，每处留一书院课之已足"①。其中，经学、史学仍属"中学"，掌故、舆地、算学、译学四者中吸纳了"西学"，因该方案中的六门学问是分斋讲习，故又称"六斋之学"。对此方案，秦氏这样解释道："盖经学为纲常名教之防，史学为古今得失之鉴；掌故之学，自以本朝会典律例为大宗，而附以各国条约等，则折冲樽俎亦于是储其选焉。舆地尤为今日之亟务，地球图说实综大要。其次各府州县，以土著之人随时考订其边界、要隘、水道、土宜，言之必能加详，再授以计里开方之法、绘图之说，选成善本，尤能补官书所未备。算学一门，凡天文、地理、格致、制造，无不以此为权舆。译学不独为通事传言，其平日并可翻译西学书籍以资考证"。② 秦氏提出的"六斋之学"方案很快由礼部议复之后颁行各省实行，"六斋之学"遂成为清末各省书院改为学堂后所研习的主要科目。

相比较上述新式学堂而言，京师大学堂的课程设置于中国近代学科体制的建立意义似乎更加明显。近代以来，大学作为高等教育的主体，既是培养各类专业人才的基地，也是汇集专家学者研究各门高深学问的处所，它所设立的学科及所开设的课程体现着近代学术研究之基本门类和科目，影响并主导着学术研究的大致范围和方向。正因为如此，京师大学堂分科及课程设置的演变，不仅体现了中国吸纳西方近代知识系统的情况，而且直接反映了中国近代学术分科体制的建立情况。

中国近代大学的创设受到国人的关注始于维新变法前后。1895 年，康有为在著名的《公车上书》中提出改"武科"为"艺科"、分门立学的建议。戊戌变法期间，康有为又上《请开学校折》，他除了说明西方学术注重专门及分科治学的特点外，还特别强调创设研究"专门之学"的大学的重要性，指出"大学者，不过合各专门之高等学多数为之"，"以诸

———

①　朱有瓛主编：《中国近代学制史料》第一辑（下），华东师范大学出版社 1986 年版，第157 页。

②　同上书，第 158 页。

学并立，大学岿然，人才不可胜用"①。并强调道："京师议立大学数年矣，宜督促早成之，以建首善而观万国。"② 康有为关于创设京师大学的建议得到时人赞同。1896 年，李端棻呈《请推广学校折》，奏请设立京师大学堂，各省府州县遍设学堂，分斋学习，但并没有对各级学堂所习科目进行具体分类，只是对课程内容作了一定的说明，如京师大学堂课程按照省学设置，即"诵经史子集国朝掌故诸书，而辅之以天文、舆地、算学、格致、制造、农商、兵矿、时事、交涉等学"③。此奏折后经光绪帝交由总理衙门议复，总理衙门复奏并饬下管理书局大臣"察度情形，妥筹办理"④。同年，时任管理书局大臣孙家鼐奉命上奏《议复开办京师大学堂折》并制定章程，将具体开办情形胪列六项（宗旨、校址、学科、教习、生徒、奖励），其中"学科"拟分为"十科立学"，即天学科、地学科、道学科、政学科、文学科、武学科、农学科、工学科、商学科、医学科，并指出这一分科分类体系具有"总古今，包中外，该体用，贯精粗"等特点⑤。虽然孙氏一再申明以"中学为主，西学为辅；中学为体，西学为用"，"以中学包罗西学，不能以西学凌驾中学"作为创办京师大学堂的宗旨，⑥ 但在具体的学科配置上却表现为"西学"明显多于"中学"，且在西学中涵盖了农、工、商、医等主要科目，为京师大学堂分科及课程设置奠定了初步的基础。

维新变法开始后，总理衙门亦提奏了一份《京师大学堂章程》。该章程在参照日本及西方大学学科分类体系的基础上，将京师大学堂的所有科目分为"溥通学"和"专门学"，犹如大学之预科和本科。在溥通学中，列有经学、理学、中外掌故学、诸子学、逐级算学、初级格致、初级政治学、初级地理学、文学、体操学等十科，规定学生在三年之内通习所有科目；在专门学中，列有高等算学、高等格致学、高等政治学（内含法律

① 陈学恂主编：《中国近代教育文选》，人民教育出版社 1983 年版，第 108—109 页。

② 同上书，第 109 页。

③ 朱有瓛主编：《中国近代学制史料》第一辑（下），华东师范大学出版社 1986 年版，第 485 页。

④ 同上书，第 489 页。

⑤ 汤志钧、陈祖恩、汤仁泽编：《中国近代教育史资料汇编·戊戌时期教育》，上海教育出版社 2007 年版，第 226 页。

⑥ 同上书，第 225 页。

学）、高等地理学（内含测绘学）、农学、矿学、工程学、商学、兵学、卫生学等十科，规定学生必须选择一门或两门加以专门研究。这个章程的最大特点在于：（1）将大学学科及课程分为预科和本科以及溥通和专门两级；（2）预科和本科中所设科目及课程都力求体现中西学术糅合一体。[①]

然而，由于维新变法的失败，无论是孙家鼐的十科立学方案，还是总理衙门提议的两级设学方案，都未能在京师大学堂中得到施行。1901 年，清廷开始实行"新政"，并将废科举、兴学堂作为一项重要措施推行。于是重组京师大学堂、制定章程再次被提到议事日程上来。是年，张之洞会同刘坤一联名上奏《筹议变通政治人才为先折》，以日本"六科分立"体系为蓝本，提出将京师大学堂分设经学、史学、格致学、政治学、兵学、农学、工学等"七科分学"方案，并对此方案作了细致的说明："拟参酌东西学制分为七专门：一经学，中国经学、文学皆属焉；二史学，中外史学、中外地理学皆属焉；三格致学，中外天文学、外国物理学、化学、电学、力学、光学皆属焉；四政治学，中外政治学、外国律法学、财政学、交涉学皆属焉；五兵学，外国战法学、军械学、经理学、军医学皆属焉；六农学；七工学，凡测算学、绘图学、道路、河渠、营垒、制造、军械、火药等事皆属焉，共七门，各认习一门"。[②] 这个方案，实融中学与西学、自然科学与人文社会科学于一体，贯彻了张氏在《劝学篇》中所主张的"新旧兼学""政艺兼学"的精神，但他将"经学"列为诸学科之首，且在"七科"之中未设"医学""商学"，仅设"兵学"一科，又充分体现了他一向所坚持的"中体西用"之指导思想，并进一步影响到"癸卯学制"中分科方案的制定。1902 年，清政府着手学制改革，命张百熙为官学大臣，负责制定"壬寅学制"。张百熙在其所进呈的《钦定京师大学堂章程》中，仿照日本大学分科成例，提出了"七科分学"方案，即"政治科第一，文学科第二，格致科第三，农业科第四，工艺科第五，商务科

[①] 据康有为称该章程的执笔人实为梁启超，这个课程体系与梁氏任事务学堂总教习时所制定的课程体系类似，而戊戌变法失败后梁氏在流亡日本期间则主张直接仿习日本大学的分科模式，将大学分为文、理、法、工、医、农、商等七科。

[②] 张之洞：《变通政治人才为先遵旨筹议折》，《张文襄公全集》（第一册），中国书店 1990 年版，第 911 页。

第六，医术科第七"①。其中每科之下又设立若干门目，例如，"政治科"包括政治学、法律学，"文学科"包括经学、史学、理学、诸子学、掌故学、词章学、外国语言文字学，"格致科"包括天文学、地质学、高等算学、化学、物理学、动植物学，"农业科"包括农艺学、农业化学、林学、兽医学，"工艺科"包括土木工学、机器工学、造船学、造兵器学、电气工学、建筑学、应用化学、采矿冶金学，"商务科"包括簿技学、产业制造学、商业语言学、商法学、商业史学、商业地理学，"医术科"包括医学、药学。但张百熙的"七科分学"方案与张之洞的"七科分学"方案却有着很大的差异：一是没有专门设置"经学科"，仅仅在"文学科"中设立"经学目"；二是专门设立了"商务""医术"两科，在一定程度上弥补了张之洞方案的缺漏；三是所设立的"文学科"，既包括了张之洞的"经学""史学"两科，又包括了"理学""诸子学""掌故学""词章学"等若干科。对于该方案的分科原则，张百熙曾在《全学纲领》中作了说明："中国圣经垂训，以伦常道德为先；外国学堂智育体育之外，尤重德育，中外立教本有相同之理。今无论京外大小学堂，于修身伦理一门视他学科更宜注意，为培植人材之始基"②。也就是说，京师大学堂应以中国的"伦常道德"作为分科立学的宗旨。但在具体的分科及课程设置上，张百熙似乎没有充分体现这一宗旨，不仅没有设置"经学科"，而是表现出明显地接受西方近代学术分科之倾向，尝试将中国传统的经史之学纳入到近代"七科之学"的体系中。因此，张百熙的"七科分学"方案自然遭到守旧者的攻击，甚至连张之洞也对其不重视"经学科"（实际上张百熙只是将经学科视为同其他学科平等的学术地位）的做法表示不满。《钦定京师大学堂章程》虽然颁布了，但并未真正执行。不久，清政府谕旨："京师大学堂为学术人才根本，关系重要。着即派张之洞会同张百熙、荣庆，将现办大学堂章程一切事宜，再行切实商订；并将各省学堂章程，一律厘定，详悉具奏。"③

1903 年，张之洞会同张百熙、荣庆等人，"博考外国各项学堂课程、

① 舒新城编：《中国近代教育史资料》（中册），人民教育出版社 1961 年版，第 546 页。

② 同上书，第 544 页。

③ 璩鑫圭、唐良炎编：《中国近代教育史资料汇编·学制演变》，上海教育出版社 2007 年版，第 297 页。

门目，参酌变通，择其宜者用之，其于中国不相宜者缺之，科目、名称之不可解者改之，其有过涉繁重者减之"①，在此基础上制定了包含大学堂、高等学堂、中学堂、小学堂等各级各类学堂章程的"癸卯学制"。在《奏定大学堂章程》中，张之洞等人提出了"八科分学"方案。该方案不仅将大学学科及课程分为八科四十三门，即"一、经学科大学分十一门，各专一门，理学列为经学之一门。二、政法科大学分二门，各专一门。三、文学科大学分九门，各专一门。四、医科大学分二门，各专一门。五、格致科大学分六门，各专一门。六、农科大学分四门，各专一门。七、工科大学分九门，各专一门。八、商科大学分三门，各专一门"②，而且还具体规定了各分科大学所包括的学科门类，以及各门课程的讲授内容及讲授方法。③ "八科分学"方案的提出，不仅初步奠定了中国近代大学学科体系的基础，大致划定了大学学术研究的范围，而且也初步奠定了中国近代学术分科的基础。中国传统学术中的经学、史学、词章学等在"经学科""文学科"中得以保存下来，而晚清导入的各类西学科目也在"政法科""格致科""商科""医科""农科"中确定下来。根据张之洞等人的设想，这八科京师大学堂"务须全设"④。然而，由于种种原因，京师大学堂于1910年只正式确立了"七科之学"的体系，即经科、法政科、文科、格致科（理科）、工科、商科、医科。中国近代学术分科体制初具规模、大体成形。

　　然而，在张之洞等人提出的"八科分学"方案中，中国传统学术最

---

　　① 璩鑫圭、唐良炎编：《中国近代教育史资料汇编·学制演变》，上海教育出版社2007年版，第297—298页。

　　② 同上书，第348页。

　　③ 其中经学科大学包括周易学门、尚书学门、毛诗学门、春秋左传学门、春秋三传学门、周礼学门、仪礼学门、礼记学门、论语学门、孟子学门、理学门；政法科大学包括政治学门、法律学门；文学科大学包括中国史学门、万国史学门、中外地理学门、中国文学门、英国文学门、法国文学门、德国文学门、俄国文学门、日本文学门；医科大学包括医学门、药学门；格致科大学包括算学门、星学门、物理学门、化学门、动植物学门、地质学门；农科大学包括农学门、农艺化学门、林学门、兽医学门；工科大学包括土木工程学门、机器工学门、造船学门、电气学门、建筑学门、应用化学门、火药学门、采矿及冶金学门；商科大学包括银行及保险学门、贸易及贩运学门、关税学门。

　　④ 璩鑫圭、唐良炎编：《中国近代教育史资料汇编·学制演变》，上海教育出版社2007年版，第348页。

重要的科目——"经学"被置于最突出的位置,不仅单独设置了"经学科",而且在"经学科"中开设了十一门类(是所有科目中门类最多的),标志着经学的研究得到了进一步的强化,这显然有悖近代学术分科研究的趋势。此外,"经学科"与"文学科"并列设置也存在着不少有待纠正的谬误。因此,在"八科分学"方案颁行之后,针对其中的谬误国人提出了强烈的批评,王国维即是其中之一。1906 年,王氏在《奏定经学科大学文学科大学章程书后》中指出《奏定大学堂章程》"八科分学"体系的"根本之误在缺哲学一科而已",进而提出自己对经、文两科的分科意见:"合经学科大学于文学科大学中,而定文学科大学之各科为五:一经学科,二理学科,三史学科,四国文学科,五外国文学科"。以他之见,一是取消"八科"中的"经学科",与"文学科"中的史学、中国文学、外国文学等科目处于平等的学术地位;二是将"哲学科"所要包含的各门科目,如哲学概论、中国哲学史、西洋哲学史等均纳入"文学科",这样一来,虽无"哲学科"之名,却有"哲学科"之实。王国维的这个方案,在民国成立后的学术分科体制中得到采纳。

1912—1913 年间,民国政府教育部相继颁布了《大学令》《大学规程》,对大学所设置的学科及其门类作了原则性规定:"大学以教授高深学术,养成硕学闳材,应国家需要为宗旨。"[①] 大学取消了"经学科",分设文、理、法、商、医、农、工七科,其中文科分为哲学、文学、历史学、地理学四门,理科分为数学、星学、理论物理学、实验物理学、化学、动物学、植物学、地质学、矿物学九门,法科分为法律学、政治学、经济学三门,商科分为银行学、保险学、外国贸易学、领事学、税关仓库学、交通学六门,医科分为医学、药学二门,农科分为农学、农艺化学、林学、兽医学四门,工科分为土木工学、机械工学、船用机关学、造船学、造兵学、电气工学、建筑学、应用化学、火药学、采矿学、冶金学十一门。[②] 至此,中国传统的"四部之学"在形式上最后完成了向近代分科性质的"七科之学"的转型,中国近代学术分科体制亦随之确立。

---

① 潘懋元、刘海峰编:《中国近代教育史资料汇编·高等教育》,上海教育出版社 1993 年版,第 367 页。

② 李友芝编:《中国近现代师范教育史资料》第二册,内部材料,第 171 页。

尽管说中国近代学术分科体制的确立不会直接导致教育社会学在我国的诞生，但由此而带来的现代学科门类体系和"分科设学"的观念及方法无疑是孕育近代中国教育社会学的"母体"。具体而言，一方面，伴随着中国近代学术分科体制的确立，中国现代意义上的自然科学各学科（数学、物理学、化学、天文学、地质学、生物学等）及人文社会科学各学科（哲学、历史学、文艺学、政治学、经济学、法学等）相继创立，这些学科主要通过两个渠道创立：一是"移植之学"，即直接将西学移植到中国来的学科，主要是指中国传统学术中缺乏或落后的学科，如自然科学中的数、理、化、天、地、生等学科，以及社会科学中的社会学、政治学、经济学、法学、教育学、心理学等；二是"转化之学"，即从中国传统学术中转化而来的学科，主要指将中国传统学术中固有科目经过"创造性地转化"的学科，如人文科学中的哲学、文艺学、历史学、考古学等，[①]其中哲学、社会学、教育学、心理学等学科则是教育社会学得以建立的重要基础学科。另一方面，中国近代学术分科体制的确立，不仅为我国高校和大学实行"分科设学"提供了制度上的保障，也为哲学、社会学、教育学、心理学等这些与教育社会学成立密切相关的学科在大学里正式开设提供了制度上的保障。例如，民国初年教育部颁布的《大学令》明确规定，大学分为"文科、理科、法科、商科、医科、农科、工科"，"大学以文、理二科为主；须合于下列各款之一，方得名为大学：一、文、理二科并设者；二、文科兼法、商二科者；三、理科兼医、农、工三科或二科或一科者"。[②]而在次年颁布的《大学规程》则对大学各科所应开设的科目作了明确而细致的规定，其中对哲学、社会学、教育学、心理学等学科的开设具体规定为：大学文科之"哲学门"应下设"中国哲学类"和"西洋哲学类"，文科"文学门"之"国文学类""梵文学类""英文学类""法文学类""德文学类""俄文学类""意大利文学类""言语学类"等八类均需开设"哲学概论"课程，"社会学"课程应开设在大学法科之"政治学门"、大学文科"哲学门"之"中国哲学类"和"西洋哲学类"以及

---

① 肖朗：《中国近代大学学科体系的形成——从"四部之学"到"七科之学"的转型》，《高等教育研究》2001 年第 6 期。

② 璩鑫圭、唐良炎编：《中国近代教育史资料汇编·学制演变》，上海教育出版社 2007 年版，第 673 页。

"文学门"之"言语学类"，而教育学和心理学课程则应开设在大学文科"哲学门"之"中国哲学类"和"西洋哲学类"中。随着上述与教育社会学成立密切相关的基础学科在高校和大学里相继开设，以及我国学者借此不断深入进行研究，从而为教育社会学在近代中国的产生奠定了基础和创造了条件。因而，从这个意义上讲，中国近代学术分科体制的确立也为教育社会学课程在我国高校和大学里开设以及教育社会学学科的建立提供了制度保障。上述因素中除教育学外，尤以社会学的导入及其在近代中国大学里的课程设置最为重要，它是近代中国教育社会学产生的最直接的理论源头，后者正是随着前者在中国的确立及不断完善才逐步兴起的。

第二节　近代中国社会学的兴起与发展

19世纪末20世纪初，社会学开始作为"西学"的一部分被介绍至中国。西方社会学的输入，与国人对"西学"的认识密切相关。甲午战败使国人认识到"工艺制造"乃西学之末，"政令治教"方为西学之本。因此，在大量输入西方政法之学的风潮中，社会学得以传入中国。

自社会学传入至民国成立之前，社会学在我国发展最初仅仅表现为对其名称概念及相关内容的介绍。1895年，严复在《天演论》一书中，对英国实证主义哲学家赫伯特·斯宾塞（Herbert Spencer）的社会学学说简要介绍道："斯宾塞尔（即斯宾塞——笔者注）者，与达（指达尔文——笔者注）同时，亦本天演著天人会通论，举天地人形气心性动植之事而一贯之，其说尤为精辟宏富。其第一书开宗明义，集格致之大成，以发明天演之旨；第二书以天演言生学；第三书以天演言性灵；第四书以天演言群理，乃考道德之本源，明政教之条贯，而以保种进化之公例要术终焉。鸣乎，欧洲自有生民以来，无此作也。"[①] 1896年，谭嗣同撰写《仁学》，在该书中最先采用"社会学"名称："凡为仁学者，于佛书当通《华严》及心宗、相宗之书，于西书当通《新约》及算学、格致、社会学之书"。[②] 继而，国人开始翻译西方社会学的著作。最早在中国出现的社会学译著是严复翻译的斯宾塞的《社会学研究》，中文取

---

① ［英］赫胥黎著，严复译：《天演论》，科学出版社1971年版，第5页。
② 《谭嗣同全集》（卷一），生活·读书·新知三联书店1954年版，第9页。

名为《群学肄言》。严氏大致于 1897 年末至 1898 年初，先翻译斯宾塞
所著的《社会学研究》一书中第一章，并以"论群学不可缓"为题连
载于《国闻汇编》第 1、3、4 册，后由于"事曾错迕，遂以中辍"，最
终于 1902 年才译完，一年后正式出版问世，严氏也因此享有将西方社
会学传入中国"第一人"的美誉。但若从完整的译著在中国的出现来
看，在《群学肄言》问世前一年，章太炎已开始翻译日本学者岸本能武
太于 1900 年出版的《社会学》一书。章太炎认为其"卓而能约。实兼
取斯、葛（葛通哥斯，又译作吉丁斯——笔者注）二家……可谓发挥通
情，知微知彰者矣"①，于是翻译该书，1902 年由上海广智书局出版发
行，这是国内出版的第一本完整的社会学著作，标志着社会学在中国的
兴起。同年，麦仲华翻译日本有贺长雄②编著的《社会学》之第三部分
"族制进化论"，译著亦以《族制进化论》为名出版。1903 年，除严译
的《群学肄言》外，还有吴建常译自美国社会学家吉丁斯（Franklin
H. Giddings）③ 所著的《社会学原理》一书的提纲《社会化理论》、马
君武翻译的斯宾塞《社会学原理》的第二编《社会学引论》两书面世。
1904 年，严复又翻译了《社会通诠》，该书原著为英国法学家爱德华·

---

① 章太炎：《社会学自序》，参见汤志钧编《章太炎政论选集》（上册），中华书局 1977
年版，第 170 页。

② 有贺长雄（1860—1921 年），日本国际法学家、社会学家。1882 年毕业于东京大学
文学部哲学科，1886 年留学欧洲，获法学博士和文学博士学位。回国后先后在东京大学、早
稻田大学、陆军大学等学校讲授国际法、社会学等课程。1913 年应邀到中国任中华民国大总
统法律顾问。他是日本国际法和社会学理论研究的先驱，有"日本的沃德"之称（王康主编：
《社会学史》，人民教育出版社 1992 年版，第 212 页），代表性的著作有《社会学》（1886
年）、《国家学》（1889 年）、《战时国际公法》（1895 年）等，其中《社会学》是日本最早的
社会学理论专著。该书接受了斯宾塞的社会学学说，是包括政治、经济、文化各领域的综合
性社会进化论著作，共分三部分：第一部社会进化论；第二部宗教进化论；第三部族制进化
论。该书在中国的传播分为两个阶段：一是 1902 年麦仲华翻译其第三部分，二是 1915 年萨端
翻译其第一部分。

③ 吉丁斯（1855—1931 年），美国社会学家。1894 年任哥伦比亚大学社会学专职教授
直到逝世。他主张采用统计方法建立科学的社会学，被认为是美国统计主义社会学的创始人。
并提出了社会"同类意识"概念，认为社会组织、社会团体的建立，社会合作、社会整合的
不断推进，均有赖于同类意识的主观作用。《社会学原理》（1896 年）是他第一本社会学专
著，此外还有《归纳社会学》（1902 年）、《人类社会理论研究》（1922 年）、《人类社会的科
学研究》（1924 年）等。

甄克思（Edward Jenks）的《政治史》（*The History of Politics*）。① 1911年，又出版了欧阳钧根据日本远藤隆吉②的《近世社会学》而翻译的《社会学》一书。

在译介西方社会学著作的同时，国内新式学堂也陆续开设"社会学"课程。1901年，杭州求是书院开设社会学课程，并以"国多海滨，民易进化说"为题进行年度考核。③ 由讲授到考核，足见该校对社会学的重视。1902年，上海爱国学社成立，学生分"寻常级"和"高等级"，其高等级课程中就有"社会学"一门。不久成立的爱国女学，分预备科、普通科、特别科，其特别科下也设有"社会学"课程。④ 1903年，马相伯创办震旦学院，并将课程分为文学、质学两科，文学科又分正课、附课，后者包括历史、舆地、政治三类，政治类下即列有"社会学"（Sociology）一项。⑤ 1905年，在震旦学院基础上成立的复旦公学也开设了社会学课程，该校分为中学、大学预科、大学本科三级，"社会学"分别开设在大学本科中的文、理二科。⑥ 从1903年学部颁布的《奏定大学堂章程》可

---

①　需要特别指出的是，甄克思主要是以法学家或政治学家闻名于世，在国内外出版的各种社会学史著作中，也很少提及甄克思的名字，此处之所以将译自《政治史》的《社会通诠》列为社会学译著，是与当时的舆论认识有关。如《东方杂志》之"新书介绍"一栏认为该书"据天演之例，以考社会之阶级，胪殊俗之制，再进而为耕稼民族，又进而为工贾行社。虽言我国事绝少，然无一不与我国四千年来社会吻合。严氏又时时引申其义，证以我国社会情状，可为治群学者之龟鉴矣"。（参见《东方杂志》1904年第1期）刘师培则将甄克思与斯宾塞相提并论，认为在国人所翻译的社会学著作中，以"斯宾塞尔氏、因格尔斯氏（即甄克思——笔者注）之书为最精"。（刘师培：《刘师培辛亥前文选》，三联书店1998年版，第457页）。

②　远藤隆吉（1874—1946年），日本心理社会学家。1899年毕业于日本东京大学，后任早稻田大学教授。受美国吉丁斯学说的影响，他提出了"意志结合"的理论，并以早稻田大学等私立大学为中心建立日本的心理学社会学研究中心，曾于1907年参加日本社会学会的筹建工作，是日本社会学界的领头人之一。他的主要著作有：《当今社会学》（1901年）、《日本社会的发展及思想变迁》（1904年）、《近世社会学》（1907年）、《社会力》（1916年）等。

③　宋恕：《求是书院课题》，胡珠生编：《宋恕集》（上册），中华书局1993年版，第319页。

④　《调查录：上海学堂一般》，《江苏》1903年第3期。转引自姚纯安《社会学在近代中国的进程》（1895—1919年），生活·读书·新知三联书店2006年版，第90页。

⑤　朱维铮编：《马相伯集》，复旦大学出版社1996年版，第41—42页。

⑥　《东方杂志》1915年第12卷第8号。

知，当时在"经学科"之"理学门"及"文学科"各门中的"随意科目"中都列有"公益学"，并将其解释为"日本名社会学，近人译作群学"，但"以上各随意科目，此时初办碍难全设，应俟第一期毕业后体察情形，酌量渐次添设"。① 此后，1906 年京师法政学堂正科"政治门"第一年课程表内，列有"社会学"两学时。1907 年，湖南巡抚咨送《政法速成学堂章程》，"社会学"被列为主课之一。② 1910 年，京师法政学堂经改定后，在"政治学门""经济学门"课程表内，第一学年均列有"社会学"两学时。同年，京师大学堂制订"分科大学第一年学科课程表"，其中法政大学"政治学门"第一学年课程时刻表"说明"第四条记载道："社会学、政治地理及论理学，均与政治诸学科极有关系"，"均拟于补助课中增入讲授"。此后，京师大学堂也在课程表中的"补助课第三学年中列入社会学"。③

此一时期国人对社会学有了一定的认识，但由于社会学是在学习西方政法之学的名义之下，与西方各种人文社会科学一起传入中国，形成了与各种社会科学，尤其是政治学说混合共生的复杂局面。这一情形，自然会影响到人们对这门学科的认识，因而，将社会学与政治学两者密切联系起来，或将社会学直接归入到政治学门下，或是强调社会学对改良政治的作用便成为此时的主流。如康有为在《日本书目志》中社会学书目之后的按语中写道："大地上，一大会而已。会大群，谓之国；会小群，谓之公司，谓之社会。社会之学，统合大小群而发其彀合之条理，故无大群、小群，善合其会则强，不善合其会则弱。泰西之自强，非其国能为之也，皆其社会为之也"，"昔在京师合士大夫开强学会，英人李提摩太曰：'波斯、土耳其、印度久经凌弱，未知立会。中国甫为日本所挫，即开此会，中国庶几自立哉！'夫以一会之微，而泰西觇国者辄以为关存亡之故，社会之用亦大矣"。④ 在康有为看来，社会学是一门通过合群立会，以达到去弱致强、救亡图存的学问，故将社会学归入

① 璩鑫圭、唐良炎编：《中国近代教育史资料汇编·学制演变》，上海教育出版社 2007 年版，第 353—354，360—366 页。

② 《湘抚咨送政法速成学堂章程》，《学部官报》第 12 期，1907 年 1 月 14 日。

③ 孙本文：《当代中国社会学》，胜利出版公司 1948 年版，第 18 页。

④ 《康有为全集》（第 3 集），上海古籍出版社 1992 年版，第 760—761 页。

到政治门下。① 梁启超也持类似的观点，不过他更多的是从"学科"的角度来立论。② 1899 年，他在《爱国论》一文中说道："西国学校所教致用之学，如群学、国家学、行政学、资生学、财政学、哲学各事，凡有志于政治者，皆不可不从事焉"③，明确指出从事政治必须学习社会学等学科，如此"国家亦无乏才之患"④。同年，梁氏在《论学日本文之益》一文中再次强调道："政治学，资生学（即理财学，日本谓之经济学），智学（日本谓之哲学），群学（日本谓之社会学）等，皆开民智强国基之急务也"⑤，将这些学科视为与民智高低、国家强弱密切相关的"本原之学"。严复虽然没有直接将社会学列入政治门下，但他在介绍斯宾塞的社会学学说时也指出："约其所论，其节目支条，与吾《大学》所谓诚正修齐治平之事有不期而合者，第《大学》引而未发，语而不详。"⑥ 此后在《群学肄言》一书的"译余赘语"又作了进一步的解释："窃以为其书实兼《大学》《中庸》精义。而出之以翔实，以格致诚正修齐治平根本矣。"⑦ 表现出译者欲借社会学改良政治的良苦用心。而清末学人们过分强调社会学对政治的借鉴和指导作用，势必会导致对社会学的片面认识，这或许也是清末社会学虽已导入，但其研究不发达的重要原因之一。

总之，民国成立之前，国人对社会学的研究以译介西方社会学著作（主要是普通社会学类著作）为主，很少有自己的研究成果问世；社会学

① 康有为的《日本书目志》共分为十五门：生理门、理学门、宗教门、图史门、政治门、法律门、农业门、工业门、商业门、教育门、文学门、文字语言门、美术门、小说门、兵书门。其中"政治门"下又包括国家政治学、政体书、议院书、岁计书、政治杂书、行政学、警察书、监狱法书、财政学、社会学、风俗书、经济学、横文经济学、移住殖民书、统计学、专卖特许书、家政学十七类。参见《康有为全集》（第 3 集），上海古籍出版社 1992 年版，第 739—740 页。

② 康有为所界定的"社会学"并非严格意义上的学科定义。此外，在他上述各门类中的学科分类也不是十分精确和严谨。

③ 梁启超：《爱国论》，《饮冰室合集》"文集之三"，中华书局 1989 年版，第 69 页。

④ 同上书，第 69 页。

⑤ 梁启超：《论学日本文之益》，《饮冰室合集》"文集之四"，中华书局 1989 年版，第 80 页。

⑥ 王宪明编：《严复学术文化随笔》，中国青年出版社 1999 年版，第 9 页。

⑦ ［英］斯宾塞著，严复译：《群学肄言》，商务印书馆 1981 年版，"译余赘语"。

课程设置也主要集中于个别新式学堂的"政治门"及法政科学堂；社会学学科的独立性、科学性尚未得到足够的重视。这三者相互依存，共同构成了民国之前社会学在中国兴起和发展的概况。而在民国之后，随着欧美新文化新思潮源源不断地输入，社会科学研究思想逐渐受到知识分子的重视，尤以五四新文化运动以后为最盛。截至1922年前后，社会学已获得长足的发展。① 国内设置社会学课程的学校逐渐增多，并开始向专业系科发展。除了继续译介西方社会学著作之外，我国学者的社会学专著也相继问世，社会学理论研究水平由此不断提高，与此同时国人对社会学学科的认识亦有所进步。所有这些又为社会学的专门化，进而再衍生出新的分支学科提供了基础和条件。

民国初年，高校中社会学课程的设置也在清末的基础上有所扩展。1912年，北京大学文科"中国哲学门"和"西洋哲学门"中，均列有社会学课程。② 同年11月，教育部公布《法政专门学校规程》，社会学被列为"政治科"十七门科目之一。③ 1913年1月，教育部公布《大学规程》，将社会学同时列为文科"哲学门""文学门"及法科"政治学门"的正式科目。在此规程引导下，国内开设社会学课程的学校逐渐增多。1914年，《上海大同学院章程》规定，该校"专门文科之部"的史学政治学类所设课程为："近世欧美进化史（一）、近世欧美进化史（二）、政治学（一）、政治学（二）、经济学（一）、经济学（二）、社会学、国际法"。④ 1915年，北京国立法政专门学校在其向教育部上报的"四年度校

① 为叙述方便起见，此处截取民初至1922年教育社会学在中国诞生的这段时间来叙述社会学的发展情况。

② 但实际并没有开课，真正开设这门课程则稍晚几年，对此有这样两种不同的说法：一是1914年，由陶孟和开设；二是1916年由康心孚开设。本书从第一种说法。

③ "政治科"十七门科目分别是：一、宪法，二、行政法，三、政治学，四、国家学，五、国发学，六、政治史，七、政治地理，八、国际公法，九、外交史，十、刑法总论，十一、民法总论，十二、商法概论，十三、货币银行论，十四、财政学，十五、统计学，十六、社会学，十七、外国语。参见潘懋元、刘海峰编《中国近代教育史资料汇编·高等教育》，上海教育出版社2007年版，第484页。

④ 该校前身是1912年成立于上海的立达学社，1914年易名为大同学院，以"研究学术"为宗旨，参照欧美各国中学、大学章程，共设置普通科、专门文科及专门理科三部，修业均为三年。此处课程名称后之"（一）""（二）"意思不明，原文即是如此。参见《上海大同学院章程》，《学生杂志》1914年第1卷第4号。

务计划书"中，明确将社会学列为政治本科的学习科目，并规定于第三年开设，每周授课时间为 3 小时。① 是年 8 月，南京高等师范学校设立国文专修科，其具体课程为：伦理学、心理学及教育学、国文及国文学、英文、数学、哲学、论理学、社会学、图画、乐歌、体操。此后，该校又先后将社会学列为体育专修科（1916 年设立）和教育专修科（1918 年设立）的所习科目之一，对于具体的教授形式及内容规定："用讲义，分二学程，第一学程所讲为社会学之理论部分……第二学程所讲为社会学之应用部分"②。此外，北京清华学校③、武汉私立中华大学也大致于此时开设了社会学课程。④

　　1917 年，北京大学也在上述背景下扩充社会学课程设置，开始将社会学同时列入文科、法科本科各门课程中。⑤ 文科哲学门下，社会学成为十一门专科之一，并且规定："以上各科（指十一门专科——笔者注）在第三、四学年讲授，任各生自择正科一科、副科一科或二科，听讲时间必在三十单位（指学分——笔者注）以上"。同时还开设特别讲演，其中"以一派为范围者……如孔德派""以一人为范围者……如斯宾塞"。文科史学门下，社会学列为七门通科之一，且听讲时间也必须在三十单位以上。法科各门中都安排有社会学课程，如法律学门下，社会学是第三学年的随意科目之一；政治学门下，社会学是第三学年的正式科目之一；经济

---

① 潘懋元、刘海峰编：《中国近代教育史资料汇编·高等教育》，上海教育出版社 2007 年版，第 502 页。

② 同上书，第 742—743 页。

③ 社会学家潘光旦于 1913 年考入清华学校，他在回忆清华学校教学内容时曾指出，该校对于自然科学如数、理、化、生物，社会科学如政治、经济、社会学，又所谓人文科学如文、史、哲等三大类的一些入门课，总是鼓励学生尽量地学习（参见清华大学校史编写组《清华大学校史稿》，中华书局 1981 年版，第 28 页），但是没有交代该校开设社会学课程的具体时间。另据孙本文《当代中国社会学》一书中记载，清华学校于 1917 年开设社会学课程，由美国人狄德曼（C. G. Dittmer）讲授。

④ 恽代英曾就读于武汉中华大学，他在 1917 年正月三、四日的日记中记载"温习社会学"，五日记载"考试社会学"，由此可知，该校于 1917 年便开设了社会学课程。参见中央档案馆，中国革命博物馆，中共中央党校出版社合编《恽代英日记》，中共中央党校出版社 1981 年版，第 9—10 页。

⑤ 1917 年北京大学的社会学课程扩充，更深层次的原因在于蔡元培改革北大学科设置时将其作为充实文理各科内容的举措之一。

学门下，社会学也是第三学年的正式科目之一；商业学门下，社会学是第三学年的随意科目之一。① 1918 年，蒙藏专门学校也将社会学列为该校政治本科"必修科目"之一。② 1919 年，北京女子高等师范学校甚至将社会学列入保姆讲习科一年级第一学期的教学科目之中，同时规定："社会学：本学期讲授社会学大意，以儿童社会为主。每周两小时，用讲义。"③ 1920 年，北京高等师范学校教育研究科也开设了社会学课程，由余天休担任讲授。余天休（1887—?），广东人，早年留学美国并获克拉科大学社会学博士学位，是我国 20 世纪 20 年代社会学界的活跃人物之一。他曾于 1922 年在北京发起成立了中国最早的社会学专业学术团体"中国社会学会"，并创办了中国第一份社会学专业期刊《社会学杂志》，为中国社会学早期发展作出过重要的贡献。在社会学研究方面，他著有《社会学大纲》及英文本《中国社会问题》《中国文化系统表与社会文化研究法》等。④

一般而言，一门学科是否能够得到较快速的发展和较广泛的传播，大学里设立专门系科是对之具有关键性意义和重要影响的因素和举措。在社会学课程设置逐步扩展的过程中，有些学校已酝酿设立社会学系以系统培养此类专门人才，而最先开展这项工作的是上海私立沪江大学。1913 年，该教会大学筹设社会学系。不过当时所谓的社会学系，规模其实非常小，只是开设诸如人类学、社会学、社会制度、社会病理学及社会调查等数门社会学课程而已，并主要由美国布朗大学教授葛学溥（Daniel H. Kulp）、白克令（H. S. Bucklin）、狄莱（J. Q. Dealey）等人任教。直到 1921 年，一个相对完整的社会学系才逐步建立起来。就在同一年，在国人自己创办的大学中也开始设立社会学系。是年，厦门大学设立历史社会学系，由徐声金（字瑞江）主持。徐氏系美国哥伦比亚大学社会学博士，是国人获

---

① 潘懋元、刘海峰编：《中国近代教育史资料汇编·高等教育》，上海教育出版社 2007 年版，第 391—397 页。

② 同上书，第 651 页。

③ 同上书，第 770 页。

④ 此外，余天休还是近代中国教育社会学发展过程中的重要代表人物，对教育社会学在我国的早期发展同样贡献颇多。他曾在北京高等师范学校教育研究科担任过"教育社会学"课程的讲授，并在其所创办的《社会学杂志》中开辟"教育特号"，发表《教育之社会目的》等论文。

得该校社会学博士学位的第二人（第一人是朱友渔），其博士论文题目为《中国家庭制度》（*The Chinese Family System*）。该系于 1922 年和 1924 年先后招收最初两届本科学生，第一届唯一一名毕业生——林惠祥于 1926 年毕业。继厦门大学之后创建社会学系的是燕京大学。该系是美国学者步济时（John S. Burgess）和甘博（S. D. Gamble）与普林斯顿驻华同学会成员发起倡议而于 1922 年秋建立起来的。步济时于 1909 年来到中国，在北平基督教青年会工作，1914—1915 年间主持过近代中国第一个系统的社会调查——北京人力车夫调查。1918 年起，他转到燕京大学文理学院和神学院任教，主要讲授"社区组织"及"社会调查"两门课程，继而创立社会学系，并担任首届主任一职。1926 年该系主任改由中国社会学学者许仕廉担任。不久之后，上海大学、复旦大学、清华大学等国内其他大学也相继设立社会学系。

随着高校中社会学课程设置的扩展及社会学专业系科的建立，对社会学理论研究产生了迫切的需求，社会学研究遂在这段时间内有了明显的进步和提高。在此时所译介的西方社会学著作中，较具代表性的有 1915 年萨端翻译日本有贺长雄《社会学》之第一部分"社会进化论"，中文译著即名为《社会进化论》，由商务印书馆出版。1920年共有四本译著问世：其一是覃寿公译自日本远藤隆吉的《近世社会学》，① 该书是当时所译西方社会学著作中篇幅最大的一种，曾三次再版。对于翻译该书的动机，译者解释道："民国成立，以民主精神标榜者，八稔于兹矣。……是则由于无统系之科学以为之指导，为之纠正耳。译者尤之，爰取远藤氏之著，改为汉文，阐译其奥妙，以告我国人，（一）俾今日人类'社会统系'之学说，得浸及于吾国；（二）以今兹纂重若此之科学，而坊间尚未有发见者，得以此为作始；（三）为此数千年帝制蜕化之新民国，立最新之论鉴，俾民国之基础，以正谊而巩固社会，以正谊而进步。"② 其二是赵作雄翻译的美国社会

---

① 据孙本文在《当代中国社会学》中指出，该书早在 1911 就由欧阳钧翻译至中国，并以《社会学》之名称出版发行，"一时颇受欢迎"。但从欧阳氏《社会学》"例言"中得知，《社会学》一书并非完全译自《近世社会学》，而是以后者为主，并参照远藤隆吉的其他著作，如《社会史论》《教育学术研究》等书，再加上译者本人的"按语"编述而成。

② ［日］远藤隆吉著，覃寿公译：《近世社会学》，泰东图书馆 1923 年版，"译者序文"。

学家爱尔乌德（Charles. A. Ellwood）①《社会学及现代社会问题》（*Sociology and Modern Social Problems*）一书。该书重点论述了社会学的领域、性质以及近代各种社会问题，如家庭、人口、都市等问题。原著于 1910 年在美国出版，是一本行销达二十万册的畅销书，翻译至我国后，亦风行一时，被时人誉为社会学"最佳入门之书"，孙本文曾称对于"国人之稍知社会学，在初期此书的影响甚大"②。其三是吴旭初翻译法国社会心理学家黎朋（G. Lebon）所著的《群众心理》（*Psychologie des Foules*），由商务印书馆出版（同一原著的另一译本为钟建闳的《群众》，1923 年由泰东图书局出版）。该书以三篇十三章的篇幅，从心理学的角度专门论述了大众共同的心理特征，并力求"纯粹科学的见地"研究之，以达到"脱然乎历来意见上理想上主义上之感化之谓也"③。此书为近代中国社会心理学初创时期非常有影响的代表作之一，从初版至 1927 年，七年间再版四次。其四是易家钺所译的《家庭问题》，该书最大的特点是分别译自多个国家学者的论著，其中第一、二、三、四、五章译自美国爱尔华（即爱尔乌德——笔者注）所著的《社会学及近世社会问题》中的第四、五、六、七、八各章；第六、七章译自美国社会学家泊松（Elsie C. Parson）所著的《家庭》（*The Family*）中的第十、十三两章；第八、九章译自法国人类学者刘拓讷（Ch. Letourneau）所著的《婚姻的进化》（*The Evolution of Marriage*）中的第二章第三节和第二十章；第十章译自日本女作家山田主编的月刊《妇人与新社会》四月号论文，后由商务印书馆列为"时代丛书"出版发行。1922 年又有两本译著问世：其一是刘延陵翻译英国心理学家麦独孤（W. McDougall）所著的《社会心理学绪论》（*An*

---

① 爱尔乌德（1873—1946 年），又译作"埃尔伍德"，美国社会学家；斯莫尔（A. W. Small，社会学芝加哥学派的创始人）的学生。1889 年毕业于芝加哥大学，1899 年获该校哲学博士学位。1900 年起担任密苏里大学教授。曾任美国社会学会会长、国际社会学会会长。主要研究社会心理学，认为社会学心理学是社会学的基本原理，致力于将社会生活中的本能和理性的作用与社会集团的秩序和进步等问题的综合性研究。著有《社会学及社会问题》《社会问题》《心理学的社会学》《人类社会心理学》等。

② 孙本文：《当代中国社会学》，胜利出版公司 1948 年版，第 22—23 页。

③ ［法］黎朋著，吴旭初译：《群众心理》，商务印书馆 1927 年版，"原序"。

Introduction to Social Psychology）。① 其二是王造时、赵廷伟根据爱尔乌德《社会问题》而译成的《社会问题——改造的分析》，该书重点叙述社会问题中各种重要的元素，如历史的、物质的、经济的、精神的、理想的及教育的等等，后又提出了社会问题的解决方法，1922 年由商务印书馆出版。

将这一时期社会学译著的情形与清末相比，不难发现至少有如下三个较为明显的特征：其一，在译著来源上，不再局限于日本，而是译自英、法、美、日等多个国家；其二，在译著类型上，除了普通社会学外，如社会进化、社会问题、社会心理学等研究专著也开始翻译导入中国；其三，在译著的性质上，有些译著是经由几部相关外文著作编译而成的，其中包含了译者本人的主观选择、判断的成分，故严格地说已是改编的成果，从而反映出国人由单纯翻译到自著的过渡阶段的特征，如上述易家钺所编译的《家庭问题》即是典型的代表。

特别值得一提的是，这一时期国人开始自编社会学著作或教材。据现有资料记载，从民国成立至教育社会学诞生这段时间里，我国学者相继出版了若干种社会学专著。第一种是陶孟和与梁宇皋合著的《中国乡村与城镇生活》（*Village and Town life in China*），该书是在陶孟和 1913 年发表于英国《社会学评论》（*Sociological Review*，1913）上的论文"The Family in China"（《中国的家庭制度》）的基础上扩展而成，于 1915 年在伦敦用英文出版，1923 年再版。

1917 年，严恩椿著《家庭进化论》，次年由商务印书馆出版。严恩椿，沪江大学文学学士，美国华盛顿大学政治学博士，曾任沪江大学教授、上海光华大学教授兼文科主任。《家庭进化论》一书是严氏在沪江大学开设"社会学"课程所使用的讲义基础上编撰而成，作者本着为"中国社会学开一新蹊"② 的目的，从中外家庭比较的角度来详细分析中国家庭的优缺点。他认为，中国家庭的优点在于"上自翁婆伯叔，下至姒娌姑嫂，凡事皆遵礼节，故牵一支则全族动摇，损一人则全家被累，虽时隔百

---

① 该书原著于 1908 年即已出版，以"本能论"为全书的骨干，享有盛名长达十年之久，至 1920 年前后"本能论"受到了很多学者的批评，而国人于此时才翻译是书，足见我国社会学理论研究的迟滞。

② 严恩椿：《家庭进化论》，商务印书馆 1918 年版，"序"。

年，地去万里，而族人所有血系之可寻"，并盛赞中国家庭"制度之完
备，阶级之分明，万非欧西所比拟"；中国家庭的缺点在于"祭祖、同
居、早婚、婚姻不自主、立长与重后系、守节"等，由此得出中国家庭制
度"一曰不适于今日之时势也，二曰束缚家人之自由也，三曰阻止社会之
进步也"；最后，作者指出理想中的新家庭具有三要素：（一）分居——
新家庭限于夫妇子女之二代；（二）婚制——婚姻成立于男女之情爱，两
方面均有自由选择之权；（三）财产——新家庭之中，财产属诸家庭。①
全书虽只有九十页三万余字，但仍不失为国人早期自著的一部优秀的社会
学著作。

　　1918 年，陈长蘅著《中国人口论》一书出版。陈长蘅（1888—1987
年），字伯修，四川荣昌人。1911 年赴美国留学，入密西根大学和哈佛大
学，先后获经济学学士和硕士学位，1917 年回国。《中国人口论》是一本
最早论及我国人口问题的专著，该书作者曾这样解释其著述的宗旨："今
日我国生计问题之应解决者多矣，而人口问题乃为根本之一，是书之作，
欲与国人商榷人口孳生之道，必婚姻以时，养育有度。"② 在书中，作者
提倡节制生育，主张"无论贫富智愚，皆简便易行"的"自然节育法"，
而反对所谓新马尔萨斯主义的"非自然的节育法"。③ 就人口数量问题，
作者主张适度控制人口，在他看来，"一国人口太疏，或太密，生产率太
高，或太低，皆不利于国家之富强，种族之昌大，个人之健康与文明之嬗
进，必折衷于二者之间，而后国家与人民最适于生存发展。"④ 此外，作
者从人口与婚姻制度的关系出发，指出中国的婚姻制度应进行如下四点改
良：（一）男女宜尚平等；（二）婚姻法律宜制定；（三）离婚法律宜颁
定；（四）室家制度与财产制度宜斟酌变通。⑤ 与此同时，该书还是我国
使用统计图表来讨论社会问题的第一部专著，蔡元培曾对此给予极高的评
价："多列各种比较表及各国婚姻律也，吾国号称为文章国，读书者恒斤
斤于文辞之工拙，而理论之精确与否，转非所注意。今如所列各表，各国
生产率之比较，生产率与死亡率之比例等，均使人一览了然而悟过庶之不

---

① 孙本文：《当代中国社会学》，胜利出版公司 1948 年版，第 63—64 页。

② 陈长蘅：《中国人口论》，商务印书馆 1928 年版，"自序"。

③ 同上书，第 21—23 页。

④ 同上书，第 120 页。

⑤ 孙本文：《当代中国社会学》，胜利出版社 1948 年版，第 81 页。

足恃。且观于各国婚姻率之大同，而悟极端放任之流弊矣。"① 1926 年此书再版时又增补了《洪亮吉之人口论与物竞论》以及《中国近百八十余年来人口增加之徐速及民势之变迁》两篇论文，后以"尚志学会丛书"的形式由商务印书馆出版发行。

1922 年又有两种社会学专著问世。其一是易家钺与罗敦伟②合著的《中国家庭问题》，这是近代中国专门研究本国家庭问题的第一本著作，开创之功，诚不可没。作者认为，家庭是中国最基本的社会组织，中国的家庭问题不仅引起社会上很多的麻烦，甚至有根本动摇中国社会组织的唯一重要制度——家庭之势，值得仔细的研究。在作者看来，中国的家庭问题主要有：（1）家长问题；（2）婚姻问题；（3）离婚问题；（4）蓄妾问题；（5）贞操问题；（6）再醮问题；（7）孝顺问题；（8）居丧问题；（9）家祭问题；（10）儿童问题；（11）遗产问题等，并对其逐一进行论述和批判，最后作者认为解决中国家庭问题的根本办法在于：（一）打破男性中心观念；（二）打破婚姻制度；（三）反对家族制度。据称，该书"出版不到一天即一本无存"，③ 足见其在当时所产生的社会影响。其二是陶孟和所著的《社会与教育》，该书系陶氏在北京高等师范学校及北京大学所使用的讲演稿基础上编撰而成的，是近代中国最早专门系统论述社会与教育之间关系的著作，1923 年被列为"北京大学丛书"由商务印书馆出版，商务印书馆为此书制作的广告语曰："是书一名教育的社会学，书凡十四章，重在阐明社会与教育之关系，为社会学界特出之作，研究斯学者咸宜手置一编"，并刊登在欧阳钧所译《社会学》一书的"扉页"栏。④

随着在社会学教学与研究不断发展，国人对社会学学科的认识亦有所进步。相比较清末来说，这一时期更加强调社会学学科的科学性、独立性，有关这方面的论说也常见于学者的论著中。例如，蒋梦麟指出："今日而言知识之性质，求其有利于人群者。今日而言知识之方法，当以科学

---

① 陈长蘅：《中国人口论》，商务印书馆 1928 年版，"蔡元培序"。

② 易家钺（1899—1972 年），湖南汉寿县人，曾就读于北京大学，留学日本早稻田大学，后加入少年中国学会和马克思主义研究会。罗敦伟（1898—1964 年），湖南长沙人，生平事迹不详。

③ 易家钺、罗敦伟：《中国家庭问题》，泰东图书局 1929 年版，"再版自序"。

④ 欧阳钧：《社会学》，商务印书馆 1923 年版。关于陶孟和《社会与教育》的具体内容及其价值，详见本章第三节。

为标准，举以事实，斟酌毫厘，绳以名学，求其有系统之知识"①，强调知识的系统性、科学性。又如，蔡元培在论及哲学与科学之关系时曾叙述西方各学科相继独立的历史："自十六世纪以后，各种科学，自由发展，为物理学、化学、动植物学等。关于自然现象者，已无不自立为系统之科学。而关于人事，如政治、法律、社会诸科学继之。至于今日，则如心理学者，亦以其根据生理利用实验之故，复离哲学而独立"②，认为社会学等学科已发展为自立、系统之科学。再如，杨贤江指出，社会学发达有三个途径：实际的社会学、哲学的社会学及科学的社会学，并强调"以后社会学的发达遂可用科学的方法来研究人群"③。持类似的观点还有陶孟和，他说："社会学在各种科学里是最幼稚，最后发达的一种研究人群的科学，考究人群关系的原理，解释人群生活的状态。"④

如上所述，国人关于社会学学科科学性与独立性之强调，对清末以来由于传统学术文化及当时社会背景下所引起的在社会学学科认识上的各种偏颇，尤其是社会学与各种社会科学不加区别的状态有一定的纠正之功。相对来讲，民国之后国人对社会学与其他学科之间交叉渗透关系的重视程度有所下降，而更加注重社会学自身的独立研究。不过由于教育的重要性日益凸显，当时很多学者对社会学与教育学两者之间的关系予以探讨和分析。张子和指出："（个人）不能独立生存，必也相集而成社会。既为社会之一人，则天职何以尽，资格何以完，尤不可忽而不讲。于是教育之目的，不惟定之于个人，而并当定之于社会方面。是故讲学者，又不得不讲社会学与人类学"⑤，认为社会学对于教育学者有着非常重要的意义。张毓骢同样认为："夫人自少至老，无一日能离开社会，则吾人所居之社会，与一己有如何之关系，社会之影响于吾人，究为如何。社会全体有如何之组织，藉如何之法则而发达，抑向如何之方向而进行。数千年来社会之逐渐进步，果经多少阶级。此种问题，实研究教育者所不可不知者也"，并进一步肯定道："社会学之影响于教育学，为近数十年新开之生

---

① 蒋梦麟：《与吾国学者某公论学书》，《留美学生季报》1914 年第 1 卷第 1 期。
② 高平叔编：《蔡元培哲学论著》，河北人民出版社 1985 年版，第 125 页。
③ 杨贤江：《社会学发达的大势》，《民铎杂志》1921 年第 4 卷第 2 期。
④ 陶孟和：《社会与教育》，商务印书馆 1934 年版，第 1 页。
⑤ 张子和：《大教育学》，商务印书馆 1914 年版，第 14 页。

面，此社会教育学所以成立也。"① 何作霖进一步分析道，社会学作为一门"研究人类组织，考察人类关系的法则和原理，解释团体生活现象"的科学，它对于教育来说非常重要，因为"教育并不是个人的事情，个人自己教育自己是不能够被（社会）信任的"，同时强调社会学对教育的影响集中体现在两个方面：一是教育之社会的目的，二是学校之社会的基础。② 余天休也就社会学对教育的影响阐述道，教育必须按照社会需要来进行，"倘社会所要求者为善良国民之资格，则教育必须应付此种需要，倘社会所求者为社会各个人必受教育且发展智慧，使与时俱进求更善之将来，则教育必须供给若是之需要"，并将教育的社会需要具体分为五点，即（一）教个人作国民；（二）鼓动其对于科学、文学、哲学等知识之兴趣；（三）教其自卫之方；（四）教其闲时自娱之法；（五）训练其用手以获生活是也。③

总之，民国成立以后，社会学在我国得到了较快的发展，越来越多的学者参与其中，而"当学科吸引更多的学者生产更多的知识，它们变得更严密；当它们变得更严密就会分裂出次领域，结果自然再专门细分"④。上述关于社会学与教育学之间关系的论述，不仅清楚地表明国人对社会学与教育学两者之间的密切联系，以及国人对运用社会学的理论和方法解决教育问题有较为明确的认识，也为由两者交叉产生出新的分支学科——教育社会学在近代中国的建立奠定了重要的思想基础。此外，20 世纪 20 年代前后国内教育改革已进入高潮时期，在此过程中所表现出来的学校教育与社会需求之间脱节的问题显得特别严重，"社会所需要的是做事的人才，学堂所造成的是不会做事又不肯做事的人才"⑤。这些问题的解决仅仅围绕学校教育自身的研究远远不够，迫切需要从社会及社会学的角度来重新认识并加以适当解决，这在一定的程度上为教育社会学在近代中国的产生提供了直接的现实需求。正是在上述背景之下，社会学家陶孟和综合时人关于社会学与教育学之间关系的各种认识，并顺应近代中国教育改革的实际需要，通过运用社会学的原理和方法对社会与教育之间的关系加以

---

① 张毓骢：《教育学》，商务印书馆 1914 年版，第 10 页。

② 何作霖：《社会学与教育》，《社会学杂志》1922 年第一卷第三、四合号。

③ 余天休：《教育之社会目的》，《社会学杂志》1922 年第一卷第三、四合号。

④ ［美］华勒斯坦著，刘健芝译：《学科·知识·权力》，生活·读书·新知三联书店 1999 年版，第 30 页。

⑤ 胡适：《归国杂感》，《胡适文存》（卷四），亚东图书馆 1921 年版，第 10 页。

系统研究而著成《社会与教育》一书，由此开创了近代中国社会学和教育学的交叉学科及其研究领域——教育社会学。

第三节　陶孟和与近代中国教育社会学的发端①

陶孟和是近代中国最早将教育社会学作为社会学专门的研究领域，对社会与教育之间的关系进行系统研究的学者，他在北京大学社会学及教育社会学教学和研究的基础上编撰而成的《社会与教育》一书即是这项工作的最初尝试。该书堪称近代中国教育社会学研究的"奠基之作"，标志着这门学科在近代中国的发端，著者陶孟和也因此而成为近代中国教育社会学的创始人。

一　陶孟和的社会学及教育社会学研究概况

陶孟和，原名履恭，1887 年生于天津，祖籍浙江绍兴。1906 年，陶孟和留学日本，在东京高等师范学校学习历史和地理②。留日期间，他曾和同学杨文洵一起搜集大量资料，编译《中外地理大全》一书，因其内容周详，十年中再版七次，一代宗师竺可桢早年讲授"世界地理"时曾以此书作为教材。陶孟和后于 1910 年转赴英国留学，入伦敦大学经济政治学院攻读社会学，他师从社会学家韦斯特马克（E. A. Westermarck）和霍布豪斯（L. T. Hobhouse），并与后来成为人类学大师的马林诺斯基（B. Malinowski）是同学，1913 年获社会学博士学位。留学英国期间，对陶孟和的学业以及后来的事业影响最大的人当推霍布豪斯。霍布豪斯于 1907 年在伦敦大学经济政治学院主持新设立的马丁·怀特讲座，成为英国大学中第一位社会学教授，对社会学在英国的发展贡献良多。霍布豪斯主张社会学应对人类精神生活与社会结构之间的关系开展实证的研究，尤其重视社会调查的研究方法，并曾在《形而上学的国家论》一书中用专门章节来论述社会调查问题，陶孟和受此影响颇深。1912 年，陶孟和与

---

① 本节内容参考了肖朗、许刘英《陶孟和与中国大学教育社会学学科的发端》，《高等教育研究》2010 年第 1 期。

② 关于陶孟和留学日本所学科目有"教育学"和"历史地理"两种说法。据《严修年谱》（严修自订，高凌雯补，齐鲁书社 1990 年版，第 156 页）介绍，日本当时的高等师范学校只设国语汉文、史地、法制经济、英语四科，所以本文取后一种说法。

同学梁宇皋合著《中国乡村与城镇生活》（*Village and Town life in China*）一书，成为陶孟和首次尝试运用社会调查方法论述中国社会组织和社会思想的著作，也是我国社会学的开山之作。[①] 霍布豪斯为此书作序，对之评价甚高，他在序中指出该书使人了解到中国的家庭体系并非陈旧不堪、阻碍社会进步，而是承担着多种有效的社会功能。陶孟和和梁宇皋合著此书时，英国已出现了一批社会调查的成果，而中国在这方面却是空白。受到老师的鼓励，陶孟和更是下定决心，在中国推动社会调查，他后来的事业可谓循此方向不断发展。

　　陶孟和于 1913 年回国后曾任商务印书馆编辑，1914—1926 年间先后任北京大学教授、哲学系和政治系主任、教务长等职务，还兼任过北大预算委员会会长、聘任委员会会长、组织委员会委员、图书委员会委员、出版委员会委员等。1917 年蔡元培就任北京大学校长，着手对北大进行改革，为此引进或重用了一批思想先进的革新派人士，陶孟和也在其列。陶孟和极力支持蔡元培改革北大的主张和措施，并多方襄助其校务工作。如他作为图书委员会委员，曾利用出国考察的机会为北大购买图书；他还特别注意为北大罗致人才，李四光和丁文江二人就是通过他的推荐而被蔡元培延聘的。在随后的岁月里，陶孟和与胡适、丁文江结下了深厚的友谊。胡适常自称和陶孟和都是从英美留学回国的，因而两人的看法"比较最接近"[②]；有的学者更是把他与胡适、丁文江的密切交往视为其学术特色和精神品质形成的关键因素。[③]

　　众所周知，北京大学是"五四"新文化运动的发祥地，各种文化活动十分活跃，陶孟和热情参与其中。在编辑学校刊物方面，他是《社会科学季刊》的编辑员，《北京大学月刊》的文科编辑员及顾问，还与马叙伦等人成立了哲学研究会。尤其是《新青年》杂志迁至北京后，北京大学更是成为新文化运动的中心。陶孟和盛赞道："设《新青年》之精神得以贯彻，亦可喜也"，[④] 并担任了《新青年》编辑，也正是通过《新青年》

　　① 巫宝三：《纪念我国著名社会学家和社会经济研究事业的开拓者陶孟和先生》，丁日初主编：《近代中国》（第 5 辑），上海社会科学院出版社 1991 年版，第 364 页。

　　② 胡适：《丁文江的传记》，安徽教育出版社 1999 年版，第 60 页。

　　③ 章清：《"学术社会"的建构与知识分子的"权势网络"》，《历史研究》2002 年第 4 期。

　　④ 中国社会科学院近代史研究所中华民国史组编：《胡适来往书信选》（上册），中华书局 1979 年版，第 33 页。

杂志他与陈独秀等人得以相识，成为一条战壕里的战友。在《新青年》杂志上，陶孟和发表了十余篇文章，如《社会》《我们政治的生命》《战后的欧洲》《怎样解决中国的问题》《中国的人民的分析》《新青年之新道德》《贫穷与人口问题》《女子问题》《论大学教育》《大学课程问题》《留学问题》《论平民教育运动》等。此外，他还在《新教育》《中华教育界》《教育杂志》《东方杂志》等期刊上发表多篇文章。综观陶孟和这一时期发表的文章，关于教育和社会问题的居多，在这些文章中他极力提倡"科学"和"民主"的精神，主张用科学的方法来研究社会问题和调查社会实际情况，这些对当时的教育改革和社会改革都产生了积极的影响。

　　如前所述，社会学从清末就开始传入了中国，但直至民国以后才作为一门独立的学科登上大学的殿堂。1912 年，教育部公布"民国元年所定之大学制及其学科"，社会学被列为大学文科哲学门的中国哲学类和西洋哲学类、文学门的言语学类、法科的政治学门的正式科目。在此背景下，国内开设社会学课程的大学逐渐增多，陶孟和就是最早在中国大学讲授社会学的教授之一，这可从以下两点得到印证：其一是 1914 年 7 月他以法科政治学、社会学的专任教员的资格由校长提名参加北大法科学长的竞选；[①] 其二是 1915 年 6 月他致《甲寅杂志》记者提及北大政治学、社会学等学科的教学情形："恭在大学，承乏政治学、社会学两科，既鲜学问，又乏参考书籍。教授舛误，贻累后生，愧悚万状。间尝接唔一二旧日学生，讯以教授之缺点，金谓法科各门，若政治、若财政、若经济、若社会学，殆皆西洋之学术，吾人习之，未能适用。"[②] 反映出他对社会学教学现状的不如人意忧心忡忡。当时北大社会学的课程设置十分简陋，1919 年前陶孟和在北大也只教授"社会学"一门课程。此后，社会学在中国传播日广，北大开设的社会学课程也相应增多。从相关资料来看，1919 年后陶孟和在北大教授的社会学课程中，除"社会学"外，又增加了"社会问题""社会心理学""教育社会学""社

---

　　① 王学珍、郭建荣主编：《北京大学史料》第二卷·一（1912—1937），北京大学出版社 2000 年版，第 325 页。

　　② 姚纯安：《社会学在近代中国的进程（1895—1919）》，生活·读书·新知三联书店2006 年版，第 279 页。

会学原理”等与社会学相关的课程，其中“教育社会学”课程于 1922
年 6 月正式开设，① 同时他还兼任当时北大文科研究所哲学门社会哲学
史的指导教员。不仅如此，陶孟和还将他的讲课内容编辑成书出版，
《社会与教育》一书就是他在北大授课讲义的基础上整理而成的。此外，
他还翻译了《社会学及现代社会问题》《社会进化史》《现代心理学》
等著作。陶孟和在北大讲授社会学给当时的学生留下了深刻的印象，同
时他也是以社会学教授的身份而被更多的人所熟悉。曾就读于北大的金
毓黻回忆道：“陶孟和参与编辑《新青年》，使其北大社会学教授的名
声得到了学界和世人的认同。”②

　　随着陶孟和对社会学教学和研究的深入，他开始意识到“社会学者的
大部分因为全体的综合的研究，差不多是茫无头绪的，所以都专从事研究
一个民族或一个题目”。③ 而在社会学的诸多课题之中，陶孟和最为关注
的课题是“社会与教育”的关系，因为在他看来，“教育是人类进化程序
的基础，未来一代一代的人类都要经过教育的程序”④。早在 1918 年，陶
孟和就曾在北京高等师范发表题为“社会与教育”的学术讲演。⑤ 1920 年
前后，他又利用在北京大学教授社会学的机会，对两者之间的关系进行系
统地阐述。⑥ 其实，在“五四”时期的教育界、文化界的有识之士中，认
识到教育与社会之间存在着密切联系的人并不少，教育与社会的互动关系
曾引起很多人的重视。例如，陈独秀曾就“新教育是什么”的问题指出：
“教育是社会的必需品，而不是奢侈品”⑦，主张“社会与教育打成一
片”⑧。蔡元培也曾就“新教育的标准”解释道：“盖群性与个性的发展，
相反而适以相成，是今日完全之人格，亦即新教育之标准也。”⑨ 并在后

---

① 王学珍、郭建荣主编：《北京大学史料》第二卷·一（1912—1937），北京大学出版
社 2000 年版，第 376 页。

② 金毓黻：《静晤室日记》，辽沈书社 1993 年版，第 168 页。

③ 陶孟和：《社会进化史》，商务印书馆 1924 年版，“序言”。

④ 陶孟和：《社会与教育》，商务印书馆 1934 年版，第 17 页。

⑤ 王学珍、郭建荣主编：《北京大学史料》第二卷·一（1912—1937），北京大学出版社
2000 年版，第 1601 页。

⑥ 陶孟和：《社会与教育》，商务印书馆 1934 年版，“序言”。

⑦ 任建树编：《陈独秀著作选》（第二卷），上海人民出版社 1993 年版，第 234 页。

⑧ 同上书，第 260 页。

⑨ 高平叔编：《蔡元培教育论著选》，人民教育出版社 1991 年版，第 180 页。

来讨论修改民初教育宗旨的教育调查会上，建议将"养成健全人格，提倡共和精神"[1]作为新教育的基本方针。但是，他们讨论教育与社会之关系的着眼点，更多的是基于教育发展要兼顾个人与社会两方面的考虑，并非为了对教育与社会之间相互作用、相互影响的关系进行全面的论述，更遑论其对教育社会学学科建设的意义。而陶孟和则不然，他从教育社会学的视角出发，以专著《社会与教育》来系统阐述教育与社会的互动关系，充分体现出其创建教育社会学学科的主观意图和努力。

二　《社会与教育》：近代中国教育社会学发端的标志性研究成果

1922 年，陶孟和在北大"教育社会学"授课讲义的基础上编撰出版了《社会与教育》一书，成为近代中国教育社会学发端的标志性研究成果。其实，早在陶孟和出版《社会与教育》之前，1917 年商务印书馆就出版了朱元善编撰的《学校之社会训练》一书，该书由《教育与生活不分离》《社会的生活之性质》《儿童自发的生活之一例》《学校之社会的生活》等 12 篇论文合编而成，侧重于阐述学校作为一个小社会应该如何对学生实施训练，同时也论述了教育与社会的关系。[2]但作者在书中并没有明确提出"教育社会学"的概念，而且主要介绍的是西方学校教育的社会训练方式，对教育社会学的学科建设并无直接贡献。而《社会与教育》一书则明确地界定了教育社会学的学科性质和研究范围，指出社会学是教育学的基础，教育社会学旨在"应用社会学的材料、方法、原理，以解决教育问题"。[3]尤其重要的是，该书贯穿着整体性的、有机联系的观点，注重把教育现象放在社会大系统中进行分析，这是教育社会学的第一个也是最重要的特点，更是它存在的基本前提。全书的内容基本上可分为"社会对教育的影响"和"教育对社会的作用"两个部分。

（一）社会对教育的影响

教育的基本任务是培养人，但培养什么样的人，总是要根据社会的需

---

[1]　高平叔编：《蔡元培教育论著选》，人民教育出版社 1991 年版，第 265 页。

[2]　朱元善：《学校之社会训练》，商务印书馆 1917 年版。

[3]　陶孟和：《社会与教育》，商务印书馆 1934 年版，第 22 页。

要。社会是什么？在陶孟和看来，"社会者，人与人相集之团体也"①，是
"人类种种活动之周围，亦即人类群居生活之全体也"；不过，人们感觉
不到具体的社会存在，"吾人之所能理会者，惟社会关系，社会制度而
已"②。教育作为人类社会生活中的一种重要的社会现象，它与社会存在
和社会关系之间有着不可分割的密切联系，不同的历史时代和不同的社会
关系决定了各种不同的教育目的、内容和方法等，这是因为"教育制度和
学科、教授法，向来都是与社会有关系"③。以陶孟和之见，社会对于教
育的影响主要表现在以下两个方面。

1. 社会对教育目的的影响

教育作为人类社会传递文化知识的一种活动，理所当然地具备一定的
目标和目的。不过，无论在中国的教育观念还是西方的教育观念中，教育
的目标虽然以社会的需要为前提，但都曾有过重在个人的传统，即以个人
为本位来确定教育目的。他指出，如孔子就十分地强调教育的目的在于培
养"圣人"和"君子"；柏拉图也曾说"教育就是训练身体和陶冶心
灵"④，使身心达到可以达到的完满；即使到了近代教育的目的也仍然没
有脱离"个人本位教育"的窠臼，如赫尔巴特就认为教育的目的在于使
受教育者产生"平衡的多方面的趣味"。⑤ 对此，陶孟和不无批评地指出：
"教育学者常注意个人，却忽略个人所赖以生存的社会和个人间的共同生
活。"⑥ 在他看来，社会是不断向前进化、发展的，近代的社会肯定要比
古代发展，社会的生活也比以前复杂；人与人之间相互接触点不断增多，
彼此相互依赖加深，众多的社会关系就会应运而生。这许许多多的社会关
系必然会对教育目的产生影响，于是陶孟和进一步认为"现在教育之要务
不只是传递知识""更须使被教育者能够明白，并且实行合作、互助、服
务、利他、民治"⑦ 这些社会道理，而且"受过教育的人，应该觉悟他与

---

① 陶孟和：《社会》，《孟和文存》，上海书店出版社 2011 年版，第 4 页。

② 同上。

③ 陶孟和：《社会与教育》，商务印书馆 1934 年版，第 16 页。

④ 单中惠、朱镜人主编：《外国教育经典解读》，上海教育出版社 2004 年版，第 5 页。

⑤ 同上书，第 143 页。

⑥ 陶孟和：《社会与教育》，商务印书馆 1934 年版，第 12 页。

⑦ 同上书，第 13 页。

社会的关系"，"现在的教育之目的，应该体量社会的情形"①。尽管教育的目的可以是针对个人而设，但是个人在接受教育之后，最终还是要回到社会，"个人须是社会的个人"②，个人的利益如果与社会的利益相冲突的话，那么他就无法在这个社会上生存下去，因为"没有人可以跳出社会关系以外的，没有人可以遁世不与社会相闻问的"③。因此，对教育目的起决定作用的还是社会关系或社会制度，就连实现教育目的的方法也取决于社会。

2. 社会对教育制度、学科内容和教授法的影响

相对于教育目的来说，教育制度、学科内容和教授法属于教育的具体方面，是从事教育工作者的实践层面。杜威曾说过："学校反映了所发生的社会变动……如果我们把学校种类、设置的新课程、教育的内容、教学和训练方法进行全面的检查，那种认为教育制度一直是固定不变的看法是非常荒谬的"。④ 陶孟和赞同杜威的观点，认为"社会及于教育上的影响是显而易见"的，⑤ 尤其是教育制度、学科内容和教授法，向来都与社会密切关联。为此，他举出古今中外的社会对教育制度、学科内容和教授法产生影响的许多例子来加以论证。他说："中国的家庭制度最为发达，所以向来学校的组织也带着家庭的色彩；夫权制度最为发达，所以授课的先生十分尊严，与天地君亲相并立"⑥，并进一步强调："各国教育的状况与制度，大部分我们都可以从它的社会情形上解释的。"⑦ 至于教授科目的设置在他看来就更能反映出当时的社会现实，他指出《论语》《孟子》之所以几千年来一直被当作教科书使用，主要是因为中国社会奉孔丘和孟轲的言行为道德的模范，"科举取士成为一种社会制度时，所以书生都去揣摩制艺，作诗帖诗"⑧，自科举制被废除后，由于政府实行文官考试制度，于是学校里也就设置了一些相关的科目，而"专制的政治制度之下就不许

---

① 陶孟和：《社会与教育》，商务印书馆 1934 年版，第 13 页。

② 同上书，第 14 页。

③ 陶孟和：《社会问题》，商务印书馆 1924 年版，第 10 页。

④ 赵祥麟、王承绪编：《杜威教育名篇》，教育科学出版社 2006 年版，第 237 页。

⑤ 陶孟和：《教育的效力》，《孟和文存》，上海书店出版社 2011 年版，第 139 页。

⑥ 陶孟和：《社会与教育》，商务印书馆 1934 年版，第 16 页。

⑦ 陶孟和：《教育的效力》，《孟和文存》，上海书店出版社 2011 年版，第 139 页。

⑧ 陶孟和：《社会与教育》，商务印书馆 1934 年版，第 16 页。

学校内设有民治性质的教科"①。那教授法如何呢？陶孟和认为同样如此，甚至可以说教授法是从社会情形脱胎变化而来的。他通过对中外古代两种不同性质的教学方法的比较考察，指出中国在教学方法上非常重视个人的传授，历来缺乏相互讨论的传统，而古希腊却产生了苏格拉底式的质疑问难法，之所以会出现这种区别，在他看来主要原因在于"中国社会只有命令者、服从者的关系，没有共同讨论的组织"②，而"希腊盛时，民治发展，人民关心政治，都时时从事辩论"。③然后就会导致中国是"一人讲授，众人危坐静听"、希腊是"共同讨论"这样性质不同的教授法。

（二）教育对社会的作用

陶孟和认为，相对于社会对教育的影响非常明显来说，"教育及于社会的影响就没有这样的显而易见"④，但"教育是人类进化程序的基础，未来一代一代的人类都要经过教育的程序"⑤，因而教育具有指导社会、改良社会的能力。

1. 教育传递与改造"社会成训"

"社会成训"（tradition，现通译为"传统"），按照陶孟和的解释就是人类祖先所遗传下来的社会文化，它包括知识、技术、风俗、习惯和制度等。因此，所谓"社会成训"主要指的是人类社会的传统文化。人类社会之所以能不断地进步，其中一个很重要的因素就是人类能够继承历代祖先所遗留下来的传统文化，并在此基础上不断创新、发展。陶孟和认为，人类是"藉着历代祖先所遗下的成训营文明的社会生活"⑥。不过，在他看来，即便都在社会成训或传统文化范围之内，也有轻重主次之分，其中知识和技术是最重要、最宝贵的因素。人类文化知识和技术的传递显然是依靠着教育，但从人类社会发展演变历史过程而言，现代的社会尽管有传统的文化知识供人们享受，有现成的技术供人们运用，但这远远不够，因为人类必须在继承社会传统文化知识时有所取舍，同时要在此基础上发展、进步。对此陶孟和有自己独特的认识，他指出："现代的人对于祖先

---

① 陶孟和：《教育的效力》，《孟和文存》，上海书店出版社 2011 年版，第 139 页。
② 陶孟和：《社会与教育》，商务印书馆 1934 年版，第 16 页。
③ 同上书，第 17 页。
④ 陶孟和：《教育的效力》，《孟和文存》，上海书店出版社 2011 年版，第 139 页。
⑤ 陶孟和：《社会与教育》，商务印书馆 1934 年版，第 17 页。
⑥ 同上书，第 120 页。

所遗留的知识与技术不但要能够享用，并且还要设法增进。"① 如何"设法增进"呢？陶孟和回答道："教育就是发展人的享用那些知识技术的能力的一种程序"，甚至"学校教授的科目要以能够发展人的享用社会成训的能力为标准"②。至于社会传统文化中的风俗、习惯和制度，陶孟和说这些也是祖先所遗传的，而且已经成为"社会上当然的产业了"，因为"无论哪一种社会，莫不有风俗习惯为人所遵依"，"也莫不有制度规范人的行为"③。就人类社会的演变历程而言，人类社会为维持共同的生活，满足共同的需要，就必须依靠风俗、习惯和制度，否则社会将动荡不宁，人类也就谈不上有何发展和进步了。那究竟通过怎样的方式将这些风俗、习惯和制度传递、灌输给社会成员以达到社会的团结、稳定和进步呢？对此，陶孟和的回答依然是教育，他指出："教育是灌输风尚的重要方法"，"教育是增进社会团结，齐一社会的行为最主要，最有效的工具"④。尽管这些可以由先驱者的鼓吹宣传和政府的积极提倡来实现，但教育无疑是最快速、最便捷的方式。陶孟和又指出，社会成训中无论是知识技术，还是风尚（即风俗和习惯的简称）制度，并非都对社会的进步起到积极的推动作用，即便在推动进步的同时也会带来许多危害；而且，即便在当时起着积极的作用，但不能保证它永远如此，因为没有哪种风尚是神圣的，没有哪种制度是一成不变的，因此，教育不仅为了传递这些社会成训，而且应当担负起改造它们的责任。

2. 教育指导和补救社会组织

社会组织亦即社会团体，是人类一种小范围的联合，对此社会学者有不同的分类法，如依据组织关系的亲疏将各种社会团体分为初级、次级两种：初级的社会团体包括家庭、邻里等，而次级的社会组织则包括学校、职业的结合、国家等。陶孟和认为由于社会在不断地变化，尤其是经济的变化，导致了某些社会组织的性质和部分功能发生了改变。例如，家庭本来是一种以血统和婚姻为基础的普遍的社会组织，其职能主要有生殖、经济、教育和文化等方面，但是随着社会不断地发生变化，原来意义上的家

---

① 陶孟和：《社会与教育》，商务印书馆1934年版，第122页。

② 同上书，第121页。

③ 同上书，第123页。

④ 同上书，第127页。

庭不仅性质上在发生着改变，而且家庭的职能除生殖一项外，其余的都受到社会上其他势力的扩充而发生了改变，或者由其他组织替代行使了。不过，尽管现代家庭及其生活发生了巨大的改变，但家庭的教育职能并没有全部失掉，"家庭并非从此就将所有教育的责任都卸脱净尽"。所以他强调"教育机关要指导和辅助家庭尽教育上的责任"①，"家庭与学校不只要相辅相依，更要共同协力"②。

现在社会最重要的组织是国家，教育对其有着怎样的作用？陶孟和指出："国家是人类社会有目的有计划的组织，那么教育就是国家的最主要的有目的的势力"，"无论在什么形式的国家里，人民与执政的人都须受相当的教育"③，"国家和教育的关系都是很密切的"④。国家作为人类的政治组织，其核心机关就是政府。陶孟和强调政府的形式不是一成不变，它会随着物质状态、生活状态等方面的改变而有所变化。例如，法国大革命后，资产阶级崛起并与封建阶级相对峙；及至第一次世界大战后，更有无产阶级革命运动的大爆发。相应地，政府职能也将发生一定的变化，但政府职能的变化并不一定意味着政治发达、政府完善。如何能弥补、完善？以陶孟和之见，最主要的途径在于教育，尤其是政治教育，"政治教育就是造就每个人成为一个良善的公民，社会的健全的一员"⑤，因为"一国政治的发达不能专靠着几个政治的领袖，必须大部分的人民都有政治的知识和能力"⑥，通过"教育使生徒发生政治的趣味，不是发生政党的趣味"⑦。

3. 教育促进社会演化

人的生命是活动的，那由人组成的人类社会的生命理所当然也是活动的。人类社会总是在不停地活动、不停地演化，社会演化是自然的程序，社会无时无刻不在演化、发展。既然社会演化是个既定事实，那社会究竟如何演化？在陶孟和看来社会演化常有这样的两种形式：自然淘汰和人为

---

① 陶孟和：《社会与教育》，商务印书馆 1934 年版，第 147 页。

② 同上书，第 148 页。

③ 同上书，第 201 页。

④ 同上书，第 202 页。

⑤ 同上书，第 204 页。

⑥ 同上书，第 203 页。

⑦ 同上书，第 204 页。

淘汰，而且"自然淘汰是人类所不能免的，是维持效能必要的程序"①，但是自然淘汰也会给人类社会带来另一面——竞争冲突，"竞争冲突是人类最耗费的活动"，所以在推动人类社会演化的自然淘汰这个程序中的有一部分必须用其他的形式替代，那就是人为的淘汰。人为的淘汰代替自然淘汰，这其实是人类社会不同于自然界的一个方面，也是人类社会的特色所在，因为在人类社会发展演变的过程中，人类总是会积极主动利用自己的智慧来利用支配自然，甚至各种社会现象。陶孟和也说"人类的进化就是人为的淘汰，逐渐增长势力，扩充范围，支配自然的淘汰"②；"人为的淘汰是有目的的或唯理的淘汰"，"人类的进步，就是靠着那人为的，有目的的淘汰"③。但是如何才能增加人为淘汰的势力？陶孟和回答道："人的势力的扩张，还要靠着教育"，"教育是人类有意识的淘汰的方法"，而且"社会演化，无论是在那一方面，都是人的势力渐渐干涉自然的程序"④。既然社会的演化在某种程度上就意味着是人为淘汰逐渐取代干涉自然淘汰，而教育又是人为的淘汰的方法，那教育促进社会演化的作用就不言而喻了。所以陶孟和说"教育是人类进化最主要的工具"⑤，甚至人的进化的三个要素"智慧、努力与合作，都是教育的结果"⑥。

综上所述，《社会与教育》主要论述了教育与社会的互动关系，但在论述时作为相互关系之主体的"教育"和"社会"都未被限定在某一层面上（如"制度"或"过程"），而是特指其整体性。换言之，《社会与教育》主要是在宏观层次上论述了教育与社会之间的关系，而对于微观层次上的教育与社会的关系则论述甚少，甚至可以说只字未提，这一点陶孟和本人也有所认识，如他在该书的序言中就坦承："社会与教育的关系有多方面，本书所讨论的当然有限，不能详尽。就是讨论到的各点，也多未能透彻。"⑦ 而这正是一门学科在初创阶段所必经的过程。此外，对于"教育"，陶孟和在书中强调它的"社会性"，把教育看成一种社会现象，

---

① 陶孟和：《社会与教育》，商务印书馆1934年版，第269页。

② 同上书，第272页。

③ 同上书，第271页。

④ 同上书，第281页。

⑤ 同上书，第282页。

⑥ 同上书，第283页。

⑦ 同上书，"序言"。

如他所说，"教育自身是一种社会程序，教育也是一种社会制度"①，这可以说是教育社会学的精髓所在。迄今为止，教育社会学的研究对象仍然是一个见仁见智的问题，在学界并没有达成共识，但无疑都承认教育是一种社会现象，具有明显的社会性，并认为教育的社会性主要体现在三个方面，即受制于社会、形成自身"小社会"、作用于社会，教育社会学即以教育社会性的三个方面为逻辑线索来展开相关研究。②《社会与教育》对教育的"社会性"论述显然不够全面，如只提到教育"受制于社会"和"作用于社会"两个方面，而对教育自身的"小社会"则未能进行论述，但这不能苛求于这样一部开创性的著作。

三　陶孟和对中国教育社会学的贡献和影响

中国教育社会学在初创时期，直接受惠于外国社会学和教育社会学的理论资源，在某种程度可以说西方教育社会学是中国教育社会学诞生的母体。陶孟和对教育社会学的探索和研究就明显带有西方教育社会学学科体系的痕迹，尤其受到美国教育社会学学科的影响。究其原因，主要可归结为两点：其一，教育社会学起源于欧洲，法国社会学家、教育学家涂尔干（E. Durkheim）率先将教育社会学从社会学中分离出来，作为一个专门的领域加以研究，但美国在教育社会学这个领域的研究有后来居上的趋势，并对其学科建设作出了较大的贡献；其二，五四新文化运动时期，伴随着美国教育思想对中国近代教育发展的影响逐渐加深，中国教育"取法美国"已成为时代的主旋律。就陶孟和的个人经历来看，他曾留学日本和英国，无疑受其教育思想的影响，但在上述大背景下，陶孟和并没有因此而局限了自己的视野，他放眼世界博采众长，特别关注美国的教育改革及其思想。例如，他在《大学课程问题》一文中，针对当时中国大学课程设置脱离社会实际，着力介绍了美国哥伦比亚大学和哈佛大学这两所著名高等学府的课程设置情况，对于这两所高校根据社会变化的需要来设置课程作了充分的肯定，并希望中国大学的课程设置能从中得到启发和借鉴。他在《社会与教育》的序言中明确写道："多取材于英美人的著作，就中特

---

① 陶孟和：《社会与教育》，商务印书馆 1934 年版，第 30 页。

② 吴康宁：《教育社会学》，人民教育出版社 1998 年版，第 8 页。

以从史密斯及克劳的两书采用的资料为较多。"① 而当时的美国教育社会学以史密斯（W. R. Smith）和司纳顿（D. Snedden）等人为主要代表，前者的著作《教育社会学导论》是美国第一本正式用"教育社会学"命名的教科书，后者是哥伦比亚大学教育社会学系的创始人。他们作为美国早期教育社会学的开创性人物，认为教育社会学既是社会学的分支学科，又是教育学的基础学科，教育也是一种社会制度，必须通过运用社会学的理论、方法来研究教育与社会的关系，以分析和解决教育问题，尤其强调这门学科在教育领域中的实用性。② 同样作为美国早期教育社会学的代表人物之一的克劳（F. R. Clow），也强调社会学知识对于教育研究的重要性，他认为"社会学的理论是各种学校教育分析社会状况的工具和'万能钥匙'"，③ 甚至将其关于教育社会学的专著直接命名为《社会学原则在教育上的应用》。正如有的学者所指出的，"美国斯密司（即史密斯——笔者注）等人也提倡教育社会学，不过他们的兴趣不在客观的教育事实，想把它造成一种独立的科学，而在于从社会学的观点建立教育的目标和原则。"④ 受此影响，陶孟和对教育社会学学科性质做了明确的界定。他指出，社会学的研究可分为四个部分：社会起源、社会演化、社会组织和社会改良，前三者为纯粹社会学研究，社会改良属于应用社会学，教育社会学则属于其中的一个分支。他指出："社会学于教育的关系，就是应用社会学的知识，改良教育，把社会学所发现的道理，实施在教育上。社会学对于教育最大的功用就在这一点。"⑤

就教育社会学的研究宗旨而言，陶孟和主要吸收了司纳顿的观点，认为教育社会学旨在应用社会学及其他社会科学的材料、方法、原理，以解决教育问题。一方面它可以解释儿童的本能的社会生活，作为学校和教育制度的参考，以便学校能与校外的各种教育机关密切配合；另一方面它可

① 陶孟和：《社会与教育》，商务印书馆 1934 年版，"序言"。

② W. R. Smith：*Principle of Educational Sociology*，Cambridge Massachusetts：The Riversive Press，1928，"Preface"．

③ F. R. Clow：*Principle of Sociology with Educational Applications*，New York：The Macmillan Company，1924．

④ 侯怀银：《中国教育学发展问题研究——以 20 世纪上半叶为中心》，山西教育出版社 2008 年版，第 153 页。

⑤ 陶孟和：《社会与教育》，商务印书馆 1934 年版，第 9 页。

以应用社会学的知识确定教育目的、评定教育价值以及用何种方法才能实现教育目的等。据此，陶孟和认为无论是学制的制定，还是学科范围、课程的设置，都要考虑社会状况，力求适应社会变化的需要。早在《壬戌学制》颁布之前，教育界、文化界兴起讨论学制改革的热潮期间，陶孟和就发表了《论学制系统》一文。他认为改革学制必须有两个条件，首要条件就是调查社会状况，因为教育须适应社会状况，且社会状况一定要在兴办教育的考虑之中；其次是学科的范围一定要从社会需要的方面着眼，考察人生所必需的发展，所必需的知识技能，由此来规定学科的范围。① 此后，又以同样的观点讨论关于大学课程设置的问题，他在《大学课程问题》写道："现代大学，自十九世纪以来，已渐失去阶级的色彩，现代大学已为平民的"②，大学在社会上位置的改变直接影响到其学科设置，所以大学就要"适应社会的要求，为一般人设备学科"③，由于社会的需求是多方面的，大学课程设置也应力求多样化以满足社会的需求。

就教育社会学的研究方法而言，陶孟和主要参考了哈瑞森（S. M. Harrison）的《社区行动调查》（*Community Action Through Surveys*），提倡运用社会调查法，并指出这种方法共有六个步骤：①搜集社会事项；②按着事项的类别分析种类；③寻求合理的解释；④寻出适合现状的实际解决办法；⑤造就健全的社会生活舆论；⑥与社会全体共同合作。哈瑞森是美国社会调查的杰出代表，他开创的"春田调查"④ 被视为社会调查法的典范。陶孟和是近代中国最先提倡社会调查的学者，他在留英期间与梁宇皋合著的《中国乡村与城镇生活》即为近代中国尝试"社会调查"的拓荒之作，这种尝试使他体会到以个人的力量开展社会调查是多么困难，正如他所说："个人所知的社会生活不过是一极小部分"⑤，同时更使他意

① 陶孟和：《论学制系统》，《新教育》1921 年第 4 卷第 2 期。

② 陶孟和：《大学课程问题》，《孟和文存》，上海书店出版社 2011 年版，第 164 页。

③ 同上。

④ "春田调查"来源于哈瑞森于 1920 年发表的 "*Social Conditions in an American city：A Summary of the Findings of the Springfield Survey*" 一书，与其他调查不同的是，"春田调查"所调查的区域主要集中在春田市，并因此而得名。其主要是利用城市里的各种组织机构来搜集材料，通过设计问卷表格，分别就家庭、宗教、政府、教养机构、住房、健康卫生、工农商业、娱乐、教育等领域做概况性的调查。

⑤ 陶孟和：《社会调查》，《孟和文存》，上海书店出版社 2011 年版，第 59 页。

识到社会调查是多么重要，并萌发一种宏愿，要把中国社会的各个方面调查一番。回国后，陶孟和从思想和实践两方面来丰富和发展他的社会调查理论。他先是躬行实践，参加了北京社会实进会①调查部于1914—1915年间对北京人力车夫的调查，并写了《北京人力车夫之生活情形》的报告。1918年3月，陶孟和在《新青年》第4卷3号上发表《社会调查》一文，指出社会调查对于解决当时中国各种社会问题的重要性。在《社会与教育》中也辟有专章论述社会调查。陶孟和认为社会调查涵盖面广，教育是其中最重要的一部分。具体而言，教育调查的机关包括学校、图书馆及阅览室、其他教育机关等三大项。关于教育调查的价值，陶孟和指出教育调查是一种精密的科学调查，它与社会调查的关系非常密切，通过社会调查，可以获得决定教育政策、规划教育组织、筹划教育设施的基础认识；通过教育调查，一方面可以知道教育将来的发展，另一方面可以充分发挥教育指导社会、改革社会的能力。但陶孟和也清醒地意识到，教育调查并非易事，它必须具备三个基本条件：第一，要有专家并配备训练有素的助手；第二，要有时间；第三，要有经费。② 一言以蔽之，必须成立专门的教育研究或调查机构。经过不懈的努力，陶孟和的愿望终于初步实现。1922年北大学生杨廉、卢逮曾等组织了"教育研究会"，以注重研究为宗旨，以学理的讨论、事实的调查为研究方法，内设研究股、调查股、庶事股。在教育研究会成立大会上，陶孟和对于如何研究和调查提出了具体的建议和要求，并指出"教育调查"相对于"教育研究"来说更为重要，③因为"要知教育的现状或关于他的某一点或某一方面，一定要有调查的，要求教育的进步更要有调查作基础"。④

如前所述，陶孟和的《社会与教育》一书明显带有美国教育社会学的痕迹，以至于有的学者将这本著作等同于"译作"。如陈启天曾在《应用教育社会学》译序中写道："《教育社会学导言》（*An Introduction to Ed-*

----

① 北京社会实进会是北京基督教青年会所属的一个社会团体，成立于1913年，它以"联合北京学界，从事社会服务，实行改良风俗"为宗旨，举办演说会、游戏等社会服务活动。1915年该会内设学务、演说、游艺、调查、交际5个部，除开展社会服务活动外，还举办夜校，进行人力车夫调查等。

② 陶孟和：《社会与教育》，商务印书馆1934年版，第36页。

③ 《北大教育研究会成立纪实》，《晨报》1922年3月23日。

④ 陶孟和：《社会与教育》，商务印书馆1934年版，第36页。

ucational Sociology）的前半部乃谈教育社会学的原理，已经由陶孟和先生撮译于《教育与社会》一书中。"① 书后附录的参考书目也反映出该书深受外国的影响，在总共 14 章的参考书目中，除了第一章列出中文译著外，其余的都是外国社会学、教育社会学以及其他相关学科的文献。此外，《社会与教育》重视对西方社会学和教育社会学理论的引介，尤其关注社会与教育关系的理论，但很少涉及中国社会和教育的实际问题。陶孟和在书中首先介绍了一般的社会学理论，继而从宏观上阐述社会与教育的关系，然后讨论各种社会组织、社会制度与教育的关系以及教育对它们的影响。因此，正如作者本人所指出的，该书"不过采集社会学上最主要的知识，加以编订，就社会性质、社会团体、社会进步诸问题为概括的讨论，然后更根据关于各问题的知识略示其在教育上的应用"。② 而对中国当时的教育实际问题甚少涉及，更谈不上提出具体的解决办法。

尽管如此，陶孟和堪称近代中国教育社会学的创始人，对此后教育社会学学科在中国的发展产生了深远的影响。自陶孟和在北京大学教授教育社会学之后，教育社会学作为一门独立的学科开始在大学普遍设立。截止 1949 年，不仅在综合性大学，而且在师范院校及独立教育学院，甚至在部分中学都曾开设教育社会学课程。比较突出的例子，如雷通群在厦门大学，孟宪承、鲁继曾在大夏大学，卢绍稷在江苏省立上海中学均曾开设这门课程。而《社会与教育》曾于 1925 年、1934 年两次再版，1934 年更是被商务印书馆列为"大学丛书"。在此后的各种教育社会学研究成果中，该书都被列为重要的参考文献，其编撰体例甚至成为参照和借鉴的模本。雷通群著《教育社会学》是近代中国第一部冠以"教育社会学"书名的著作，在学科体系及研究水平上已明显超越《社会与教育》，全书分成"原理篇"和"应用篇"两大部分，具有从抽象到具体、理论到实践的较为严密的逻辑结构。但经比较不难发现，雷著"原理篇"的内容与《社会与教育》中的观点十分相似，它们都是从社会学的角度阐发教育的社会意义，重视教育与社会的关系和教育的社会化功能，把教育社会学视为社会学的分支学科，是应用社会学的一种，正如雷通群所指出的，"它

① 陈启天：《应用教育社会学》，上海中华书局 1925 年版，"译序"。
② 陶孟和：《社会与教育》，商务印书馆 1934 年版，第 22—23 页。

是将社会学上的原理及研究方法，应用到教育上去。"① 不过，如果说《社会与教育》较多地因袭了美国的教育社会学体系，那么雷通群的《教育社会学》则具有更为明确的本土化意识。在该书的序言中，作者开宗明义地申述其本意"在使教育社会学成为中国化，用系统的研究法，兼原理论与实用双方面。"② 基于这种指导思想，《教育社会学》试图克服《社会与教育》的编译色彩，书中对课程、教学法及各类教育形式的研究均努力结合中国的实际，在一定程度上弥补了后者很少涉及中国"实际的教育问题"的不足。另外，《教育社会学》一书将教育社会学的研究范围规定为四个方面：一是研究团体生活；二是研究团体生活所需的教育；三是研究各团体的特殊教育；四是研究作为社会团体的学校。③ 这四个方面基本涵盖了教育社会学研究的主要领域，尤其是第四个方面说明作者已充分意识到对教育自身的"小社会"进行研究的必要，开始深入到教育与社会关系的微观层面，标志着在学科体系上较之《社会与教育》更为完备、成熟。④ 由此可见，近代中国教育社会学学科建设所取得的成果在很大程度上均可追溯到陶孟和及其《社会与教育》这个重要源头。

综上所述，近代中国教育社会学之所以兴起，首先是由于中国近代学术分科体制的确立，一方面使哲学、心理学、社会学、教育学等教育社会学产生的基础学科相继在我国创立，另一方面也为上述这些学科以及近代中国教育社会学自身在大学里开设提供了重要的制度保障。其次，社会学在近代中国的兴起和发展为教育社会学的产生提供了直接的理论来源，国人对运用社会学的理论和方法来研究教育问题有了较为明确的认识，与此同时，国内教育改革已进入高潮时期，各种教育问题的出现迫切需要新的教育理论的指导。正是在此背景之下，社会学家陶孟和综合时人关于社会学与教育学之间关系的各种认识，并顺应近代中国教育改革的实际需要，通过运用社会学的原理和方法对社会与教育之间的关系加以系统研究而著成《社会与教育》一书，它堪称近代中国教育社会学的奠基之作。

---

① 雷通群：《教育社会学》，商务印书馆 1931 年版，第 6 页。

② 同上书，第 1 页。

③ 同上书，第 14—16 页。

④ 关于雷通群的《教育社会学》，详见本书第三章第四节。

第二章

近代中国教育社会学的学科建制

撑诸世界近代科学史和学术史，学科建制是维持各门学科的教学与研究活动得以正常开展的制度性保障，因而也是学科建设中十分重要的环节。一般来说，人文社会科学学科建制①有三个主要的标志：一是大学普遍开设相关课程或系列讲座，二是成立专门的研究机构或学术团体，三是出版学术刊物。② 由于时代原因和社会条件的限制，近代中国教育社会学学科体制建设主要在第一个方面取得了较大的成绩和收获，教育社会学作为一门课程不仅在大学，甚至在中学、师范讲习所开设，由此迈出了学科制度化建设最为关键性的一步。而从后两个方面来看，近代中国教育社会学学科建设存在着明显的不足，既没有成立专门的研究机构和学术团体，也未发行本专业的学术刊物，所以在一定的程度上可以说，近代中国教育社会学的学科建制主要是以课程设置为核心的制度化建设。一门学科由一特定的群体创立，深刻体现着现代"学术人"的特殊作用，这个群体所具备的共同特征也是学科制度化建设进程中的重要因素之一。近代中国教育社会学学者群体中的成员大都有留学国外的教育经历，有着多元的知识视野、多学科的知识结构以及对中国教育现实的深切关怀等特征，并自觉承担起在近代中国创建教育社会学学科的重任。本章主要围绕上述内容展开论述。

---

① "建制"是"体制建设""制度化建设"的简略表述，因它目前已被国内学界普遍使用，故本文沿用之。参见左玉河《中国近代学术体制之创建》（四川人民出版社 2008 年版）、刘龙心《学术与制度——学科体制与现代中国史学的建立》（新星出版社 2007 年版）、阎光才主编《美国的学术体制：历史、结构与运行特征》（教育科学出版社 2011 年版）等。

② 吴康宁：《教育社会学》，人民教育出版社 2009 年版，第 25 页。

第一节　近代中国高校教育社会学的课程设置

在学科制度创建的过程中，课程设置无疑是其重要的标志。一门学科被列入高校课程体系之中，一方面符合该学科培养专业人才的需要，这些专业人才作为开展教学和研究工作的后备力量以确保学科的延续发展；另一方面也有利于该学科同行学者之间的交流与合作，以便初步形成必要的学术平台和良好的学术氛围。从近代中国教育社会学的发展历程来看，首先是由于社会学学者对于教育现象或教育实践的关注并将其作为专门领域加以研究，从而在近代中国确立了教育社会学的学科地位，其突出的标志当推 1922 年陶孟和《社会与教育》一书的出版问世。该书实际上是作者 1920 年前后在北京大学讲授"社会与教育"的基础上整理而成的，而在此之前教育社会学就已作为一门课程列入近代中国高等师范学校的课程体系之中。总的来说，近代中国教育社会学课程是伴随着教育学科专业化程度的不断提高以及教育学科课程设置的多元化而得以开设，不少大学、独立学院，甚至中学、师范讲习所都曾开设过教育社会学。①

一　20 世纪 30 年代中期前高校教育社会学课程的创设

就教育学科的发展而言，一般认为从清末时便开始设置教育学课程，并与师范教育密切相关。1904 年颁布的《奏定优级师范学堂章程》规定优级师范学堂的课程分为公共科、分类科和加习科。其中，教育学被作为分类科中"一概通习无异致"② 的公共课程，具体包括"教育理论及应用教育史""教育史""各科教授法""学校卫生""教授实事练习""教育法令"等学科门类。民初制定和实施的"壬子·癸丑学制"，延续清末教育学科的公共课程设置，但具体科目则稍有调整，如《高等师范学校课程标准》规定高等师范学校于"心理学及教育学"的总科目下设置"心理学""教育学""教育史""教授法""学校卫生""教育法"等课程。此外，学制还规定了高等师范学校、女子高等师范学校分预科、本科、研究科，同时附设专修科和选科。1915 年，北京高等师范学校设立包括"伦

---

① 此处"大学"包括师范大学、国立或公立大学、私立大学以及教会大学。

② 舒新城编：《中国近代教育史资料》（中册），人民教育出版社 1981 年版，第 684 页。

理"论理"（逻辑）"心理""教育""德文""国文""言语学""哲学""美学""生理""体操"11 门的教育专攻科，学习期限为四年，以学德国教育学说为主。这是近代中国历史上第一个教育专业性教学及研究机构，虽然没有把教育社会学纳入其中，但它的成立标志着教育学科由清末以来的公共课程上升至专门研究的领域，在整个教育学科发展史上意义深远。继北高师教育专攻科设立之后，1918 年《南京高等师范学校现行简章》规定设置教育专修科，该科旨在"养成教育学教员及学校行政教育行政人才"①，其具体开设的科目为：实践伦理、伦理学、中国伦理学史、西洋伦理学史、心理学、教育心理学、教育学、中国教育史、西洋教育史、东洋教育史、教授法、教育社会学、教育行政、各国教育比较、学校组织及管理法、学校卫生与设备、职业教育、中等教育、初等教育、学务调查报告法、学务统计法、国文、国语、英语、哲学概要、论理学、社会学、应用社会学、乐歌、体育、教育研究报告、实地教授及参观，共33 门，分三年时间学完。②"教育社会学"名列其中，这是近代中国最早将教育社会学列入课程体系的高校。1920 年，本着"造成专门人才及教育界领袖的宗旨"③，北京高等师范学校又设置了教育研究科，两年的时间得修完包括"教育社会学"在内的 24 门课程。④

　　1922 年，北京政府颁定了"壬戌学制"，它是中国近代学制中实行时间最长、影响最大的一个学制，期间虽有内容上的变更，但整体框架却一直沿用至 1949 年，对教育学科产生了深远的影响，并集中体现在以下两个方面：其一，学制规定高等师范学校应提高程度，升格为师范大学，综合性大学应设置教育学科。具体办法为："依旧制设立之高等师范学校，应于相当时期内提高程度收受高级中学毕业生，修业年限四年，称为师范

　　① 朱有瓛主编：《中国近代学制史料》第三辑（下册），华东师范大学出版社 1992 年版，第 650 页。

　　② 同上书，第 643—645 页。

　　③ 同上书，第 625 页。

　　④ 这 24 门课程分别是：哲学、美学、心理学概论、教育学、教育史、教授法原理、生物学、社会学概论、教育哲学、教育心理、普通实验心理、教育社会学、教育卫生、小学教授法、儿童心理、教育行政、教育统计、哲学史、心理测量、社会问题、道德哲学、实用心理、各国教育制度、教育调查法。资料来源于朱有瓛主编：《中国近代学制史料》第三辑（下册），华东师范大学出版社 1992 年版，第 626 页。

大学校";"大学校修业年限四年至六年,用选科制,为补充初级中学教员之不足,得设二年之师范专修科附设于大学教育科或师范大学校,亦得设于师范学校或高级中学,收受师范学校及高级中学毕业生"。① 学制颁布后,高等师范学校纷纷改为综合性大学,全国除北京高等师范学校升格为北京师范大学并于1931年与由北京女高师升格为女子师范大学合并成立北平师范大学而外,自民初成立的其余高师都改为综合性大学。② 此外,在学制实施过程中,教育部于1929年8月通过了《大学规程》,对大学的教育学科设置作了更为详细的规定:"大学分文、理、法、教育、农、工、商、医各学院";"大学教育学院或独立学院教育科,分教育原理、教育心理、教育行政、教育方法及其他各学系,大学或独立学院之有文学院或文科而不设教育学院或教育科者,得设教育学系于文学院或文科";"大学各学院或独立学院各科得分别附设师范、体育……公共卫生等专修科"。③ 其二,学制废除旧教育宗旨,代之以7条标准"适应社会进化之需要;发挥平民教育精神;谋个性之发展;注意国民经济力;注意生活教育;使教育易于普及;多留个地方伸缩余地"④,并充分展示了其灵活性和开放性,这就为私立大学和教会大学的发展提供了广阔的空间,而私立大学和教会大学在成立之初,就将教育学科置于非常重要的位置,并形成了独有的特色和风格。这样,教育学科不仅在师范大学、综合性大学设置,而且在私立大学和教会大学也开始兴起,教育学科的设置呈现多元化的格局,一直伴随着教育学科专业化成长和发展的教育社会学也同样在上述院校开设。据相关资料,到20世纪30年代中期,全国共有31所高等院校开设过教育社会学课程。其中公立大学15所,⑤ 私立大学7所,

① 李友芝编:《中国近现代师范教育史资料》第二册,内部材料,第267—268页。

② 具体分别为:1922年,南高师改为东南大学;1923年,沈阳高师与文学专门学校合并为东北大学;1923年,武昌高师改为武昌师范大学,一年后改为武昌大学;1924年,广东高师与广东公立法科大学、广东公立农业专门学校合并为广东大学,后又改为中山大学;1927年,成都高师改为成都师范大学,不久又改为四川大学。

③ 中国第二历史档案馆编:《中华民国史档案资料汇编》第五辑 第二编 教育(一),江苏古籍出版社1994年版,第171—178页。

④ 李友芝编:《中国近现代师范教育史资料》第二册,内部材料,第264—265页。

⑤ 此处所说的"公立大学"包括师范大学和国立或省立大学综合性大学。下文所出现的"公立大学",若没有特别说明,均属此意。

教会大学 9 所，且大多都是以教育学科名义于教育学系内开设。[1]另据《第一次中国教育年鉴》统计，各大学设置教育学科的共有 42 所，由此可见教育社会学在教育学科的地位和重要性。

表 2−1　　20 世纪 30 年代中期前开设教育社会学课程院校一览表

公立大学	私立大学	教会大学
中央大学	厦门大学	东吴大学
北京大学	大夏大学	燕京大学
北平师范大学	广东国民大学	之江文理学院
武汉大学	广州大学	福建协和学院
中山大学	武昌中华大学	华南女子文理学院
山东大学	中国学院	金陵大学
暨南大学	北平民国学院	齐鲁大学
浙江大学		辅仁大学
四川大学		岭南大学
安徽大学		
河南大学		
湖南大学		
勤勤大学		
云南大学		
山西省立教育学院		
15	7	9

资料来源：《全国公私立大学、独立学院、专科学校一览表》（1936 年），中国第二历史档案馆编：《中华民国史档案资料汇编·第 5 辑·第一编·教育》（一），江苏古籍出版社 1994 年版，第 300—317 页。

---

[1]　鉴于教育社会学是由教育学和社会学交叉产生的学科，笔者对凡是设置社会学系或教育学系的院校都进行了查阅，结果发现若设置社会学系，未设置教育学系的学校（如清华大学），同样也没开设教育社会学课程；而设置教育学系，或同时也设置社会学系的院校，在两系均开设，这类情况以私立大学和教会大学为多，后者表现更为突出。不过就整体情况来看，教育社会学此时还是多以教育学科名义且在教育学系开设的。

依据 1929 年南京国民政府颁布的《大学组织法》第十六条规定，大学课程由各校校务会审议通过，校务会是以本校全体教授副教授所选出的代表若干人及校长、各学院院长和各学系主任组成，校长任主席。同年颁布的《大学规程》除了规定"党义、国文、军事训练及第一第二外国文为共同必修科目"及"大学各学院或独立学院各科课程，得采学分制"外，对于大学课程没有更为详细而具体的说明。此时大学的课程制定没有统一的标准，各大学可以"自由确定"课程。诚如时人所云："大学各学系所设之科目，并无规定标准，何系应设何科目，何科目应为必修或选修，各科目应在何年级教学，率本系主任之主张，以定其存否及位置。而级任对于该系设立之目的主张未必一致，见解又各不相同，此所以同一大学之同一系内，而有各种不同之课程也。"[1] 因此，即便是同样开设教育社会学课程，也会由于各学校的历史、培养目标、师资力量等方面的不尽相同，而在诸如必修与选修、修习期限、学分之类的问题上表现出一定的差异，甚至对于同一科目的内容说明也存在着差别。大致来说，师范大学对教育社会学课程以"选修课"为主，在整个教育学课程体系中地位不够突出；综合性大学多开设在教育学系，且以"必修课"为主，有的院校还要求研究生也必修，开设层次相对较高；私立大学教育系科齐全，除教育学系外，还设有教育原理学系、教育方法学系、教育行政学系、社会教育系等，教育社会学曾分别在这些学系中开设，开设范围非常广泛；教会大学也由于近代中国特殊的生存与发展环境而在教育社会学课程设置上表现出自身的特色。

北平师范大学是 20 世纪 30 年代中期之前唯一一所开设教育社会学课程的师范大学。虽然早在北高师时期设置的教育研究科中就曾开设过这门课程，但那时教育研究科所有课程均没有作学分、必修、选修之类的规定，教育社会学课程当然也不例外。1924 年，北平师范大学成立教育系，招收大学预科或高中毕业生，肄业四年，程度与普通大学相当。与普通大学教育院系有所不同的是，北平师大教育系的目标旨在培养学生以下各种能力：（一）在学校或教育行政机关担任行政职务之能力；（二）在中等学校担任一种普通科目及教育各种科目之能力；（三）对于各种教育实际

---

① 许椿生等编：《李建勋教育论著选》，人民教育出版社 1993 年版，第 132 页。

问题有独立研究解决之能力。本着对"各项教育人才，予以专业训练"①的宗旨，北平师大教育系自成立起开设了社会学、心理学、教育概论、各国教育行政、实验心理等共计16门的教育专业课程，并随着教育科学的日趋发展及教育事业的日益复杂，课程数目（主要是必修科目）历年还有所增加，至30年代中期已达到50门。这些课程是按照基本的、修养的、技术的、专业的、分化的等项原则来统合于教育系目标之下，使其成为一个有系统的课程体系，从而有利于学生的专业训练。此外，该系实行主、副科及选修制度，将这几十门教育专业化课程有序地安排至学生各科各年的学习中去，"具体的、单纯的及基本的科目列于前，抽象的、综合的及专精的科目列于后"②。各门课程以学分计算，每学期每周授课一小时、自修或课外预备二小时以上者为一学分。主科须修90学分、副科须修30学分，选修学分在10—40分，再加上党义4学分、体育8学分、参观与实习8学分，教育系学生须修满148个学分才能毕业。在上述前提下，教育社会学课程于1928年在北平师大教育系开始设置，至30年代中期一直开设着，期间有两次（1928年和1929年）作为"必修课"，其余都是"选修课"；其目标和内容为："本学程（即课程——笔者注）讨论教育目的应如何顾及社会环境，适合社会需要，根据社会的观点，决定教材内容，并利用教育作社会控制之工具。内容分为：（一）教育社会学之意义、范围与方法；（二）社会与社会团体；（三）社会进化与社会控制；（四）教育之社会的根据；（五）教材之社会的根据；（六）改革教育制度应有之问题"③。教育系学生于第一、二年级开始选修，定为4学分。另据北平师大教育系有关选修课的规定，"选修科目之设，一为普通知识之扩充，一为某种学科之深造，由本校斟酌经济及人才而设"。④前者于第一、二年级开设，后者自第三年为适应课程分化的需要而加以选修。显然，教育社会学仅仅是北师大教育系选修科目中以扩充学生普通知识的一门课程，以教育专业课程设置的角度来看，教育社会学在该系的地位并不是很高。若将其与同期其他课程相比较，更能发现同样的问题，其中最具

①　许椿生等编：《李建勋教育论著选》，人民教育出版社1993年版，第132页。

②　同上书，第141页。

③　《国立北平师范大学一览》，1934年，第82页。

④　许椿生等编：《李建勋教育论著选》，人民教育出版社1993年版，第141页。

代表性的便是教育心理学①。教育心理学与教育社会学一样，早在北高师设立教育研究科时，就视作新兴的学科得以设置。② 然而在随后的北平师大教育系时期，两者的发展却表现出一定的不平衡，教育心理学的发展大大超过教育社会学。从开设的年份来看，教育心理学于 1925 年就开始设置，比教育社会学早 3 年；从专业课程的重要性来看（原则上"必修课"要比"选修课"重要），教育心理学自开设起就一直作为"必修课"，而且还作为教育系以外的系科的"必修课"。特别是由于该系课程编排采取分化原则，即"本系科目虽均冠以教育，而以将来所负之任务不同，则有分化之必要。故本系自第三年起，有教育行政及教育心理等组之设"③。这样一来，教育心理学便由一门课程上升至课程组的高度，教育心理组开设了包括学科心理、社会心理、变态心理、动物心理、实验心理等一系列的课程，其重要性就可想而知了。而教育社会学仅两次作为"必修课"，其余全是"选修课"。由此不难看出，教育社会学在北平师范大学并没有得到足够的重视，这似乎与教育社会学早期开设的情况大不相同。

综合性大学可以说是近代中国开设教育社会学课程的主体，表 2 - 1 "公立大学"栏中，除了北平师范大学外，其余都是综合性大学，占开设院校总数的 45%。综合性大学的教育社会学课程也是开设在教育学系里，而其教育学系设置一般有两种形式：一是隶属于文学院之下；一是直接设于教育学院内。较之师范大学侧重于师资的培养，综合性大学教育学系则更加注重于教育学术研究及教育专门人才的培养。而教育社会学作为一门教育学专业的重要基础理论学科，是教育学术研究及专门人才培养必不可少的课程之一，自然受到综合性大学的重视，被视为教育系的"必修课"。如安徽大学文学院教育学系的人才培养目标为："本学系根据大学教育宗旨以研究教育学术养成专门教育人才为目的，对师范及中等师资训

---

① 当时有学者从师范大学任务（学术研究与专业陶冶）的角度论述师范大学教育系的课程设置，并就学术研究范围来看，认为师大教育系应开设包括教育心理学、教育社会学等在内的理论学科（参见常道直《师范大学之双重的任务》，《师大月刊》1932 年第 1 期，"创刊号"）；此外，近代多数学者将教育心理学与教育社会学视为教育科学研究的两门基础学科，而把两者进行对比，如庄泽宣、卢绍稷、罗廷光等人。

② 据曾在北高师教育研究科第二班学习的黄公觉回忆道："（二十四门学科）就时代而论，科目算得是最新"。

③ 许椿生等编：《李建勋教育论著选》，人民教育出版社 1993 年版，第 140—141 页。

练与教育行政人员之培养亦得兼筹并顾"①。根据这一目标,教育学系课程分成"基础知识类""研究工具类""语言工具类""史学类""教育理论及概况类""教育行政类""教学法类"七类。② 学生通过学习这些课程以达到:(1)能获得与教育学术有关系之基本知识;(2)能运用研究教育学术之方法与工具;(3)能明了教育学术上之历史及社会背景;(4)能通晓教育学术上之重要理论与应用;(5)能具有办理各种教育行政之知识与技能。就教育社会学而言,属于上述七类中的"教育理论及概况类",开设这门课程的目的在于:"(一)使学生明瞭教育之社会的研究之必要及其最近趋势;(二)使学生了解教育的本质及其作用;(三)使学生明瞭各时代社会的生产关系和新教育形态;(四)使学生了解我国今日社会的经济结构和教育的特殊使命。其内容包括:绪论:教育社会学研究之发展。(甲)教育之社会学的基础:(一)社会学的性质及其最近的趋势;(二)社会的本质与构造;(三)社会生活与教育;(四)社会组织及各种组织的教育职能;(五)社会的进化与教育的演变;(六)教育社会学的本质及其领域;(七)现代各派教育社会学的思潮。(乙)社会学之教育上的应用:(一)家庭教育改造论;(二)学校教育改造论;(三)社会教育改造论。结论:教育社会化;社会教育化"。③ 并将教育社会学规定为教育学系的"必修课",每周授课 3 小时,共 3 学分。类似的还有暨南大学,该校教育学院的主要任务有三项:一为研究教育学术;二是造就教育行政人才;三是培养中小学校师资。并根据这三项任务分设教育学系、心理系及师资专科,"凡志在研究教育学术或从事教育行政者,应认定教育学系为主系"。④ 该院将所有课程按性质分成"教育原理及教育史""各种教育""教育行政""教育心理""教育方法"及"心理学及哲学"等六类,并对每一门课程的课时数、学分、开设目的、内容以及主

---

① 《安徽省立安徽大学课程说明书》(文学院教育系),1935 年,第 1 页。

② 基础知识类包括生物学、普通心理学、教育心理学、儿童心理学、哲学概论等;研究工具类包括科学方法、教育统计学、测验概要、图表法等;语言工具类包括基本国文、基本英文、第二外国语等;史学类包括中国文化史、西洋文化史、中国教育史、西洋教育史等;教育理论及概况类包括教育概论、教育哲学、近代教育思潮、教育社会学等;教育行政类包括教育行政、学校行政、比较教育等;教学法类包括普通教学法、小学各科教材及教学法等。

③ 《安徽省立安徽大学课程说明书》(文学院教育系),1935 年,第 22—23 页。

④ 谢循初:《四年来本校教育学院》,《教育季刊》1931 年第 1 卷第 4 期。

要参考书目——作了详细的说明。教育社会学则被归为"教育原理及教育史"类，每周授课 3 小时，占 3 学分，其目标在于"指导学者应用社会学于教育上之研究"，其内容包括："①绪论；②教育之社会学的基础；③教育之目标及价值；④课程及方法；⑤指导与训育"，① 其主要参考书目有：①Hein Good, *Sociology and Education*；②Clow, *Educational Sociology*；③Chancellor, *Educational Sociology*；④Peters, *Foundations of Educational Sociology*；⑤Snedden, *Social Determination of Educational Objectives*；⑥A. Hart, *Social Interpretation of Education*；⑦陶孟和：《社会与教育》；⑧爱尔乌德著，赵作雄译：《社会学及现代社会问题》。最能体现重视教育社会学对于教育学术研究及专门人才培养重要性的，则是中山大学教育学系及教育研究所开设的教育社会学课程。

中山大学教育学系成立于 1927 年秋，隶属于文学院（原称文史科，根据 1929 年 4 月修订的《国立中山大学规程》改称文科，1931 年改称文学院），是该院成立较早的学系之一，招收大学预科或高中毕业生，学制四年。为使"学生注重实际学问，多加练习功夫，俾毕业后，确能本所学以贡献于国家社会"②，教育学系对各类基本学科，如哲学类、文学类、社会学类等，按年编配，使学生获得与教育学相关学科上的基本知识，以助其对于教育学本身研究之兴趣。教育社会学被安排在学生第二年级首门"必修"课程中，每周 2 小时，共 2 学分。此外，教育学系还对各门课程的目的、主要内容、参考书目以及教学方法等作了详细的规定，以利于学生选习。对教育社会学的规定为：其目标在于讨论社会与教育之关系，并应用社会学的材料、方法、原理，以解决教育上的重要问题。其内容包括：①社会学的意义；②教育社会学的意义；③教育社会学之功用及范围；④教育社会学与教育心理学之关系；⑤社会调查与教育调查；⑥个人与社会；⑦社会成立的要素；⑧人的心灵之要素；⑨人的交通方法；⑩邻里与教育；⑪游戏与教育；⑫职业与教育；⑬家庭与教育；⑭国家与教育；⑮民治主义与教育；⑯三民主义与教育。主要参考书有：①陶孟和：《社会与教育》；②陈启天：《应用教育社会学》或 Smith：*Introduction to Educational Sociology*。教学方法为：

---

① 《学程一览》，《国立暨南大学一览》，1930 年，第 75 页。

② 《国立中山大学现状》，1934 年，第 65 页。

①讲演及讨论；②研究报告；③调查报告。①

为便于"学生研求高深学术，俾造成专科人才也"②，中山大学教育学系成立不久便开始筹备研究所。1928 年初，该系设立教育学研究所，这是国内最早设立的专门的教育研究机构，并开始招收研究生。研究生之资格，起初不限于大学毕业生，但必须是"能阅读西文参考书及具有丰富的教育实际经验者"。③ 1935 年，教育学研究所奉教育部核准立案后，易名为教育研究所，分成教育学部和教育心理学部，并变更研究生招生章程。根据新章程的规定，研究所研究生入学资格有所提高，只限于大学教育院系毕业生，同时为"求其教育学识更深，研究技术更加熟练起见"④，研究所遂规定教育学部和教育心理学部的研究生都应再加习相应的课程，课程数目多达 10 余门，⑤ 教育社会学也在其列，并且是两部研究生共同必修的课程之一。与教育学系针对本科生开设的教育社会学课程相比，教育研究所不仅要求所内研究生"必修"这门课程，并就课程的目标和内容作了更高的规定和要求。如规定教育社会学的目标为：（1）探讨社会学各派的内容及其教育理论；（2）阐发社会与教育之机能的关系;（3）研究教育在社会上之应用；（4）建立教育与社会之合体的本质论、目的论及方法论。围绕着这些目标，须教授的内容有：（1）导言;（2）文化社会学派与教育；（3）心理社会学派与教育；（4）涂尔干社会学派与教育；（5）生物社会学派与教育；（6）马克斯（即马克思）社会学派与教育；（7）各派社会学之对象与教育；（8）各派社会学之方法与教育；（9）教育与经济；（10）教育与政治；（11）教育与家庭；（12）教育与艺术；（13）教育与宗教道德；（14）教育之起源及演进；（15）现代各国教育政

① 《国立中山大学一览》，1930 年，第 57 页。

② 《国立中山大学现状》，1934 年，第 64 页。

③ 国立中山大学研究院教育研究所编：《本所研究事业十年》，出版地不详，1937 年，第 3 页。

④ 同上。

⑤ 教育学部研究生必修课程为：教育研究法、高等教育心理学、高等教育社会学、课程研究、教育行政问题、教育专史研究、教育哲学问题、中国教育问题研究等；教育心理学部研究生必修课程为：教育研究法、高等教育心理学、高等教育社会学、学科心理问题、生理心理学、实验心理学、变态心理学、心理学派别等。参见国立中山大学研究院教育研究所编《本所研究事业十年》，出版地不详，1937 年，第 3—5 页。

策；（16）学制；（17）课程；（18）训育；（19）教学法。① 由此可见，教育社会学在综合性大学的开设层次之高。

较之近代中国高等师范和综合性大学等公立大学，近代中国私立大学的发展要面对诸如资金、生源、师资等多方面的限制；而教会大学作为近代中国私立大学的一个组成部分，也同样面临着这些限制。著名教育学家邱椿曾就此这样写道："不论从经济的、政治的，或文化的方面来观察，它们（即私立大学——笔者注）的前途是比较悲观的。"而要改变这种状况以谋求更好的出路，从近代私立大学自身来说则必须于"教育理想和知识领域中又能作独特之贡献"。② 有鉴于此，近代中国私立大学和教会大学的教育学科在建立和发展过程中，形成了若干不同于公立大学的特征。具体而言，近代中国私立大学因受其办学过程中地理位置的影响较大，其教育学科的特征之一表现在与地方社会关系较为密切；近代教会大学自成立之日起就重视中国教育实际问题的研究，以此作为其立足于中国的基点，这也成为其教育学科的显著特征之一。而教育社会学作为研究教育与社会之间基本关系的学科，是实现这些特征的重要基础，自然会在近代中国私立大学和教会大学中开设。前者如位于福建省南半部的厦门大学，担任着闽南三十多个县千余万人的人才培养工作，从建校之初就设置了"师资科"，不久为适应地方形势的变化和教育发展需要，不断增加各类教育课程，其中就包括了"教育社会学"。后者如燕京大学教育系为关注中国教育现实问题曾设置了普通教育、幼儿教育、乡村教育三个专业，其中普通教育和乡村教育专业都开设了"教育社会学"这门课程。

然而，近代中国私立大学和教会大学毕竟属于两种不同的大学模式，其历史传统、办学宗旨、社会现实均有很多不一样的地方，因而不仅其教育学科的建立和发展不尽相同，与教育学科建立密切相关的教育社会学设置也迥然有别。相对而言，近代中国私立大学的教育学科发展特色是教育系科设置较为齐全，其中厦门大学教育学科和大夏大学教育学科可谓两个典型的代表，其教育社会学开设的情形也最能体现出私立大学教育社会学课程设置的特点。

---

① 国立中山大学研究院教育研究所编：《本所研究事业十年》，出版地不详，1937 年，第6 页。

② 邱椿：《我国私立大学之前途》，《中华教育界》1936 年第 24 卷第 6 期。

　　教育学科是厦门大学最早建立的学科之一。1921 年建校之初，就设立"师范""商科"两部。同年 11 月，"师范部"改为"教育学部"。1923 年 4 月又改名为"教育科"，成为当时全校五个科之一。1924 年 6 月，"教育科"改称"教育学系"，并入文科。伴随着系科名称的不断调整，教育学科所设置的课程也"均多增加"①。若将"教育学系"所开设的课程与"教育科"相比，前者仅"必修"课程就增加了 9 门②，其中也包括了"教育社会学"，该门课程学生于第四学年的第二学期必修，需修满三个"绩点"（即学分）。与同时代其他大学相比，厦门大学开设教育社会学课程的时间相对较早。不仅如此，为加强学科建设，1925 年厦门大学发出正式文件，规定各学科、各系"每月须集会一次"，"以谋该科、该系之发展，并以交换各人之意见。"同时要求全体教职员"对于该科、该系、该机关，有何满意之处，有何不满意之处，有何种改良办法以救济之……务请各抒己见，报告于该管主任，以资采择，而利进行。"③ 1926 年，教育学系又扩充独立成为"教育科"，并下分教育学、教育心理学、教育行政学三个系。至 1930 年 2 月，为遵照教育部所颁布的《大学规程》，厦门大学在此前教育科系的基础上改组成立了"教育学院"，下设教育原理、教育心理、教育行政、教育方法等四个学系。④ 这是厦门大学教育学科发展史上所设系科最多的一次。伴随着教育学院系科建设的逐步发展，教育社会学开设的范围也不断扩大。当时，学院的宗旨是"研究教

---

① 厦门大学编：《厦门大学十周年纪念刊》，厦门大学出版社 1931 年版，第 62 页。

② 此处仅从必修课程数量上将两者进行比较，"教育科"时期共设 7 门必修课程，分别是：教育概论、教育史、教育心理学、教育行政、教育统计学、普通心理学、儿童心理学。参见厦门大学编《厦门大学布告》第二卷 第一册 民国十一年至十三年，第 103—106 页。"教育学系"时期共开设了 16 门必修课程，分别为：国文、英文、心理学、西洋通史、社会学原理、论理学、实验心理学、伦理学、泰西哲学、经济学、社会心理学、教育学、实验教育、教育制度、教育社会学、教学法。参见厦门大学编《厦门大学布告》第三卷 第二册 民国十三年至十四年，第 73—75 页。

③ 洪永宏编：《厦门大学校史：1921—1949》（第一卷），厦门大学出版社 1990 年版，第 64 页。

④ 这是厦门大学教育学院下设学系最多的一次，持续到 1933 年。1933 年后教育学院下设学系减少至三个：教育学系（由教育原理和教育方法两系合并而成）、教育心理系、教育行政系；1935 年又改设两个系：教育学系、教育心理系。1936 年教育学院被撤销。

育学术，造就教育行政人员、各级学校师资及教育专门人材"①。为此，学院在课程设置上力求完备，将所开设的课程分成四类：普通必修课、主课必修课、辅课必修课、选修课。其中"普通必修课"的课程除了教育原理系须增加"哲学"一科外，其余的四个学系都一样；②"主课必修课"是各系之基本及主干课程；"辅课必修课"是由各系学生就"性之所近"于本校文、理、商、法等学院中任选一学系，或在本学院所选定的主系外选一学系，并修满该系课程的 24 绩点；至于"选修课"则是任选本校各学院所开设的课程，以修满 150 绩点为限。就教育社会学课程设置情况来看，不仅列为"普通必修课"要求四个学系必修，而且还开设在"主课必修课"中成为各系的主干课程，只不过各系开设的时间不同而已，其中教育原理、教育行政、教育方法三个系均于第二学年的第二学期开设，而教育心理学则于第三学年的第二学期开设。教育社会学同时在四个学系中开设，达到了近代中国教育社会学课程设置史上开设学系最多的一次。

大夏大学脱胎于厦门大学，因而其教育学科从一开始就有着较高的起点。"教育科"是建校初就设立的五科之一，该科以"研究教育学术，造就师范与中等学校师资，教育行政人员及教育专门人材"为宗旨。③ 时任教育科主任的欧元怀，也是大夏大学的主要创办人及负责人，对教育学科建设十分重视。在刚开始成立的"教育科"之下，就设置了教育心理、中等教育、教育行政 3 个系。同时将"教育科"所设课程分成"普通必修课程""专科课程""专系课程""纯粹选修课程"等四类，其中"专科课程"又分为三组："必修课程组"，须修满 27 绩点；"分组选修课程"，须修满 16 绩点；"教学实习"。而与本研究密切相关的教育社会学被分别安排在"分组选修课程"中的"第二组"（凡预备毕业后服务于中等学校者，须修满 12 绩点）和"第三组"（凡预备毕业后从事于教育行政者，须修满 16 绩点），供学生选习，均为 3 绩点。这实际上就意味着教育社会学分别设置在"中等教育系"和"教育行政系"。1930 年，依据《大学规程》的规定，大夏大学将"教育科"易名为"教育学院"，同时

---

① 《厦门大学一览·教育学院》，民国二十二年至二十三年，第 3 页。

② 普通必修课分别为：1. 三民主义；2. 国文；3. 英文；4. 第二外国语；5. 普通心理学；6. 生物学；7. 社会学大意；8. 教育心理学；9. 教育概论或原理；10. 教育史；11. 教育社会学。参见《厦门大学一览》，民国二十至二十一年，第 139 页。

③ 《大夏大学一览》，民国十五年，第 67 页。

该院除原有教育心理、中等教育、教育行政 3 系外，又增设"社会教育系"。与"教育科"相比，教育学院在宗旨上没什么变化，最大的变化就是新增的"社会教育系"由著名社会教育专家马宗荣主持，他为该系所创立的课程曾为全国各大学所效仿。课程设置除教育学院的各系必修课程外，社会教育系的必修课为 27 门，分别为：社会教育原理、社会教育事业概论、社会教育行政、比较社会教育、民众学校教育、图书馆通论、图书馆教育论、图书馆组织与管理、民众娱乐教育、公民教育、简易技能、民众文艺与教育、戏剧与教育、映画与教育、音乐与教育、艺术与教育、演讲与教育、健康教育、观览设施与教育、社会事业概论、社会教育问题设计、社会教育问题研究、教育行政、职业教育、职业指导、教育社会学、农村社会学。①"教育社会学"名列其中，加之教育社会学曾在"中等教育"和"教育行政"两系开设，由此大夏大学的教育社会学课程同时在三个学系中开设，其范围不可谓不广。

近代中国的教会大学也非常重视教育学科的建设，很多教会大学几乎是在成立初期就设置了教育系科或教育课程。例如，金陵大学于 1910 年成立之初就设有教育科及师范科，1914 年更扩展为教育系；燕京大学于 1916 年由北方四所教会学校合并而成，两年后便成立了教育系；华南女子文理学院于 1917 年创办了四年制的教育系；齐鲁大学也于 1917 年设立了四年制的文理科，课程分自然科学、社会科学、文学、教育学四组。当时"除了一所教会大学以外，其余的都开设教育课程"②。不过，在 20 世纪 20 年代以前，教会大学的教育系科规模多属狭小，所设课程偏于理论教学为主，根本谈不上教育学科的专门研究和学术化。20 年代以后，在国内收回教育权运动的影响下，特别是南京国民政府成立后加强了对文化教育的控制，许多教会大学相继在政府部门注册立案，开始作为中国私立大学的组成部分由国家统一管理。在此背景之下，教会大学不仅增设了许多新的教育系科，而且原有的教育系科规模也在逐渐扩大，其中辅仁大学还成立了教育学院，下设教育学系、心理学系及美术专修科。与此同时，教会大学也十分重视完善教育学科的课程设置，根据需要适时增加新的课程，课程设置日趋专业化和系统化，不少教会大学就是在这种情况下开始

---

①　《教育学院课程》，大夏大学编：《大夏大学一览》，1931 年，第 7—9 页。

②　[美] 卢茨：《中国教会大学史》，曾钜生译，浙江教育出版社 1988 年版，第 172 页。

设置教育社会学。例如，燕京大学教育学科的课程设置最初侧重于教育理论，只开设了"教育概论""教育哲学""教育史"等基础理论课程；立案后，课程进行了调整和充实，增加了"教育心理学""教育行政""教育社会学""教育测验"等多门专业基础学科。金陵大学教育学系也是如此，自成立以来所设课程不断增加；该校教育学系侧重于中小学师资的培养，至30年代中期，对于该校教育学系的学生来说，所需学习的课程有"教育学概论""测验""儿童研究""统计学""教育心理学""小学教育""教育行政""教育社会学""教育哲学""中小学学科心理""教育史""课室管理法""职业指导""中等教育""学校卫生""课程研究""量表构造法""高级教育心理学"等。此外，辅仁大学不仅教育系科建设位居近代中国教会大学前列，课程设置也同样丰富，仅以教育学系的学生而言，四年中必修课包括了"教育学概论""教育社会学""儿童心理学""青年心理""民众教育""教育统计学""中等教育原理""训育论""乡村教育""西洋教育史""比较教育""教育心理学""教育哲学""教育测验""中等教学法""教育行政""课程组织""职业教育"等几十门，其中"教育社会学"于第三学年必修，此外还有大量的选修科目。

由此可知，教育社会学之所以在教会大学的教育系科中开设，主要是出于完善教育课程体系的需要。但影响教会大学的教育社会学课程设置除了教育学科的发展外，还有一个十分重要的因素，即社会学学科的建设。社会学作为一门学科，在近代中国所形成系统的教学和研究过程中，教会大学起着举足轻重的作用。教会大学是我国最早设立社会学系的院校，截至30年代，全国各大学或独立学院设立社会学系（包括"历史社会学系"和"社会经济学系"）的17所院校中，[1] 教会院校就有10所，占一半以上。这些设置社会学系的教会大学，在不断调整社会学系科建设的同时，也注重充实社会学系的课程设置。据《第一次中国教育年鉴》的记载，沪江大学、金陵大学、燕京大学、齐鲁大学、辅仁大学每学年开设的必修社会学类课程多达20门左右，[2] 其中包括"教育社会学"。这样一

---

[1]　这17所院校分别是：中央大学、清华大学、中山大学、金陵大学、复旦大学、光华大学、东吴大学、沪江大学、燕京大学、岭南大学、金陵女子文理学院、辅仁大学、齐鲁大学、武昌华中大学、厦门大学、大夏大学、福建协和学院。

[2]　《第一次中国教育年鉴》丙编 教育概况，开明书店1934年版，第95—140页。

来，教会大学既在教育学系开设教育社会学课程，也在社会学系开设这一课程。不仅如此，两系对教育社会学的内容、开设目的作了不尽相同的解释。例如，齐鲁大学的教育学系认为教育社会学应包括"社会原则、教育与社会之关属、教育平民化及教育普及问题、教育对于社会进步之贡献"等方面的内容，[①] 而该校的社会经济学系则认为教育社会学在于"指导学生在教育范围内研究教育目的方法，以便规定为个人效率的教育目的，及指导学生如何规定教育改良的基础课目等"[②]，前者强调教育学的社会原理以及教育对社会的促进作用，后者则更多的是强调社会学在教育上的运用，同一课程开设在不同的系科，侧重点有所不同，从而充分兼顾了教育社会学是由教育学和社会学交叉学科的特质，这正是教会大学教育社会学课程设置的特色所在。[③]

二　20世纪30年代中期后高校教育社会学课程的调整

以上是20世纪30年代中期之前教育社会学在近代中国各大学开设的概况。30年代中期之后，教育社会学课程设置分别在教育学系和社会学系表现出明显不同的发展态势。其最显著的变化在于教育学系开设教育社会学课程的大学数量急剧减少，在整个教育学科体系中的位置也并不独立（尤其是与教育心理学相比较的话），其中最直接的原因是30年代中期前后教育学界展开的关于大学教育学系课程设置问题的讨论以及南京国民政府教育部统一大学教育学系课程标准的举措。

20世纪二三十年代以后，国内各公、私立大学的课程由大学"自由确定"，不仅课程科目上不一致，甚至程度上也有很大的差别，有的大学课程相当于研究院，也有的大学课程仅稍高于中学，给各个学科的发展也带来了诸多不便和困难，教育学科自然也不例外。至30年代中期左右，教育界遂展开了关于大学教育学系课程问题的批评和讨论。张文昌认为："我国教育之弊在'骛矜好奇'，而不求深造，致造成肤浅的风气，支持者亦以迎合青年之心理故，五花八门开得一张大菜单，使人

---

①　齐鲁大学编：《山东济南私立齐鲁大学文理两学院一览》，1931年，第53页。

②　《齐鲁大学社会经济学系课程一览》，《社会学杂志》1930年第3卷第11和12号。

③　近代中国私立大学如厦门大学、大夏大学也曾在社会学系开设过"教育社会学"，但都是以"选修课"的形式出现的，与教会大学相比，私立大学教育社会学课程多在教育科系开设。

目眩头晕，这是百货公司样的陈列橱，那里是'最高学府'"①。张士一指出，当前我国大学教育学系的课程设置根本没有确定的原则，并且"关于理论的课目特别的多，关于观察和实习的课目特别少"，因此主张以"使实际的经验和理论的知识相辅而行"的原则来改革大学教育学系的课程设置。②庄泽宣也同样认为"大学教育系课程问题有急切彻底改造的必要"，并且提出详细具体的改革措施。他将大学教育系的课程分为两个阶段：第一阶段是吸收或消化，以书本的学习为主要工作；第二阶段是实验或创造，以实际的工作为主，而又以第一阶段为最重要，因为"创造不是空中可以起楼阁的，必须先悉现在的情形及其历史背景与未来趋势"。第一阶段大致占大学年限的首二年（学制是四年），第一年必修的课程有"教育概论""教育原理""教育英文""生物学及进化论""七十年来的中国""国际形势"；第二年必修课程有"教育心理学""普通教学法""统计及测验""西洋教育史""中国教育史""比较教育"，同时对每门课程的内容、开设目的、方法等均一一作了说明。就教育社会学课程而言，庄泽宣主张内容上应将其纳入"教育原理"；方法上"不用课本，不发讲义，以观察与讨论为主，使学生认识现实社会及所发生的教育上的问题"。③许椿生则深刻地批评道，近代中国各大学教育学系课程设置"南辕北辙"以及与其培养目标未能完全符合，在此基础上他建议大学教育学系课程设置应采取以下三项原则：（一）教育学系的课程可分为两个阶段，第一个阶段是注重客观事物的认识，第二个阶段开始研究与实验。第一个阶段内以书本的学习为主要工作，必修功课不妨多。第二个阶段是专指一门，要求深入，研究实验的工作应多于书本上的工作；（二）课程的内容不应如中小学之课程有一定的规定，因为新进的科学派别分歧，如心理学、社会学至今尚未有公认的系统，若规定一定的内容不但为事实上所不可能，而且违反学术的自由研究的原则；（三）课程科目的增减要多赋弹性，大学既为研究高深学术的机关，则课程科目即应随科学的进展为转移，若规定过于刻板，于学

---

① 张文昌：《国内二十六处教育学院系状况与课程调查》，《之江学报》1933年第1卷第2期。

② 张士一：《大学教育系的课程问题》，中央大学教育学院《教育丛刊》1935年第3卷第1期。

③ 庄泽宣：《大学教育学系课程问题》，《教育杂志》1935年第25卷第1号。

术发展上反多阻碍。他认为第一阶段所必修的课程为"教育通论""普通心理""社会学""生物学及实验""教育的英文""现代中国及其教育""教育心理学""普通教学法""教育统计学""教育心理及测验""比较教育""教育史"等；在其所列课表中并没有列入"教育社会学"，不过从他对每门课程的说明中可以看出，他主张将"教育社会学"的内容纳入到诸如"教育概论""现代中国及其教育"等课程中去。① 此外，中国教育学会曾以"大学教育系方针及设施问题"为年会主题而进行讨论。综合这些讨论，不仅触及大学教育学系课程设置的核心问题，也为日后南京国民政府教育部颁布统一的教育学系课程标准奠定了一定的思想基础，更是直接关系到教育社会学在教育学科体系中的"命运"。

原因在于，我国近代大学教育学系的课程设置与当时中等学校师资的培养密切相关。而在抗日战争前夕，除北平师范大学外，国内并没有专设的中等学校师资训练机构，此一时期在各大学里有附设"师范专修科"的规定，② 然未见诸实行。③ 因此，培养中等学校师资的任务主要依靠各大学教育学系来完成，但由于大学教育学系课程设置的种种弊端，学生所学"多偏重于教育理论，缺乏实际的教育专业训练，往往不能胜任各科教学"④，因而这一时期，中等学校师资的培养就成为一个严重的问题。为此，南京国民政府教育部自 1938 年起开始整顿师范教育，实行师范学院制度，并颁布《师范学院规程》（以下简称《规程》），对其设立宗旨及形式、组织、训导、学生待遇等各方面作出详尽的规定。例如，《规程》规定，师范学院"以遵照中华民国教育宗旨及其实施方针，养成中等学校之健全师资为目的"；"单独设立，或于大学中设置之"；其组织分"国文、外文、外国语、史地、公民训育、算学、理化、博物、教育各系，及体育、音乐、图画、劳作、家政、社会教育各专修科"，"各专修科，于必要时得改为系"；"为施行严格之心身训练，采

---

① 参见许椿生《大学教育学系之课程》，《师大月刊》1935 年第 20 期，"教育专号"。

② 如 1929 年南京国民政府教育部颁布的《大学规程》第二十二条规定："大学各学院或独立学院各科得分别附设师范，体育，市政，家政，美术，新闻学，图书馆学，医学，药学及公共卫生等专修科"。参见李友芝编《中国近现代师范教育史料》第二册，第 296 页。

③ 如 1929 年，国立中央大学就因为师资和经费等问题将"师资科"停办。

④ 刘问岫编：《中国师范教育简史》，人民教育出版社 1985 年版，第 144 页。

用导师制";"师范学院学生，一律免收学膳费"等。① 《规程》颁布不久，教育部对于师范学院设置的草图便大致拟成，计划于中央大学、中山大学、浙江大学、西南联合大学、西北联合大学各增设一所师范学院，另于湖南单设一院。

一年后，教育部考虑师范学院既已设立，可担负起培养中等学校师资的主要职责，遂规定各私立大学原有教育学院或教育学系，除成绩优良者可暂予保留外，其余逐年停招新生。② 而对那些保留下来的教育院系，严格限制其教学范围和培养目标，令其改办乡村及社会教育系等，用作专门造就职业和社教师资的培训机关，③ 于是，师范学院与原有教育院系的性质、职责便有了明确的划分和区别。与此同时，教育部还在结合当时教育界关于大学教育学系课程问题讨论的基础上颁布了《师范学院教育学系必修及选修科目表》，④ 对师范学院教育学系必修和选修科目分别作了严格的规定：必修科目有"社会学""普通心理学""论理学""教育统计""心理及教育测验""发展心理学""教育哲学""教育行政""初等教育""社会教育""师范教育""中国教育史""西洋教育史""训育原理及实施""分科教材及教法研究"，等等，外加"教学实习"和"毕业论文"。选修科目有"生理学""遗传学""实验心理学""变态心理学""社会心理学""比较心理学""心理卫生"等

---

① 教育部参事处编：《教育法令汇编》第四辑，正中书局1939年版，第45—49页。

② 战时停办的教育学院（系）有：暨南大学教育学院、山东大学教育学院、东北大学教育学院、沪江大学教育学院、辅仁大学教育学院、湖南大学教育系、广东国民大学教育系、民国学院教育系、东吴大学教育系、齐鲁大学教育系；战时合并改组的教育学院（系）有：中央大学教育学院、中山大学教育系、四川大学教育系、浙江大学教育系、南开大学教育系、国立教育学院、大夏大学教育学院、勤勤大学教育学院、北京大学教育系、清华大学教育系、江苏省立教育学院、湖北省立教育学院。参见余子侠、冉春《中国近代西部教育开发史：以抗日战争时期为重点》，人民教育出版社2008年版，第317页。

③ 《全国高校院系调整设置概况 调整院系三十余校统一训练中校师资》，《申报》1939年7月6日。

④ 中国教育学会受教育部委托，于1934年召开年会时组织学会会员以"大学教育学系方针及设施问题"为主题开展大规模专题研讨，庄泽宣、陈礼江等会员均提交了讨论意见，后交由学会理事会成员常道直研究起草，又经学会理事会及重庆分会第五次常会研究讨论通过，于1938年呈送教育部参考。参见中国第二历史档案馆编《中华民国史档案资料汇编》第五辑 第二编 教育（二），江苏古籍出版社1997年版，第836页。

等，数目多达 28 门。但无论是必修科目，抑或是选修科目，都没有列入"教育社会学"。① 对此，时人在关于师范学院课程讨论的各类文字并没有作出明确的解释或表态，但有些论述则与此问题有一定的关联，如"师范学院既以造就中等学校的健全师资为其目的，则分设学系应参照中等学校课程标准"；师范学院的教育学系"似当以养成实用人才——中等学校和教育行政人员为主，而以研究教育学术为辅"；②"师范学院各方面的实施必须以中学为对象，师范学生必须以明瞭中学课程内容为第一要义"③；"师范学院的教育课程宜按照实际应用而组织，不必沿袭科学的论理（指逻辑——笔者注）的分类"④；"师范学院各科课程，应以中等学校的课程为中心，而加以扩展，不必过于精深，但必须切于实用，同时应用学科心理，熟习科学化的教学技术"⑤ 等等，从中不难得出这样的结论：教育社会学作为教育学的一门基础理论学科，在以专门养成中等学校的实用人才的师范学院教育学系被取消是一种合乎逻辑的结果。尽管有学者认为"各种教育实施科目均需教育社会学的基础"，并建议将其改入第三学年必修，⑥ 但遗憾的是，这个建议未被采纳。此后，有部分院校（如西南联合大学师范学院、蓝田师范学院）在结合地方实际需要的基础上，将部颁教育学系课程标准进行灵活变通而开设了"教育社会学"，但多数院校还是遵照部颁课程标准，并"尚觉无甚重大不妥之处"⑦。因此，即便是全国各大学设置教育学科数量不断地增加，⑧ 但在教育学系开设教育社会学课程的大学数量却大幅度减少，

---

① 在颁布的教育学系必修及选修科目表草案中，曾将"教育社会学"列为第五学年的必修科目，而在 1939 年正式颁布的教育学系必修与选修科目表中，却彻底取消了该门课程。参见方惇颐的《师范学院教育系目标与课程之商榷》，《教与学》1939 年第 4 卷第 5 期。

② 方惇颐：《师范学院教育系目标与课程之商榷》，《教与学》1939 年第 4 卷第 5 期。

③ 谢循初：《师范学院的分系问题》，《教育通讯》1938 年第 30 期。

④ 方惇颐：《编制师范课程的几个基本问题》，《教育通讯》1940 年第 3 卷第 5 期。

⑤ 陆殿扬：《师资训练与师范学院》，《教与学》1938 年第 3 卷第 7 期。

⑥ 方惇颐：《师范学院教育系目标与课程之商榷》，《教与学》1939 年第 4 卷第 5 期。

⑦ 《院务纪要》，《国立浙江大学师范学院院刊》1940 年第 1 卷第 1 期。

⑧ 据《第二次中国教育年鉴》的记载，教育学科在战前有 42 所，经过 8 年抗战，其数量不但没有减少，反而增至 63 所。

再也无法与 30 年代中期前相比拟。① 对此，当时有人对教育社会学没有成为师资训练的必修课程表示出这样的担忧："今日吾国社会之各种病态，大都可作从前我国教育失其社会效用之明证，新兴之国民教育制度，原为改革教育与政治、社会、经济、文化脱节之现象，增强教育对社会之有利效用。然我国师资训练之政策、方法与课程，仍循旧例，侧重琐屑知识与技能，而忽视未来师资之社会意识之培育，品格之锻炼，服务精神之培养，与生产合作技能之训练，则今日之国民教育制度，殆亦新汤旧药耳"，并强调指出"我国今后师资训练课程应加重社会学及教育社会学……其亦改进我国教育之一途径欤"。②

另一方面，教育社会学课程开始作为社会学的专业课程得到重视，并且随着社会学学科建设的进一步发展，教育社会学在整个社会学课程体系中的位置日趋上升。此时教育社会学的课程设置虽在量上无法与 20 世纪 30 年代中期之前相比，不过却取得了质的突破——教育社会学课程设置的"制度化"。

1939 年，南京国民政府教育部颁布《大学及独立学院各学系名称》，规定法学院下设"法律、政治、经济、社会学及其他各系"③，"若社会学系与文学院历史学系或其他学系合设则隶属文学院"④。同年，教育部颁布《文理法农工商各学院分系必修选修科目表》，对社会学系的"必修""选修"科目分别作了明确的规定，这个《科目表》在"必修"和"选修"科目中虽没有列入"教育社会学"课程，但在其"附注"一栏中规定"教育社会学"成为社会学系学生必选的三门专业社会学课程中可选的课程之一。⑤

---

① 就世界范围角度来看，教育社会学在大学中的开设情况也呈下降的趋势。如美国大学开设教育社会学课程情况为：从 1910 年至 1926 年，由 40 所增加至 196 所，不过到了 1940 年代，开设教育社会学的大学锐减，此一科目的声望也随之降低。参见［英］班克斯《教育社会学》，林清江译，复文图书馆出版社 1984 年版，第 1 页。

② 张敷荣：《教育社会学与师资训练》，《国立四川大学师范学院院刊》1944 年"创刊号"。

③ 中国第二历史档案馆编：《中华民国史档案资料汇编》第 5 辑 第 2 编教育（一），江苏古籍出版社 1997 年版，第 709 页。

④ 教育部编：《大学科目表》，正中书局 1940 年版，第 95 页。

⑤ 原文为："（社会学系）学生至少必选专门社会学三种，如经济社会学、法律社会学、政治社会学、教育社会学、宗教社会学、道德社会学及意识形态学等，每科三学分，每学系至少开设四科"。参见教育部编《大学科目表》，正中书局 1940 年版，第 95 页。

1940 年，南京国民政府成立社会部，① 对社会行政与社会事业方面的专门人才"需要甚殷"②，一时各大学及独立学院社会学系的设立活跃起来，或调整课程，或增设讲座。1943 年，南京国民政府社会部增设社会服务事业管理处，并罗致全国各大学教授参与、协助政府制定社会政策及行政措施等实际工作，此举更是激发各高校社会学系设立的高潮。各大学及独立学院为培养政府所需的社会工作人才，或添设社会学系，如云南大学；或拟添设社会学系，如贵州大学；或设置社会事业行政组，如社会教育学院；或增设社会福利行政组，如金陵女子文理学院。③ 为适应社会学系不断发展的需要，教育部于 1944 年对社会学系课程设置重新进行修订，在原来的社会学系基础上增设社会行政组，所有课程分成"社会学系必修"和"社会学系社会行政组必修"及"社会学系选修"和"社会学系社会行政组选修"，被时人誉为"课程内容，益臻完备"④，最后以《修订法学院社会学系必修选修科目表》施行于全国。较之《文理法农工商各学院分系必修选修科目表》中有关社会学系课程设置，该表对教育社会学更加重视，明确将"教育社会学"列为社会学系"选修科目"之一，规定在第三、四学年选修，学分为 3 分。这不仅意味着教育社会学课程可以继续在近代中国各大学及独立学院中开设（事实上当时很多设立社会学系的高校都以"选修"的形式开设过教育社会学课程，⑤ 有的学校甚至将其改为"必修"课，如燕京大学、国立社会教育学院），而且在一定程度上说明教育社会学在近代中国大学课程设置的发展过程中基本实现了"制

---

① "社会部"起源于"中国国民党中央执行委员会社会部"（简称"中央社会部"），成立于 1938 年 5 月，1940 年 10 月起隶属国民政府行政院。参见杨云《民国社会部研究（1938—1949）——以人民团体管理为中心》，山东师范大学硕士学位论文，2009 年 4 月。

② 孙本文：《当代中国社会学》，胜利出版社 1948 年版，第 225 页。

③ 陈新华：《留美生与中国社会学》，南开大学出版社 2009 年版，第 106 页。

④ 孙本文：《当代中国社会学》，胜利出版社 1948 年版，第 226 页。

⑤ 据统计，截至 1947 年，全国各大学及独立学院设立社会学系的有 19 所，分别是：中央大学、清华大学、中山大学、复旦大学、云南大学、金陵大学、燕京大学、沪江大学、岭南大学、华西大学、东吴大学、光华大学、辅仁大学、震旦大学、珠海大学、金陵女子文理学院、广东法商学院、乡村建设学院、广州法学院等；设立历史社会学系的有 2 所，分别是：大夏大学、齐鲁大学；设社会事业行政学系的有 1 所，为国立社会教育学院（参见龙冠海《社会学与社会问题论丛》，正中书局 1980 年版，第 85—86 页）。笔者遂据此分别查阅，发现中央大学、中山大学、金陵大学等高校都曾在社会学系开设过"教育社会学"课程。

度化"。

三　教育社会学课程在部分中学和师范讲习所开设概况

事实上，教育社会学的课程设置还旁及近代中国部分中学和师范讲习所，前者主要开设在中学的师范科，以江苏省立上海中学（以下简称上海中学）最具典型性。1927 年春，南京国民政府令江苏省中等学校于暑期中全部实行改组，由江苏省立第二师范商业专科学校及省立三中、四中和东南大学附中合并而成的上海中学遂告成立。翌年 3 月，南京国民政府颁布《中学暂行条例》（简称《条例》）规定："中学分为初级中学及高级中学，修业年限各三年"，"高级中学分设普通、师范、农业、工业、商业、家事等科，但得依地方情形单设一科或兼设数科"。[1] 上海中学也分初、高中两部，修业年限各三年，其中初中不分科，高中设普通科、商科及师范科，并且在南京国民政府教育部正式颁布《高级中学师范科课程暂行标准》之前，时任上海中学高中师范科主任卢绍稷即着手拟定本校师范科的课程重心。他根据师范生以"训练优良小学教员为主要目标"，[2] 将师范科三年的课程依次分为：一年级课程"特重小学教员基本知识之培养，兼设普通浅近之教育学程"；二年级课程"半重普通学科之训练，半重教育原理、教学法及参观教学"；三年级课程"特重教学实习，兼重普通训练"，[3] 相应地开设了"三民主义公民学""国文""国语""世界史""教育入门""社会学"等二十四门"必修课"，以及"英文""图书馆学""童子军""学校卫生"等十四门"选修课"。[4] 就教育社会学课程设置的情形来看，于二年级下学期开设"选修课"，学分为 2 分，由卢绍稷

---

① 李友芝编：《中国近现代师范教育史资料》（第二册），第 280 页。

② 卢绍稷：《一个中学教员的自述》，淡江书局 1965 年版，第 41 页。

③ 同上。

④ 具体课程可参见《江苏省立上海中学一览》，民国十九年七月。需要特别指出的是，迟至 1930 年 11 月，南京国民政府教育部才正式公布《高级中学师范科课程暂行标准》，依据这个标准，高中师范科课程分"必修"和"选修"，"必修"科目分别为：党义、国文、国语、历史（混合或分科）、地理、生物学、化学、物理、算学、社会学及社会问题、体育、音乐、论理学、教育概论、教育心理（包括儿童心理）、教育测验与统计、小学教材研究、小学行政、小学教学法、健康教育、小学教师应用工艺或农业、小学教师应用家事、小学教师应用美术、小学教师应用音乐、实习、军事训练，共计二十四门；"选修"科目由各校视需要而设置。参见周予同《中国现代教育史》，福建教育出版社 2007 年版，第 175—176 页。

亲自讲授这门课程。日后，卢氏将上课时所使用的讲义编成《教育社会学》一书，成为近代中国教育社会学学者的重要代表作之一。①

后者如当时的东南大学教育科教授孟宪承曾在江苏全省师范讲习所联合会上发表以"教育社会学"为题的演讲。全部演讲时间为六个小时，共六讲：第一讲"导言"；第二讲"教育与社会的关系（一）社会需要之适应"；第三讲"教育与社会的关系（二）社会进步之动力"；第四讲"教育与社会的关系（三）教育势力之联络"；第五讲"教育是社会的过程（一）教学"；第六讲"教育是社会的过程（二）训育"，并编成《教育社会学讲义》于1923年由江苏全省师范讲习所联合会刊印。

总体而言，教育社会学作为一门学科已得到近代中国学界的广泛认可，就课程设置而言，近代中国教育社会学已迈出了学科制度化进程中最为关键性的一步。

第二节　近代中国教育社会学学者群体及其基本特征

应该说，围绕某一学科所形成的学者群体及其特征也从一个重要的侧面反映出该学科建制的某些特色，因为一门学科的建立固然有其特定的时代环境和思想背景，而时代与思想的有机结合却必须由该学科的专家学者来完成，并由此体现出现代"学术人"的特殊作用。因此，在研究一门学科的发展历程时，就有必要对该学科学者群体的形成经过、教育背景、知识结构及其文化学术活动进行透析。唯有如此，才能更清晰地认识到这门学科何以会产生在这个历史时期以及何以由这个群体来建立。

一　学会、期刊与近代中国教育社会学学者群体

从世界学术史的视角来看，除了高校及专门研究机构外，近代学者多是以专门的学会或学术社团为主要平台，并通过召开年会和发行自己的专业性期刊以组成一个独立的"学术共同体"，共同致力于本学科之学术研究和发展。纵观近代中国教育社会学的发展历程，既没有组织过专门的学会或学术团体，也没有建立起专业的学术期刊，这种情形不仅使教育社会

① 有关卢绍稷及其《教育社会学》，详见本书第三章第四节。

学在近代中国的学科制度建设中受挫，甚至影响到当前我国学者对近代教育社会学学科地位的客观认识。如有学者认为近代中国教育社会学"很难说已经确立起现代意义上的独立学科的地位"，原因在于"只是在学校开设了教育社会学课程，而未建立起本学科独立的学术团体，也未出版发行学科刊物（哪怕是非正式的）"。① 但仔细考究会发现，近代中国从事教育社会学教学和研究的学者其实在这方面也做了一定的工作，只是较为零散不太集中而已。他们主要利用教育社会学是由教育学和社会学交叉产生的学科优势，分别以教育学类刊物和团体及社会学类刊物和团体作为团聚本学科研究人员、开展学术交流、促进学术发展的重要平台。

近代中国教育学和社会学在其学术研究和发展的过程中，分别成立了数量众多且类型各异的专门学会或学术社团，② 其中很多学术团体都十分关注社会调查及教育调查。例如，中华教育改进社在成立之初就将"教育调查"作为其六项社务中的首项，同时在学术部下设立"调查科"③，每年都制定详细的教育调查计划；中华平民教育促进总会为定县平民教育实验所设计的程序为"调查—研究—实验—表证—推行"，第一步就是开展全方位社会调查，教育调查也是其中的一部分；社会调查所也将教育作为社会的一部分来进行调查，④ 在该所进行的"北平工人生计调查"中就包括调查了北平十二家小学教员的生活和收入情况等。上述这些团体和机构的调查活动，从某种程度上讲不仅有助于教育社会学在中国的确立和发展，而且也为近代中国教育社会学学者的学术研究提供了重要的平台。然

---

① 吴康宁：《教育社会学》，人民教育出版社 2009 年版，第 48 页。

② 参见《全国之各类学术团体》，《申报》1935 年 3 月 12 日。

③ 《中华教育改进社简章》规定中华教育改进社社务包括如下六项：一、通信或实地调查各种教育状况；二、依据实际问题研究解决方法；三、辅助个人或机关对于教育之实施或改进事项；四、编译关于教育之书报；五、提倡教育事业之发展及学术之研究；六、其他关于教育改进事项。参见朱有瓛、戚名琇、钱曼倩编《中国近代教育史资料汇编·教育行政机构及教育团体》，上海教育出版社 2007 年版，第 563—568 页。

④ "社会调查所"原名"社会调查部"，1926 年 2 月，美国纽约社会宗教研究院通知中华教育文化基金董事会（简称"中基会"），拟以三年为期，每年以专款赠该会，专供社会调查之用。是年中基会常年会议决接受此项捐款，增设社会调查部，专事社会调查与研究。1929 年 6 月，纽约社会宗教研究院捐款期满，中基会因社会调查工作方在发展过程中，我国社会实况又必须切实研究之时，故于该年 6 月经常年大会议决将社会调查部改为自办事业，同时更名为"社会调查所"。参见社会调查所编《社会调查所概况》，芝加哥博览会特刊，1933 年。

而，若就团体的规模、教育社会学学者所占位置和比例以及对教育社会学学科在近代中国发展的影响而言，以中国教育学会和中国社会学社这两个专门的学术团体最为突出。

中国教育学会成立于 1933 年 1 月，是近代学者组成的一个全国性的、专业性的教育类学术团体。该会以研究和改进教育为宗旨，以研究教育问题、搜集教育资料、调查教育实况、提倡教育实验、贡献教育主张、促进教育改革、发行教育书报等为主要任务。① 中国教育学会主要通过成立理事会来管理各项事务，当时教育界名流刘廷芳、常道直、庄泽宣、邰爽秋、许恪士、郑晓沧、孟宪承、陈鹤琴、陶行知、郑西谷、刘湛恩、欧元怀、汪懋祖、陈礼江、杨亮功十五人为首任理事，其中有不少学者是近代中国教育社会学的重要代表人物，并长期担任理事及常务理事职务，如常道直、庄泽宣、邰爽秋、许恪士②等人即是。正是在这些学者学术旨趣的指引下，中国教育学会开展了多项有利于教育社会学学科建设的学术活动。

中国教育学会成立之初，就拟定了详细的调查计划，即进行"乡村民众经济状况及其所需要之教育"的调查，目的在于"明瞭民众教育之经济的基础及其背景和研究民众教育之经济有效的设施"。③ 不久又设立中国教育调查所，继续开展国内实际教育调查研究工作。即便在抗日战争极为艰苦的条件下，中国教育学会也开展了多项教育调查，代表性的有《重庆迁建区小学学生智力学力及体力调查》《甘肃省临洮县教育调查》，这些调查结果最后以"调查报告"的形式发表在《中国教育学会年报》上，公诸于社会，供国人参考。同时，中国教育学会还紧密结合中国当时的教育现实问题，以此作为本会年会的研究主题，组织会员开

---

① 中国第二历史档案馆编：《中华民国史档案资料汇编》第五辑 第二编 教育（二），江苏古籍出版社 1997 年版，第 826 页。

② 许恪士（1896—1967），原名许本震，字恪士，安徽歙县人。早年毕业于北京高等师范学校，后赴德国柏林大学和耶纳大学留学，获耶纳大学博士学位。回国后，曾任中央大学教育学院教授，讲授教育社会学、教育调查、教育学等课程，同时兼中央大学实验学校主任。期间，围绕实验学校进行多项教育调查，如《国立中央大学实验学校小学部一百一十个学生的调查》《国立中央大学实验学校学生家长意见调查报告》等。

③ 《（中国教育学会）会务报告》，《中华教育界》1934 年第 21 卷第 7 期，"中国教育改造专号"。

展专项研究。如第二届南京年会（1934 年 1 月）确定的研究主题为"生产教育问题"和"师范教育问题"；第三届武昌年会（1936 年 2 月）确定的研究主题为"国难时期教育方案"；第四届北平年会（1937 年 7 月）确定的研究主题为"教育学系之目标及课程"；第五届重庆年会（1938 年 11 月）确定的研究主题为"缩短现行学制之总年数"；第六届重庆年会（1942 年 2 月）确定的研究主题为"今后十年教育建设计划及方案"等，[①] 上述每一个研究主题均是当时教育实际的集中反映。此外，中国教育学会还开展教育名词审查工作，"教育名词审查，关系教育学术前途之进展至巨"[②]，这不仅是中国教育学会全体会员，尤其是教育学会理事会成员的共同认识。因此，在经第四届理事会第二次会议议决后，即决定与国立编译馆合作共同审查教育名词。1941 年 11 月，由教育部公布了审查的结果——《教育学名词》。在这本中英文对照的《教育学名词》中，囊括了近代中国教育学各学术门类及分支学科名称，"教育社会学"也在其列。[③]《教育学名词》的公布和出版，在规范整个教育学界学术研究的同时，也在一定的程度上标志着教育社会学已在教育学术研究中确立其地位。

中国社会学社是一个全国性的社会学学术团体，其前身是 1928 年 10 月成立的东南社会学会。[④] 1929 年秋，许仕廉、陶孟和、陈达等人倡议组织全国性的社会学会，共同商定将原有的东南社会学会扩大范围，改组为"中国社会学社"。1930 年 2 月，中国社会学社在上海正式成立。该社的主要目的在于"联络全国社会学者共同研究社会学原理、社会实际问题、社会实地调查、社会服务及社会行政"等方面。[⑤] 为顺利地推行前述各项

---

① 参见陈志科《留美生与中国教育学》，南开大学出版社 2009 年版，第 154 页；中国第二历史档案馆编：《中华民国史档案资料汇编》第五辑 第二编 教育（二），江苏古籍出版社 1997 年版，第 829—837 页。

② 中国第二历史档案馆编：《中华民国史档案资料汇编》第五辑 第二编 教育（二），江苏古籍出版社 1997 年版，第 836 页。

③ 国立编译馆编：《教育学名词》，正中书局 1944 年版，第 11 页。

④ 东南社会学会成立于 1928 年，是年 10 月 29 日由上海各大学社会学系教授孙本文、吴泽霖、吴景超等人组织成立，推选孙本文为常务委员兼编辑主任，负责主编该会会刊《社会学刊》，吴景超当选为编辑，吴泽霖当选为书记兼会计。该会主要以联络东南各省社会学者共同研究为主旨，一年后即被中国社会学社所取代。

⑤ 孙本文：《当代中国社会学》，胜利出版社 1948 年版，第 233 页。

研究事业，该社成立理事会以管理社务，孙本文、许仕廉、吴景超、吴泽霖、陶孟和、潘光旦、游嘉德、钱振亚、杨开道九人为第一届理事成员。而中国社会学社的具体工作主要是召开"中心议题"的年会进行学术讨论、编辑定期季刊《社会学刊》、发行社会学丛书以及成立编译社会学名词委员会以统一社会学术语、名词等。至于中国社会学社对教育社会学在中国确立和发展所发挥的作用来看，以下几点或许可以说明：其一，教育社会学学者陶孟和不仅是该社的发起人之一，并连续四次（第一、二、三、四届）担任理事会理事；其二，在该社第一届年会所设定的"中心议题"中，教育调查即是其中之一；其三，该社在一年一度的年会上，曾借机邀请政界、学界、教育界等名流来演说，这一举措在促进社会学界与各界人士相互交流的同时，无疑也密切了社会学与教育学两者之间的关系；其四，社会学名词委员会编译出版了《社会学名词》一书，将"教育社会学"收进其中，在规范整个社会学界学术研究的同时，也正式确立了教育社会学在社会学学科中的地位。

另一方面，近代中国教育学和社会学在其发展过程中，创办过很多专业性的期刊，如《教育杂志》《中华教育界》《民众教育季刊》《教育通讯》《社会学杂志》《社会学刊》《社会学讯》等。从近代中国学者所发表的教育社会学研究成果来看，上述不少期刊都充当过重要的媒介，其中最突出的当推《教育杂志》《中华教育界》《社会学杂志》《社会学刊》四个刊物。众所周知，《教育杂志》和《中华教育界》是中国近代创刊时间较早、发行最久、流行最广、影响最大的两大教育类刊物，近代中国教育社会学学者亦视之为发表其研究成果的重要平台。如近代中国最早论述教育与社会关系问题的论著可谓朱元善的《学校之社会训练》[①]，而该书最初即以论文的形式连载于《教育杂志》1916 年第 8 卷第 7 和第 8 两期。类似的还有陈启天的《应用教育社会学》（译著）和《教育社会学概论》（专著）两本著作，都是先以论文的形式发表在《中华教育界》上，前者分期载于 1923 年第 13 卷第 5 至 7 期和 1924 年第 13 卷第 8 至 10 期，后者则载于 1932 年第 19 卷第 9、11 期以及第 20 卷第 3 期。截至 1949 年，这两个刊物共刊载有关教育社会学的文章有

---

① 朱元善：《学校之社会训练》，商务印书馆 1917 年版。

几十篇，① 有力地促进了教育社会学在近代中国的传播和发展。而《社会学杂志》和《社会学刊》这两个刊物，同样是近代中国教育社会学学者发表其研究成果和进行学术交流的重要媒介。《社会学杂志》是近代中国第一份社会学专业期刊，对教育社会学在中国的早期传播更是功不可没。该刊1922年1月由社会学家余天休创办，曾于第1卷第3、4号开辟"教育特号"，除了刊载《教育之社会目的》（余天休）、《社会学与教育》（何作霖）、《个人与社会及教育之关系》（何雨农）、《近代教育上社会运动的发展》（汪懋祖）等研究性论文外，在"书评"一栏还发表了关于陶孟和《社会与教育》、斯密斯（即史密斯——笔者注）《教育社会学》等

---

① 综观这些文章，以译自外国的教育社会学研究成果为多，有关这类文章的详情可参见本书"附录一"。此处仅列举国人自己撰写的教育社会学文章。

刊物名称	作者	文章名称	卷（期）
《教育杂志》	天民	《学校之社会的训练》	8（7、8）
	太玄	《教育学与社会学》	9（1、2）
	相菊潭	《教育底社会化社会底教育化》、《改造社会的教育》	12（10）
	厚生	《教育的社会学之基础原理》	13（7）
	太玄	《社会学之教育》	13（7）
	常导之	《教育标的之社会学的裁决》	14（10）
	杨贤江	《彼得斯的教育社会学基础》	17（11）
	高觉敷	《学校与社会》	18（4）
	朱介民	《涂尔干的社会学的教育学说》	23（4）
	张安国	《教育社会学的思潮》	22（1）
	陈友松	《大学教育社会化》	29（3）
《中华教育界》	李瑛	《用社会学的眼光谈谈教育的意义及其作用》	14（7）
	邓叔耘	《涂尔干的教育学》	17（4）
	钱歌川	《拿托普的教育学说》	19（9）
	钱歌川	《学校与国家》	19（10）
	钱歌川	《敏斯特堡的教育学说》	20（6）
	陈翊林	《政治与教育》	19（9）
	陈翊林	《社会学与教育》	19（11）
	陈翊林	《家庭与教育》	20（3）
	张安国	《经济与教育》	21（3）

中外教育社会学名著的书评。该专号在社会上引起极大反响，《晨报副刊》曾予以专门报道。①《社会学刊》创刊于 1929 年 7 月，堪称近代中国社会学界持续时间较长、历时较久的全国性专业学术刊物。该刊共有"论著""书评""介绍"和"消息"四个栏目，其中"介绍"一栏曾刊载了美国《教育社会学杂志》所发表的论文情况。②虽然前后总共只刊载三期（《教育社会学杂志》四卷八号、五卷一、二号），但其本身足以表明近代中国教育社会学学人已意识到专业期刊对本学科学术研究的重要性。

由上可知，近代中国专门从事教育社会学研究的学者曾汇集于中国教育学会和中国社会学社，以《教育杂志》《中华教育界》《社会学杂志》《社会学刊》等刊物为发表学术研究成果的重要平台，借此聚合并形成了近代中国专门从事教育社会学研究的学者群体。

二　近代中国教育社会学学者群体的构成

如前所述，近代中国教育社会学学者群体主要是伴随着近代中国各高校（包括部分中学及师范讲习所）教育社会学课程的开设而得以形成，换言之，在高校开设教育社会学课程的学者构成了近代中国教育社会学学者群体中最为核心的部分。

据相关资料记载，近代中国开设教育社会学课程的学者多达十几位，有的学者还曾在不同的高校开设过这门课程。

表 2-2　　近代中国开设教育社会学课程学者及院校一览表

学者	开设院校
陶孟和	北京大学
雷通群	厦门大学、中山大学
卢绍稷	江苏省立上海中学
许恪士	中央大学
陈劭南	中山大学

---

① 《晨报副刊》1923 年 3 月 27 日。

② 美国《教育社会学杂志》（*The Journal of Educational Sociology*）是美国教育社会学研究会的机关刊物，由佩恩（E. G. Payne）于 1927 年创刊。该刊的成立对美国乃至全世界的教育社会学研究产生过实质性的影响，标志着教育社会学作为一门学科的独立地位在形式上已基本确立。

续表

学者	开设院校
余天休	北京高等师范学校
余家菊	湖南第一师范
庄泽宣	浙江大学、广西大学
陈翊林（启天）	成都大学
陈科美	大夏大学、暨南大学
鲁继曾	大夏大学
廖泰初	燕京大学
张敷荣	四川大学
孟宪承	江苏全省师范讲习所联合会、浙江大学
刘天予	厦门大学
廖世承	南京高等师范暑期学校
郑若谷	河南大学

资料来源：教育部编：《专科以上学校教员名册》，1942 年，第 218—219 页；教育部编：《专科以上学校教员名册》（第 2 册），1944 年，第 268 和 273 页；《国立浙江大学一览》，1932年，第 72 页；《燕京社会科学》，1948 年第一卷；《厦门大学一览》，民国二十年至二十一年，第 135 页；《暨南大学一览》"教育学院学程一览"，1931 年，第 75 页；郭戈：《教苑随想录》，开封：河南大学出版社 2005 年版，第 146 页，等等。

当然，这并不意味着在近代中国各高校开设教育社会学课程的学者不重视该学科的理论研究，相反，他们非常注重教育社会学的理论研究，在教学之余也发表了一定数量的研究成果。[1] 最突出当数有些学者将其教学过程中所使用的授课讲义加以整理，出版后成为近代中国教育社会学理论研究极具代表性的专著，如陶孟和、雷通群、卢绍稷、陈翊林等学者即是如此。[2]

---

[1]　其中论文有陈劭南：《教育社会学的发展》，《社会学讯》1947 年第 2 期；张敷荣：《教育社会学与师资训练》，《国立四川大学师范学院院刊》1944 年"创刊号"；郑若谷：《教育社会学专论》，《新月》1932 年第 4 期；余天休：《教育之社会目的》，《社会学杂志》1922 年第 1 卷第 3 和 4号；庄泽宣：《教育之社会的基础》，《教育杂志》1938 年第 28 卷第 7 号等。译著有鲁继曾翻译美国彼得斯（C. C. Peters）著《教育社会学原论》（*Foundations of Educational Sociology*）；余家菊翻译美国芬尼（R. I. Finney）著《教育社会哲学》（*A Sociological Philosophy of Educational*）等。

[2]　有关他们的著作，详见本书第一章第三节、第三章第三节、第四章第三节。

此外，有些学者未曾在近代中国高校开设过教育社会学课程，只是翻译或撰写了若干教育社会学研究论著，如朱元善、崔载阳、常道直（常导之）、邰爽秋、周太玄、钱歌川、沈冠群、许孟瀛等人。从他们所发表的成果形式看，又可分为三种情况：其一，朱元善、沈冠群及钱歌川等主要是编撰教育社会学方面的著作，如朱元善的《学校之社会的训练》（1917）、沈冠群与吴同福的《教育社会学通论》（1932）、钱歌川的《社会化的新教育》（1934）；① 其二，崔载阳与许孟瀛以译介国外教育社会学的著作为主，前者翻译法国社会学家涂尔干（E. Durkheim）的《道德教育论》，后者翻译了德国学者鲁塞克（T. S. Roucek）所撰的"社会学与教育"②；其三，太玄、邰爽秋及常道直则是翻译和撰写教育社会学的论文，如（周）太玄的《社会学与教育》③《教科内容之社会化》④；邰爽秋的《社会化的教育》⑤；常道直的《教育标的之社会学的裁决》⑥《教育社会学》⑦《法国社会学家杜克汉之教育学说》⑧ 等。较之上述在高校开设教育社会学课程的学者，这部分学者主要通过教育社会学理论研究的方式来为这门学科在近代中国的确立和发展作出自己的贡献，理应属于近代中国教育社会学学者群体中的重要组成部分。

正是得益于上述这些学者的共同努力，教育社会学才得以在近代中国产生和发展，这些学者也因而构成了近代中国教育社会学学者群体中的重要成员，并在近代中国教育社会学的发展过程中深刻体现着现代"学术人"的特殊作用。

三　近代中国教育社会学学者群体的基本特征

在上述近代中国教育社会学学者群体中，除了个别学者的背景资料不能确考外，对大多数学者的背景资料进行考察后，发现他们有着某些共同

---

① 详见本书第一章第三节、第二章第二节、第三章第一节和第三节以及第四章第二节。

② 关于这两本译著详见本书第三章第一节。

③ 《教育杂志》1921 年第 13 卷第 7 号。

④ 原文作者美国史密斯（W. R. Smith），参见《教育杂志》1920 年第 12 卷第 5 号。

⑤ 《中华教育界》1920 年第 10 卷第 1 期。

⑥ 《教育杂志》1922 年第 14 卷第 10 号。

⑦ 《民铎杂志》1923 年第 4 卷第 5 号。

⑧ 《民铎杂志》1929 年第 10 卷第 4 号。

的特征。

（一）　国外思想因素的影响

教育社会学起源于欧美，对于中国来说是"舶来品"，因而国外（主要是欧美和日本）社会学及教育社会学自然就成为近代中国学者创建这门学科的理论基础。换言之，近代中国教育社会学学者几乎都受到过国外社会学与教育社会学思想与理论的影响。但由于各人生活经历、工作条件以及人生际遇等方面的不同，近代中国教育社会学学者受国外影响的方式表现出一定的差异。

近代中国部分学者在国内有机会接触到国外的理论，从而间接受其影响，朱元善、卢绍稷二人即是这种方式的典型代表。商务印书馆刚开办不久，朱元善就在那里工作，是一位地道的"老商务人"。不仅如此，他同时兼任《教育杂志》《学生杂志》和《少年杂志》的主编，而且是"商务几个主编杂志的人中对外界舆论最敏感的一个"①，曾于1917年编撰《学校之社会训练》一书，其内容主要阐述了教育与社会生活之间的关系，以及学校作为一个社会如何对学生进行社会训练。该书究其实质是一本国外社会学及教育社会学理论与思想的介绍性读物，虽然对近代中国教育社会学学科建设并未作出直接的贡献，但无疑表明作者深受国外教育社会学理论和思想的影响。卢绍稷也从未走出国门，但他在国内有许多机会接触到国外的理论和思想。卢绍稷于1927年毕业于大夏大学，后进入江苏省立上海中学工作。在上海中学工作期间，他还兼任商务印书馆馆外编辑、上海世界书局《青年周报》特约撰述、上海龙门联合书局监察人、上海全浙公会《浙江月报》编辑、中国文化服务社读书会指导员、上海教育与文化杂志社务委员及编辑委员等职，并加入了中华职业教育社、中国教育建设社、中国教育学会上海分会、中国文化建设协会、上海市教育会等学术团体。在此背景下，卢绍稷不乏接触国外社会学及教育社会学的机会，这从其《教育社会学》专著的参考文献中所涉及的外文资料即可看出。该书总共参考了60种著作（论文不在内），外文就有28种；其中欧美国家出版的27种，日本出版的1种。28种外文著作具体为：

1. Smith's *An Introduction to Educational Sociology*（史密斯：《教育社会学导言》）；

---

① 茅盾：《我走过的道路》（上），人民文学出版社1981年版，第141页。

2. Smith's *Principles of Educational Sociology*（史密斯：《教育社会学原理》）；

3. Snedden's *A Digests of Educational Sociology*（司纳顿：《教育社会学概要》）；

4. Snedden's *Educational Sociology*（司纳顿：《教育社会学》）；

5. Snedden's *Sociological Determination of Objectives in Education*（司纳顿：《教育目标的社会决定性》）；

6. Snedden's *Educational Sociology for Beginners*（司纳顿：《教育社会学基础》）；

7. Peters' *Foundations of Educational Sociology*（彼得斯：《教育社会学原论》）；

8. Robbins' *The School as a Social Institution*（罗宾斯：《作为社会机构的学校》）；

9. Robbins' *The Socialized Recitation*（罗宾斯：《社会化教学法》）；

10. Dewey's *The School and Society*（杜威：《学校与社会》）；

11. Dewey's *School of Tomorrow*（杜威：《明日之学校》）；①

12. Dewey's *Democracy and Education*（杜威：《民本主义与教育》）；

13. Betts' *Social Principles of Education*（伯兹：《教育之社会原理述要》）；

14. Goods' *Sociology and Education*；Bode's *Modern Educational Theories*（波特：《现代教育学说》）；

15. Bode's *Modern Educational Theories*（博德：《现代教育理论》）；

16. Judd's *An Introduction to the Scientific Study of Education*（吉特：《教育之科学的研究》）；②

17. Henry's *The Teaching of History*（亨利：《历史教学》）；

18. Colvin's *An Introduction to High School Teaching*（科尔文：《中学教学概论》）；

---

① ［美］杜威著，朱经农、潘梓年译：《明日之学校》，商务印书馆 1923 年版。

② ［美］吉特（C. H. Judd）著，郑宗海（即郑晓沧）译：《教育之科学的研究》，商务印书馆 1924 年版。

19. Bobbitt's *The Curriculum*（波比忒：《课程》）;[1]

20. Bobbitt's *How to Make a Curriculum*（巴必德：《怎样制定课程》）;

21. Wilds' *Extra - curricular Activities*（怀尔兹：《课外活动》）;

22. Faster's *Extra - curricular Activities in the High School*（法斯特：《中学课外活动》）;

23. Blackmar and Gillin's *Outlines of Sociology*（布来克满，吉林：《社会学大纲》）;

24. Giddings' *Principles of Sociology*（吉丁斯：《社会学提纲》）;

25. Ellwood's *Sociology and Modern Social Problems*（爱尔乌德：《社会学及现代社会问题》）;[2]

26. Bogardus' *Introduction to the Social Science*（鲍格度：《社会学概论》）;

27. Y. C. James's *The Mass Education Movement in China*（晏阳初：《中国乡村教育运动》）;

28. 田制佐重《学校教育の社会化》（田制佐重：《学校教育的社会化》）。

从总体上看，在近代中国教育社会学学者群体中，有留学教育背景的学者占大多数。

表 2-3　　　　　　近代中国教育社会学学者留学教育经历一览表

学者	留学教育经历
陶孟和	日本东京高等师范学校，英国伦敦大学政治经济学院
雷通群	日本东京高等师范学校，美国斯坦福大学
余家菊	英国伦敦大学、爱丁堡大学
崔载阳	法国里昂中法大学
刘伯明	美国西北大学研究院
周太玄	法国蒙彼利埃大学、蒙伯里大学
孟宪承	美国华盛顿大学，英国伦敦大学研究院
陈科美	美国伊利诺斯大学、芝加哥大学

---

① ［美］波比忒（Franklin Bobbitt）著，张师竹译：《课程》，商务印书馆 1928 年版。

② ［美］爱尔乌德（G. A. Ellwood）著，赵作雄译：《社会学及现代社会问题》，商务印书馆 1929 年版。

续表

学者	留学教育经历
苏芗雨	日本东京帝国大学大学院
相菊潭	日本东京帝国大学
厚生	日本早稻田大学
邰爽秋	美国芝加哥大学、哥伦比亚大学
庄泽宣	美国哥伦比亚大学、普林斯顿大学
郑若谷	美国华盛顿州立大学
鲁继曾	美国哥伦比亚大学
常道直（导之）	美国哥伦比亚大学、英国伦敦大学
张敷荣	美国斯坦福大学
环家珍	美国哥伦比亚大学师范学院研究部
沈冠群	美国斯坦福大学、哥伦比亚大学
陈劭南	美国斯坦福大学硕士
钱歌川	日本东京高等师范学校，英国伦敦大学
程其保	美国明尼苏达州韩姆林大学、芝加哥大学、哥伦比亚大学
余天休	美国（留学学校资料不详）
许恪士	德国柏林大学、耶纳大学

资料来源：国务院学位委员会办公室编：《中国社会科学家自述》，上海教育出版社 1997 年版，第 477—479 页；柯水源等编：《当代教育家》第一辑，台湾省教育会 1984 年版，第 234—243 页；高增德、丁东编：《世纪学人自述》（第一卷），北京十月文艺出版社 2000 年版，第 264—277 页；张岂之：《民国学案》（第 5 卷），湖南教育出版社 2005 年版，第 469—477 页；张岂之：《民国学案》（第 6 卷），湖南教育出版社 2005 年版，第 193—204 页；宋霖、刘思祥编：《台湾皖籍人物》，合肥杏花印务股份有限公司 2001 年版，第 103 页等。

较之第一种方式，表 2 - 2 所列出的学者均曾留学国外，有的还曾留学两个国家和多所大学，因而其受国外思想因素的影响更为深刻。这种影响主要来自两方面：其一受业师的直接影响。如我国教育社会学学科的创始人陶孟和，曾于 1910 年赴英国伦敦大学政治经济学院攻读社会学，对其学业以及后来的事业影响最大的人当推霍布豪斯（L. T. Hobhouse），后者既是英国伦敦大学经济政治学院的第一位社会学教授，也是一位非常重视社会调查的学者。受其影响，陶氏自 1913 年回国后便着手进行社会调查研究活动，并成为近代中国社会调查运动的核心人物。余家菊也坦言对其学识影响最深的是伦敦大学学院心理学教授史皮尔曼（C. E. Spearman，今通译为"斯皮尔曼"），并对其给予了高度评价："我受了他（指史皮尔曼——笔者注）的一年训练，我才不敢胡乱地用字，粗俗地说话，他把我的轻浮气、妄诞气，一齐都打下去了！假使我在学术上真有一点点成就，假使我所作的文字真有一点点价值，我的感激就大半要向这位老师表示。"① 其二是他们留学期间阅读和学习大量国外社会学、教育社会学以及其他相关学科的著作，为其归国后的学术和研究奠定了牢固而广泛的基础。如以"教育调查"而著称的邰爽秋，就是因为"在美研习教育行政，感于科学的研究方法之重要，故特别致力于教育调查一科"②。陈科美也因在留学期间选修了多门学科，为他回国后的研究打下了坚实的基础。据他本人的回忆：

> 我入了伊利诺斯州立大学的教育系，考虑到教育事业的复杂性，学术基础应广泛些，因此，除教育系必修学科之外，我选修了天文学、细菌学、社会学、文学名著选读等学科。这三年过得相当辛苦，因为一方面要和美国学生一样，每学期都要修习那么多的学分；另一方面，还要寻找零星的工作，以维持日常的生活。但也过得相当愉快：例如天文学大多在月朗星稀、万籁俱寂的夜晚，到室外上课，教师指导我用望远镜，去窥探月亮、星星、银河的形态和转移；又如细菌学，除听大课之外，常在仪器标本琳琅满目的实验室中进行，教师指导我用显微镜，去观察生物、变形虫的分裂和浮游；再如社会学，它所包括的丰富内容和大量书籍，虽令人望洋兴叹，也吸引你发愤忘食；关于英文名著选读，我几乎在一学期之内花了一半的时间，由于名著之多、吸引力之大，使我情不自禁地手不释卷、心醉神怡！总之，这三年的大学教育，为我以后对教育和教育哲学的钻研奠定了一个广泛的学术基础，也帮助我建立起一种客观的和科学的研究态度。③

最典型的莫过于雷通群，在留学美国期间，除了专攻教育学外，对社

---

① 余家菊：《一个老师》，余家菊：《余家菊余景陶先生回忆录》，慧炬出版社 1994 年版，第 138 页。

② 邰爽秋：《教育调查》（上卷），教育印书合作社 1931 年版，"卷头语"。

③ 高增德、丁东编：《世纪学人自述》（第一卷），北京十月文艺出版社 2000 年版，第 267 页。

会学、经济学、商学等学科均有所涉猎，为日后研究教育社会学打下了宽博的科学基础，从其《教育社会学》所列的国外参考文献中就可发现此种影响，因为该书所列国外参考文献达125本之多，涉及的范围几乎囊括近代中国所有教育社会学著作所涉及的外文参考书籍。①

（二）多学科的知识结构

近代中国教育社会学学者群体的第二个共同特征即大部分学者都拥有两门甚至两门以上学科的知识结构，其根本原因在于，教育社会学作为一门由教育学与社会学交叉产生而具有双重特性的学科，从事这类学科的研究不仅需要多学科的知识，更需要多学科的研究方法，如此方能从更广阔的知识背景下多方位多角度地认识与理解该学科的基本知识结构及其内涵。

庄泽宣即是一位拥有多学科知识结构的教育社会学学者。庄泽宣（1895—1976），浙江嘉兴人。早年考入清华学校，1916年毕业，第二年以"庚款留学生"赴美留学，先入俄亥俄州州立大学获学士学位，继入哥伦比亚大学师范学院，专攻教育学及心理学，相继获教育学硕士、哲学博士学位。1921年，又入普林斯顿大学、牛津大学进修一年。所有这些都为其回国从事学术研究奠定了广泛的学术基础。

据庄氏自己交代，他研究教育的动机是有感于"西洋教育制度行之于中国颇有格格不相入之病，想搜求所以如此之故"②，因而在研究中尤为注重教育史和比较教育两科。留学美国后，庄泽宣发现西方各国教育制度虽大体相同，但各国教育的差异之处亦很多，而当时对于比较教育的研究内容还停留在各国教育制度的分别介绍和说明，尚未深入到制度背景之后的深入分析，于是他便有志于以各国教育为纲领而加以比较的企图，并深信经济力之不足实为中国采用西方教育制度失败之主因。回国后围绕这方面，他发表了若干篇文章，③ 激起了国内教育界的广泛探讨。庄泽宣一边致力于教育的理论研究，在心理学、教育学、哲学、史学等多个学科领域均有一定的成就，④ 一边利用参加各种教育会议或委员会的机会，深入实

---

① 关于雷通群及其《教育社会学》，详见本书第三章第四节。

② 庄泽宣、陈学恂：《民族性与教育》，商务印书馆1938年版，"序"。

③ 这些文章可具体参考本节第三个特征——关注中国教育现实问题中有关庄泽宣的探讨。

④ 这从他回国后所编撰的著作就可看出，代表性的有：《应用心理学》（商务印书馆1924年版）、《教育概论》（中华书局1928年版）、《各国教育比较论》（商务印书馆1929年版）、《职业教育概论》（商务印书馆1926年版）、《西洋教育制度的演进及其背景》（中华书局1938年版）等。

际走访调查。通过调查他发现，中国采用西方教育制度不但不能得其精奥，且名存实亡，或更张冠李戴。这使他进一步意识到"经济力的不足并不是中国教育失败的主因"，进而开始关注民族性与教育之间的关系。①不过，就其真正从事教育社会学的研究来看是在他到浙江大学的第二年，即 1934 年。该年冬，他被学校安排教授"教育社会学"课程，期间因不满于流行的所谓"教育社会学"的研究，"很缺乏经过科学方法搜集得来的资料作根据"，"其内容只是些形而上的或不切实用的空洞理论而已"，②从而把他以前的思想和主张"贯索起来"，形成了自己的教育社会学研究体系。庄泽宣认为，教育社会学的研究应分为四大部分：（一）自然环境与教育；（二）民族性与教育；（三）社会组织与教育；（四）经济力与教育，并以此作为自己将来从事教育社会学研究的十年计划。这份庞大的研究计划至少涉及教育学、心理学、社会学、哲学等学科的知识，甚至还有自然科学方面的知识，③ 由此不难看出作者对教育社会学学科的认识和理解所达到的高度，而这一切又都要归功于他所拥有的广阔的学术背景和多元的知识视角。

　　与庄泽宣有所不同，陈启天没有留学经历，但这丝毫不妨碍他掌握和拥有多门学科的知识内容，并在自己的教育社会学研究中运用这些学科的知识和方法。陈启天（1893—1984 年），湖北黄陂人。1912 年入武昌中华大学政治经济科，攻读政治、经济、法律等课程。1915 年毕业，1917 年到改下中学部任教，讲授国文，因"渐觉未学教育而当教师，未免自误误人"④，遂于 1920 年投考南京高等师范学校教育专修科，第二年春才去南高师（后改名为东南大学）入学报到。1924 年，陈启天从东南大学毕业，获教育学学士学位。至此，陈启天已是一位有着哲学、政治学、经济学、教育学等多门学科知识的学者了，这从他在《东

---

　　① 因为有关民族性与教育的关系，庄泽宣在出国之前就曾读过此类书籍，即日本野田义夫著，朱叔源、赵南译的《国民性与教育》一书，并"颇为感动"。参见庄泽宣、陈学恂《民族性与教育》，商务印书馆 1938 年版，"序"。

　　② 庄泽宣：《教育之社会的基础》，《教育杂志》1938 年第 28 卷第 7 号。

　　③ 庄泽宣曾用一个简图来勾勒出其所要从事的教育社会学研究计划，从这份简图中即可清晰地看出教育社会学研究所需要的学科知识。参见庄泽宣《教育之社会的基础》，《教育杂志》1938 年第 28 卷第 7 号。

　　④ 娄献阁、朱信泉主编：《民国人物传》（第十卷），中华书局 2000 年版，第 80 页。

方杂志》《教育杂志》《少年中国》《中华教育界》等刊物上发表文章即可看出,① 而且就在这一时期,他已开始从事教育社会学的研究,标志性的成果是所翻译美国斯密司(W. R. Smith,即史密斯)的《教育社会学导言》(*An Introduction to Educational Sociology*)下半部,并取名为《应用教育社会学》。②

不过,对陈启天教育社会学研究推动最大的因素是他日后又深入研究并掌握了社会学学科的理论和方法。1929 年,陈启天去四川,在成都大学讲授社会学、教育社会学、中国近代教育史等课程。在社会学教学和研究过程中,陈启天逐步认识到,社会学是一门研究人类社会的动力、形态和进化的科学,若从科学的分类来看,③ 社会学又可以叫作综合的、基础的、普通的社会科学,相比较专门的社会科学(如政治学、经济学、教育学等)只研究社会现象的一方面而求出特殊的原理原则而言,社会学则研究社会现象的全体而求出共同的原理原则,是一切社会科学的基础,因而对于社会学有一定的研究后方可从事各种专门的社会科学研究。仅观他自身,正是在对社会学有所研究而著成《社会学概论》一书后,他才着手将社会学与教育学两者之间加以系统的研究,《教育社会学概论》一书是他这方面研究的集中体现。在该书的"叙"中,作者清楚地交代了自己的宗旨在于"予学者以社会学的综合眼光,使知教育的意义非常广大,与政治经济等事亦有密切的关系,而后教育事业乃得渐趋于实际,不致再为人所误解!"④

---

① 这些文章分别为:《改定关税论》,《东方杂志》1917 年第 14 卷第 6 号;《平和之究竟》,《东方杂志》1918 年第 15 卷第 12 号;《中国古代名学论略》,《东方杂志》1922 年第 19 卷第 4 号;《中学的国文问题》,《少年中国》1920 年第 2 卷第 1 期;《科学的教育与教育统计》,《少年中国》1922 年第 3 卷第 6 期;《麦柯教育实验法》,《中华教育界》1924 年第 14 卷第 1 期;《新国家主义与国民教育的改造》,《中华教育界》1924 年第 14 卷第 3 期;《编制课程的程序》,《中华教育界》1924 年第 13 卷第 10 期;《各国退款保管及用途问题与国家教育政策》,《中华教育界》1924 年第 14 卷第 4 期;《庚子赔款与教育》,《教育杂志》1923 年第 15 卷第 6 号;《新国家主义与中国前途》,《少年中国》1924 年第 4 卷第 9 期等。

② 关于这本著作的翻译,详见本书第三章第一节。

③ 陈翊林(即陈启天,入四川后改名为陈翊林)将科学分成两大类:(一)研究自然现象的是自然科学;(二)研究社会现象的是社会科学,并将各门科学之间的关系以图表表示。参见陈翊林《社会学概论》,中华书局 1930 年版,第 7—8 页。

④ 陈翊林:《教育社会学概论》,中华书局 1933 年版,"叙"。

在近代中国教育社会学学者群体中，类似于庄泽宣通过留学而拥有多门学科的知识背景，并在日后的学术研究中广泛涉足多个领域的学者大有人在。例如，陶孟和在东京高等师范学校学习历史和地理，后转到伦敦大学修社会学，归国后致力于教育学、社会学及经济学等学科的学术研究；雷通群于日本东京高等师范学校学习英语，在美国斯坦福大学专攻教育学，同时还涉猎经济、商学等学科，而其论著则广泛涉及教育学、社会学、经济学、言语学等学科领域；余家菊曾在英国伦敦大学、爱丁堡大学主修教育学、心理学，其后来的研究领域旁及教育学、心理学及哲学；周太玄留学法国修教育学、生物学及文学；崔载阳也留学法国修哲学、社会学，其研究成果涉及社会学、教育学、教育哲学等；刘伯明修哲学及教育学，其研究领域包括伦理、哲学、言语学等学科；孟宪承修哲学、心理学、教育学、教育史等学科，其研究成果也同样涉及这些领域；陈科美留学美国主修教育学，并选修了社会学、天文学、细菌学等学科，回国后致力于以教育学为核心，同时融合哲学、社会学、心理学等多门学科的学术研究；苏芗雨修哲学、教育学及心理学；相菊潭修社会学、教育学；鲁继曾修教育学、心理学，而其理论成果则涉及普通心理学、公民教育、师范教育等领域；常道直修哲学、教育学等；张敷荣①主修文学、社会学、教育学，其研究领域则涉及社会学、教育学、心理学等；陈劭南修社会学、新闻学，并在教育界服务多年；钱歌川修教育学，为著名的翻译家和散文家，其成果涉及教育学、文学、语言学等领域。

　　而类似于陈翊林那样虽没有留学经历但也同样拥有两门甚至两门以上的知识结构的学者，且理论成果也涉及很多学科领域的学者也不乏其人。例如，卢绍稷不仅研究教育学，也研究史学，后者影响更为深远；廖泰初主修教育学，但对社会学有着浓厚的兴趣，并在教学和科研中努力将两者结合起来。

　　基于多学科的学习和研究，教育社会学学者们不仅具备了宽厚的知识基础和开阔的眼界，而且具有了综合的、多元的、开放的思维方式，这对

---

　　①　张敷荣（1904—　　），贵州普安人。1928 年清华学校毕业后，赴美留学，入美国斯坦福大学先后获文学学士、教育社会学硕士、教育学博士学位。1934 年开始任该校教育学助理研究员兼图书馆中文部主任并筹建汉文系。抗日战争前夕回国，历任国立四川大学教育学系主任、国立重庆女子师范学校教育系教授及系主任。参见靳玉乐、李森主编《学术与人生——张敷荣教育学术思想研究》，西南师范大学出版社 2004 年版，第 172 页。

于本身就是一门由教育学与社会学交叉产生而具有双重特性的教育社会学的建立有着特殊的意义。从上述这些学者的学科背景不难看出他们正具备了这方面优势和长处，近代中国教育社会学学科由他们创立、发展，实属顺理成章。

（三）关注中国教育现实问题

从历史渊源来看，教育社会学学科的诞生在很大程度上是缘于教育与社会发展相脱节，教育满足不了社会的需要，由此造成很多社会问题，其中也包括教育问题。人们在解决这些社会问题的过程中意识到，一切社会问题都同教育发生这样或那样的联系，研究社会问题离不开教育，而解决教育问题也离不开社会实际，从而产生了将教育现实和社会整体联系起来加以研究的需要，尤其是以社会学的观点和方法来研究教育现实的需要，因而特别重视研究与教育实际相关的社会现象及社会制度，以便提供改进教育实际的参考意见。可以说，对教育现实问题的高度关注是教育社会学得以存在和发展的重要前提和基础，近代中国学者也持类似的观点。如陶孟和认为，"社会与教育包括着许多活的，实际的问题，不单是理论上的检讨"①；庄泽宣也同样认为，教育社会学"确实应该从实际生活中去探求，才能名符其实的"②。有鉴于此，近代中国教育社会学学者大都关注本国教育实际问题的研究。其关注的方式集中表现在以下两个方面：

其一是运用社会学及教育社会学的原理分析研究中国教育实际问题，并充分反映在学者相关的论著中。如雷通群著的《教育社会学》一书分两篇，第一篇详述社会学及教育社会学原理，第二篇即是用这些原理来分析中国教育实际问题，所分析的问题涉及课程、教学法、教育行政、职业教育、乡村教育、社会教育等方面。20世纪30年代后，随着他对中国教育实际问题的深入思考，并将社会学原理进一步运用到中国成人教育、民众教育，甚至国防教育等领域。③ 庄泽宣也是一位注重研讨中国教育问题

---

① 陶孟和：《社会与教育》，商务印书馆1934年版，"序言"。

② 庄泽宣：《一门大学功课不讲演不看书的尝试》，《教育与人生》，中华书局1946年版，第59页。

③ 有关内容，详见本书第三章第四节。

的学者，留学期间就曾发表多篇论文。① 回国后，他利用在厦门大学担任"中国教育状况"课程的机会，开始对中国教育问题作较为系统的研究。从 1927—1928 年，仅一年的时间就发表论文 7 篇，分别是《三十年来中国之新教育》《如何使新教育中国化》《建设中国新教育行政制度的讨论》《中国的经济状况与今后新教育的扩充》《现在教育设施的根本谬误和今后所应取的途径》《中国教育改造之路》《教育方针讨论》，随后汇编为《如何使新教育中国化》一书，以"国立中山大学教育学研究所丛书之六"的形式由上海民智书局 1929 年出版发行。1940 年，他在岭南大学教育研究所讲授"中国教育问题"课程时，着手将中国教育问题分门别类，共分成"学术教育""专门与职业教育""普通教育""社会教育"（附"边疆及华侨教育"）、"教育行政及经费"五大类，每类中又包括许多具体的小问题，最后汇编成《改造中国教育之路》一书。相对于雷通群、庄泽宣二人来说，程其保的《中国教育实际问题之分析》则是一部更为系统地研究中国教育实际问题的专著。对此，作者也非常自信地写道："近年来国内教育专家及从事教育工作者，对于中国教育各方面之实际问题，论著颇多，种种建议屡见不鲜；所惜者此项论著或建议，类皆立场偏旁，且均散见杂章"，然"究竟所为教育上急待解决之问题安在？各项问题之实际困难如何？各专家及实际工作者对于解决方案之建议又如何？凡此数义，非作一种有系统之科学研究，教育改造，实难进行"，于是就国内重要教育实际问题，"精细分析，分别部类。得主要问题三十则，并就各项问题之性质，胪列解决之方案"。② 这三十则问题可分为十一类：普通类、大学教育类、中学教育类、小学教育类、女子教育类、职业教育类、师范教育类、社会教育类、义务教育类、地方教育类、健康教育类，而且对于各类问题的分析和解决都注意从中国社会实际需要出发。

其二是立足于中国教育现实开展社会调查，尤其是教育调查。近代中国教育社会学学者是近代中国开展社会调查及教育调查的主要力量之一，

---

① 主要有：《中国通俗教育状况》（《清华周刊》1917 年第 106 期）、《记北京通俗教育情形》（《清华周刊》1917 年第 109 期）、《对于清华课程问题的我见》（《清华周刊》1922 年第 257 期）、《敬告大一级各高级同学》（《清华周刊》1922 年第 261 期）、《教员待遇问题》（《清华周刊》1922 年第 267 期）等。

② 程其保、经筱川：《中国教育实际问题之分析》，中央政治学校研究部印行 1937 年版，"导言"。

也是近代中国较早从事社会调查及教育调查实践活动的群体之一。早在 1915 年，陶孟和就参加了北京社会实进会调查部对北京人力车夫职业和生活情形的调查。该项调查是陶氏根据北京警察厅有关人力车夫的统计数据，选出其中的 302 名作为调查的对象，调查内容包括年龄、婚姻之状况、家庭之依赖者、收入、赁车费、生活费、净收入或储蓄、工作时间、从事人力车业之年数、人力车夫在拉车以前之职业、其他问题等 11 项，而与本文关系最为密切的是在"其他问题"一项中针对人力车夫的识字调查。作者发现，302 名人力车夫中，识字者与不识字者各居其半，识字比例之高出人意料之外。根据此次调查结果，作者建议应从"教以节俭储蓄""为之设备娱乐""授以有用之技能"等三处来着力改善人力车夫的生活。① 由于这次调查是在基督教教会主持下进行的，且主要是侧重于社会问题所作的调查，所以在近代中国学术界尤其是教育界没有产生特别大的影响。相比之下，另一份由教育社会学学者直接主持的调查——邰爽秋关于小学教师生活的调查，其影响要大得多。1920 年，邰氏利用南高师暑假学校的机会，对前来参加暑假学校的小学教员进行问卷调查，主要调查小学教师的薪水及家用等情况，共发放 1000 余份问卷，收回 87 份。作者从这 87 份问卷统计发现，除了 5 人是纯粹尽义务而未写明具体收入外，82 个小学教师的薪水中，在 400 元以上的只有 4 人；在 240—270 元的，只有 15 人；而在 180 元以下的竟有 39 人，几乎占全数的一半。在"家用栏"写出具体数目的有 71 人，家用在 210 元以上且超过薪水平均额的竟有 45 人。小学教师的生活基本上入不敷出，其中有许多人感觉生活困难。而通过对这 87 人的心理（即是否满足于现状？假使不满意，有何打算？）调查发现：只有 13 人满足现状，72 人不满足，② 其中又有 33 人是不满足于经济状况。至于以后的打算，除了未写或写得不明显的 8 人之外，在 64 人中有 30 人想要改行，几乎全是出于经济方面的考虑；有 10 人未说改行，但希望加薪；有 13 人要升学，是嫌小学教师薪水太低；只有 11 人计划从事教育、社会方面的改良事业。作者不禁担忧道：如此岂能希望小学教育的改良，义务教育的普及？并建议教育当局应设法解决，因为这既

---

① 陶孟和：《北京人力车夫之生活情形》，《孟和文存》，上海书店出版社 2011 年版，第 126 页。

② 原文是 72 人，似乎有误。

是小学教师的幸福问题，更是关系到中国教育的前途和生机的问题。作者根据调查结果写成《小学教员的生计》一文，于 1921 年 3 月在《南高教育汇刊》第一集发表。一时间，有关小学教师生活状况的调查成为学者关注的焦点之一。[①] 此后，社会调查及教育调查开始成为近代中国教育社会学学者关注教育现实、了解教育实际的重要方式之一，"从事教育须先考察社会背景，明了社会实际生活，是第一件要紧的事。……第一步应当要从科学的客观的社会调查入手"成为他们对社会调查及教育调查的基本认识，[②] 并先后有一批重要的调查成果问世，其中包括：庄泽宣的《清华学生对于各学科与各职业兴趣的统计》[③]、沈锐的《上海小学生退学原因之研究》[④]、陶孟和的《北平生活费之分析》[⑤]、许恪士的《国立中央大学实验学校小学部一百一十个学生的调查》[⑥]、龚启昌的《江宁自治实验县教师家庭生活初步调查》[⑦]、廖泰初的《动变中的中国农村教育》[⑧]、卢绍稷的《中学教师健康问题》[⑨] 等。其中有些成果所使用的方法在当时具有开

---

① 这可以从当时问世的有关小学教师生活调查成果中得到佐证，其中不包括教育社会学学者的调查成果就有：林振镛的《小学教育之生计》（《时事月报》1930 年第 2 卷第 2 期）、张钟元的《小学教师生活调查》（《教育杂志》1935 年第 25 卷第 8 号）、俞子夷的《小学教员生活状况调查》（《教育杂志》1923 年第 15 卷第 1 期）、郭栯的《中小学教职员之调查与研究》（《教育汇刊》1922 年第 3 集）、李廷翰的《小学教师生活问题》、李楚才的《小学教师的生活问题》、钱义璋的《小学教员实际生活调查》（《中华教育界》1924 年第 13 卷 12 期）、赵轶尘的《教师生活问题》、许性初的《上海市小学教师生活调查》（《上海教育界》1933 年第 7 期）、陈振名的《广州市小学教师生活之研究》（《教育研究》1936 年第 69 期），等等。

② 许恪士：《国立中央大学实验学校小学部一百一十个学生的调查》，国立中央大学出版委员会 1933 年版，第 1 页。

③ 《清华学报》1924 年第 1 卷第 2 期。

④ 《教育杂志》1929 年第 21 卷第 1 号。

⑤ 陶孟和：《北平生活费之分析》，商务印书馆 1930 年版。

⑥ 许恪士：《国立中央大学实验学校小学部一百一十个学生的调查》，国立中央大学出版委员会 1933 年版。

⑦ 李文海编：《民国时期社会调查丛编·文教事业卷》，福建教育出版社 2005 年版，第 226—263 页。龚启昌（1905—1989），江苏常熟人。1925 年入国立东南大学，1929 年毕业于中央大学教育学系，任中央大学实验学校教务主任，1940 年起任中央大学教育系讲授、副教授、教授，直到 1949 年。

⑧ 廖泰初：《动变中的中国农村教育——山东省汶上县教育研究》，出版地不详，1936 年。

⑨ 《教育杂志》1937 年第 27 卷第 7 号。

创的意义，如陶孟和的《北平生活费之分析》。1926 年 11 月，陶孟和组织社会调查的学者和学生，对北平 48 户工人家庭和 12 户小学教员家庭的生活费调查。该项调查中，陶孟和采用了有别于问卷方法的家庭记账法，可谓中国学者首次使用由法国社会统计学家勒普来（Frederic Le Play，1806—1882）创立的家庭记账法，并参照英国贫困问题专家朗特里（Benjamin S. Rowntree，1871—1954）的有关研究成果来对居民日常生活支出状况展开调查，其意义和价值不容置疑。

综观近代中国教育社会学学者开展的社会调查及教育调查，它们多是借助现代科学方法如统计学、社会学、人类学等方法搜集资料，以此来剖析教育现象背后的社会原因，并提出相关建议，使"从事教育者，明了于所办教育事业优点与劣点之所在"①。通过调查，教育社会学学者深入了解到中国教育的实际情况，为其日后教育理论的构思提供了真实而可靠的第一手材料。

第三节　个案考察：中央大学教育社会学系

在本章第一节里曾讨论过，作为一门课程的教育社会学，是伴随着教育学科专门化程度的不断提高和教育学科设置的多元化而在近代中国许多大学开设的。其实，教育社会学系的设置也同样与教育学科专业化的发展和演变密切相关，它伴随着师范院校及综合型大学教育学院的系科建设而开始设置。根据《第一次中国教育年鉴》的记载，截至 1933 年，全国公私立大学设立教育学院共有 11 所；② 其中，唯有中央大学教育学院曾设置过教育社会学系，从而成为近代中国教育社会学学科建制进程中（从系科的角度来讲）典型的代表。因此，本节即以中央大学教育社会学系为个案，着重探讨中央大学教育学院设立教育社会学系的经过及其相关情况。

众所周知，中央大学教育学院是由南京高等师范教育专修科及东南大学教育科递嬗扩充而成，故探讨中央大学教育学院教育社会学学系的设置

---

① 邰爽秋：《教育调查》（上卷），教育印书合作社 1931 年版，第 1 页。

② 这 11 个教育学院是：山东大学教育学院、中央大学教育学院、四川大学教育学院、北平师范大学教育学院、暨南大学教育学院、大夏大学教育学院、厦门大学教育学院、武昌华中大学教育学院、辅仁大学教育学院、沪江大学教育学院、东北大学教育学院。

过程须追溯至南高师教育专修科时期。南京高等师范学校成立于1915年9月，刚成立时学校只设国文、理化两部及国文专修科，后来根据社会需要及学校自身的办学条件，系科建设不断发展。1918年6月，学校"鉴于教育一科之缺乏专才，因（应）于今年续招农、商、体育三专修科外，添设教育专修科。志在养成教育学教员及学校行政、教育行政人才"①。教育专修科第一届招生40名（实际毕业37人），修业年限为3年。1921年6月，教育专修科第一届学生按时毕业，其中就包括了日后在教育界声名卓著的罗廷光、邰爽秋、杨效春、王衍康等人。后来为提高学科程度起见，1919年起改为四年制。南高师非常重视教育专修科的发展，这可见于其师资建设、课程设置、教学安排等方面。校长郭秉文对教育学科建设素来关注，"供职后，复数度东行访问，各校杰出人才，瞭如指掌。而于国内宿儒，又周知博访。故所物色教授，俊彦云集，极一时之盛"②，如陶行知、陈鹤琴、俞子夷、廖世承等人，均被延聘到教育专修科任教或担任相应的职务。课程设置也相当丰富，所开设的课程数目多达33门。③ 同时，为谋"学理与经验之贯通"，自1919年就开始规定，教育专修科初等教育类课程由附属小学主任担任，中等教育类课程由附属中学主任担任，"沟通学理经验，以期学生获实习之益"。④ 较之其他系科，教育专修科对学生的入学资格有特殊的规定："除具备预科及专修科之资格（完全师范或中学或同等程度学校毕业，身体坚强品行端正而有志教育者——笔者注）外，并须曾在教育界任教育职务一年以上始为合格。"⑤ 1919年，南高师实行选课制，教育专修科课程分为教育、心理二系。1921年，东南大学成立后，教育系、心理系与体育系合并成为大学的教育科，⑥ 于

---

① 潘懋元、刘海峰编：《中国近代教育史资料汇编·高等教育》，上海教育出版社1993年版，第715页。

② 陈学恂主编：《中国近代教育史教学参考资料》（中册），人民教育出版社1987年版，第373页。

③ 详见本章第一节。

④ 艾伟：《国立中央大学教育学院过去现在与将来》，《教育杂志》1935年第25卷第7号。

⑤ 同上。

⑥ 体育系源自于1915年12月南高师开设的体育专修科，以培养中等以上各学校体育教学、地方公共体育场体育主任及管理员为宗旨。当时因为社会急需体育人才，体育专修科初创时学制为2年，1921年增至4年。参见王德滋主编《南京大学百年史》，南京大学出版社2002年版，第90页。

1924 年又增设乡村教育系，以培养师资及教育行政人员、研究教育学术、推广教育事业为宗旨，学制四年。当时规定凡教育科学生共同必修的普通课程有：英文、国文、社会学大意、生物学、世界大势、哲学入门、科学发达史、体育、择业指导，共计 39 学分；共同必修的专修课程有：教育通论、教育心理学大纲、教育统计，共计 12 学分。实行主、辅系课程：教育科学生选教育或心理为主系者，至少须于主系课程中选习 32 学分；选体育为主系者，须于体育系所开设课程中选习 67 学分；同时规定教育科学生至少须于辅系课程中选习 20 学分。而教育科在教育理论、教育行政、试验教育、教学法、教育调查等方面共开设了 70 多门课程。此外，还开设大量的自然科学和社会科学课程，供主系、辅系、本科及其他系科的学生选修。丰富的课程设置得益于东南大学教育科强大的师资阵容，除了南高师时期的郭秉文、陶行知、陈鹤琴、俞子夷、廖世承等人之外，并入东南大学后又增加了郑晓沧、姜琦、孟宪承、汪懋祖、程其保、艾伟等人。整体来看，东南大学教育科教师中曾在国外获博士、双硕士学位者有 8 人；曾在国外获硕士学位者有 13 人；在国外获学士学位或学习者有 5 人；还有外籍教授 2 人，在全科教师 33 人中留学人员及外籍教师所占比例为 66.7%。[①] 不仅如此，这些教师多为国内著名的教授，有的还是某一领域的专家，由他们担任教育科教学和研究工作，自然会吸引很多学生前来投考。据统计，教育科的学生数在该校全部系科中位居第二。东南大学教育科雄厚的师资力量以及完善的课程设置为中央大学教育学院的系科建设打下了良好的学术基础。

1927 年 4 月，南京国民政府成立。6 月，教育行政委员会对全国教育行政制度进行变革，仿效法国教育制度，颁行大学区制，在江苏、浙江两省先试行。同年，江苏省以东南大学为基础，将河海工科大学、政法大学、医科大学、南京工业专门学校、南京农业学校、苏州工业专科学校和上海商科大学、上海商业专门学校等九所高校与主持江苏省教育行政之教育厅合组成第四中山大学，首任校长张乃燕。[②] 大学本部设自然科学、社会科学、文学、哲学、教育、农、工、商、医九个学院，其中教育学院是

---

① 王德滋主编：《南京大学百年史》，南京大学出版社 2002 年版，第 97 页。

② 冯世昌主编：《南京师范大学志》（上册，1902—2002），南京大学出版社 2002 年版，第 18 页。

由东南大学教育科改组而成。1928 年 2 月，第四中山大学易名为江苏大学，5 月又改为国立中央大学，其教育学院亦改为国立中央大学教育学院。建立在东南大学教育科基础之上的中央大学教育学院，从一开始就有较高的系科建设起点。但在其成立之初，由于正值南京国民政府实行"大学区制"时期，中央大学所在地划为中央大学区，本校校长除了须管理本校各项事务外，还得负责处理本大学区内一切学术及行政事务。因此，中央大学教育学院成立初期，系科建设并没有大的进展。教育学院除原有之教育系与体育科外，只增设师资科、艺术专修科及军事教育科三个专修科，原有之心理系则改属理学院。中央大学教育学院系科建设取得实质性的进展是得益于以下两个因素的推动：其一，1929 年 6 月 17 日，国民党中央决定由教育部（1928 年 10 月大学院复称教育部）通知各大学立即停止实施大学区制，大学区制停止实行后，中央大学摆脱了管辖全省教育行政等繁杂事务及各种矛盾的羁绊，从而得以专注于本校的系科建设；其二，同年 8 月，教育部颁布的《大学规程》明确规定："大学教育学院或独立学院教育科：分教育原理、教育心理、教育行政、教育方法及其他各学系"[1]。自 1929 年 9 月起，中央大学教育学院开始对系科设置进行大幅度的调整，将此前的一个系调整为三个系和两个专修科，即教育心理系、教育社会学系、教育行政系（教育心理系由原教育系教育心理组扩充而成，教育社会学系和教育行政系则由教育学系中分化出）和体育专修科、艺术专修科。[2] 师资科因师资与经费问题停办，1930 年 3 月，经校务会议议决改为教育方法系。1931 年，增设卫生教育科。1932 年 9 月，罗家伦接任中央大学校长一职，他根据社会的需要和学科发展趋势，调整中央大

---

[1]　李友芝编：《中国近现代师范教育史料》第二册，内部材料，第 291—293 页。

[2]　关于中央大学教育学院学系设置情况有两种不同的说法：一种是"四系说"，即教育学系、教育心理系、教育社会学系、教育行政系，此说唯见于《第一次中国教育年鉴》丙编"学校教育概况"（开明书店 1934 年版，第 34 页）；另一种是"三系说"，即教育心理系、教育社会学系、教育行政系，该说详见于艾伟的《国立中央大学教育学院过去现在与将来》（《教育杂志》1935 年第 25 卷第 7 号）、《国立中央大学校况简表》民国十八年度、《国立中央大学一览·第五种》"教育学院概况"，民国十九年、《国立中央大学沿革史》民国十九年九月、《南大百年实录·中央大学史料选》（上卷）（南京大学出版社 2002 年版，第 280 和 284 页）、冯世昌主编的《南京师范大学志》（上册，1902—2002）（南京大学出版社 2002 年版，第 19 页）。两者相比较而言，后一种说法可信度似乎多一些，不仅是因为有较多文献可以为证，最关键的是艾伟曾任中央大学教育学院院长一职。因此本文取"三系说"。

学系科设置，① 对设置重复的系科进行合并。在这种情形下，自教育学系
扩充或分化出的教育心理学、教育社会学系、教育行政三系又重新合并为
教育学系。② 中央大学教育社会学系仅存在三年左右的时间。

　　应该说，制度的变更往往折射出观点的变易。中央大学教育学院设立
教育社会学系虽然是基于系科调整的需要，因为根据《大学本部组织大
纲》的规定，中央大学本部设若干学院，院设若干系或科，并将"系"
定义为"凡同性质之课目在学术上能构成系统者"③。但若非教育学科专
门研究意识的确立和发展，亦不能反映在学科建制上。教育学科专业化意
识是关乎教育系科建设最为关键的因素，教育专修科、教育科、教育学
系、教育学院等名称不尽相同的教育学专业机构的设立均是这种意识在制
度上的反映。如南高师教育专修科设立的出发点即是"教育已成一种专门
科学，非造就此种专门人才不足以促教育之进步"④。东南大学教育科成
立后，这种趋向更加明显。该科 1924 年的发展计划如同一份教育科学研
究的宣言书："吾国自推行新学制以还，教育界之需要专门人才以敷设事
业与夫需要切实教育学术以解决问题也，较之旧学制时代益深切著明，此
征之年来各种教育会议所提案之数量与性质而可见者。本科之设，原为改
善教育，研究实学，培养专家，责任所在，无可旁贷。顾自成立以来，规
划虽期乎远大，而事业则限于经费，以言适应社会需要，睹乎其后矣。然
国内教育需要日益加甚，本科自当起而力图适应"。"教育，专门事业也，
不有人才，难收实效。政治浑浊有澄清之日，经费支绌有充足之时，惟人
才缺乏，则非一时所能培养，教育即到可以有为之时，亦未有发展。今日
维持教育现状已有才难之叹，将来教育发达，需才更亟，自不待言，故为

---

　　① 这中间还有更为深层次的原因，即当时国民政府的政策是抑制文法科的发展。如 1932 年
5 月，教育部部长陈果夫提出《改革教育方案》10 条，决定自本年度起，10 年内全国各大学及专
科学院一律停招文法艺术等科学生。同年 7 月，国民政府行政院和教育部联合签署《整顿教育
令》，要求"合理解决同一区内院系重复"。详情参见中央教育科学研究所编《中国现代教育大事
记》，教育科学出版社 1988 年版，第 244—249 页。

　　② 据曾在教育社会学系肄业的龚宝善回忆说："后来校方（即中央大学——笔者注）因为
师资不易延揽，课程无法安排，乃将教育社会学系和教育行政系合并成教育学系。"参见柯水源
《当代教育家》第一辑，台湾省教育会 1984 年版，第 246 页。

　　③ 王德滋主编：《南京大学百年史》，南京大学出版社 2002 年版，第 149 页。

　　④ 潘懋元、刘海峰编：《中国近代教育史资料汇编·高等教育》，上海教育出版社 1993 年
版，第 715 页。

教育储材，实为根本之图。吾国教育上所最需要之人材，如教育统计员，心理及教育测验专员，儿童心理审断专家，学务及教务指导员，学校看护，师范学校教育学科之教师，幼稚教育之教师，家事手工教育之教师等，皆亟待培养者也"。① 中央大学教育学院成立后，同样将教育科学研究置于很高的位置："教育学理之精进，亦必有待乎深邃之研究。其所采方法，与他种科学并无二致，调查实验等等，亦探讨上必有之历程也。故本院一方面以改善教育技术为己任，一方面以合力推求真实学理为职志"。②

中央大学教育社会学系是近代中国历史上最早也是唯一设立过的教育社会学系，在此之前，教育社会学只是作为一门课程在一些大学及中学开设，因此在其成立之初，系主任的人选无法严格按照"学务专门"的原则来进行。最初担任该系主任一职的是以教育心理学家、中等教育专家享誉学界的廖世承。

廖世承（1892—1970 年），字茂如，江苏省嘉定县人。北京清华学校毕业，后留学美国布朗大学，专攻心理学和心理测验。1919 年仅通过博士学位入学考试就回到了国内，③ 任南京高等师范学校（后改为东南大学）教授，主讲教育心理学、中学教育、教育调查等课程，很受学生欢迎。教书不到两个月，由于该校附属中学内部发生问题，由他出任附中主任，"迩时东大附中几执全国中等学校的牛耳，投考人数，为全国称首"。④ 尽管要主持校务，但廖世承仍坚持一面教学一面研究，相继出版了《智力测验法》（1921 年）、《教育心理学》（1924 年）、《中学教育》（1924 年）、《施行新学制后的东大附中》（1924 年）、《附中东大道尔顿制实验报告》（1925 年）等著作。因此，学界多以教育心理学家、中等教育专家称誉他，殊不知廖世承也是近代中国较早与教育社会学发生联系并对这门学科在我国的早期发展作出过贡献的学者之一，他之所以能胜任中央大学教育社会学系主任一职主要是出于这一点。例如，1920 年南京高

---

① 艾伟：《国立中央大学教育学院过去现在与将来》，《教育杂志》1935 年第 25 卷第 7 号。

② 《第四中山大学教育行政周刊》1927 年第 22 期。

③ 两年后，廖世承补交了其博士论文，题目为"非智力因素的量化研究"，于 1921 年获美国布朗大学博士学位。

④ 廖世承：《我的少年时代》，《良友》1935 年 9 月第 109 期；又见于程德培等编《1926—1945 良友人物》，上海社会科学院出版社 2004 年版，第 179—187 页。

等师范学校办理第一届暑假学校时，他曾担任"教育社会学"课程的讲授。① 此后，他又多次在《申报》上撰文，② 论述教育与社会之间的密切关系。他深刻指出，教育与社会之间息息相关，与社会各行各业之间的关系都极其密切，对国家强盛、民族振兴、社会进步有着巨大的作用，"一个国家军备的优劣，财富的盈亏，政治的消长，实业的盛衰，文化的升降，都直接或间接与教育有关"；"教育之事业为永久之事业，教育之问题为永久之问题。此事业此问题，当随时进行，随时解决，务适应时势"。③ 更为重要的是他对教育调查大力提倡及努力实践。廖世承反复强调："从事教育的人，当注意实地研究，不应作趋时论调。"④ 并身体力行，曾与俞子夷、祝其乐等人一起在山东济南开展"学务调查"。不久，针对近代中国中等学校教师的状况"素来没有详细的调查"，⑤ 于 1924 年分别从年龄、学历、经验、职务、薪俸、家庭状况六个方面对近代中国中等学校教师进行详细的问卷调查，这些调查在当时国内均有开创性的意义。特别是他主持的济南学务调查不是对当地学校一般情况做简单的登记，而是运用当时科学的教育测验法对当地的学生进行测验，将教育调查与教育测验有机结合，在中国可谓是首次尝试。

继廖世承之后担任中央大学教育社会学系系主任的是罗廷光。罗廷光（1896—1993 年），号炳之，江西吉安人。1918 年考入南京高等师范教育专修科，三年后毕业，在厦门集美师范和河南第一师范任教四年，以教育学科为主。1925 年，入东南大学进修，毕业后曾先后担任南昌鸿声中学、扬州中学和无锡中学教师。1928 年由无锡前往南昌参加江西省欧美留学考试，录取后得以公费留学。同年 8 月，入美国斯坦福大学教育研究院学习。一年后，转入哥伦比亚大学师范学院继续深造。1930 年结束留学生活，准备回国。动身前接受了国立中央大学之聘，于 1931 年回南京，任

---

① 《南高暑期学校校友录》，参见《南高第一届暑期学校概况》1920 年 10 月。

② 大多发表在《申报》副刊《教育与人生》周刊上面，主要有《改良入学考试的一种方法》（第 1 期）、《"青年之友"发刊词》（第 1 期）、《办教育的三大规律》（第 5 期）、《应用职业指导表所得来的几个意见》（第 24 期）等。

③ 汤才伯：《廖世承教育思想论稿》，人民教育出版社 1997 年版，第 6 页。

④ 北京师联教育科学研究所编：《廖世承教育思想与教育论著选》，中国环境科学出版社、学苑音像出版社 2006 年版，第 4 页。

⑤ 廖世承：《我国中等学校教师的概况》，《教育杂志》1925 年第 17 卷第 7 号。

中大副教授，翌年升教授兼任教育社会学系主任及本校实验学校（包括附中、附小）校长。

在供职于中央大学之前，罗廷光不仅是一位有着丰富的教育实践经验，而且也有着深厚的教育学理论知识，并在教育界享有一定声誉的知名学者。曾在南高师及东南大学肄业时期，罗廷光就在《教育汇刊》《教育杂志》《中华教育界》《心理》等著名刊物上发表文章二十余篇，其中较有影响的有《学力迁移问题》①《动物本能之科学的研究》②《小学算术心理研究》③等。此外，根据自己平时的教学经验，参引中外教育原理，著成《普通教学法》一书。与当时国内诸多的各科教学法的书籍相比较，该书注重"公共问题的讨论"，从而可免除许多重复，"非特经济，而且甚合学习的自然程序"，同时"可使学者入手即获一比较明晰的概念"。④ 1927 年，南京国民政府宣布撤销师范学校（包括乡村师范），将其归并至中学，成为高中师范科，此举激起江苏省高中师范科主任及教育界的抗议。罗廷光也参与了这次抗议运动，并以《师中合并之利弊及个人对于本问题之意见》⑤一文表明自己坚决维护师范独立的立场。后来的师范院校得以单独设立，其中也应有罗廷光的一份功劳。留美期间，在斯坦福大学罗廷光除攻读教育史和教育调查以外，集中大量时间探讨欧美教育科学研究的发展，并写成英文专稿一份，该文章后来成为其著作——《教育科学研究大纲》的基础。⑥ 在哥伦比亚大学师范学院，罗廷光主要学习教育行政和比较教育。比较教育是该校重点系科，条件好，师资强，且各有专长。罗廷光师从凯德尔（I. L. Kandel）⑦教授系统地学习英、法、德、意、

---

① 南京高等师范教育研究会编：《教育汇刊》1922 年第 3 集。

② 《心理》1924 年第 3 卷第 1 号。

③ 《教育杂志》1926 年第 18 卷第 5 号。

④ 罗廷光：《普通教学法》，商务印书馆 1930 年版，"编者自序"。

⑤ 《中华教育界》1928 年第 17 卷第 2 期。

⑥ 《教育科学研究大纲》于 1932 年以"中央大学教育学院丛书"的形式由上海中华书局出版发行。

⑦ 凯德尔（I. L. Kandel, 1881—1965 年），现通译为"康德尔"，美国著名的比较教育家，他的代表作《比较教育》，分上、中、下三册，1933 年在纽约出版发行，该书"奠定了比较教育学作为真正科学研究的基础"（参见张维平、张诗亚主编《比较教育基础》，辽宁大学出版社 1991 年版，第 13 页）。1935 年，罗廷光利用在英国伦敦大学皇家学院研究教育学的机会，着手翻译此书，但只译出三分之二，剩余三分之一由韦悫译竣，1939 年由商务印书馆出版发行。

苏、美等国的教育。当时在纽约各大学研究教育的中国学生还组织了一个教育学会，经常集会商讨教育上的重大问题，罗廷光一直是这个学会的主持者。①

在中央大学任职期间，罗廷光于第一学年就开设了"教育研究"课程，不久，他又增设"实验教育"课程，教材采自麦柯尔（W. A. Mc-Call）的《教育实验法》英文本，同时补充一些自编讲义。1932 年，罗廷光将其在留美期间关于教育科学研究英文专稿著成《教育科学研究大纲》一书，并交中华书局出版发行。该书受到时人的高度好评，被誉为"正是适合时会之举"②，"诚为一种中国教育界出版物的新贡献"。③ 同年，他又著成《教育研究指南》一书，书中详细列出教育科学研究、各级各类教育以及教育与心理学、社会学等科学之间的国外重要著作，以供国内从事教育的研究者参考，因此，该书实则是"教育研究纲要及重要参考书"④。这两本著作的问世，初步奠定了罗廷光在教育科学研究的地位，罗氏也因而成为国内倡导教育科学研究最为得力的学者之一。所有这些都为罗廷光担任中央大学教育社会学系主任创造了有利的学术条件，也就是在这一年，罗廷光升为中央大学教育学院教授兼教育社会学系主任。

除系主任外，中央大学教育社会学系的师资构成情况是：教授 2 人，助教 1 人，助理 1 人。较之当时同院的其他系科，如教育心理学及教育行政系，教育社会学系在师资构成上明显不及后两者。当时教育心理系有教授 3 人，助理 5 人；教育行政系教授 3 人，助教 1 人，助理 1 人，但在其成立一年时间左右，仍有 19 名学生先后考入该系，他们分别是：龚宝善、刘世尧、沈冠群、高光世、周祖训、环家珍、朱宕潜、王槃、谢子清、贡志容、方尔祺、张福荣、普学先、蒋文茂、包容、王啓炜、吴震亚、袁昂、朱元懋等人。⑤ 这 19 人无疑是近代中国大学教育社会学学科培养的第

---

① 《文献》杂志编辑部，《图书馆学研究》编辑部合编：《中国当代社会科学家》（第八辑），书目文献出版社 1986 年版，第 224 页。关于这个学会的具体成立经过可参见庄泽宣的《哥伦比亚大学师范学院及中国教育研究会》，《新教育》1920 年第 3 卷第 4 期。

② 罗廷光：《教育科学研究大纲》，中华书局 1932 年版，"高（君珊）序"。

③ 钟鲁斋：《教育之科学研究法》，商务印书馆 1935 年版，"自序"。

④ 罗廷光：《教育研究指南》，国立中央大学教育学院教育研究所 1932 年版，第 2 页。

⑤ 同一时间，报考教育心理系的学生也只有 23 人，而报考教育行政系的学生却多达 66 人。参见《国立中央大学一览》第二十种"学生录"，1931 年。

一批专门人才，其中有不少人日后为这门学科在中国的发展作出过贡献，如刘世尧和环家珍系统地翻译了日本教育社会学家田制佐重《教育社会学之思潮》的上篇，取名为《教育社会学》，成为日本教育社会学著作传入中国之始；沈冠群与吴同福编著了《教育社会学通论》一书，该书是近代中国教育社会学发展过程中较具代表性的著作之一；1949 年后，龚宝善成为台湾地区教育社会学学科的重要代表人物，等等。

　　一般来说，课程设置反映了人才培养的核心内容，是实现培养目标的重要环节，中央大学教育学院自成立起，规定其目标为"研究教育学术、培养师资及教育行政人才、辅助教育事业之改进"等三方面。① 此后，又因系科调整及社会发展需要，对其人才培养目标进一步细化，具体如下：（甲）行政：（一）地方、（二）师范、（三）中学、（四）小学；（乙）教学：（一）师范、（二）中学、（三）小学（及幼稚园）②；（丙）研究：（一）大学、（二）地方教育机关，但"教育学术之昌明，为一切教育之根本要图"③，为此，中央大学教育学院各系不断丰富和完善课程设置，同时注意增加教育基础理论课程的设置，其课程编制依据以下两条原则：（一）集中原则，即集中于基本学程，第一学年各系开设同一课程，共有党义、国文、英文、生物学、教育心理学、教育原理、现代文化概论、教育社会学 8 门；④（二）分配原则，即（1）注意文化陶冶，（2）研究其他学科与主要科目之间的密切关系，各系从第二学年开始单独设置课程，并分成"必修"和"选修"两大类。就教育社会学系的课程设置来看，第一学年也同样开设党义、国文、英文、生物学、教育心理学、教育原理、现代文化概论、教育社会学这 8 门课程，从第二学年开始，课程设置分"必修"和"选修"两类。其中所开设的"必修课"有：高等教育社会学、教育行政、比较教育、乡村教育、教育哲学、教育通史、职业教育、党义教育、职业心理、教育统计、教育测验、训育论、教育及职业指导、教育调查、课程论、乡村教育设计、社会教育、课程的社会基础、职业教育设计、课程的文化基础，共计 20 门；同时还开设了大量的选修课

---

① 艾伟：《国立中央大学教育学院过去现在与将来》，《教育杂志》1935 年第 25 卷第 7 号。
② 即"幼儿园"。
③ 艾伟：《国立中央大学教育学院过去现在与将来》，《教育杂志》1935 年第 25 卷第 7 号。
④ "教育社会学"课程不仅为教育社会学系学生的必修课，也为教育心理系及教育行政系学生的必修课，其重要性由此可见一斑。

程，如现代教育思潮、西洋教育思想史、公民教育、女子教育、近代教育哲学家、小学课程及教材、中学课程及教材、师范课程及教材、幼稚教育原理及实施、初等教育原理及实施、中等教育原理及实施、师范教育原理及实施、小学课程及教材、小学各科教学法、中学各科教学法、西洋教育名著研究、乡村社会学、中国乡村教育调查等，共计 18 门。从所开设的课程数量看，较之同期教育心理系所开设的课程（"必修课" 13 门，"选修课" 18 门），以及教育行政系所开设的课程（"必修课" 15 门，"选修课" 7 门），① 教育社会学系课程设置可谓相当丰富。不仅如此，教育社会学系无论是在其所开设的 "必修课" 中，还是 "选修课" 中，教育基础课程的开设都占有非常大的比重，从而为实现该学科专门人才的培养打下了扎实的专业基础。

本章主要围绕课程设置、学者群体及系科设立等三个方面来考察近代中国教育社会学学科制度建设的具体状况。就课程设置而言，整体上看近代中国教育社会学课程设置既与教育学科的发展相关，也与社会学学科的发展相关，只不过在时间上稍有不同。大致是在 20 世纪 30 年代中期之前，教育社会学课程在各高校的开设与教育学科的发展关系更为密切一些，主要伴随着教育科学专业化程度的不断提高以及教育学科建设的多元化趋势；在此之后，教育社会学课程设置又与社会学学科的关系更为密切，并随着后者的进一步发展而实现了自身的 "制度化"。此外，近代中国教育社会学课程还在部分中学和师范讲习所设置。由此可见，教育社会学作为一门学科已得到近代中国学界的广泛认可，迈出了学科制度化进程中关键性的一步。从 "学术共同体" 的角度来看，近代中国教育社会学

① 教育心理系从第二学年开始的 "必修课" 有：教育统计、普通实验心理、混合数学、儿童心理、教育通史、高等教育心理、心理测验、青年心理、学科心理、教育哲学、异常儿童心理学、儿童心理卫生、教育心理专题实验等 13 门；"选修课" 有：修学指导、小学各科心理、异常儿童教育、儿童思想言语之研究、教育英文、教育文字、科学的教育、汉字心理研究、学习心理、人格心理学、自动教育之研究、变态心理学、应用心理学、社会心理学、心理卫生学、高等心理测量学、高等教育统计学、品格测量学等 18 门。教育行政系从第二学年开始的 "必修课" 有：教育行政、比较教育、教育统计、教育哲学、地方教育行政、教育通史、教育之事务行政、小学行政、小学普通教学法、中学行政、中学普通教学法、课程论、教育视导、教育调查、训育论等 15 门；"选修课" 有：中学行政及课外作业、教育行政问题、图书馆学、教育经费、都市教育行政、省教育行政、比较中等教育等 7 门。参见《国立中央大学一览》第五种 "教育学院概况"，1930 年。

学者群体主要伴随着高校教育社会学课程的开设而形成，同时也凭借教育社会学由教育学和社会学交叉产生的学科优势，分别以教育学与社会学两类专业刊物和团体为重要平台聚合而成，其成员均直接或间接地受到了国外社会学和教育社会学思想的影响，具备着多学科的知识结构及多元化的思维，并特别关注中国教育实际问题，从而构成了近代中国教育社会学学者群体的基本特征。就系科设立而言，1929 年 9 月，中央大学教育学院增设教育社会学系，"以作专精的探讨"①，因而具有里程碑的意义，因为这反映出近代中国教育社会学由单纯的课程设置发展到独立的专业系科，从而标志着其学科建制已渐趋成熟。

---

① 沈冠群、吴同福：《教育社会学通论》，南京书店 1932 年版，"序言"。

第三章

近代中国教育社会学的理论研究

中国自古以来就产生了关于教育社会学的丰富思想，但作为一门独立的学科，教育社会学的理论体系却诞生于近代欧美。从这个意义上来说，教育社会学的理论体系对中国而言可谓是"舶来品"，国外教育社会学的理论资源始终是近代中国教育社会学理论研究的重要思想养料，对国外教育社会学著作的译介遂成为近代中国教育社会学学科体系建构的基础性工作和必经步骤。近代中国学者正是在此基础上，围绕着教育社会学的研究对象、学科性质、学科功能等学科基本要素问题，展开了讨论和论争，同时对近代中国的教育社会学学科体系进行了探索和构建，并有几本深刻反映时代特征的理论著作先后问世。如果说学科基本要素的探讨属于"点"的层面，那么学科体系的构建则属于"面"的层面，由"点"及"面"，标志着近代中国教育社会学学科理论体系的进一步完善，也表明了近代学者对这门学科认识的提高和深化；同时，正是在此过程中，近代中国学者逐渐萌发出教育社会学"中国化"的意识，雷通群和卢绍稷可谓两位代表人物。

第一节　国外教育社会学的译介与导入

教育社会学的有关思想，中国古已有之，古代流传至今的文化典籍中就蕴含有丰富的教育社会学思想。如《周易》就注重从宏观上，特别是从教育与社会的关系上来阐述问题，对教育的育人功能和社会功能以及它们之间的关系都有比较精到的见解①。孔子也十分重视将政治、法治和德治教化结合起来，他说："道之以政，齐之以刑，民免而无耻。道之以

---

① 参见杨昌勇《〈论周易〉的教育社会学的思想》，《齐鲁学刊》1994 年第 1 期。

德，齐之以礼，有耻且格"①，并提出"富民"和"教民"的思想，其办
法是"庶、富、教"分步发展，指出"既庶则富之，既富乃教之"。② 但
作为一门学科的教育社会学的理论体系则起源于欧美，它主要借"西学东
渐"之势，通过对国外（主要是欧美和日本）教育社会学理论著作的译
介而传入中国。

在近代欧美，教育社会学的产生有其特定的历史背景。18 世纪末、
19 世纪初，近代资本主义大工业的迅速发展，西方国家由此而出现的社
会剧变使得教育面临各种各样的困境。不过，从社会背景的出现到教育社
会学理论体系的形成却经历了漫长的过程。先是与教育社会学相关的一些
学科出现了研究方向或研究领域上的重要变化（主要是社会学和教育
学），这些变化对教育社会学学科起着理论上的奠基作用，时间大致从 19
世纪后半叶至 20 世纪初。一般认为，1907 年，苏扎罗（A. H. Suzzallo）
在美国哥伦比亚大学首开教育社会学讲座，教育社会学开始其制度化的历
程，从那时起直到第二次世界大战结束前后为教育社会学的学科成形时
期，本文以下所介绍的国外教育社会学著作即是其理论奠基和学科成形时
期的相关作品。据笔者所查，近代中国翻译成中文的这类著作共有 14 种，
论文多达近百篇③。为了叙述的方便，同时也为了使读者能对近代中国学
者对这门学科的认知程度和接触范围获得清晰的了解，笔者将对这 14 种
教育社会学著作及其中文译著分门别类加以介绍和评价，力求无所遗漏。

一　国外教育社会学译著概述

表 3 - 1　　　　　　　　近代中国教育社会学译著一览表

作者/译者	原著/译著	出版机构/年代
［美］John. Dewey 刘衡如	School and Society 《学校与社会》	中华书局，1921
［美］John. Dewey 朱经农、潘梓年	School of Tomorrow 《明日之学校》	上海：商务印书馆，1923

---

①　北京师联教育科学研究所：《〈春秋〉孔丘儒家教育思想与〈论语〉选读》，中国环境科
学出版社，学苑音像出版社 2006 年版，第 139 页。

②　《论语》，刘俊田等：《四书全译》，贵州人民出版社 1988 年版，第 245 页。

③　此外，据笔者查阅《安徽教育月刊》《教育杂志》《中华教育界》《上海教育》等期刊，
关于"教育社会学"的译文刊有四十多篇，详见本书"附录一"。

续表

作者/译者	原著/译著	出版机构/年代
〔美〕E. L. Terman 郑国梁	A Socialized – Project Curriculum for the New Six – year Elementary School 《社会化的学程》	上海：商务印书馆，1923
〔美〕G. H. Betts 刘建阳	Social Principles of Education 《教育之社会原理述要》	上海：商务印书馆，1925
〔美〕W. R. Smith 陈启天	An Introduction to Educational Sociology 《应用教育社会学》	上海：中华书局，1925
〔美〕John. Dewey 邹恩润	Democracy and Education 《民本主义与教育》	上海：商务印书馆，1929
〔英〕Herbert. Spencer 任鸿隽	On Education 《教育论》	上海：商务印书馆，1929
〔法〕E. Durkheim 崔载阳	Moral Education 《道德教育论》	上海：民智书局，1930
〔日〕田制佐重 刘世尧、環家珍	《教育社会学之思潮》 《教育社会学》	上海：民智书局，1932
〔美〕R. I. Finney 余家菊	A Sociological Philosophy of Educational 《教育社会哲学》	上海：中华书局，1933
〔美〕C. C. Peters 鲁继曾	Foundations of Educational Sociology 《教育社会学原论》	上海：商务印书馆，1937
〔日〕细谷俊夫 雷通群	《教育环境学》	长沙：商务印书馆，1938
〔美〕William. H. Kilpatrick 孙承光	Education for Changing Civilization 《教育与现代文明》	上海：中华书局，1939
〔德〕T. S. Roucek 许孟瀛	Some Contributions of Sociology to Education 《社会学与教育》	上海：商务印书馆，1947

资料来源：田大畏编：《民国时期总书目·教育·体育》（1911—1949），书目文献出版社，第21—23页；叶澜主编：《二十世纪中国社会科学·教育学卷》，上海人民出版社2005年版，第236—237页。

表3-1所列的14种教育社会学著作，大致可分为三类：

第一类著作为教育社会学学科的产生奠定了重要的理论基础，此类著作多是教育社会学学科确立之前的代表人物及其代表作，如杜威、斯宾塞、涂尔干等人的著作。

在教育社会学的发展史上，杜威虽然没有明确地提出"教育社会学"概念，但其关于教育与社会之间关系的思想学说对教育社会学学科的发展在理论上起到了非常重要的奠基作用，并集中体现在《学校与社会》（*School and Society*）（1900年）、《明日之学校》（*School of Tomorrow*）（1915年）、《民本主义与教育》（*Democracy and Education*）（1916年）等

著作中，这些著作均先后被翻译至中国。1921 年，刘衡如翻译了杜威的
《学校与社会》，其中心思想是学校是社会的机构，"社会通过学校机构把
自己所成就的一切交给它的未来成员去安排"①，因而学校是整个社会进
化的重要部分。该书在日本早期教育社会学家新堀通也主编的《教育社会
学概论》中，被列为教育社会学四本先驱性著作之一。1919 年，罗家伦
在《新潮》发表《杜威博士的〈学校与社会〉》一文，对此书的译介极为
推崇，指出："杜威博士是当今世界上最大的教育家，学校与社会又是杜
威博士狠（很）重要的书，所以我们不能不尽一点介绍的责任"②。两年
后，刘衡如完整地翻译出该书，将其收录为"教育小丛书"由中华书局
出版发行。译者在"序言"中明确交代了翻译此书的原因和目的，他写
道："改造社会之方法，其最远大而亦最能探其本原者，厥惟教育；此平
心静气一探究今日社会情状者，殆皆不能否认"，"虽其（即《学校与社
会》——笔者注）所撷拨者多为美国教育之实况……然核其精义，固无
往而不与吾国教育以痛切之针砭"。③ 如前所述，近代中国学者主要针对
中国教育实际问题来译介西方教育社会学，这种取向对日后教育社会学在
中国发展的许多方面都产生了深刻的影响。1923 年，朱经农和潘梓年合
译杜威《明日之学校》一书，该书部分章节曾于 1917 年即被译出，并发
表在《教育杂志》上，④ 但系统翻译至我国是在杜威来华讲学之后。鉴于
此时国人对杜威的学说已有一定的了解和认识，故译者对于翻译此书目的
没有作太多的说明，仅在"序言"中强调译著和原著之间存有一定的差
距，后作为"大学丛书"由商务印书馆出版发行。1929 年，杜威的《民
本主义与教育》⑤ 被翻译至中国。⑥ 与《学校与社会》相比，《民本主义
与教育》进一步肯定了教育的社会功能，指出学校教育是有计划、有意识
地教育年轻人的主要途径和方式，提醒人们注意防止学校教育与生活的脱

① 张人杰主编：《国外教育社会学基本文选》，华东师范大学出版社 2009 年版，第 20 页。

② 罗家伦：《杜威博士的〈学校与社会〉》，《新潮》，1919 年第 2 卷第 1 号。

③ ［美］杜威著，刘衡如译：《学校与社会》，中华书局 1921 年版，"序言"。

④ 天民：《台威氏明日之学校》，《教育杂志》，1917 年第 9 卷第 9 号。

⑤ 现译为《民主主义与教育》。

⑥ 杜威的《民本主义与教育》虽然曾于 1920 年秋至 1921 年夏，在北京高等师范学校教育
研究科讲授过，并由常道直记录和整理其讲稿出版，取名为《平民主义与教育》，但不能算完整
意义上的译著。

节而使得学校教育的孤立化、书本化，同时对教育与社会关系的论述也更为系统、全面。① 译者邹恩润（即邹韬奋）这样解释自己翻译此书的动机："现代教育家的思想，最有影响于中国的，当推杜威博士。惟关于杜威博士的教育学说，多散见于汉文译述的零篇演稿。本书最能系统的概述他的教育学说的全部，足供我们澈底研究的参考资料。"② 该译本出版后，受到学术界的广泛好评，时人认为："要了解杜威的学说，只须读《民本主义与教育》"③。有人也指出它是杜威"在教育哲学方面之主要著述也"④。

赫伯特·斯宾塞（Herbert Spencer）也是一位对教育社会学的思想发展有过重要贡献的社会学家、教育学家，他以社会进化论为基础，对教育尤其是科学教育的内容和方法进行了详细论述，《教育论》（*On Education*）可谓其思想体系的集中呈现。1929 年任鸿隽翻译斯氏所著《教育论》的第一篇《什么知识最有价值？》、第二篇《智育》以及哈佛大学校长爱理亚（C. W. Eliot）⑤ 所写的序言，其中《什么知识最有价值？》篇强调科学知识及其在教育中的重要性，《智育》篇重点探讨科学教育的教学原则与方法。该书本质上是一部系统论述科学教育原理与原则的著作，在译者看来，他之所以翻译此书，除了因为"其（指《教育论》——笔者注）议论之精辟而踔厉，足取旧制度之壁垒，摧陷而廓清之"，以及"吾国言科学重要及教育改革者，亦既有年，而所遇率多模棱影响之论"外，⑥ 还有以下三个方面的考虑：其一，"斯氏所言，一部分固独标新义，一部分则为人生常识，故其效用不囿于学校，其价值亦不限于一时，盖在来人类家庭社会一切教育不可缺之书也"；其二，"吾国教育方当新陈代谢之际，旧者之腐败，既有如斯氏所诋诃，新者所取资，复不能不汲源头

---

① 从两本书的章节上即可看出：《学校与社会》全书共有八章，其中论述教育与社会关系的主要是前三章"学校与社会进化""学校与儿童生活""教育之耗费"，这三章是杜威于1899年4月在芝加哥大学附属小学的演讲，后五章是作者节选其所著《小学记录》（*Elementary School Record*）中的论文。而《民本主义与教育》全书共分二十六章。

② ［美］杜威著，邹恩润译：《民本主义与教育》，商务印书馆1929年版，"译者序言"。

③ 谭辅之：《杜威的〈民本主义与教育〉》，《二十世纪》，1931年第1卷第5期。

④ 陈捷：《杜威的〈民本主义与教育〉》，《出版周刊》，1934年第154号。

⑤ 现通译为"艾略特"。

⑥ ［英］斯宾塞尔著，任鸿隽译：《教育论》，商务印书馆1929年版，"译者序"。

于西哲，故斯氏之书，在西方若有过时之感者，在吾国则正为对症之方"；其三，"晚今学者好谈新义，而于古人树义远大历久不磨之著作，多未暇寓目，兹编之译，聊欲补教育界之缺，而进学者于探本穷源之途耳"。① 原稿于 1922 年即被译出，但迟至 1929 年才由商务印书馆列入"万有文库"第一集一千种，以"汉译世界名著"形式出版发行。

在西方，法国社会学家涂尔干（E. Durkheim）被公认为教育社会学名副其实的奠基人，因为正是他将教育社会学从一般社会学中分离出来作为一个特殊的领域加以研究，对教育社会学的确立起着至关重要的作用。他把教育看成一种客观的社会事实，认为教育的制度、目的和内容等都受社会制约，并具有社会功能，而教育的基本功能即是将个人社会化，同时将社会内化于个人。② 涂尔干的著作有《宗教生活的低等形式》（Les Formes Elementaries de la vie religiense）（1912 年）③、《教育与社会学》（Education et Sociologie）（1922 年）、《道德教育论》（Moral Education）（1925 年）等多本。④ 1930 年，崔载阳将《道德教育论》翻译成中文，并指出该书的主要精神在于：第一，"他（指《道德教育论》——笔者注）以客观的和科学的态度去阐明，社会命令我们时，面孔严峻可怕，我们不得不服从之，又当我们感觉社会为我们生命之一部，尤其为我们生命之最好的一部时，温煦可爱，我们不能不乐意为之牺牲"；第二，"本书以教育学者的眼光研究如何能达到上边两种目的，换言之，研究如何能使儿童习于服从纪律，习于委身社会，而这两点是道德教育之最重要与最终极的问题，也是该书最为难能可贵之处"。⑤ 在此基础上，译者对于翻译此书的益处进一步分析道："一、明示我们一个社会如无一种理想，则这个社会必难于存在，而社会之所以能迫各分子实现他这种理想，即惟道德是赖。二、能将道德生活中至善与义务、个人与社会、自由与服从个性之完全发展与纪律之限制，种种相反元素，融汇在一炉中，而构成一贯之理。使我国人素昧于全部道德生活着，得以一目了然。三、本书首先于全部道德生活中寻出他的最基本的

---

① ［英］斯宾塞尔著，任鸿隽译：《教育论》，商务印书馆 1929 年版，"译者序"。
② 参见张人杰主编《国外教育社会学基本文选》，华东师范大学出版社 2009 年版。
③ 现译为《宗教生活的基本形式》。
④ 胡鉴民：《图尔格姆的道德教育》，《社会学刊》1930 年第 2 卷第 1 期。
⑤ ［法］涂尔干著，崔载阳译：《道德教育论》，民智书局 1930 年版，"译序"。

元素，次则将这种元素整个的构之于儿童精神内，使在构成之后，儿童能随人事的繁杂而自行随机应付，此实能给我们教育者以一最经济和最有把握的教育方法。四、本书关于我们对家庭、对国家、和对世界所应具的态度，大可供我们参考。五、我国教育界之视知识教育与道德教育彼此绝无关系者至今尚大有其人，本书极能纠正这种谬误，本书认定知识教育在道德教育中实负极重要的任务，而道德教育亦惟有知识教育然后可达他的理想之目的。六、本书认定学校的作用为预备儿童参加社会生活，社会中有赏罚制度，学校中即不能不有赏罚制度，学校如缺乏这种制度，即失其为'社会的雏形'，而不克负担其预备社会生活之大任。"① 可见，强调道德教育与社会生活的密切联系是贯穿该书始终的基本观点，这对近代中国教育社会学的理论建构有重要的指导意义。

特别需要指出的是，雷通群所译日本学者细谷俊夫的《教育环境学》也属于这一类著作。在教育社会学思想理论形成过程中，教育环境学或环境教育学是一个重要的流派，此派学者重视社区、邻居、家族、班级、同侪（即同辈）、团体等较小规模的社会单位对教育或青少年的人格形成的影响等。此外，该派也重视调查、统计等经验型研究，其代表人物有德国的布泽曼（A. H. H. Buseman）、法国的查尼夫斯基（R. Zaniefski）等人。② 1938 年，雷通群翻译出日本学者细谷俊夫的《教育环境学》。据译者介绍，他之所以选择该书翻译，是因为其"（引用）德国的文献颇多，书中又把各种文献提要钩玄，作系统明瞭的叙述，以便于我国人的比较探究，就不能不认为很有翻译的价值"③。此书由商务印书馆以"师范丛书"的形式出版发行。

第二类著作虽不是严格意义上或狭义的教育社会学著作，但其内容包含了较为丰富的教育社会学思想，如《初小社会化的学程》《教育与现代文明》等。

1923 年，郑国梁翻译美国学者德尔满（E. L. Terman）《初小社会化的学程》（*A Socialized - Project Curriculum for The New Six Year Elementary School*），与其他教育社会学著作不同的是，此书是德尔满专为近代中国新

---

① ［法］涂尔干著，崔载阳译：《道德教育论》，民智书局 1930 年版，"译序"。

② ［日］友田泰正著，宋明顺译：《教育社会学》，水牛出版社 2008 年版，第 4 页。

③ ［日］细谷俊夫著，雷通群译：《教育环境学》，商务印书馆 1938 年版，"译者序"。

学制小学教材而撰写的。作者在"自序"中详述说明该书的目的在于："（一）指出不同的教材底智慧，能适应中国各种职业生活底需要，（二）特别应用紧要的过程胜于产物底原则，在我们教育底工作里，（三）关于小学校教员底预备，建议一种方法，是中国今日最大的急需，（四）为已经从事教育的，建议一种新方法和新教材"。① 美国心理测验专家麦柯尔（W. A. Mecall）曾为其作序，并称赞道："德尔满教授对于中国教育底无上贡献，就是他将这新教育哲学演变为实际的教程，教育家若不理会这书是引领中国儿童到一个丰富的学校生活和离校后底生活设计，他便不能验出德教授《社会化的学程》的好处。"② 《新文化书目》对此书也给予高度的评价："《社会化的学程》是书系美国德尔满教授特为我国新学制小学而著，内容对于小学教程订有组织之计划精密周详无微不至。"③ 该书后被列为"燕京大学丛书"，由商务印书馆出版发行。

1939 年，孙承光译出美国教育学家克伯屈（William H. Kilpatrick）的《教育与现代文明》（*Education for Changing Civilization*，亦译为《适应变迁的文明之教育》）。顾名思义，该书主要是阐述时代的变迁对教育提出了新的要求，教育必须进行改革以求适应这种变化了的形势。全书体例上分为三编，第一编变迁的现代文明之性质，主要论述现代文明变迁的本质特征，即"科学试证的思维之生长，质言之，就是现代科学及其对于人事的应用"④，并进一步指出这种变迁不仅改变了人们的生活方式和心理状态，同时也是一场重要的社会运动。第二编对于教育之要求，重点探讨变迁了的现代文明对教育所提出的新要求，具体表现在：一方面家庭教育和社会教育逐步减少；另一方面学校教育地位和责任的逐步上升；而学校教育中又以科学教育、分工教育、团体教育的形式和内容最为重要。第三编讲变革后之教育，主要论述变革后的学校所应具有的各种特点：首先，学校是一个经验的场所；其次，这些经验又必须是社会的，"没有了社会的品质，经验的确会是贫弱而脆薄"⑤；再者，学校教育的目标、教材、课

① ［美］德尔满著，郑国梁译：《社会化的学程》（1—3），商务印书馆 1923 年版，"自序"。

② 同上书，"序"。

③ 《新文化书目》，商务印书馆 1925 年版，第 76 页。

④ ［美］克伯屈著，孙承光译：《教育与现代文明》，中华书局 1939 年版，第 4 页。

⑤ 同上书，第 101 页。

程及教学法都应与社会发生一定的联系。该书后由中华书局出版印行。

第三类著作多是严格意义上的且已为学界公认的教育社会学著作，从译著的来源来看，分别译自美国、日本、德国等多个国家，但以美国最早、最多。

1925 年，我国有两种严格意义上的教育社会学译著问世：其一是刘建阳译述美国学者伯兹（G. H. Betts）的《教育之社会原理述要》（*Social Principles of Education*）。译者解释其翻译此书最主要的理由是："国人知有杜威，不知有伯兹，所以现在特别详细介绍一下"①；其二是陈启天翻译美国斯密司（即史密斯）（W. R. Smith）的《教育社会学导言》（*An Introducation to Educational Sociology*）的后半部，取名为《应用教育社会学》。史密斯是西方教育社会学制度化进程中里程碑式的人物，其《教育社会学导言》是世界上第一本正式冠以"教育社会学"之名的教科书，同时这也是西方教育社会学学科成型期的著作被翻译到中国之始，标志着近代中国学者对这门学科认识的深化。上述两种译著的共同点是都曾在期刊连载，之后又以著作的形式出版。《教育之社会原理述要》连载于《教育杂志》1922 年第 14 卷第 8 期和第 10 期，1925 年作为"教育丛著"第 46 种，由上海商务印书馆出版；《应用教育社会学》曾连载于《中华教育界》1923 年第 13 卷第 5 至 7 期和 1924 年第 13 卷第 8 至 10 期，1925 年由上海中华书局印行。

1932 年，刘世尧、环家珍翻译日本教育社会学家田制佐重的《教育社会学之思潮》的上篇，取名为《教育社会学》，标志着日本教育社会学著作传入中国之始。田制佐重是日本早期著名的教育社会学家，尤以介绍美国教育社会学理论见长，他的《教育社会学的思潮》即是这方面的代表作之一。② 译者均系中央大学教师，在多年从事教育社会学的教学和研究的过程中，深感国内参考书籍的缺乏，因而"早有介绍国外名著之初心"，他们认为田制佐重《教育社会学之思潮》，其"内容的充实美满，求之教育社会学书籍中，实在难以多得"，③ 遂从事翻译。

---

① 刘建阳：《教育之社会原理述要》，商务印书馆 1925 年版，第 91 页。

② 参见刘星译述《教育社会学在日本》，《外国教育研究》1983 年第 1 期。

③ ［日］田制佐重著，刘世尧、环家珍译：《教育社会学》，民智书局 1932 年版，"译者序"。

1933 年，余家菊译出美国学者芬尼（R. I. Finney）的《教育社会哲学》（*A Sociological Philosophy of Education*）。这是一部依据社会学的事实和原理来阐发教育的目的和价值的著作，凡教育哲学的意义，社会文明的渊源，精神生活的性质，社会平行的原理，教育的目的和功能，时代精神之迷惘，编制课程之社会原理，道德教育之社会心理学、社会学科的价值等，无不有其新颖独到的见解。可以说，这是一部糅合哲学、社会学和教育学为一体的综合性著作，对开拓国人的视野，裨益甚多。译者认为此书与杜威重视独立判断之说颇有出入，足以弥补杜氏思想之缺点①；同时也是为纠正我国教育界过于重视技术的问题，不肯留心社会方面的知识，故借翻译此书而"徐图修正进步"。② 该书由中华书局以"教育丛书"的形式出版发行。

1936 年，鲁继曾翻译美国教育学家彼得斯（C. C. Peters）的《教育社会学原论》（*Foundations of Educational Sociology*）。该书早于 1924 年 6 月就在美国纽约出版，次年杨贤江曾在《教育杂志》"名著"一栏向国人推介此书。时隔 11 年之久，该书才被完整译至中国，原因固然很多，但与其影响力和体例宏大，篇幅较长不无关系。该书堪称近代美国最具权威性和影响力的著作之一，是美国教育社会学制度化发展进程中的一部力作。全书体例上分为上、中、下三卷，共 20 章。上卷为"课程之社会的基础"，中卷为"社会的动力和过程"，下卷为"科学的专技之例证"。③译者认为该书最大的特色在于：著者首重"学校教育之统制，更旁及其他教育动力之改造"；尤其对于"学校课程编制的原理及专技，具有明确的见解与系统的研究"，故阅读此书"获益当非浅鲜"④。该书被列为"大学丛书"，由商务印书馆出版。

1947 年，许孟瀛译出巴纳斯（H. E. Barners）等主编的《当代社会学说》（*Contemporary Social Theory*）中的第二十二章，即德国学者鲁塞克（T. S. Roucek）所撰"社会学与教育"（*Some Contributions of Sociology to Education*）。⑤ 该章最突出的贡献在于对西方教育社会学的发展概况进行

---

① 章开沅、余子侠编：《余家菊与近代中国》，华中师范大学出版社 2007 年版，第 409 页。

② ［美］芬尼著，余家菊译：《教育社会哲学》，中华书局 1933 年版，"述者序"。

③ 杨贤江与鲁继曾对该书页数和篇幅的介绍不一，本书以后者的译本为准。

④ ［美］彼得斯著，鲁继曾译：《教育社会学原论》，商务印书馆 1937 年版，"译者附言"。

⑤ ［德］鲁塞克著，许梦瀛译：《社会学与教育》，商务印书馆 1947 版，"译者序言"。

了系统描述和总结。原著作者认为教育社会学的研究方法有三大派，即哲学派、应用派和功能派。第一派所着重的是教育之社会方面的意义；第二派所着重的是社会学学理对教育的应用；第三派所着重的是对于构成人格的一切社会关系之分析。各派对于教育社会学的研究均有特殊的见解，而且都是必要的。对于功能派所发现的客观的社会事实，哲学派可以有所解释，应用派仍可加以利用。

二　译著特点、成就之分析

自 1921 年的第一种至 1947 年的最后一种教育社会学译著在近代中国问世，近代中国学界 20 多年的时间里共翻译出版了 14 种。从译著来源渠道看，多数出自美国。具体而言，20 世纪 20 年代 7 种译著中，除 1 种译自英国，其余均译自美国，基本上可以说是"唯美独尊"；30 年代后的 7 种译著中，呈现出以美国为主，以德、法、日等国为补充的多元化格局。这种状态的形成除了与近代中国教育师法美国有关系外，与教育社会学学科自身的发展也存在一定的关联。

中国教育师法美国大约从 1915 年至"二战"结束前后，其中尤以 20 世纪 20 年代为高潮。在此期间，美国教育理论著作被大量地翻译至中国。据统计，20 世纪二三十年代，在所翻译的 15 种教育理论著作中，来源于美国的就有 10 本，占全部的 66%。[①] 另据一份资料显示，1920—1928 年间，教育学译著共有 14 种，其中译自美国的有 12 种，占总数的 86%；1929—1948 年间，教育学译著共有 29 种，译自美国的有 15 种，占总数的 52%。[②] 这些数据均表明，来源于美国的作品在中国译介近代西方教育理论著作中已占绝对的优势。此外，中国教育界还多次邀请美国教育家来华讲学。如 1919 年 5 月，杜威应北大、江苏省教育会等邀请来华讲学；1921 年 9 月，孟禄（P. Monroe）应实际教育调查社之聘来华调查中国实际教育；1927 年 3 月，克伯屈应中华教育改进社之请来华讲演；等等。在美国教育家来华之际，中国教育界有的学者加紧学习和研究美国教育家

---

①　参见周谷平《近代西方教育理论在中国的传播》，广东教育出版社 1996 年版，第 142—143 页。

②　参见叶志坚《中国近代教育学原理的知识演进——以文本为线索》，浙江大学博士学位论文，2009 年，第 201 页。

的著作，为此而翻译其著作。教育社会学方面有关杜威的著作最具代表性，他的《学校与社会》是中国第一本教育社会学译著，也是第一种翻译至中国的美国教育社会学论著。虽然出版时间1921年是在杜威来华之后，但初稿译成的时间是在杜威来华之际。对此，译者写道："今译此书，于国人研究教育之趋势与杜威之学说，或亦有助焉。然是译初稿成于杜威来华之际，本以备自习之用，故多所节略。"①

从教育社会学学科的发展来看，一般认为发轫于19世纪末20世纪初。尽管对教育与社会关系的研究由来已久，但较为系统的教育社会学研究却是在19世纪末才开始的。教育社会学思想和理论的发展大致沿着这样两条路径：其一，是以德国的那托普（Paul. Natorp）和伯格曼（P. Bergman）等人的"社会的教育学"理论，德国的狄尔泰（W. Dilthey）、施普朗格（E. Spranger）和诺尔（H. Knoll）等人的"文化教育学"理论，德国凯兴斯泰纳（G. Kerschensteiner）和美国杜威的"民主社会的公民教育学"理论为标志，这些理论通过对赫尔巴特（J. Herbart）的个人主义教育学理论体系的批判与反思，提出应当从社会的观点来考察教育的本质。其二，同样地以教育与社会的关系为焦点，可是在方法上更具实证及科学性的教育理论出现于20世纪初，其创始人是德国的顾立克（E. Greek）、罗荷纳（R. Lochner）及法国的涂尔干。他们有意识地与传统的个人主义教育学对抗，因而将其理论命名为"教育科学"，认为当时的教育学理论太过于思辨化、观念化，只注意到教育过程的一极小部分，而忽略了与人格形成有关的更为广泛、更为重要的过程，同时也忽略了教育的社会功能。从学科发展的角度来看，教育社会学受惠于社会学之处，显然要多于受惠于教育学之处。事实上，也正是由于一些早期的社会学家对教育与社会进步之间的关系问题发生兴趣，才使得教育社会学有可能成为一门独立的研究领域，而在这方面欧洲和美国的社会学家侧重点却有所不同。早期欧洲的社会学家如孔德（August Comte）、斯宾塞、涂尔干、华德（L. F. Ward）等人都很重视教育的社会功能，奠定了教育社会学的学科基础。特别是涂尔干，他在"教育科学"名义之下，探讨了教育社会学的科学性格，并将"教育"

---

① ［美］杜威著，刘衡如译：《学校与社会》，中华书局1921年版，"序言"。

界定为"使年轻一代系统地社会化"①。他秉持社会发展与教育制度的关系的观点，分析了法国教育思想史，并说明学校具有培养青少年公民道德的功能及其重要性。在德国，以盖格（T. Geiger）、魏斯（C. Weiss）、费依舍（A. Fischer）等人为代表的学者，对下述问题进行了系统的探讨：如教育社会学的独特性何在；"教育社会学""社会学的教育学""教育的社会学""教育科学"等的彼此关系如何；教育社会学的研究对象应该如何确定等。由此可见，在欧洲教育社会学一直被视为一门学问而从事研究，这既有助于教育社会学学科奠定理论基础，但也在一定程度上限制了这门学科的发展。与之相比，美国社会学家则较偏重于解决社会问题的教育研究，这主要是因为美国是一个多元种族构成的社会，常面临犯罪、离婚、失业、贫困等众多社会问题；而美国的社会学深受实用主义哲学的影响，注重实践性，也比较注重反映社会的需求。美国学者普遍认为通过"美国化"（Americanization）的手段，诸如教新移民英语及美国文化等，可以解决上述诸多的社会问题，因而对教育非常重视。也正因为如此，美国的社会学家与教育学家接触频繁，将其社会学理论和方法在教育领域中广泛推广与应用，所以，作为独立学科的教育社会学首先在美国大学中建立并发展起来，而最早将教育社会学制度化的国家也是美国。联系前述学科制度形成的主要标志来看，苏扎罗在哥伦比亚大学首开世界上第一个冠名为"教育社会学"的讲座，1923年美国"教育社会学研究会"也率先成立，四年之后其机关刊物《教育社会学杂志》创刊。② 可以说，在教育社会学学科发展进程中，英、法、德等欧洲国家开其端，而美国则是后来者居上，逐渐走在世界各国前列。因此，美国的教育社会学受到各国（包括中国）的追捧也在情理之中。

总体来看，20多年的时间里共翻译14种教育社会学著作，数量上确实不多，而且这14种译著或许只是西方教育社会学理论资源中的冰山一角，但它们对近代中国教育社会学的发展所起的作用以及它们本身所具备

---

① 张人杰主编：《国外教育社会学基本文选》，华东师范大学出版社2009年版，第8页。

② 参见钱民辉《教育社会学百年进程》（《社会学研究》1997年第5期）；吴康宁：《教育社会学》（人民教育出版社2009年版）；[日] 友田泰正著，宋明顺译：《教育社会学》（水牛出版社2008年版）。

的特征均不容忽视。

首先，从时间上看，译著集中出现于 20 世纪二三十年代，20 年代 7 种，30 年代 6 种，40 年代 1 种。就 20 世纪 20 年代中国教育社会学发展的情况来说，1922 年国人自行撰写的第一种教育社会学专著——陶孟和的《社会与教育》出版，标志着中国教育社会学的诞生。至 1931 年，国人撰写的第二种教育社会学著作——雷通群的《教育社会学》才姗姗来迟。[①] 从第一种到第二种专著，前后相距近十年的时间，这期间中国教育社会学教学和研究所需的理论资源几乎全靠译著供给。1926 年，《教育杂志》第 18 卷 3 号曾发表华超的《大学教育用书问题评议》一文，作者在摘要地解读了 17 种教育用书（包括心理学）后，概括出两个特点：第一，除一种系本国学者自行编制外，其余都是译本；第二，译本的原作者都是美国籍。[②] 作者立论虽含批评的初衷和本意，但近代中国教育社会学发展进程中所需的思想资源多由译著提供却为不争的事实。30 年代，中国教育社会学的教学和研究均取得一定的进展，相继有几种国人自撰的教育社会学著作问世，如沈冠群和吴同福的《教育社会学通论》（1932）、卢绍稷的《教育社会学》（1934）、苏芗雨的《教育社会学》（1934），但这 14 种译著依然被视为重要的参考资料。[③] 正如时人所指出："我国在学术研究上，要已藉译著之业而随世界各国以俱进。"[④] 近代学者正是借助这些译著，通过吸收和借鉴其中的理论和方法，建构出中国自己的教育社会学学科理论体系。这是 14 种译著对近代中国教育社会学的发展最为重要的历史贡献。

其次，从译著自身来看，大多数被翻译过来的教育社会学著作，在确保忠于原著思想的基础上均采取"意译"的方式，这在某种程度上可以说是西方教育社会学在形式上实现了"中国化"。因为这些源自欧美

---

①　自陶孟和《社会与教育》一书问世后，孟宪承编写了《教育社会学讲义》，并作为江苏全省师范讲习所联合会上演讲稿，但该讲义未以"著作"的形式公开出版，在笔者看来不属于国人撰写的"教育社会学著作"。

②　17 种教育用书分别是：商务印书馆教育名著 7 种，师范丛书 1 种，世界丛书 2 种，共学社教育丛书 1 种，南高师范丛书 1 种，中华书局教育丛书 3 种，新文化丛书 1 种，少年中国学会丛书 1 种。

③　这一点，只要翻阅任何一本教育社会学著作及其后面的参考文献均会发现。

④　洪范五：《汉译西文书目索引序》，《浙江图书馆馆刊》1933 年第 6 期。

和日本的教育社会学著作，它们的受众对象原本都是针对本国人，运用的是本国的语言文字，这就对译者提出了很高的要求。无怪乎，当时有人喟叹道："译书实在是一件很难的事体，因为各国文字的特性不同，在甲国文字中只须一句话可以说得清楚的，译成乙国文字每每要用几句话才能把他的意思传达出来；有时在甲国文字中须用许多话方能把一件事体说明，译成乙国文字便觉得冗长繁琐。"① 所以，为了让国人易于理解和接受这门学科，译者对译著须先进行形式上的"中国化"。诚如罗家伦所极力提倡的"中国若要有科学，科学应当先说中国话"②。这方面，陈启天翻译美国史密斯的《教育社会学的导论》的下半部分最具代表性。陈氏并非逐字逐句地翻译原文，而是考虑到中国读者的理解程度及行文习惯，从第三章开始不完全按照原著行文的次序，只是译述其大意，有时夹叙夹议一些中国教育问题以求理论与实际相联系，从而增添读者的兴趣。③

再者，从理论流派上看，上述 14 种译著分别涉及西方早期教育社会学理论的三个派别，即哲学派、应用派、功能派，④ 而其传入中国的时间背景和原因则各有不同。

依据前述德国学者鲁塞克的分类，最早传入我国的是"哲学派"教育社会学理论研究，该派所侧重的是教育之社会方面的意义和原理的解释，杜威可视为这一派的杰出代表，其传入中国的时间大致在 20 世纪 20 年代前后。其时正值五四新文化运动之兴起使得西方"民主"与"科学"的思想与理念在中国广为传播，随着胡适、蒋梦麟、陶行知等留美生纷纷回国以及杜威来华讲学，美国的实用主义哲学和进步主义教育思想相继传入中国，其中就包括杜威的教育社会学思想学说；与此同时，在五四新文化运动兴起前后，国内出现了一个空前广泛深入地批判学校教育的高潮，国人批判学校教育与社会脱节、与生活分离，从而导致"学生之毕业于学

---

① ［美］杜威著，朱经农、潘梓年译：《明日之学校》，商务印书馆 1923 年版，"译者序言"。

② 罗家伦：《中国若要有科学，科学应当先说中国话》，《图书评论》1932 年第 1 卷第 3 期。

③ ［美］史密斯著，陈启天译：《应用教育社会学》，中华书局 1925 年版，"译序"。

④ ［德］鲁塞克著，许梦瀛译：《社会学与教育》，商务印书馆，1947。"译者序言"。

校而失业于社会"①，"学非所用，用非所学"的严重失调现象②，而杜威
关于学校教育与社会之间关系的论述及观点在一定的程度上能为这种批判
提供理论上的依据。杜威认为："教育既然是一种过程，学校便是社会生
活的一种形式"③，并将现代工业生产生活中所需的各种职业活动、生活
知识统统纳入学校教育，使之成为一个"雏形的社会"，以实现教育与社
会、教育与生活之间的密切联系。诚如有学者所强调的那样，"要解答这
种问题（指学校与社会脱节——笔者注），请言杜威博士的学说。"④

"应用派"教育社会学理论传入中国的时间大致在20世纪20年代中
期前后，至30年代中期达到高潮。该派更多的是侧重于教育社会学原理
和方法在教育实践中的应用，并因此而得名，美国学者史密斯、司纳顿、
彼得斯等人是其主要代表。从其传入中国的背景来看，一方面主要是由于
自20世纪20年代开始，中国教育改革进入了最为活跃的时期，此时不仅
西方各种教育理论、教育思潮源源不断地传入，国内各种教学改革实验也
在如火如荼地进行，如设计教学法、分团教学法等，这些教学改革实验大
多数是在西方教育科学理论指导下的新式教育实践，对于国人来说都是
"新事物"，中国传统的教育理论学说难以对其发挥效用；另一方面，在
近代中国教育改革和发展的过程中出现了各种各样的教育问题，如成人教
育问题、民众教育问题、乡村教育问题等，这些教育问题的解决又与社会
紧密联系在一起，教育界迫切需要科学的理论来指导，而将西方的理论与
方法移植过来用于中国的实际研究已成为当时学术界的主流，以美国史密
斯等人为首的西方教育社会学理论的"应用派"即在上述背景下传入中
国，在一定的程度上适应了当时中国教育改革和发展的实际需要。陈启天
在其翻译美国史密斯著作时曾指出："原书（指美国史密斯《教育社会学
导言》——笔者注）虽无甚深精妙的处所，却可很明白的给我们一个社
会化的教育观的大概，有参考的价值。"⑤

---

① 黄炎培：《中华职业教育社宣言书》，田正平、肖朗主编：《中国教育经典解读》，上海教
育出版社2005年版，第511页。

② 朱仇美、刘玉环主编：《师范群英光耀中华》（第四卷），陕西人民教育出版社1992年
版，第25页。

③ 赵祥麟、王承绪编译：《杜威教育论著选》，华东师范大学出版社1981年版，第4页。

④ 张宝贵：《实用主义之我见——杜威在中国》，江西高校出版社2009年版，第85页。

⑤ ［美］史密斯著，陈启天译：《应用教育社会学》，中华书局1925年版，"译序"。

　　就在中国教育界极力倡导教育社会学理论的应用之际，20世纪20年代末，"功能派"教育社会学理论也开始传入中国。"功能派"所着重的是对于构成人格的一切社会关系的分析，把教育看作社会事实，强调教育对塑造人格的重要影响，其中尤以涂尔干为代表人物。当时正值南京国民政府成立之初，它面临着思想不统一和学校风纪紊乱的严峻形势，急需从文化教育层面来恢复和建立统一的社会秩序。自五四新文化运动以来追求"民主""自由"的思想潮流使得学潮时常发生，正常的教学秩序受到严重干扰和破坏，因而如何使学校重新回归秩序，使教育发挥其应有的作用，成为了这一时期思想界、教育界共同关心的问题。作为西方教育社会学功能派大师的涂尔干，他非常重视国家在教育中的角色和作用，在他看来，国家应对教育进行控制，避免个人接受不同团体、不同制度与不同文化环境的影响，并强调学校课程设置和教学内容都必须有助于实现教育社会化的根本目的，这一思想在其《道德教育论》一书中得到了充分的体现。可以说，以涂尔干为代表的教育社会学"功能派"的主张和学说的导入，既适应了当时南京国民政府加强思想控制、稳定社会秩序的需要，也符合教育界整顿学校教学秩序的愿望。

　　总之，国外教育社会学著作的译介对于近代中国教育社会学的发展来说，既是基础性的工作，也是必经的过程。上述14种译著堪称近代中国教育社会学发展的理论起点，近代中国学者正是在此基础上，围绕着教育社会学学科在中国的建立和发展，对该学科的基本要素，如研究对象、学科性质和学科功能，以及学科体系等方面进行了深入的探讨。

　　应该说明的是，除了上述14种译著外，民国时期国外教育社会学著作有些虽无中文译本，但也通过其他途径或方法传入中国，例如，陶孟和的《社会与教育》曾参考司纳顿、克劳和哈瑞森的著作，卢绍稷的《教育社会学》也参考了司纳顿、罗宾斯等人的著作；此外，安徽大学文学院教育学系将外国学者古德（H. Good）、查塞勒（Chancellor）、哈特（A. Hart）的教育社会学著作列为"教育社会学"课程的主要参考书目。①

---

　　①　参见本书第一章第三节、第二章第一节及第二节。

第二节 教育社会学学科要素探讨

一门独立的学科在理论上究竟应由哪些基本要素构成，目前学术界尚无统一的观点。有人认为学科要素应包括学科的研究对象、学科特点和学科功能；① 也有人认为学科要素专指学科的研究对象和研究范畴。② 而关于教育社会学学科的基本要素，也存在不同的观点：一种观点认为研究对象、学科性质及方法论是其"安身立命"的三大要素；③ 另一种观点认为学科架构、研究对象、学科性质和方法论是教育社会学的学科要素。④ 出现这样的分歧，主要是由于学科的类型以及学科自身发展的成熟程度不同所致。就近代中国教育社会学的发展情形来看，虽然当今有学者认为其"尚未建立起现代科学意义上的独立学科的地位"⑤，但从学科构成要素来看，近代学者对教育社会学的研究对象、学科性质及学科功能等基本问题已有较为深入、系统的探讨，同时也存在着一定的论争，且某些论争已触及这门学科的理论核心问题。

一 近代中国教育社会学的研究对象及主题

一般来说，任何一门学科都有自己独特的研究对象，确立研究对象是一门学科得以成立的根据和逻辑起点，因为"一门学科的研究对象，反映着它所研究的范围、领域和课题"⑥。综观近代中国学者对教育社会学研究对象的界定，可以分为下列四种不同的观点，而不同的研究对象观反映到研究范围或研究领域上也存在着一定的分歧。

第一，将教育社会学的研究对象视为社会学的原理和方法在教育领域

① 中国老年学会编：《21世纪老年学与老龄问题：全国21世纪老年学论坛论文选集》，中国劳动社会保障出版社2000年版，第44页。

② 叶文振主编：《女性学导论》，厦门大学出版社2006年版，第3页。

③ 吴康宁：《教育社会学》，人民教育出版社1998年版，第1页。

④ 张人杰：《中国大陆教育社会学二十年建设》（1979—2000），《华东师范大学学报》（教育科学版），2001年第2期。

⑤ 吴康宁：《教育社会学》，人民教育出版社1998年版，第48页。

⑥ 厉以贤：《试谈教育社会学的学科性质和研究对象》，《北京师范大学学报》（社科版），1985年第2期。

的应用。陶孟和指出，教育社会学是"应用社会学的材料，方法，原理，以解决教育问题。"[1] 持类似的观点不乏其人，如孟宪承认为教育社会学是"社会学的精神，方法和原理之在教育研究上的应用"[2]；陈翊林说："教育社会学乃是应用社会学的原理讨论教育问题。"[3] 孙本文也强调道："教育社会学是把社会学的各种原理，应用到教育上去，以谋教育的改进。"[4] 苏芗雨同样指出："教育社会学旨在应用社会学原理来解决具体的教育实际问题。"[5] 在此基础上，这些学者无一例外地都认为教育社会学的研究领域应大致包括"原理的讨论"与"应用的讨论"两个基本部分。孙本文曾就此作了较为详尽的论述，他指出教育社会学的内容可分为两大部分：第一部分是"教育问题的社会学原理"；第二部分是"社会原理在教育上的应用"。具体地说，"教育问题的社会学原理"可分为以下两点：一是从个人方面来说，研究教育如何能使个人成为社会上最适当最健全最进步的一分子；二是从社会方面来说，研究教育怎样传递社会遗产、增进社会团结、实现社会控制以及敦促社会进步。"社会学原理在教育上的应用"主要研究如何将社会学原理应用在教育的四种基本问题上，即教育目标、教育行政、课程内容和教学方法。

　　第二，主张教育即"社会化"，认为教育社会学的研究对象或主题在于探讨社会化的过程。这种观点将教育的过程等同于社会化的过程，个人接受教育的过程即是社会化的过程。如雷通群指出："教育社会学之要务，是在研究个人在团体中如何生活，尤要研究个人在团体生活中得到何种教训及团体生活上所需何种教育。"[6] 相应地，他认为教育社会学的研究范围应涵盖下述四个方面：（一）当研究团体生活；（二）当研究团体生活所需要的教育；（三）当研究各团体的特殊教育；（四）当认明学校是一种社会团体。沈冠群同样认为"教育社会学乃系观察社会的优点和缺陷，而以教育的手段，使儿童有适应社会改造社会的能量，并指导儿童以

① 陶孟和：《社会与教育》，商务印书馆1934年版，第19页。

② 孟宪承：《教育社会学讲义》，出版社不详，1923年版，第9页。

③ 陈翊林：《教育社会学概论》，中华书局1933年版，"叙"。

④ 孙本文：《教育社会学浅说》，《教育通讯》1938年第23—24期。

⑤ 苏芗雨：《教育社会学》，人人书店1934年版，第12页。

⑥ 雷通群：《教育社会学》，商务印书馆1931年版，第14页。

必然趋向之社会的途径"，① 其研究领域应包括社会学的教育原理、社会中的个人教育、教育与社会本身以及学校教育中的社会价值等四个部分。

第三，认为教育社会学的研究对象或主题是教育的社会价值。持这种观点的学者视教育为一种重要的社会制度，认为教育社会学的研究是用来决定教育过程中的目标和方法；"教育社会化"虽然是教育社会学研究的主要方面，但这仅属于教育方法的层面，而不属于教育目的的层面；它不仅重视学科理论的推理和研究，也重视教育实际问题的探讨。卢绍稷是这种观点的主要代表人物，他将教育社会学定义为："教育社会学者，係用社会学之眼光，以研究教育的理论与实际之科学也"，具体解释为："在理论方面，乃将教育当作一种社会制度分析研究，并研究其与他种社会制度之关系及影响。至应用方面，则重在研究如何应用社会之概念与活动于学校工作。"② 在此基础之上，他认为教育社会学的研究范围可分为基础、原理和应用三个部分。

第四，认为教育社会学的研究对象既是应用社会学的材料、方法和原理，也是应用教育学的材料、方法和原理；既研究教育和解决教育问题，也研究社会和解决社会问题，这种观点所主张的研究范围比前几类要广，但出发点和落脚点仍然在教育层面。正如许孟瀛所说："教育社会学是以教育作出发点，中间经过社会学的研究，最后仍归到教育本身的立场"③，主张其研究对象大致包括三点：一是以社会学的眼光批判教育的价值；二是用教育的眼光研究社会团体，发现其教育的缺点和所需的教育；三是研究如何以学校的组织作为社会进步的中心。陈科美也是这种观点的典型代表，他分析道：教育社会学的研究对象应当是教育的目标、教育的材料和教育的方法；但对于这些目标的决定、材料的选择和方法的采用，也同样是教育社会学所需研究的。由此，他将教育社会学的研究主题具体归结为六大方面：（一）搜集人类如何生活于社会团体中的原理；（二）说明各种社会团体对于其他社会团体的影响；（三）研究各种社会团体所需要的教育；（四）指出学校对于其他社会团体的使命；（五）了解各种社会团体对于教育的使命；（六）阐释教

---

① 沈冠群、吴同福：《教育社会学通论》，南京书店 1932 年版，第 14 页。

② 卢绍稷：《教育社会学》，商务印书馆 1934 年版，第 30 页。

③ ［德］鲁塞克著，许梦瀛译：《社会学与教育》，商务印书馆 1947 年版，"译者序言"。

育和社会制裁、遗传以及进步的关系。

上述近代学者对于教育社会学研究对象及研究范围的四种不同解释，大致说来，第一、第二种观点侧重于以社会学为基础来界定教育社会学的研究对象和研究范围；第三、第四种观点则侧重于以教育学为基础来界定教育社会学的研究对象和研究范围。究其原因，主要是由于各人的研究侧重点和对问题的不同认识所致。尽管如此，他们都倾向于认为教育与社会之间存在着相互作用和相互影响的关系，把教育与社会之间的关系作为教育社会学的专门研究对象。

二 近代中国教育社会学的学科性质

学科性质与研究对象是紧密相连的，任何一门学科都是由自身特定的研究对象或对同一对象的不同解释而体现出自身的学科性质，这种学科性质反过来又规定和强化了研究对象，使其研究具有独特性、排他性和相对稳定性。[1] 围绕教育社会学学科性质的问题，近代学者曾就这门学科的隶属问题产生了若干的争议和分歧，其焦点在于：教育社会学是属于社会学还是属于教育学？换言之，教育社会学是姓"教"还是姓"社"？综合这些争议和分歧，大致可归纳为三类。

第一，认为教育社会学是属于社会学的一门分支学科。这类观点中以社会学者为多数，如陶孟和、孙本文等人，也有个别教育学者如雷通群。在陶孟和看来，社会学的研究分为四个部分：社会之起源、社会的演化、社会组织及社会改良，前三者为纯粹社会学研究，社会改良属于应用社会学，教育社会学属于应用社会学的一个分支。孙本文更明确指出教育社会学"是一种社会学，而不是教育学"[2]。雷通群也曾指出："教育社会学（educational sociology）是社会学之一分科，即是应用社会学之一种。"[3]从近代中国教育社会学学科发展历史看，这是由于社会学学者先关注教育，对社会学与教育学两者之间的关系进行学术研究，从而为这门学科得以成立奠定了基础。其中，陶孟和是近代中国教育社会学学科的创始人，

---

① 参见钱民辉《教育社会学——现代性的思考与建构》，北京大学出版社 2005 年版，第 5 页。

② 孙本文：《教育社会学浅说》，《教育通讯》1938 年第 23 期。

③ 雷通群：《教育社会学》，商务印书馆 1931 年版，第 6 页。

所以这种观点反映和代表了近代中国学者对教育社会学学科性质的早期阶段的认识和界定，对当时国人认识和界定这门学科性质产生了支配性的影响。

第二，认为教育社会学属于教育学的基础学科。持这种观点的人以教育学者居多，他们多倾向于以教育学为出发点来认识和把握这门学科。如卢绍稷就认为，教育社会学是用来说明如何使教育适合于社会之需要，及社会各种现象在教育上有何种关系，其作用应与教育心理学相同；教育心理学决定学习者之个人的要求，教育社会学决定学习者之社会的要求，而"凡属教育上之设施，必须二者之共同研究，始有效果而言，二者诚可谓为教育学之二个基础也"①。陈科美也持同样的观点，尽管在研究对象问题上，他曾将教育社会学的研究对象界定为既研究教育和解决教育问题，也研究社会和解决社会问题，似有兼顾教育学和社会学两方面的倾向，但在学科性质方面，他坚持认为教育社会学是一门教育科学，是"一门比较后起的教育科学，又是一种比较复杂的教育科学"②。不过，近代中国教育社会学的发展历程似乎说明，尽管教育社会学学科是先由社会学者创立，但真正认可和接纳这门学科的却是教育学者或教育学界。余家菊将"教育社会学"作为词条收进其1928年主编的《中国教育辞典》中，并说明教育社会学"实近今教育学之特点"③，便是佐证之一。

第三，认为教育社会学是教育学和社会学的"联锁学科"。这种观点最早出现于沈冠群与吴同福合编的《教育社会学通论》。在他们看来，教育社会学是"说明教育与社会之关系，用科学方法去研究，使成为有系统的科学，一方面用来解决社会上之教育问题，一方面应用社会学上之原理于教育，以解决教育上之社会问题"，教育社会学既与教育学有关系，也与社会学有关系，是"联接社会学与教育学而成为之一种'联锁科学'，Linking science"。④ 这种观点表明，近代中国学者已意识到教育社会学既不能简单地归结为教育学，也不能片面地归结为社会学，似有顾及教育社会学"双重性格"的倾向。在某种程度上，这可以说是当代学者关于教

① 卢绍稷：《教育社会学》，商务印书馆1934年版，第75页。
② 陈科美：《教育社会学》，世界书局1947年版，"自序"。
③ 余家菊、王倘编：《中国教育辞典》，中华书局1928年版，第669页。
④ 沈冠群、吴同福：《教育社会学通论》，南京书店1932年版，第11页。

育社会学是教育学与社会学的"中介学科"和"边缘学科"说法在近代中国的最初萌芽。

以上关于教育社会学学科性质的争议和分歧中，认同教育社会学属于社会学的学者将教育现象纳入社会学的研究视野，作为一种学术进行研究，以丰富社会学理论；认同教育社会学属于教育学的学者旨在为教育理论和实际提供社会原理和法则的研究；而认同教育社会学是教育学和社会学的联锁科学的学者相对来说比较少，由于种种原因，致使这种观点在后来的教育社会学理论建设和学科发展中不能得到很好的贯彻，由此在一定程度上反映出近代中国教育社会学理论建设的不足。然而，自近代学者开始的教育社会学学科性质的争议和分歧还在继续，即便到 21 世纪的今天，这些争议和分歧依然存在着，而且呈进一步扩大的趋势。

三　近代中国教育社会学的学科功能

一般情况下，根据不同的标准，学科的分类方法也不尽相同。若基于学科的功能来进行分类，社会科学各学科大致可划分为基础理论学科和应用学科两大类。前者主要目的在于描述和解释事物的现象和过程，探索和揭示事物运动带本质性和普遍性的规律；后者主要目的在于运用基础理论学科所探明的理论原理来解决具体领域或特殊情境中的各种问题，并形成可操作性的策略、建议和方案等。[①] 从近代中国教育社会学发展的实际情形来看，近代中国学者多倾向于将教育社会学视为一门应用学科。如陶孟和说道："社会学是教育学的基础，教育的目的与方法，教科的范围与材料都要应用社会学的知识"，教育社会学就是"应用社会学的材料、方法、原理，以解决教育问题"。[②] 雷通群认为教育社会学是"研究个人在团体中如何生活，尤要研究个人在团体生活中得到何种教训及团体生活上所需何种教育"，因此，"若单就社会与教育关系的原理上研究，则可视为纯粹科学之一种。倘应用此原理以及改造学校教育及其他团体的教育，则为应用科学"，[③] 并明确将教育社会学界定为"社会学之一分科，即是

---

① 参见李硕豪《高等教育学学科性质辨析》，《高等教育研究》2002 年第 1 期。
② 陶孟和：《社会与教育》，商务印书馆 1934 年版，第 18—19 页。
③ 雷通群：《教育社会学》，商务印书馆 1931 年版，第 14 页。

应用社会学之一种"。① 再如，卢绍稷认为，教育社会学是"用社会学之眼光，以研究教育的理论与实际之科学也"，并进一步解释道，"在理论方面，乃将教育当作一种社会制度分析研究，并研究其与他种社会制度之关系及影响。至应用方面，则重在研究如何应用社会之概念与活动于学校工作。"② 沈冠群和吴同福两人也持类似的观点，认为教育社会学的本质就在于"说明教育与社会的关系，用科学方法去研究，使成为有系统的科学"。③ 在他们看来，若从学科性质方面而言，教育社会学是"教育学和社会学的联锁科学，是应用社会学原理于教育学的科学"；从学科功用方面而言，教育社会学则有三大目标：第一，从社会历史与社会现状上，观察社会变迁与今后应有之趋向；第二，注意人类社会意志之发展，指导人类社会正当行为；第三，从社会学原理上讨论教育目的，与规定教育之方法。④ 孙本文同样强调，教育社会学是"社会学的一分支，他（它）是把社会学的原理应用到教育上去的一种科学研究"，是"要把社会学上各种重要原理应用到教育上去，使全部教育内容，能注重团体关系，注重环境影响，以谋整个教育的改进"。⑤ 总之，教育社会学是一门应用科学，是运用社会学的原理和方法来研究如何制定教育目标、组织教学课程以及改进教学方法等。

有鉴于此，近代中国学者非常重视社会学及教育社会学原理和方法在中国教育问题上的实际应用。例如，关于杜威的《学校与社会》，当时有学者就强调其价值在于能解答中国当前学校和社会严重脱节的重大问题，并极力推荐翻译此书；译者刘衡如本人也是本着"与吾国教育以痛切之针砭"⑥ 的宗旨来翻译此书。这种意识甚至成为近代学者撰写教育社会学研究著作的重要目标。雷通群在其《教育社会学》一书中"例言"中曾明确说道，该书"尤重中国现时教育界之实用"，并将全书体系严格区分为"原理篇"和"实用篇"；在"实用篇"，作者特别强调运用社会学原理和方法对教育（包括学校教育和社会教育）的实际问题进行具体分析，内

① 雷通群：《教育社会学》，商务印书馆 1931 年版，第 6 页。

② 卢绍稷：《教育社会学》，商务印书馆 1934 年版，第 30 页。

③ 沈冠群、吴同福：《教育社会学通论》，南京书店 1932 年版，第 11 页。

④ 同上书，第 14 页。

⑤ 孙本文：《教育社会学浅说》，《教育通讯》1938 年第 23 期。

⑥ ［美］杜威著，刘衡如译：《学校与社会》，中华书局 1921 年版，"序言"。

容包括学校进化的程序、社会进步与学校的关系，以及社会化思想指导下的学校教育目标、教育行政、课程、教学法、职业教育等问题的探讨。[①]卢绍稷也在其所著《教育社会学》一书特别列出"教育社会学之应用"一篇，其目的在于"将教育社会学原理应用于学校教育与社会教育上，关于学校行政社会化、课程社会化、教学法社会化、训育社会化、与社会教育民众化，以及教育调查方法等，均一一加以论述，使读者得知教育社会学之价值"[②]。有的学者甚至强调："各种教育之有赖于教育社会学，比任何教育科学为甚。"[③] 在这种认识指导下，教育社会学成为时人分析、研究中国各种教育实际问题的主要工具，诚如《教育社会学与民众教育》一文所言："民众教育的目标，若不报告社会生存的原则而规定之，则其目标必错误，民众教育的实施，不根据民众社会生活的实际情形，则其结果必不大"，"社会生存的原则是什么？民众生活的现状是怎样？这两个问题，若非请教社会学先生，则无从得到正确的答案"[④]。

第三节　教育社会学学科体系探索

相比学科基本要素而言，学科体系则较为全面和综合。一般来讲，学科体系有广义和狭义之分。狭义的学科体系通常是指该学科的学者根据本学科的性质、特点和规律而进行的关于该学科的基本内容的确定、基本知识顺序的处理、基本研究方法的使用等诸方面综合的系统；广义的学科体系主要是指该学科领域的部分学者从特定的角度或理论背景出发对本学科进行考察而形成的理论体系，这种体系通常又被称为学术体系，不同的学术体系构成不同的学术流派。[⑤] 本文采取的是狭义的学科体系概念，但无论是狭义的学科体系还是广义的学科体系都与其著作，特别是某些代表性的具体框架体系存在着密切的关系，它们都是通过学者所撰写的相关著作来呈现的。因此，从某种意义上来说，学科体系是著作体系的理论基础，著作体系是学科体系的具体体现。

---

① 雷通群：《教育社会学》，商务印书馆 1931 年版，"例言"。

② 卢绍稷：《教育社会学》，商务印书馆 1934 年版，"序言"。

③ 张雲缙：《教育社会学与民众教育》，《民众教育季刊》1932 年第 2 卷第 2 号。

④ 同上。

⑤ 参见杜道流《评〈中国训诂学〉的学科体系问题》，《学术界》2005 年第 2 期。

从学科体系的角度来看，整个近代中国出现了七种教育社会学著作，呈中间多两头少的分布态势，具体为 20 年代一种，30 年代五种，40 年代一种。每一时代的学者都力图在前人对于学科体系探索的基础上，并结合当时学科建设和社会发展的需要而有所突破和创新，呈现出明显的时代特征，正是这些带着时代烙印的学科体系反映了近代中国学者不同的理论旨趣和研究风格。为更清楚地进行比较，本节以陶孟和、雷通群、沈冠群和吴同福、陈科美的著作为例，来具体考察近代中国教育社会学学科体系的建设情况。

表 3 - 2　　近代中国四种《教育社会学》著作框架及主要内容一览表

20 世纪 20 年代	20 世纪 30 年代		20 世纪 40 年代
陶孟和《社会与教育》	雷通群《教育社会学》	沈冠群、吴同福《教育社会学通论》	陈科美《教育社会学》
第一章　何为教育社会学 第二章　社会与教育的关系、教育社会学 第三章　社会调查 第四章　个人与社会 第五章　社会成立的要素 第六章　人的心灵的要素 第七章　人的交通方法 第八章　社会成训 第九章　家庭与教育 第十章　职业与教育 第十一章　游戏与教育 第十二章　邻里与教育、乡村教育 第十三章　国家与教育 第十四章　民治与教育 第十五章　社会的演化、遗传与教育	第一篇　原理篇 第一章　社会学发展的过程 第二章　社会学与教育的关系 第三章　个人与团体的关系 第四章　社会进化及团体的分类 第五章　第一期社会团体——家庭 第六章　第一期社会团体——游戏团体 第七章　第一期社会团体——近邻团体 第八章　中间期社会团体——经济团体 第九章　中间期社会团体——友谊及见闻团体 第十章　中间期社会团体——宗教团体 第十一章　第二期团体——经济团体及见闻团体 第十二章　第二期团体——国家 第二篇　应用篇 第十三章　学校进化的程序 第十四章　社会进步与学校关系 第十五章　民主教育的精髓	第一章　总论 第一节　教育与社会 第二节　教育学与社会学 第三节　教育社会学之本质 第四节　教育社会学之领域 第五节　教育社会学与教育心理学、教育生物学之关系 第二章　现代教育社会学思潮概观 第六节　概论 第七节　生物学的教育社会学思想 第八节　社会学的教育社会学思想 第九节　经济学的教育社会学思想 第十节　唯理派的教育社会学思想 第三章　历史的社会形式及其教育 第十一节　原始社会与教育 第十二节　封建社会与教育 第十三节　资本社会与教育 第四章　现代教育社会之分析 第十五节　教育社会论 第十六节　家庭与教育 第十七节　社会团体与教育 第十八节　社会团体与教育（续） 第十九节　国家民族与教育 第五章　社会教养论 第二十节　教育理想之三大根据	第一讲　教育社会学的发展 第二讲　教育社会学的现状 第三讲　教育社会学的领域 第四讲　教育和社会的关系（一） 第五讲　教育和社会的关系（二） 第六讲　教育和社会原理 第七讲　教育调查 第八讲　学校行政 第九讲　课程 第十讲　教导方法

续表

20 世纪 20 年代	20 世纪 30 年代		20 世纪 40 年代
第十六章　社会演化与社会进步、人为的淘汰替代自然淘汰	第十六章　教育目标分析法 第十七章　学校课程通论 第十八章　改变课程的科学根据 第十九章　课程的组织 第二十章　社会化与学习过程 第二十一章　教育法的社会化 第二十二章　训练法的社会化 第二十三章　教育行政的社会化 第二十四章　职业教育的社会化 第二十五章　乡村教育的社会化 第二十六章　社会教育问题 第二十七章　社会的犯罪与教育 第二十八章　社会的救贫与教育	第二十一节　教养事业及其形式 第二十二节　生活保护 第二十三节　生活营养 第二十四节　生活教育 第六章　社会同化论 第二十五节　概论 第二十六节　社会传递 第二十七节　社会制裁 第二十八节　我们意识 第七章　教育之社会的根据 第二十九节　概论 第三十节　社会遗传论 第三十一节　社会环境论 第三十二节　社会环境论（续） 第三十三节　社会调查论 第八章　教育对象之社会的研究 第三十四节　儿童期之社会关系 第三十五节　青年期之社会关系 第三十六节　儿童与青年社会的形式 第九章　一个青年社会组织的实例——德国青年运动 第三十七节　青年运动意义及其背景 第三十八节　青年运动之前身 第三十九节　青年运动之现状及德国政党 第四十节　青年自律青年文化与青年运动 第四十一节　青年运动与教育 第十章　社会化的学校教育论 第四十二节　学校社会论 第四十三节　学校社会论（续） 第四十四节　班级组织与工作社会 第四十五节　课程论 第四十六节　方法论 第四十七节　训育论	

上述四种著作至少反映出两个明显的特征和趋势：其一是学科架构和内容，因袭西方学科体系的痕迹逐渐减少，与中国教育实际问题联系日益紧密。其二是学科建设的意识，由以介绍一般的社会学理论为主，包括人与社会的关系、各级社会团体，而发展到以探讨学科理论为主，主要包括

人的社会化、学校教育社会化、研究方法等，教育社会学的学科要素基本涵盖其中；如果更深层次地加以剖析，不难发现其作者由"导入"这门学科，而后提倡其"中国化"并以此为目标努力创立这门学科，反映出近代中国学者学科建设的自觉意识日渐明确。

　　陶孟和的《社会与教育》带有西方学科体系明显的痕迹，在该书的序言部分，作者明确指出"多取材于英美人的著作"①，曾因此甚至一度被人视为"译著"。② 其中又以美国的影响最为突出，甚至影响到作者为何不用"教育社会学"而用"社会与教育"来命名此书。作者这样写道："近年来美国学者更把社会学与教育相关系的一部分划分出来，称为'教育的社会学'（Educational Sociology）。它的范围就是应用社会学的材料、方法、原理以解决教育问题。教育的社会学是一个极新颖的名词，除了美国学者以外，还没有采用他的。本书因为此名字太长，又恐读者不明此名之本意，所以不取此名。"③ 作者一再强调该书主要研究以下两类问题：其一是现在实际的社会问题与教育的关系；其二是实际的教育问题与社会的关系。但由于当时中国教育社会学的学科建设尚处在萌芽阶段，理论积累不足和实际经验贫乏，更主要的是作者偏重于从社会学的角度来认识问题和编著此书，认为社会学的研究应分为四个部分：社会之起源、社会的演化、社会组织、社会改良。因此，该书只是着重论述"普通抽象的社会学原理和教育的关系"，④ 最多"不过采集社会学上最主要的知识，加以编订，就社会性质、社会团体、社会制度、社会进步诸问题，为概括的讨论，然后更根据如关于各问题的知识略示其在教育上的应用"，⑤ 而对实际的教育问题几乎未曾提及。尽管如此，该书依然功不可没。作者导入这门学科的意识非常明确，书中对教育社会学的学科定义、研究范围和研究方法等学科基本要素问题也进行了一定的探讨。此外，该书的问世标志着中国教育社会学的创立，此后教育社会学开始作为一门学科而被更多的人所认识、所了解，进而研究，该书也因此而成为日后各高校开设教育社会学课程重要的参考书之一。

---

①　陶孟和：《社会与教育》，商务印书馆 1934 年版，"序言"。

②　[美] 史密斯著，陈启天译：《应用教育社会学》，中华书局 1925 年版，"译序"。

③　孙本文：《当代中国社会学》，胜利出版社 1948 年版，第 188 页。

④　浩评：《社会与教育》，《社会学杂志》1930 年第 5 号。

⑤　陶孟和：《社会与教育》，商务印书馆 1934 年版，第 22—23 页。

　　雷通群的《教育社会学》亦是一本受西方学科体系影响较深的著作，该书的"原理篇"基本上是对西方社会学与教育关系原理的梳理和介绍，就这一点来看与《社会与教育》相仿；然而与后者相比较，该书在学科体系建设上大大向前迈进了一步。首先，该书十分重视社会学原理在教育实际问题上的应用，尤其是在中国教育实际问题上的应用，所以在一定程度上既克服了《社会与教育》所"甚少涉及我国实际的教育问题"的弊端，同时也避免了因袭西方学科体系而导致浓厚的编译色彩。其次，该书因注重原理的应用，而将全书在体例上安排为"原理篇"和"应用篇"，如此便有较为完整的逻辑结构，也充分体现了中外融合、原理与实际并重的原则。最后，该书有较为全面的学科视角，作者认为："教育社会学之要务，是研究个人在团体中如何生活，尤要研究个人在团体生活中得到何种教训及团体生活中所需何种教育。若单就社会与教育关系的原理上研究，则可视为纯粹科学之一种，倘应用此原理以改造学校教育及其他团体的教育，则为应用科学。"① 最为重要的是，该书已不再满足于西方社会学及教育社会学理论和方法的简单的介绍和运用，而是明确提出建设中国的教育社会学，使教育社会学"中国化"，因而成为近代中国学者重要的教学和研究依据，赵廷为在中央大学教育学院讲授"教育社会学"课程时，就将它作为教材使用。②

　　同一时代的另一本著作是沈冠群与吴同福合著的《教育社会学通论》，与雷著相比，该书在学科体系上不仅受西方影响少，且学科体系的特色更明显，学科建设的意识也更为强烈。首先，全书体例上首次突破了"原理篇"和"应用篇"二分式的框架，而是按照教育社会学学科总论、学科思潮、学科主要研究内容等逻辑顺序来安排整体结构。本来将教育社会学学科体系分为"原理篇"和"应用篇"，是西方尤其是美国教育社会学著作体系的传统。③ 我国多数学者深受其影响，就连对教育社会学"中国化"十分热心的雷通群和卢绍稷也是如此，在雷著和卢著中，明确以"原理篇"和"应用篇"来划分全书结构。其他著作要么因限于篇幅，只

---

　　① 雷通群：《教育社会学》，商务印书馆 1931 年版，第 14 页。

　　② 《教科用书》，中央大学档案，中国第二历史档案馆，档案号 648，案卷号 2315。

　　③ 如世界上第一本正式命名为"教育社会学"的著作，即史密斯（W. R. Smith）所著的《教育社会学导论》（*An Introduction to Educational Sociology*, *Cambridge Massachusetts*：*The Riversive Press*. 1917)，全书结构即划分为"原理"和"应用"两篇。

重点论述了社会学和教育社会学理论;① 要么仅仅是没写明，而全书实际内容是由"原理"至"应用"。② 其次，在内容上，该书尽管广泛吸取了国外学者，如那托普、费舍（Fisher）、杜威、史密斯、司纳顿、卫斯（Weiss）、卡韦劳（Kawerau）等人的观点和主张，但仍不乏自己独立的见解。作者认为"教育是社会活动的元素"，自有社会生活即有教育，"社会是教育作用的场所"，社会中每一个团体都具有教育功能，因此社会与教育互为因果，"社会为教育设施之原因，教育亦为社会更易之张本"。③基于这一逻辑，作者认为教育社会学是联结教育学和社会学的"联锁科学"，其本质在于用科学的方法去研究和解决社会上之教育问题，应用社会学之原理于教育上，以解决教育上之社会问题。④ 这些精辟的观点，是作者在广泛吸收国外教育社会学理论成果的基础上深入研究，并不断本土化的集中体现。

与前述著作相比，陈科美的《教育社会学》是一本"鸟瞰"式的著作。全书内容并无新意，不过是将教育社会学的各家学说和各种研究资料加以综合，使读者从中可以获得较为清晰的概念。诚如作者在序言中交代该书的目的："如何将各家学说和各种材料加以综合，而又不包括太广和陈义太高，使学者鸟瞰得清清楚楚，而不觉得模糊；又如何将历史背景和研究方法加以介绍，而又不叙述太详和提示太繁，使学者了解得明明白白，而不觉得枯燥。"⑤ 该书体例有严密的逻辑顺序，既有宏观的介绍也有微观的分析；既有历史的梳理也有现状的介绍。从学科建设的角度来看，该书对诸如学科性质、学科对象、学科研究领域以及研究方法等学科要素均有严格而清楚的界定，学科体系的组成部分也较为完备，从而表明其作者对学科建设具有较为明确的自觉意识。最为显著的特点是该书既不拘泥于西方教育社会学著作体系的模仿，也不局限于中国教育问题的实际应用，而是从追求科学理论的高度来构建中国的教育社会学学科体系，可以说代表了近代中国学者教育社会学学科建设的最高成就。

---

① 如陶孟和的《社会与教育》（商务印书馆 1934 年版）和陈翊林的《教育社会学概论》（中华书局 1933 年版）。

② 如苏芗雨的《教育社会学》（人人书店 1934 年版）。

③ 沈冠群、吴同福：《教育社会学通论》，南京书店 1932 年版，第 4—5 页。

④ 同上书，第 11 页。

⑤ 陈科美：《教育社会学》，世界书局 1947 年版，"自序"。

凡事都有例外，庄泽宣虽然没有严格意义上的教育社会学著作问世，但这并不妨碍他对教育社会学学科体系进行有益的探索。他首先表明了自己对教育社会学的认识和理解，认为教育学的两大基础学科分别为心理学和社会学，纯粹心理学的内容至今虽尚未确定，不过应用于教育方面的心理学的发展却非常迅速，教育心理学便应运而生，但教育心理学的研究只能解决教育的内涵，尤其是教与学方面的问题，而不能解决教育在外延方面所发生的问题；教育心理学与教育社会学，"犹车之两轮，鸟之两翼"，缺少任何一个，教育学都无法前进，至少其发展必乏均衡性。他强调，教育既为社会各种事业的一部分，且为延续社会生命，促使社会进步的利器，单纯依赖教育心理学的研究，以求教育效率的增加，是不足而且有时是不可能的，教育社会学的系统研究不仅是教育学发展的需要，也是社会进步的必然；然而，实际的教育社会学研究却还处在"草创时代"，与学习律、个别分配、经济的学习方法、智力与学力测验等科学研究已被反映至教育心理学著作所不同的是，教育社会学的书籍很多是缺乏经过科学方法搜集得来的资料作根据，其内容只是形而上的或不切实用的空洞理论而已。[①] 在他看来，教育社会学体系有广义和狭义之分，社会组织对教育设施的影响为狭义的教育社会学所应有的内容，然而对于系统的教育社会学研究，仅有狭义的教育社会学内容远远不够，须有广义的教育社会学。他指出广义的教育社会学内容还应包括自然环境、民族性和经济力等，并进一步解释道："民族性、经济力不单是对教育设施有直接的影响，而且可以决定社会组织的方式与内涵；此三者又皆受自然环境的支配，同时反过来可以改造环境。……此四者对于教育设施相互关系的研究，便是我认为广义的教育社会学的范围。"[②] 不过，庄氏对于系统的教育社会学研究有着清醒的认识，"非短时间所能告成，亦非一二人之力所能尽事"。[③] 而他本人在这方面的研究成就集中体现在《民族性与教育》一书，所以该书在某种程度上也可以看作庄氏对于教育社会学学科体系积极探索的理论成果。

在近代中国学者对教育社会学学科体系探索的过程中，就学科体系的

---

① 庄泽宣：《教育之社会的基础》，《教育杂志》1938 年第 28 卷第 7 号。

② 庄泽宣、陈学恂：《民族性与教育》，商务印书馆 1938 年版，"序"。

③ 同上。

完备程度而言，上述四种著作无疑都是可圈可点之作；就对学科体系的认识而言，庄泽宣也达到了相应的高度。虽然由于时代的原因，这些作品及其某些观点在今天看来或许有着明显的缺失，但它们作为学科体系的奠基性成果依然被后世学者所肯定，并有所继承和发展。

第四节 教育社会学"中国化"的理论尝试

从学术史的视角来看，近代中国学者大多以大学（甚至包括部分中学）为主要平台，引介并借鉴欧美及日本的学术研究成果，同时结合中国的历史传统和社会现状，努力追求和实现社会科学及各分支学科的"中国化"即"本土化"。自欧美教育社会学传入后，如何实现其"中国化"一直是学者们孜孜以求的目标。然而，教育社会学"中国化"终究是一项长期和复杂的事业，需要几代人的不断地尝试和积累，绝不可能立竿见影、速见成效。近代中国学者基于各自的时代背景和社会环境，对教育社会学的"中国化"进行了努力探索和尝试。尤以雷通群、卢绍稷两人为杰出代表。

一 雷通群与教育社会学"中国化"的早期尝试[①]

学界一般公认雷通群是提倡教育社会学"中国化"第一人，有关这方面的论述已发表于有关刊物，[②] 但不难发现，这些论文均侧重于对雷通群与教育社会学"中国化"内涵的分析，且主要以其《教育社会学》为考察对象，而对于雷通群是在怎样的环境下提出教育社会学"中国化"的口号，以及如何将教育社会学与中国教育实际问题密切结合等层面的问题却鲜有涉及。任何一个时代学者在进行学术研究时，总是会受到其所处时代和环境的限制，对这些问题的忽视势必会影响对雷通群与教育社会学"中国化"之间关系的客观全面的认识。

就雷通群而言，他根据其在厦门大学教育学院讲授教育社会学时所使

---

① 本小节的内容参考了肖朗、许刘英《雷通群与教育社会学"中国化"的早期尝试——学术史的视角》，《华南师范大学学报》（社会科学版）2011 年第 3 期。

② 笔者管见所及，目前有两篇论述雷通群与教育社会学中国化的文章，分别是胡金平《论雷通群对教育社会学中国化问题的探讨》（《教育学报》2007 年第 5 期）和《雷通群与中国教育社会学的学术传统》（《南京晓庄学院学报》2008 年第 2 期）。

用的讲义而编成的《教育社会学》一书，是中国最早冠之以"教育社会学"名称的著作，并明确指出本书的宗旨是"使教育社会学成为中国化"①，这可以说是其教育社会学中国化观念的萌芽期。此后雷通群又在国立中山大学教育系任教，同时兼任中山大学教育研究所指导教授，并开始有意识地将教育社会学与中国教育实际问题相结合，以此来进一步推动教育社会学的"中国化"。

（一）教育社会学"中国化"意识的萌芽

雷通群（1888—?），字振夫，广东台山人，清末留学日本东京高等师范学校本科英语部，除攻读英文学之外亦旁及其他各学科；毕业后又赴美国斯坦福大学深造，在专攻教育学之余，对于经济、商学等学科也有所涉猎，并获教育学硕士学位。回国后先后任北京政府教育部视学兼编审，前大学院华侨教育委员会秘书，北京法政专门学校教师等。1927 年曾任国立音乐学院讲师，讲授"西洋文化史"，后任北京《益世报》主编、美国《金山时报》主编。1930 年雷通群到厦门大学教育学院任教，讲授教育社会学、教育史、乡村教育等科目。

20 世纪 30 年代，厦门大学教育学院内设教育原理、教育心理、教育行政及教育方法等四个学系。学院本着"学识优长经验丰富者，始聘任之"②的原则，聘请包括姜琦、孙贵定、钟鲁斋、杜佐周、朱君毅、邱椿、雷通群等一大批国内学有专长的知名学者到校任教，在当时可谓名师云集。在课程设置方面，学院力求精审完备以适应学生和社会需要，四个学系课程皆分普通必修课、主课必修、辅课必修、选修四种学程。教育社会学不仅作为普通必修课而开设，同时还分别是四个学系的主课必修课，只是开设的时间稍有不同而已，其中教育原理系、教育行政系和教育方法系均开设于第二学年的第二学期，教育心理系开设于第三学年的第二学期，各学系教育社会学的开课时数和学分均是 3 小时和 3 绩点。另据北京师范大学许椿生 1935 年关于大学教育系课程的调查，包括厦门大学在内的十所大学中，有九所都开设了教育社会学课程，③可见这一时期中国大学教育社会学的课程设置已相当完备。与课程设置相比，教育社会学教材

① 雷通群：《教育社会学》，商务印书馆 1931 年版，"例言"。
② 厦门大学编：《厦门大学十周年纪念刊》，出版地不详，1931 年版，第 63 页。
③ 许椿生：《大学教育系之课程》，《师大月刊》1935 年第 20 期。

的发展却相对滞后。教育社会学自 1922 年创立以来，在近十年的时间里，所出版的教育社会学书籍不到十本，且多以译介国外（主要是欧美和日本）的教育社会学书籍为主。真正属于国人自行撰写的教育社会学著作仅有陶孟和的《社会与教育》，即便是此书，也因其"编译色彩过于浓厚"而为时人和后人所诟病。[①] 1931 年，蔡元培在大东书局落成典礼上做题为《国化教科书问题》的演讲，指出采用外国教科书是文化落伍国家接受现代知识所"不得已的过渡办法"，"外国人所著所用的教科书中举出的例子，当然是多取材于其本国的（尤其是社会科学的书）。用这种书教中国学生，学习时既不免有隔膜惝恍的弊病，将来出而应世，亦不能充分应用。"[②] 为此，他极力提倡"中国化"的教科书，并呼吁教育界和出版界为此目标而努力。与此同时，蔡元培发起了"课本中国化"运动，即提倡大学里使用中国人自己编写的课本，并领衔组织了包括文理、政治、工商、教育、医学等各学科专家在内的商务印书馆"大学丛书"委员会，拟定书目、推荐著译者和介绍稿件，每部书都需要经过有关专家审定，从而保证了整套丛书具有较高的学术水平和质量。[③] 在上述诸因素的影响下，雷通群根据其在厦门大学教育学院讲授教育社会学时所使用的讲义而编成《教育社会学》一书，并在书中"例言"部分明确指出："本书的宗旨，在使教育社会学成为中国化，用系统的研究方法，兼顾理论与实用双方面。"[④] 这是国人自行撰写的第一本直接冠以"教育社会学"的著作。此书先作为"厦门大学教育学院丛书"出版，后又被列入商务印书馆"大学丛书"，从而得到更为广泛的传播。

　　雷通群的《教育社会学》堪称是中国最早的一部具有原创性的教育社会学教材，其"中国化"特征在书中得到比较充分的呈现。全书从编排体例上分为"原理篇"和"应用篇"，原理篇旨在详述社会学原理，共十二章，主要论及社会学发展的过程、社会学与教育的关系、个人与团体的关系、社会进化与团体的分类，包括家庭、游戏团体、经济团体、友谊及见闻团体、宗教团体、国家团体等。应用篇共有十六章，主要是将第一

---

① 参见肖朗、许刘英《陶孟和与中国大学教育社会学学科的发端》，《高等教育研究》2010 年第 1 期。

② 高平叔编：《蔡元培全集·第六卷》（1931—1935），中华书局 1988 年版，第 42 页。

③ 许力以主编：《中国出版百科全书》，书海出版社 1997 年版，第 885 页。

④ 雷通群：《教育社会学》，商务印书馆 1931 年版，"例言"。

篇所阐述的社会学理论应用于解决中国教育实际问题，具体论述了学校对于促进社会进步的作用，学校要设定社会化的教育目标，组织社会化的课程，以及教学法的社会化、训练法的社会化、教育行政的社会化、职业教育的社会化和乡村教育的社会化；此外还包括社会问题与教育的关系，如社会犯罪与教育、社会救贫与教育。从学科体系架构上看，该书体现了基本原理阐释与实际问题研究并重的原则。众所周知，注重社会学、教育社会学基本原理的探讨，是西方尤其是欧洲教育社会学的传统，而"学以致用"的中国学术传统，则使得中国学者更多地关注新理论的应用研究。[①]正如雷通群自己所申明的那样，"学问之对象虽取诸森罗万有，而言其实用途径，必以本国的国度为归宿可无疑义"[②]，"从教育实际问题，归到社会学解决，尤重中国现时教育界之实用。"[③] 从所使用的材料来看，雷通群一方面注重吸收和介绍欧美各国的社会学和教育社会学的理论研究成果，另一方面注重采用中国本土的材料，尤其是当前教育上迫切需要解决的问题。

当然，《教育社会学》一书所呈现的"中国化"特征尚属幼稚肤浅，严格地说只能算是教育社会学"中国化"思想意识的萌芽。检视之不难看出，雷通群基本上是将社会学和教育社会学的原理在中国教育实际问题上作"课本式"的应用，而缺乏对中国教育实际情况的深度思考和科学研究。此后他南下广州，任教于国立中山大学教育系。随着对中国教育实际问题的深入了解，他开始有意识地将教育社会学与之紧密结合，从而推动了教育社会学"中国化"的进一步发展。

（二）教育社会学与中国教育实际问题的结合

1932 年，雷通群离开厦门大学教育学院，到国立中山大学任教，中间一度兼任广州大学教育系教授。在国立中山大学任职期间，雷通群除了讲授教育社会学、幼稚教育、中国教育史和训育问题等课程之外，还积极参与国立中山大学教育研究所的教育科学研究工作，他担任了教育研究所的教育行政部主任，同时兼任该所创办的龙眼洞乡村教育实验区的指导教授。

---

① 参见胡金平《论雷通群对教育社会学中国化问题的探讨》，《教育学报》2007 年第 5 期。

② 雷通群：《大学教育与国性之发扬》，《广大学报》1937 年第 1 期。

③ 雷通群：《教育社会学》，商务印书馆 1931 年版，"例言"。

成立于 1926 年的国立中山大学，一年后就开始设立教育系，与当时国内其他大学教育学院或教育系注重培养中学师资及教育行政人员不同的是，国立中山大学教育系非常重视教育科学研究和教育实验，并于 1928 年成立了专门的教育科学研究机构——国立中山大学教育学研究所，隶属于文学院之下。这也是中国近代最早的专门开展教育研究的机构，"我国有此种教育专门研究机构，实以此为嚆矢"①。该所自成立后，虽由于种种原因曾数易其名，分别经历了教育学研究所、教育研究所、师范研究所和教育研究所四个时期，但对中国教育实际问题的科学研究始终是其一贯的宗旨和追求，并且对研究方法尤为重视，正如该所创始人庄泽宣所言："我们想不发空论，不说废话，足踏实地的做功夫，因为研究的对象的问题小，研究的态度和方法的关系大，我们有时做的功夫或者近于迂腐，近于愚笨，但是我们相信这至少是做学问的一种态度，一种方法，尤其是在今日中国虚浮的社会里有提倡的必要。"② 1942 年，崔载阳在对该所过去十五年的研究工作进行回顾，并对今后的工作进行筹划时，认为其科研工作经历了三个阶段：科学研究、哲学研究以及综合研究③，这从一个侧面反映了近代中国教育研究方法论之演变及该所对科研工作的重视。经过几十年的发展，该所在教育科研方面取得了一大批丰硕的学术成果，研究范围涵盖了"中小学国文教学和小学教育""民众教育""教育行政和教育制度""教育心理"和"一般教育问题"等许多方面。不仅如此，该所第一任主任庄泽宣，是国内提倡新教育"中国化"学者中最得力者之一。早在 1927 年，他就发表《如何使新教育中国化》一文，系统地阐述其新教育"中国化"的主张，他认为要使新教育"中国化"，至少要合于下列四个条件：（1）合于中国的国民经济力；（2）合于中国的社会状况；（3）能发扬中国民族的优点；（4）能改良中国人的恶根性。在他看来，"现在中国的新教育不是中国固有的，是从西洋日本贩来的，所以不免有不合于中国的国情与需要的地方。如何能使新教育中国化，这是一个很大的问题，很复杂的问题，而且非经专家长期的研究与实验不可。"④

---

① 国立中山大学研究院教育研究所编：《本所教育事业十年》，出版地不详 1937 年版，"前言"。

② 崔载阳：《从教育学研究所到师范研究所》，《教育研究》1942 年第 100 期纪念号。

③ 同上。

④ 庄泽宣：《如何使新教育中国化》，民智书局 1929 年版，第 23 页。

应该说，如何将西方移植过来的理论与方法运用于中国的实际研究并在研究中探索本学科"中国化"的发展道路，已成为 20 世纪 30 年代中国学术的主流。① 这项工作的提倡最先开始于社会学领域。1930 年，孙本文在中国社会学社第一次年会上演讲时，提出了建设一种"中国化"社会学的主张，他认为："如能采用欧美社会学上之方法，根据欧美社会学家精密有效的学理，整理中国固有的社会思想和社会制度，并依据全国社会实际状况，综合而成有系统有组织的中国化的社会学，此诚今后之急务。"② 显然，这也应该是教育社会学"中国化"的迫切要求。作为国内第一个提出教育社会学"中国化"口号的雷通群，在国立中山大学任教期间开始尝试运用自欧美和日本移植过来的教育社会学理论和方法，直面中国教育的现实问题，如成人教育、民众教育、国防教育、社会教育，等等。

成人教育起源于欧美，在中国较早就引起人们的兴趣和关注，"成人教育，实在是一国教育制度里不可少的一部分"③ 几乎成为国人的共识，中山大学教育研究所在成立之初就将成人教育作为其研究工作之一。当时许多有影响的期刊和杂志都纷纷推出"成人教育研究专号"，如 1931 年《教育杂志》即以"成人教育研究专号"的形式介绍成人教育的理论和欧美各国及日本成人教育的实施情况。面对纷繁杂芜的理论，如何从中借鉴以指导我国的成人教育事业，这是成人教育研究者首先应该考虑的。1933 年，雷通群在《教育与民众》发表《成人教育制度和方法之综合研究》一文，主要从成人教育特性、成人教育目标、成人学习机能和成人教育实施方法等四方面来进行分析和研究。雷通群认为成人教育是一种特殊的民众教育或特殊的社会教育，其对象是身心成熟、略具独立资格且未受正式学校教育的男（满 20 岁）女（满 18 岁）成人，成人教育的目标可分为"普遍的"和"特殊的"两种，普遍的目标应该是"公民效率的训练"，唯有这样才能把职业、政治、法制、经济、文化乃至科学、艺术、道德、宗教等特殊目标包摄在内，因为

---

① 侯怀银：《中国教育学发展问题研究——以 20 世纪上半叶为中心》，山西教育出版社 2008 年版，第 77 页。

② 王建民：《中国民族学史》（上卷），云南教育出版社 1997 年版，第 279 页。

③ 庄泽宣：《中国之成人教育》，《新教育》1921 年第 4 卷第 3 期。

"个人主义的教育立场，老早已该打倒了，代之而兴的是社会的教育立场"①。联系到中国的实际，雷通群认为："照我国现在的情形看，差不多单拿识字运动来做成人教育的总代表了"，而识字只不过是达到成人教育普遍目标或特殊目标的一种手段罢了，"单叫成人识字，实在未能认为已经达成人教育的什么目标，必须识字之后，还养成相当的公民效率，才可认为目标已达。"② 成人学习能力与儿童学习能力相比，在思维力、判断力以及德行等方面都较后者有优势，古今中外莫不如此。而成人教育的实施方法有学校式、非学校式、读书式、观览式、函授式、无线电放送式和社会纯化式等七种，在这七种方法中雷通群最为推崇的是"社会纯化式"的实施方法。在他看来，尽管欧美各国成人教育的实施方法已趋向于"学校式"，其余六种不过是此种方法的辅助手段罢了，但是中国的情形却不一样，仅仅顾及教育的社会化还很不够，倘若"社会的环境恶劣，腐败的个人分子混杂其间，成了坏群之马，那时候，社会化的教育，岂不是成了腐化的教育吗？" 因此，在实施"教育的社会化"之前，须先实施"社会的教育化"才可。③

与成人教育所不同的是，一般认为民众教育是中国特有的教育。南京国民政府成立后，面临着一个十分重要和紧迫的课题就是如何唤起民众、组织民众、训练民众，以实行自治完成训政，而"民众教育便是这个课题的唯一答案"④。1929 年，第一次全国教育会议议决通过了《实施民众教育案》，正式确立了民众教育的地位。此后，1932 年 7 月教育部颁布了《修正各司分科规程》和 1933 年 4 月国民政府公布了《修正教育部组织法》，在社会教育司掌管事项中，第一条便是"民众教育事项"⑤，至此，在教育行政上，民众教育成了社会教育工作的首要事业，民众教育的重要性由此凸显。中山大学教育研究所也围绕民众教育问题开展了多项研究工作，包括千字课的分析与编撰、民众基本读物的编制、三民主义用字用词

---

① 雷通群：《成人教育制度综合研究》，《教育与民众》1933 年第 5 卷第 2 期。

② 同上。

③ 同上。

④ 陈礼江：《社会教育的意义及其事业》，正中书局 1937 年版，第 8 页。

⑤ 中国第二历史档案馆编：《中华民国史档案资料汇编》第五辑 第一编 教育（一），江苏古籍出版社 1994 年版，第 61 页。

统计、民众教育馆组织调查以及民众教育论文索引编制等。① 但自民众教育兴起以来，对于"什么是民众教育"可谓众说纷纭，莫衷一是，有人将其等同于成人教育或社会教育，也有人认为它是识字教育或扫盲教育。雷通群在《民教意义和范围之又一看法》一文中表明了自己的看法和主张。他认为民众教育是全民所需要的教育，与普通教育相比，民众教育的特色在于："对于'阶级教育'而为'全民教育'，对于'划期教育'而为'终身教育'，对于'书本教育'而为'生活教育'，对于'时间固定'而为'时间活动'，对于'年龄限制'而为'年龄迁就'的"，"民众教育者，是为顾及全民的、终身的生活需要起见，并鉴于向来的普通教育之缺点，对于个体或团体，作无限的弹性适应之一种自由教育也"②，甚至有代表教育发展的总趋势。在此基础上，雷通群进一步指出，民众教育之行政和管理与其实际发展状况及地位很不相称，在教育行政系统上，民众教育是隶属于社会教育司，"何曾有民众教育司之设？至于各省教育厅，县市的教育局，也没有民众教育科之设。"③ 在他看来，与社会教育相比，尽管整个的社会都是由民众分子构成，理论上两者没有太大的区别，但实际上，社会教育是和家庭教育及学校教育相对称的，民众教育在意义和范围上要大得多，尤其是当时中国的民众学校、民众教育馆，乃至民众宣传运动等均已一律采用"民众"字样，所以民众教育司、民众教育科或独立的民众教育局之设，是刻不容缓的，更不应该将民众教育视为社会教育的附庸。

"国防教育"是孙中山于 1921 年在其所著《建国方略》一书的续篇《国家建设》中最先提出的，中间一度以体育和军事教育作为其核心内容，1928 年的南京国民政府第一次全国教育会议即设"体育及军事教育组"并通过相关法案，正式确立了国防教育的地位。1936 年，为适应抗战形势的需要，教育部设置"特种教育委员会"，在计划各级学校教育方案中指出应特别注重"体格训练、精神训练以及与国防有关学科或技能之研习"。同年，教育部颁布《推进国防教育大纲》，从学校教育和社会教

---

① 崔载阳：《国立中山大学教育研究所之过去现在与将来》，《教育杂志》1935 年第 25 卷第 7 号。

② 雷通群：《民教意义和范围之又一看法》，《教育与民众》1933 年第 5 卷第 3—4 期。

③ 同上。

育两方面，对国防教育的教材、师资、方式等均作了详细的规定。一时国防教育成了人们关注的焦点，《教与学》月刊更是推出"国防教育专号"，分"一般论著""中学师范应如何实施国防教育""小学应如何实施国防教育""民众教育应如何实施国防教育""职业教育应如何实施国防教育"等五个栏目，对国防教育的实施途径进行全面论述。是年，雷通群发表了《国防教育与小学教材的补充》一文，对教育尤其是小学教育如何为国防做贡献提出了自己的建议。他指出，中国当前教育没有成效的最大原因在于"文不对题"，即"社会生活和学校生活间存在着一道莫大的鸿沟"，而造成这种局面主要是由于"整个的教育制度，固然是全盘从外国抄袭过来，即如学校的课程，还是模仿外国的，……甚至小小的一段教材，究竟应该采入教科书中与否，都凭着外国的情形或空头的教材论来做唯一的估价标准"，这种教育若继续办下去，"不特会催促教育本身的破产，同时还促进社会的总崩溃和国家的灭亡！"[1] 进而他又提出，国防应该分三个步骤：国防的军备、国防的经济和国防的教育，其中教育力量是最坚强的，"教育之对于国家的命脉，原属治本之道，非治标之道。"[2] 联系到当时中国国防教育实施的具体情况，尽管教育部对于各级学校教育和社会教育的实施有过相关规定，但在雷通群看来，依然是"袭年来的故技，只当作标语来张贴，当作口号来宣传"，"社会上讨论这个问题的人们，强半仍属于理论式的游戏"[3]。他认为真正的国防教育，要有组织和系统的计划，举国一致地实施才能成功，具体办法是："在学校教育上则与各科教材作切实的联络，在社会教育上则与有组织的通俗讲演切实联络，这样才能构成学校内外一致的国防环境。"[4] 而小学教育属于"治本中之治本"，在实施国防教育上应注意以下事项：（1）环境布置上的注意；（2）集中训诫上的注意；（3）国防军器模型之陈列上的注意；（4）小学课本上的国防教材之补充，尤其是最后一项"大有讨论之余地"。之后，雷通群从小学教育的各科教材在国防教育上有何价值以及应作哪些补充，[5] 均一一

---

[1]　雷通群：《国防教育与小学教材的补充》，《教育杂志》1936 年第 26 卷第 8 号。

[2]　同上。

[3]　同上。

[4]　同上。

[5]　共有 10 科，其分别是：公民科、社会科、算术科、国语科、自然科、卫生科、体育科、美术科、劳作科、音乐科。

作了详细的论述，力求小学教育阶段的教材能适合当前实施国防教育的真正需要。

　　据考证，近代中国"社会教育"一词是从日本移植过来的。[①] 民国成立后，蔡元培"眼见各国社会教育事业之发达，深信教育行政之责任，不仅在教育青年，须兼顾多数年长失学之成人。故草拟官制时，坚决主张于普通、专门二司外特设社会教育司。"[②] 社会教育司的成立极大地推动了社会教育在近代中国的发展，社会教育的作用逐渐得到时人的认可。在近代社会教育的发展过程中，主张社会教育具有增强学校教育功能的作用是一种极具代表性的观点。这种观点的中心思想包括三点：（1）丰富教育的内涵，"教育并不专在学校，学校以外许多机关，都有教育的作用"；[③]（2）增强学校教育功能；（3）学校要社会化。就其实质而言，是主张学校教育要承担社会教育的功能，而社会教育亦应发挥学校教育的作用。这种"扩充教育"的思想在扩大社会教育的范围、深化人们对教育的理解的同时，也为日后南京国民政府使社会教育和学校兼办社会教育法制化、行政化奠定了思想基础。1939 年，国民政府教育部即颁布了《各级学校兼办社会教育办法》十三条，其中就各级学校的分工、组织规模、经费开支和补助、教职员和学生的合作、战时社会教育的置重点、各级学校的计划、部省县督学的视导等方面都一一作了详细的说明。"学校兼办社会教育"遂成为文化界、教育界讨论的热点话题。有的学者从需要注意的具体问题加以探讨，如黄觉民的《学校兼办社会教育问题》；有的学者从理论上对其进行论证，如陈礼江的《学校兼办社会教育的理论和实施》。与之不同的是，雷通群在《学校兼办社会教育的主动力何在》一文中是本着"教育社会学的见地"来加以论述的。他指出："教育的过程，决不能单以局部的学校生活为限，随而整个教育机构，也不能单以'schools'一字为代表，应处处兼用'Educational Agencies'等字样"，[④] "教育决不能由'学校'的特殊团体包办，应由其他原有教育职能的各种社会团体，如娱

---

　　① 参见王雷《中国近代社会教育史》，人民教育出版社 2003 年版，第 6 页。

　　② 朱有瓛编：《中国近代教育史资料汇编·教育行政机构及教育团体》，上海教育出版社 1993 年版，第 165 页。

　　③ 高平叔编：《蔡元培教育论著选》，人民教育出版社 1991 年版，第 452 页。

　　④ 雷通群：《学校兼办社会教育的主动力何在》，《教育杂志》1939 年第 29 卷第 3 号。

乐团体、职业团体、慈善团体、宣传团体、乃至家庭与邻保等合办"①。在此基础上，雷通群又进一步指出学校在教育上不是万能的、唯我独尊的，因为"关于悠闲生活的智能之训练，学校实不如娱乐团体之适切，关于谋生的智能之训练，学校也不如职业团体之准确，关于道德和品格之训练，学校也往往不如家庭或宗教团体乃至慈善团体之恳挚，即关于智识之教养，学校也有时不如其他的学术团体之高超"②，如此"学校既兼办社会教育，社会各团体同时也兼顾学校教育，岂不是相得益彰吗?"③ 然而就中国的实际情形看，各社会团体差不多都放弃原有的各自的教育职能，而单向学校方面求全责备。对此，雷通群强调道："学校却不应因此遽和他们完全绝交，只有从教育上暂替他们积极服务，才能使他们对于教育的责任感次第复元。"④ 他强调学校兼办社会教育的主动力即在此。

如何将自国外传来的教育社会学理论和方法与中国教育具体实际结合，并对其进行分析和研究，这在雷通群看来，似乎是一条方便快捷的途径，用他自己的话来说，即"现在最好的办法，还是在采外国的理论，以实验中国的适应性，更或根据本国的特殊事实，产生中国特有的理论"⑤。以上所举皆是他"采外国的理论，以实验中国的适应性"的种种例证，当他"主张按照现时中国的乡村实际情形，融贯世界最新的教育原理，另创中国的乡村教育学说"⑥，并著成《中国新乡村教育》一书时，则标志着雷通群对教育社会学"中国化"的努力取得了重要的理论成果。

（三）教育社会学"中国化"的尝试

进入 20 世纪 30 年代，教育界开始对中国新教育 70 年来的成败得失进行深刻的反思。通过反思得出新教育存在着一定弊端的共识。廖泰初认为这种弊端具体表现在"没有认清中国内在的教育问题"，而"硬要把外在社会里产生的'洋教育'搬到中国来"，"自然会发生不调适的问

---

① 雷通群：《学校兼办社会教育的主动力何在》，《教育杂志》1939 年第 29 卷第 3 号。

② 同上。

③ 同上。

④ 同上。

⑤ 雷通群：《民教意义和范围之又一看法》，《教育与民众》1933 年第 5 卷第 3—4 期。

⑥ 雷通群：《中国乡村教育实际问题》，《龙溪教育月刊》1931 年第 7 期。

题"①，而新教育失败的根本原因在于盲目地模仿外国，忽视了与中国教育实际的结合。晏阳初批评道："现在的'新教育'，并不是新的产物，实在是从东西洋抄袭来的东西。日本留学生回来办日本的教育，英美留学生回来办英美的教育，试问中国人在中国办外国教育，还有什么意义？各国教育有各国的制度和精神，各有它的时间性和空间性，万不可乱七八糟地拿来借用。"② 杨效春明确地指出："我们的教育是中国土里生长出来的教育，不是由英美乃至丹麦苏俄移植过来的教育。"③ 中国究竟需要怎样的教育，有些学者从更为深层的社会背景来思考这个问题。雷沛鸿认为，清末废科举兴学校以来，中国逐步建立了全国的学校制度，但这种制度没有中国的社会基础，因为这种学校制度是欧洲产业革命的产物，中国的社会基础是农村，是包括教育问题在内的一切问题的中心。④ 梁漱溟也同样认为，中国是一个乡村为本的社会，中国文化也是以乡村为本位的，"国民所寄托，还是寄托在农业，寄托在乡村。"⑤ 傅葆琛强调道："要建设中国，必先建设中国的乡村，因为乡村是中国社会的基础，一切问题的重心"，"乡村教育，是各种乡村问题的先决问题，各种乡村事业的基本事业"⑥。基于这样的共识，乡村教育开始成为人们一时关注的焦点，其参加人数之多、波及范围之广，是前所未有的，并逐渐演变成一场声势浩大的乡村教育运动，在中国教育史上留下极为醒目的一页。参加者由于切入点的不同，理论学识和所处环境差异等多种因素的影响，在对乡村教育的目的、途径和方法等方面观点互异。而又以理论信仰不一为要因，⑦ 导致有关乡村教育的理论学说形形色色，令人有目迷五色之势。雷通群较早就关注中国乡村教育的发展，曾在《教育社会学》一书中运用社会学和教育社会学原理分析之，概括地提出了"乡村教育的社会化"。在他看来，教育社会学旨在"研究个人在团体中如何生活，尤要研究个人在团体生活

---

① 廖泰初：《中国教育学研究的新途径》，《教育学报》1938 年第 3 期。

② 晏阳初：《"误教"与"无教"》，《民间》1936 年第 3 卷第 12 期。

③ 杨效春：《我们的教育》，《中华教育界》1933 年第 20 卷第 7 期。

④ 韦善美、马清和主编：《雷沛鸿文集》（下），广西教育出版社 1989 年版，第 233 页。

⑤ 中国文化书院学术委员会编：《梁漱溟全集》（第一卷），山东人民出版社 1989 年版，第 608 页。

⑥ 傅葆琛：《乡村运动中之乡村教育》，《中华教育界》1934 年第 22 卷第 4 期。

⑦ 曹天忠：《民国时期乡村建设的派分与联合》，《社会科学战线》2008 年第 2 期。

中得到何种教训及团体生活上所需何种教育"①，简单地说即"教育如何使个人社会化"，这种原理应用于中国乡村教育的研究，便是"乡村教育的社会化"。不久以后，雷通群作了关于"中国乡村教育实际问题"的演讲，对此前的"乡村教育的社会化"观点作进一步的发挥。他指出，"乡村教育的社会化"的核心是乡村教育目标的"社会化"，诸如有关乡村学校经费维持、乡村学校儿童训练、乡村教师培养及服务等问题，都应在"社会化"目标下考虑和解决。在中山大学教育系及教育研究所任职期间，随着他将教育社会学理论和方法与中国教育实际问题密切结合并对其进行深入分析和科学研究，他意识到中国的基础仍在于农业，宜先注重乡村教育，才能以使学校之所教与社会之所需两得其当；也正是在此过程中，他对中国乡村教育中存在的诸多问题有了更为深刻的认识和了解，并"准照现时中国国情"②，著成《中国新乡村教育》一书，全面而具体地呈现其"乡村教育社会化"的思想。

雷通群反复强调道："乡村教育是现时中国的急需，是中国教育真正的实际，而乡村教育的发展须先确定其目的。"针对当时有人以"乡村化"作为乡村教育的目标，雷通群对此进行了深刻的批判。他指出这种观点的错误在于：（一）不明教育上有"普通目的"与"特殊目的"之别，即"终极目的"与"近前目的"之不同，殊不知终极目的只要定一个，可以分出很多的特殊目的；（二）不明乡村儿童教育与成人教育的需要之不同。实际上两者各有不同，并且不应相同，因为乡村成人，在生长上已经达到成熟地步，在社会位置及职业都已确定，对他们施以乡村化的农业教育尚无不可，然而对于在社会地位和职业上均为定，只是偶然地生长在农村环境中的儿童，遂视农业为其终身职业而对其施以乡村化的教育是违背民主国家的教育精神；（三）不明"社会化"与"乡村化"之意义不同。乡村社会只是一种狭义的地方社会，是不能代表社会之全体。中国的社会已算落后，若乡村教育仅有乡村化的目的，将来只可养成"田夫野老"的阶级，难见社会之程度有何增高。③ 之后，他又进一步廓清了乡村教育的范围。他指出乡村教育可分为广义和狭义两方面：广义的乡村教

---

① 雷通群：《教育社会学》，商务印书馆 1931 年版，第 14 页。

② 雷通群：《中国新乡村教育》，新亚书店 1932 年版，"序"。

③ 同上书，第 11—14 页。

育，是包括乡村的家庭教育、社会教育和学校教育而言，"凡人民之居住乡村者，不问其为男女老幼及属何阶级，均须施以适宜的教育，使其得到职业上的知识与公民的效率"①；至于狭义的乡村教育，是专指学校教育而言，尤其是小学的义务教育，而"现时乡村教育之中心点，是应在小学方面。"② 在此基础上，他提出了自己关于乡村教育的主张："乡村教育之终极目的（至少是就乡村小学教育而言），是在于儿童之'生长'"③，而"生长中亦即包括'社会化'"的过程，并进一步解释道："因为'生长'是连锁的，无穷的，是可由继续适应环境之变迁而使经验'更新'，若以此为教育目的，则可以鼓励儿童之上进"④。这种观点似乎类似于杜威的"教育即生长"说，但在他看来"教育的终极目的是通行全世界的，无国界的分别，所可分者，只在于特殊目的"⑤。需要特别指出的是，雷通群绝不是极端"社会化"论者，他只是强调乡村小学教育的终极目标是"社会化"，不妨碍他在论述某些问题时考虑到乡村教育的特殊性。

围绕乡村教育目的"社会化"，雷通群还就乡村教师的培养、乡村学校课程设置和教学方法等问题，作了详细的论述。他认为乡村教师的培养同样须先确定其目标，"乡村师资之培养，当舍乡村化的狭隘目标而採社会化的广大目标"⑥，因为乡村教师之主要任务，是在使乡村儿童达到完全生长以及地方人民达到社会化，若单顾及乡村化的师资培养，则会因小失大，"吾人所欲养成之乡村师资，是在能视儿童之需要为第一前提，成人之需要居其次，视全社会需要为第一前提，而地方之需要居其次"⑦。实现乡村教育目的"社会化"，除了师资外，课程设置与教学方法也是非常重要的环节。雷通群说，乡村小学与城市小学应达到共同的教育终极目的——"社会化"，所以在课程设置上不能将两者分开，但彼此之出发点以及所经之路径可以不同，在材料选择上也可以有很多不同。据教育部颁

---

① 雷通群：《中国新乡村教育》，新亚书店 1932 年版，第 43 页。

② 雷通群：《中国乡村教育实际问题》，《龙溪教育月刊》1931 年第 7 期。

③ 雷通群：《中国新乡村教育》，新亚书店 1932 年版，第 14 页。

④ 同上书，第 15 页。

⑤ 同上书，第 11 页。

⑥ 同上书，第 62 页。

⑦ 同上书，第 63 页。

布的《课程标准》规定小学所设科目共有九种，[1] 乡村小学可以根据实际情形进行适当增减合并，所设科目具体为：党义科、国语科、常识科、社会科、自然科、算术科、艺术科、农业科和体操科。对于每门科目的教学方法，雷通群认为均要采取社会化的教学方法。如他明确指出："国语科的教材，一律以合于民族性、社会性及平民思想者为要，教法亦当与此相适"[2]；算术科"教学时可引导儿童从乡村生活的计算为出发点，渐及于城市生活的计算。并且教学法上，亦大可适应社会化的过程"[3]；"常识科之包括性大，或采问题中心式、或采设计法，均可令儿童得到此科所包括各科之实际知识。凡社会、自然、卫生、历史、地理诸方面，均可从乡土之情形出发，依照'由近及远'之原则，逐渐为空间的时间的推广。若是，始可活现整个的社会化教学法，使儿童得到广大的眼光，比较优劣得失，驱除地方的偏见，将来方有改良乡村生活的希望"[4]；等等，不一而足。如果说师资、课程及教学法等教育的"内部要素"，它们对于教育目标的实现至关重要，但诸如学校管理、视察与辅导等教育的"外部要素"，对于教育目标的实现也是不可或缺的，雷通群对此有着深刻的认识并叙述之。他认为学校管理之所以非常重要是因为"学校之内，管理若失宜，则教学与训练均减却效率"[5]，而对于乡村小学——尤其是单级小学，管理、教学与训练，在原则上当成为"三位一体"，以一人担任种种职务，兼管理、教学与训练于一身，这样容易实现其"社会化"的目标。对于视察与辅导雷通群说道，一般而言，视察与辅导可分为"普通式"与"特殊式"两种，而对于乡村教育的视察与辅导应采取"普通式"，并且"所谓普通的视察与辅导云者，不当单以'学校调查'为了事，当包括'社会调查'在内"[6]，社会调查对于乡村教育来说尤为重要，因为"中国现时乡村教育的缺点，实在是指不胜屈，其缺点之由来，往往非单因学校的本身之不良，实亦由社会的本身之不良"[7]，所以调查要以"社

---

[1]　九种科目分别为：党义、国语、社会、自然、算术、工作、美术、体育、音乐。

[2]　雷通群：《中国新乡村教育》，新亚书店 1932 年版，第 115—116 页。

[3]　同上书，第 118 页。

[4]　同上书，第 119 页。

[5]　同上书，第 144 页。

[6]　同上书，第 182 页。

[7]　同上书，第 189 页。

会化"的眼光来施行才能深入了解乡村社会及乡村教育状况，并在此基础之上制定出切实而有效的措施以真正实现乡村教育的发展。

由此可见，《中国新乡村教育》一书，是在"社会化"的大目标之下全面而详细地论述了中国乡村教育的发展，"全书都抱定此目的作首尾一贯的叙述"①。从体例安排上看，全书共分 16 章节。第一章中国乡村教育的背景；第二章现时乡村教育的急需；第三章乡村教育的目的论；第四章乡村教育学说的进化；第五章各期学说的适用性；第六章乡村的区别与教育的范围；第七章乡村教育行政；第八章乡村教育经费；第九章乡村学校之教师；第十章校舍之建筑与设备；第十一章班级的编制；第十二章课程与教学；第十三章乡村儿童之训练；第十四章乡村学校之管理；第十五章乡村学校之卫生；第十六章乡村教育的观察与辅导。当时教育社会学学者关于乡村教育发展的思想中，形成了许多不同的观点和流派，此书主张乡村教育的发展应以"社会化"为其目标，是颇具代表性的一派。全书结构严谨，内容丰富，且每章都自成系统。1932 年，由上海新亚书店出版，一经出版，便"欲购阅者颇多"②，足可见此书的价值和影响力。

二　卢绍稷与教育社会学的"中国化"

严格地说，教育社会学能否真正实现"中国化"，至少要满足以下三个基本的条件：一是须与中国社会和教育实际相联系；二是在联系中国实际的基础上进行理论构建；三是能对中国教育改革和发展产生一定的推动作用。但具体到每个人，可以通过不同的途径和方式来实现之，雷通群与卢绍稷两人即是如此。如果说雷通群主要是以近代大学为学术研究平台，且侧重于教育社会学"中国化"的理论研究的话，卢绍稷则主要是以中学为学术研究的平台，并倾向于通过教育调查等方法去了解中国教育实际存在的问题，进而设计出适合中国社会的教育制度、教学组织形式等。

（一）卢绍稷与江苏省立上海中学

卢绍稷（1899—?），字克宜，浙江永康县儒堂村人。1913 年春入本村培儒高等小学校求学，1915 年冬以第一名毕业，次年秋赴金华考入浙江省立第七师范学校，毕业后留校任书记兼附属小学教员两年。1923 年，

①　雷通群：《中国乡村教育实际问题》，《龙溪教育月刊》1931 年第 7 期。

②　雷通群：《中国新乡村教育》，新亚书店 1932 年版，"序"。

他考入厦门大学预科，一年后转入上海私立大夏大学教育科"中等教育组"（类似于专业）肄业，因成绩优异只用三年加一个暑假就获得教育学学士学位。在此期间，他一边兼任大夏大学学生会编辑部主任，负责主编《大夏周刊》《教育季刊》《大夏校刊》等刊物；一边利用课余时间致力于写作，相继发表了《研究：教育的社会化和社会的教育》《学校教育真正的意义》《教育和社会》等论文以及著作《三民主义教育法》。他曾说："是所学者既为教育，即是以从事教育为职志"①。怀抱这等理想和志愿，1927 年 8 月他应江苏省立上海中学（以下简称上海中学）之聘，担任该校教职。

上海中学成立于 1927 年春，是由省立第二师范商业专科学校及省立三中四中暨东南大学附中一部分合并而成的，分初、高中两部。初中不分科，高中采用综合中学制度，分设普通科、商科和师范科。每一科的教学目标不尽相同，"普通科"着重升学准备，"商科"及"师范科"着重实习与外界联系，"俾毕业后就业，能适应社会需要"②。欧元怀（字愧安）、郑通和（字西谷）、沈祎（字亦珍）等知名学者曾先后担任过校长，他们学问深厚，治校有方，为上海中学成为当时江苏省乃至全国最著名的中学之一出力颇多，但卢绍稷对此所作贡献也同样不可小觑。他自入校以来，历任注册主任、师范科主任、教导副主任、训育主任、教务主任、代理校长等职，并兼任高中教育、史学、国文、党义、公民等科教员，直至1949 年 5 月离开上海去台湾，前后近二十二年之久；不仅经历了"创校、迁校、复校、以致结束"，且"皆躬与其事"③。如此漫长的服务期限，如此之多的服务事项，要一一言尽是件很不容易的事情。诚如他本人所言："真有'一部二十五史，不知从何说起'之感！"④，但就实际影响和重要性来看，以其担任师范科主任及教务主任最为突出。

1930 年 8 月，卢绍稷接任上海中学师范科主任一职，此时师范科已初具规模，卢氏又在原有的基础上实行了多项改革措施，主要包括：

---

① 卢绍稷：《从教师到教授——一个中学教师升为大学教授的自述》，三民书局 1977 年版，第 65 页。

② 卢绍稷：《一个多科制的中学》，复兴书局 1971 年版，第 1 页。

③ 卢绍稷：《从教师到教授——一个中学教师升为大学教授的自述》，三民书局 1977 年版，第 13 页。

④ 同上。

1. 重新订定师范生训练标准五条：第一条体格训练；第二条以"忠孝仁爱信义和平"为准则的品德训练；第三条以"民族至上、国家至上"为信念的公民训练；第四条科学训练；第五条以研究教育原理、教育方法及教育实际问题为宗旨的专业训练。2. 联络教育机关，一面借以研究地方教育的改进，一面使本科毕业生有更多服务的机会。3. 建议师范独立，并陈述理由如下：①师范生之训练与精神，都和普通高中等科不同，即师范学校与中学之目的及训练完全不同；②师范毕业生之所以要改业的原因，非师范生入校之年幼，乃在师范训练之不专；③短期之三年训练，实不足以尽师范教育之能事；④高中设师范科，是违反近代师范教育独立之潮流，只能认为是办理师范教育之代行机关，唯有六年一贯师范与专办后三年之师范学校，才能算是师范教育之正宗办法。恰逢1931年5月，江苏省师范科联合会在上海中学开会，卢绍稷遂向大会提出建议，建议江苏省教育厅自1932年起，恢复师范教育独立制度，分区设立师范学校，将各省高中师范科自该年起停止招生，并将原有二三年级学生办至毕业为止。这个建议获大会一致通过，又经由该会常务委员会将决议案呈报江苏省教育厅，不久即获批准，如期改制。上海中学师范科亦遵令于1934年7月最后一班毕业即行终止（后改为工科），前后存在时间约七年。

上海中学师范科停办后，卢绍稷改任教务副主任，1935年2月升为教务主任。在其所任职务中，以教务方面任职时间最长、所作贡献最大。[1] 期间，他除了于每学期开学前制订教务进展计划及周历以作为实施的准绳、充实教学设备、办理招生等一些常规性的教务工作外，较为重要的有：1. 修订中学课程标准。他认为课程编制须依据三条原则：第一，根据教育厅颁布中学教育之目标；第二，适合地方与学生之需要；第三，注意中小学及大学教学之衔接问题。具体来说，初中阶段从第三学年起，酌设选修课借以试探学生兴趣与能力。高中各科课程中，凡关于公民基本训练之重要学科以及切于实用之学科，而为学生继续求高深学问所必需者，均定为必修科，同时于二、三年级酌设选修科，借以适应学生个性与社会需要。此亦为上海中学课程特色所在。2. 针对不同年级的学生实行各种相应的指导。其中高初中一年级学生以入学指导和生活指导为主，二

---

[1]　卢绍稷：《从教师到教授——一个中学教师升为大学教授的自述》，三民书局1977年版，第22页。

年级学生注重修学指导，三年级学生注重升学及就业指导，尤以升学及就业指导最为重要。升学指导是指择校、投考、入学等方面的指导，在施行指导之前须先调查高初中三年级学生升学志愿、家庭状况、平时学习状况；以及各著名大学与各高中之内容和入学试题，并编印大学投考指导、中学投考指导等书籍，方便学生参考；至于就业指导指择业、就业、服务等指导，在施行就业指导之前须先调查学生就业志愿，须会同工商科主任就近联络各实业机关，使学生有就业的机会。3. 成立学科研究会。先后成立了国文、英文、数学、社会、自然、艺术等学科研究会，就各科教科用书、补充教材、教学方法以及征文比赛、学科比赛等，经研究会决定后再分别实施。4. 协助校长推广教育事业。卢绍稷认为，学校教育的功能，从青年学生方面来说，在谋他们身心的发展与经验的改造；但从社会方面来说，就在于帮助他们去适应社会以求发展，并能改造社会与促进社会，以增进人类的福利。所以在他看来，"学校不仅须能为培养人才的场所，须能为实施教育的主要机关；并且须能为改造社会与促进社会的中心机关，对于社会须有各种推广事业的措施"。① 其实上海中学在建校初，就十分注重实施推广教育事业。如开办暑假学校、举办民众学校、联络附近教育机关、组织中等教育研究团体等；1934 年上海中学迁至沪郊沪闵路吴家巷，学校周围的环境也由城市环境一变而为乡村环境。除继续以前的各项推广教育事业之外，又增加了若干项：①开办四年义务小学；②开放医院治疗民众疾病；③联络工商实业界；④放映教育电影等。卢绍稷的各项教务工作得到了时人的认可和相关职能部门的高度赞扬，1937 年《视察省立上海中学报告》一文中指出："教务主任卢绍稷'任事得力，各项教导行政均能有条不紊'，均应予以嘉许。"②

于行政职务之外，卢绍稷在上海中学还兼任高中教育、史学、党义、公民等科目的教学，其中教育科主要教授三民主义教育法、乡村教育、教育社会学、教育史、社会问题等课程，并将教学和研究有机结合起来，既有科研成果问世，又深得学生们的喜爱和支持。下面这个例子即是很好的说明。卢绍稷给师范科三年级学生第一次讲授"三民主义教育法"这门课程的时候，正值国民革命军光复上海不久，学生常有机会听到党国要人

---

① 卢绍稷：《一个多科制的中学》，复兴书局 1971 年版，第 61 页。
② 《视察省立上海中学报告》，《江苏教育》1937 年第 6 卷第 5 期。

的讲演，因此对三民主义已有相当的了解。学生们听他讲"党化教育"就是三民主义教育略加以发挥后，都纷纷站起来提问题：何为革命化教育？何为人格化教育？何为社会化教育？何为科学化教育？何为民众化教育？何为职业化教育？等等。他将这些问题的答案编成讲义，并命名为《党化教育几个名词的解释》，发表在《民国日报》副刊"觉悟"上面，这份刊物被学生们看到后，对他渐渐信仰起来，就专心听课很少发问，如此便顺利完成了教学工作。从中他悟出一个道理：（教师）上第一节课，固然要有充分的准备和优良的教学方法；在平日里，写作发表文章方面也要加以注意才好！① 之后，他在讲授乡村教育、教育社会学、教育史等课程时也同样注重著书写作，将平时所用教学讲义整理成论著发表，如《乡村教育概论》《教育社会学》《中国现代教育》等学术著作皆是如此。与此同时，卢绍稷还积极参加和组织各种学术研究团体。于校内组织师范科教育研究会以研究教育原理、教育方法及教育实际问题，并组织国文、英文、数学、社会、自然、艺术等科教学研究会；于校外曾参加中华职业教育社、中国文化建设协会、中国教育学会、上海市教育会等学术团体。1930 年，与大夏大学校友孙亢曾、程宽正等十人在上海发起组织中国教育建设社，是发起人兼任第一届理事，该会以研究教育之实际问题为宗旨。②

综上观之，卢绍稷在上海中学是结合自己"所学所教所办"来从事教育学术的研究，③ 这便是他与上海中学之间最本质的联系。可以说，他正是以上海中学为主要平台，致力于教育社会学的"中国化"早期尝试。

（二）教育社会学"中国化"的初步尝试

同近代大多数学者一样，卢绍稷非常关注乡村教育的研究和发展。他认为乡村教育非常之重要至少有两方面的原因：其一是关于"改良乡村教育"与"改良农村组织，增进农人生活"之主张明载于"中国国民党政纲"，所以"今日乡村教育之重要，夫人而知之矣"；④ 其二是实施乡村教育是中国社会现实发展的需要。中国素以农立国，农村人口占全国总人口

---

① 卢绍稷：《一个中学教员的自述》，淡江书局 1965 年版，第 94—96 页。

② 同上书，第 195 页。

③ 卢绍稷：《从教师到教授——一个中学教师升为大学教授的自述》，三民书局 1977 年版，第 65 页。

④ 卢绍稷：《乡村教育概论》，大东书局 1932 年版，"序言"。

的三分之二，而整顿一国教育，乡村与城市应相提并论通盘筹划，断不宜有畸轻畸重之措施。近年来城市教育多有人注意，相比之下乡村教育却乏人注意，如此农民弃农进城做工，城市人口与日俱增，引起诸多社会问题。欲求解决或防微杜渐，皆应注意乡村教育。在他看来，发展乡村教育应从"乡村学校教育"和"乡村社会教育"两种形式入手。进而，他又从历史的角度回顾了这两种形式的乡村教育在中国的发展历程。他指出，早在清末便有乡村学校教育之办理，但因人才和经费的关系，仅设初等小学堂，与私塾相差无几，而清末乡村社会教育更为简单，只在各乡镇上设立宣讲所，宣讲圣谕而已。自民国成立以来乡村学校教育较为发达，由县设立者为高等小学；由乡镇设立者为初等小学校，然"此种学校大都设备简陋，教员资格不合，毕业生程度低，固不能谓真正之乡村教育也"。[1]民国八年以后，乃有"乡村教育"口号之提倡。民国十二年以后，因平民教育、义务教育等各种教育运动接踵而至，乡村学校教育的实际状况也开始引起人们的热情关注。此时不仅有各种乡村师范与乡村小学之设立，至于"大学、高级中学、普通师范学校添设'乡村教育'科目，或添开专系专科者，今日亦已不少"。[2]与乡村学校教育相比较而言，乡村社会教育发展稍显缓慢。民国初年乡村中只有小学教育，无所谓"社会教育"。至"五四"以后，因有人提倡"下乡去"，始有所谓"露天演讲"以唤起乡民。尤其是在民国十六年以后，因受"国民革命"之影响，国内教育学者，有一种新觉悟，即认清了"中华民族唯一之出路是改造乡村，谓中国社会，大多数是乡村，必先使乡村兴盛，然后整个社会始能兴盛。如乡村无新生命，则中国亦不能有新生命。吾人只能从乡村之新生命中求中国之新生命，必不能希望从中国之新生命中求乡村之新生命。于是有所谓'乡村改进'之试验"[3]。

如前文所述，参加乡村教育的研究和探讨的学者，由于各人切入点的不同，理论学识和所处环境的差异等诸多因素的影响，尤其是理论观点的不一，导致有关乡村教育的理论学说也是各式各样。就卢绍稷而言，他坚持认为教育应当"社会化"，因为"教育的目的，是替社会谋共同幸福，

---

① 卢绍稷：《中国现代教育》，商务印书馆 1933 年版，第 139 页。

② 同上书，第 142 页。

③ 同上书，第 143 页。

不是仅替少数人谋知识，谋生计"，否则"学校与社会，便有一道鸿沟为界，不能收到圆满的效果。"① 在此基础上，他倾向于运用教育社会学的原理与方法对乡村教育进行研究和探讨，《乡村教育概论》一书便是他这种理论研究结果的集中体现。在书中，他强调："自'教育社会学'发达以来，学校之设立于乡村者应'乡村化'，设立于城市者应'城市化'，已成为定论"②。而仅观中国乡村教育的实际，中国向来不注重乡村教育，自近年来大学、高中才有"乡村教育"课程之设置，从前认定乡村教育为专门事业而研究者甚少；即使在乡间服务教育事业者，亦无所谓乡村教育方针。这种乡村教育确有改造的必要，改造的目标则"须从乡村实际生活产生活的中心学校，从活的中心学校产生活的乡村师范，从活的乡村师范产生活的教师，从活的教师产生活的学生与活的国民"③。质言之，乡村教育应以"乡村化"为最终目标，至于乡村学校教育、乡村社会教育、乡村教育调查等问题均要以此为指导原则。

　　一般来说，学校教育是个人一生中所受教育最重要的部分，也是教育制度中重要组成部分。卢绍稷有着同样的认识，指出学校教育是"化社会最好的事业"；"学校的生活是最适应的生活；学校的事业是最正当的事业"，④ 乡村学校教育是乡村教育事业中最为核心的部分，也是关乎乡村教育事业成败的最关键因素。针对当前乡村学校教育与城市教育无区别的现实，他分别从学校编制、课程设置、教学方法、教学管理以及师资训练等方面论述了乡村学校教育应如何实现其"乡村化"的目标，其中尤以课程与师资为重点。他说："夫课程为求达教育目的之工具（欲有良好之乡村学校教育，必须有最完善最适用之课程），其编制须随教育目的而定。乡村学校教育目的，今既以重新规定，则现在学校课程，自亦有修改之必要"。⑤ 并且指出，编制乡村学校课程须依据六项原则：（一）须注意农业训练；（二）求其最能适合乡村社会之需要者；（三）求其能适应乡村儿童之个别者；（四）须采择乡村实际生活之材料并须促进环境；（五）须谋足以增进乡村与城市之关系者；（六）须顾及乡村学校之经济

---

① 卢绍稷：《教育的社会化和化社会的教育》，《大夏周刊》1925 年第 17 期。

② 卢绍稷：《乡村教育概论》，大东书局 1932 年版，"序言"。

③ 同上书，第 12 页。

④ 卢绍稷：《学校教育真正的意义》，《大夏周刊》1925 年第 26 期。

⑤ 卢绍稷：《乡村教育概论》，大东书局 1932 年版，第 63 页。

状况。在此基础上，他认为乡村学校应设置的课程为：（a）必修之科目：公民与党义、国语、算术、社会、卫生、自然研究、园艺与农业、艺术、家事、体育；（b）选修之科目：外国语（英语）、职业指导。除课程设置外，卢绍稷认为乡村学校师资的训练与培养同样重要，他说："乡村教育之改良，须先培养乡村教师"①，"乡村学校教师，一方面为乡村小学之教师，他方面为乡村人民之指导者，换言之，即为乡村社会之领袖"②。然而，乡村教师培养之实际情况与此目标相去甚远，他指出"现今造就教师之学校，十九设在都市，学生感于都市之文明，毕业后，皆愿意服务都市，不愿意到乡村去，其到乡间者鲜不为都市中之落伍者"③。并进一步分析道："师范生不愿意服务乡村学校有乡校校舍不美、乡校设备简陋、乡校职务繁重、乡校同事寡少、乡校待遇不良、乡校环境不良、乡村人民粗劣以及缺乏社交机会等八个方面的原因，又以乡村待遇不好为其最大原因。"面对乡村师资遭遇的困境，卢绍稷提出了下述的解决办法：首先，要提高乡村教师的待遇使其能安心乐业于乡间。教师的待遇可分为物质与精神两方面。物质方面包括教师薪水和住宿问题，薪水之高低不但与社会生活程度之高低成正比例，而且要与社会经济发展程度成正比例；同时学校必须解决乡村教师住宿问题，供给其家庭生活，唯此教师才能真正关心学校和社会上的事情。其次，要多设乡村师范学校或师范科以培养乡村教师。具体办法是：（1）高中部师范科设乡村教育组；（2）省立中学附设乡村师范部；（3）设立乡村师范学校；（4）普通师范学校附设乡村师范部；（5）设立农业学校；（6）设县立乡村教师养成所或年限一至二年的乡村师范讲习所。这些学校都是培养适合于乡村生活之小学教师以及指导乡村教育、改进乡村社会人才的重要机构，"然有时恐其不足，故师范大学、大学教育科或高等师范科，亦宜同负此责。虽其所培养者未必即为乡村小学教师，但直接间接均有裨益也。直接者即为乡村小学教师，或主持人员，间接则为乡村师范教师，或辅导员"，④ 多方位多渠道地实现乡村师资培养"乡村化"的目标。

---

① 卢绍稷：《乡村教育概论》，大东书局 1932 年版，"序言"。

② 同上书，第 95—96 页。

③ 同上书，"序言"。

④ 同上书，第 103 页。

除乡村学校教育之外，卢绍稷指出乡村社会教育也是乡村教育体系中重要组成部分，且两者应该同样被重视。他说，教育一般可分为学校教育与社会教育两种，一方面学校教育不过是人生历程中"时间最短，内容最简单"之一部分，而社会教育，则凡人自生至死，均须涵濡熏陶，且学习的内容繁复广博；另一方面一个人在学校时间非常短，而在社会上时间不仅长，且凡人生活所具有之知识、技能、习惯、理想等等，多来自社会教育，"此社会教育之所以宜与学校教育并重也"。[①] 但乡村社会教育与乡村学校教育的发展途径不必强同。以此为出发点，卢绍稷强调指出，乡村社会教育在以"乡村化"为目标的前提下，还应有自己明确的目标，即（1）使认识中国国民党之主义及政策；（2）使明了中国国民革命与世界革命之意义及其关系；（3）使明了中国在国际上之地位，学内外之政治、经济、社会等状况及其趋势；（4）使明了自己在地方上国家上及世界上之地位；（5）使有党治下公民生活之训练；（6）使乡村人民皆有相当之职业；（7）使有公共卫生与公共娱乐之知识与习惯；（8）使有守纪律、结群体、尚协同、善互助等之美德；（9）使能热心社会活动与改良家庭生活；（10）使能自动举办乡村各种公共事业（如选举、政治、教育、卫生、娱乐及各种社会事业）；（11）使有建设并发达乡村经济组织之技术；（12）使有改进乡村社会生活之理想与能力。至于如何贯彻这些目标，他认为，须设立乡村补习学校、通俗演讲会、乡村图书馆、妇女讲习会、卫生讲习会、乡村娱乐机构等。不过这些组织并非要求全部设立，可视地方实际情形而定。如为谋求乡村失学者教育机会均等，应以乡村补习学校"亟宜筹设"。鉴于现今中国乡村经济人才的困难，不宜多设独立的乡村补习学校，可以与地方上文化中心之乡村小学合办，具体办法有夜课学校、冬期学校、明日学校和半日学校四种。再如图书馆"为文化之渊薮，民智之源泉，城市社会固宜有图书馆，乡村社会亦宜有之，使乡村人民一律享受图书馆之权利"[②]，因此在乡村小学、庙宇、祠堂内须附设"固定图书馆"，而对于没有设立"固定图书馆"之乡村，可以通过组织"巡回图书馆"在各乡各村间巡回，使得乡村人们有读书的机会。此外，有关通俗讲演会、乡村娱乐机构等皆应如此。

---

① 卢绍稷：《乡村教育概论》，大东书局1932年版，"序言"。

② 同上书，第147页。

"教育与社会为至有密切之关系，今无论乡村教育，欲适应社会或改进社会，皆非先举行'乡村调查'不可"，[1] 乡村教育思想成为卢绍稷论述乡村教育调查的理论基础。他强调道："盖不调查，则不知乡村人民之需要，与乡村教育进行上困难或阻碍之所在也。"[2] 在此基础上，他认为第一步要进行乡村社会调查，调查的项目主要有自然环境、人口、经济、组织及风纪、教育，调查结束后还要就诸如土地改良与利用程度及今后如何改良如何利用方法、交通运输如何改进、农民协会与合作社应如何组织如何活用、教育如何使之普及等问题作一定程度的思考。第二步即着手乡村教育调查，具体办法有：制作好"全县乡村教育概况调查表""乡村学校概况调查表""乡村校长调查表"和"乡村教员调查表"，并令办事人员、各校校长及教员分别填写后汇寄调查人员手里进行统计；为谋便利起见，教育局组织"乡村教育调查委员会"，由各委员分任调查；调查某项事情，勿以少数为依据，须求多数之平均为标准；调查结束后，要就乡村教育调查之结果，研究今后办理乡村教育应采取的方针、决定进行之秩序，以使从事乡村教育事业的人们有所依据，循序渐进。值得庆幸的是，当时乡村社会、乡村教育已有人进行调查，但在卢绍稷看来，这种以个人的名义所开展的调查，"容易被人看轻，收效皆未宏耳"[3]，并呼吁今后调查乡村社会与乡村教育，最好由教育行政机构（包括教育部、省教育厅、市县教育局）或教育团体主持其事，如此方能收到实效。

由上述可知，《乡村教育概论》一书是在"乡村化"的目标之下，对乡村教育发展的主要方面进行了详细的论述。这种"乡村化"的主张在当时众多的乡村教育理论学说中也是颇具代表性的一种观点。尽管如此，该书仍只能算作卢绍稷对教育社会学"中国化"的一次初步尝试，也可以说是他运用西方的教育社会学原理与方法分析中国乡村教育的一次理论尝试，距离教育社会学"中国化"的最终实现还很遥远。而他坚持认为，一门学科的真正确立，最关键的因素是有良好的研究方法，并且对于这种方法的实践更是其题中应有之义。继《乡村教育概论》之后，卢绍稷编撰了《教育社会学》专著，对教育社会学研究方法——教育调查的论述

① 卢绍稷：《乡村教育概论》，大东书局1932年版，第185页。

② 同上。

③ 同上书，第215页。

是该书的最大特色。此外，他又以上海中学为中心，开展了"中学教师健康问题"的实际调查，这表明他的教育社会学"中国化"的意识在不断向前发展。

（三）教育社会学"中国化"意识的发展

与《乡村教育概论》一样，《教育社会学》也是卢绍稷在上海中学所使用讲义的基础上编著而成的。该书是近代国人所撰写的为数不多的教育社会学著作之一，诚如作者在序言中所说："惟我国今日对于社会心理学之专著虽多，而关于教育社会学之著作尚少。余乃依据美国有名教育社会学家斯密士（W. R. Smith）（即史密斯——笔者注）、斯纳登（D. Snedden）（即司纳顿——笔者注）与比德（C. C. Peters）（即彼得斯——笔者注）等之学说，编著是书，以应学术界之需要"①，由此亦奠定了作者在我国教育社会学研究领域中的地位和影响。全书在体例上分为"基础""原理"及"应用"三编。"基础"编论及教育社会学的理论基础，包括何为社会学、个人与社会之间的关系、学校与社会的关系、用社会学的观点去观察教育等。"原理"编是全书的重点，专论何谓教育社会学、教育社会学的原理是什么，包括教育社会学的意义、重要性、思潮、研究目的、研究方法、研究范围等。"应用"编强调如何将教育社会学的原理应用于学校教育和社会教育上来，主要内容包括学校行政社会化、课程社会化、教学法社会化、训育社会化以及社会教育民众化等。上述这些应用性研究课题正是当时中国教育社会学共同关注的课题。而该书最大的特色还在于对社会调查和教育调查的强调和论述，作者认为教育"欲适应社会或改造社会，皆非先行调查社会入手不可"，而社会调查则是"应用社会科学于人类各种势力与社会现象之研究，以指示社会改良之步骤"②，可分为自然环境、人口、经济、组织及风纪、教育五项内容，"皆有（由）专家，分析或比较现状，而指示改进之标准与方法，以求增进效率。"③ 为了在实践中能有效地推广社会调查等各项事业，作者又特别强调担任社会调查的人选"非智慧高，知识甚，存心甚公，希望甚切之人难为功。如调

---

① 卢绍稷：《教育社会学》，商务印书馆1934年版，"序言"。

② 同上书，第170页。

③ 同上书，第171页。

查得法，则可根据科学资料（scientific data）指示改进方法而革新社会"①。而作者本人即致力于这方面的尝试。

如前所述，卢绍稷主要是以"中学教育"作为教学和工作的重点，这使得他深切体会到中学教育的重要性。中学教育期间是"青年身心发展最快速，变化亦最快。如能获得良好教育，建立良好基础，将来毕业后，无论升学或就业，对于个人定有远大前途，对于国家民族亦必有贡献"②。在此前提之下，他强调指出，中学作为训练青年身心、培养健全国民的重要场所，它固然要有宽大的校舍、充实的设备和优美的课程，同时也须有良好的师资，而良好的师资所应具备的条件，除了广博的学问、精湛的教学技能和高尚的人格外，还须有健康的身体，"教师的身体若不健康，精神必不振作，时常要患病，要请假，教育是办不好的"。联系我国中学教育的实际，一方面，近年来教育行政当局关于小学教师检定的制度中，已注意到体格检查并作出明确规定，凡身体不健康的人，就不准充任小学教师。而对于中学教师，则尚未加以这方面的规定；另一方面，现今一般中学，只顾到学生身体健康的重要性，而不曾注意教师身体的健康。例如，学校能积极提供学生在课后充分的运动设备，而对于教师的运动设备则不太负责；又如，学校对于学生缺少睡眠能够注意到，而对于教师的过分工作则视为当然，殊不知，中学教师的健康，"在教学上、训育上、校风上、社会上以及民族复兴，都大有关系，绝不容疏忽的"③。因此，他强调中学教师健康问题已成为当时中学教育亟待解决的十个实际问题之一④。为了能唤起教育界人士意识到中学教师健康问题的重要性，卢绍稷遂以上海中学为平台，开展"中学教师健康问题"的实际调查。他利用在上海中学担任教务工作的机会收集有关资料及数据，据此将历年教师缺课和患病状况，分别制作成三个统计表：

①　卢绍稷：《教育社会学》，商务印书馆 1934 年版，第 171 页。

②　卢绍稷：《从教师到教授——一个中学教师升为大学教授的自述》，三民书局 1977 年版，第 66 页。

③　卢绍稷：《中学教师健康问题》，《教育杂志》1937 年第 27 卷第 7 号。

④　这十个实际问题分别是：（1）初高中课程衔接问题；（2）会议问题；（3）公文问题；（4）膳食问题；（5）性教育问题；（6）毕业会考问题；（7）毕业生出路问题；（8）教师健康问题；（9）教师进修问题；（10）教师保障问题。参见卢绍稷《我国中学教育上十个实际问题》，《教育杂志》1937 年第 27 卷第 2 号。

表3－3　　　　　　　省立上海中学历年教师缺课统计表①

缺课时数 \\ 事由 \\ 学期		因公	因事	因病
十七年度	第一学期	6	224	84
	第二学期	63	240	41
十八年度	第一学期	56	302	121
	第二学期	37	289	92
十九年度	第一学期	96	352	126
	第二学期	97	330	115
二十年度	第一学期	83	315	106
	第二学期	78	291	95
二十一年度	第一学期	65	334	122
	第二学期	57	276	115
二十二年度	第一学期	82	294	78
	第二学期	115	301	94
二十四年度	第一学期	109	263	106
	第二学期	94	529	88
二十五年度	第一学期	53	216	123
	第二学期	64	197	132
总共时数		1155	4753	1638
百分比		15%	63%	22%

　　资料来源：李文海主编：《民国时期社会调查丛编》（文教事业卷），福建教育出版社2005年版，第264—273页；卢绍稷：《中学教师健康问题》，《教育杂志》1937年第27卷第7号。

表3－4　　　　　省立上海中学每学期教师患病人数统计表

学　期		教师总数	患病人数
十七年度	第一学期	50	12
	第二学期	51	13
十八年度	第一学期	54	25
	第二学期	51	12

————————

　　①　该表中"学期数"中缺"二十三年度"。

续表

学　　期		教师总数	患病人数
十九年度	第一学期	54	23
	第二学期	53	21
二十年度	第一学期	58	20
	第二学期	60	18
二十一年度	第一学期	64	23
	第二学期	66	25
二十二年度	第一学期	69	16
	第二学期	66	17
二十三年度	第一学期	65	24
	第二学期	67	16
二十四年度	第一学期	66	12
	第二学期	71	18
附注	(1) 本表专指教师而言，至于专任职员不教课者不计算在内。 (2) 表中所说患病人数，乃指每学期教师曾经患病者若干人，每人患病次数多少则未加统计。		

资料来源：李文海主编：《民国时期社会调查丛编》（文教事业卷），福建教育出版社 2005 年版，第 264—273 页；卢绍稷：《中学教师健康问题》，《教育杂志》1937 年第 27 卷第 7 号。

表 3 - 5　　　省立上中旧教师 22 人 8 年来患病次数统计表

16 个学期中患病次数	人　　数
每学期患病者	0
15 个学期患病者	0
14 个学期患病者	0
13 个学期患病者	0
12 个学期患病者	0
11 个学期患病者	0
10 个学期患病者	0
9 个学期患病者	1
8 个学期患病者	2

16 个学期中患病次数	人　数
7 个学期患病者	0
6 个学期患病者	4
5 个学期患病者	2
4 个学期患病者	2
3 个学期患病者	7
2 个学期患病者	3
1 个学期患病者	1
合　　计	22

资料来源：李文海主编：《民国时期社会调查丛编》（文教事业卷），福建教育出版社 2005 年版，第 264—273 页；卢绍稷：《中学教师健康问题》，《教育杂志》1937 年第 27 卷第 7 号。

在对上述各表进行深入细致的分析后，卢绍稷指出："中学教师每个学期都有人因病请假而缺课；中学教师每学期患病人数，多的时候几乎占教师人数的二分之一，最少的时候也要占教师人数的四分之一；中学教师身体健康状况与服务年限成反比。"随后，他又从社会学的视角指出教师身体不健康的原因在于课务忙碌、他校兼课、身体瘦弱、环境恶劣、心里烦闷等等，进而又从教育行政、学校行政、教师自身三个方面提出了相应的解决办法。关于教育行政方面，卢绍稷认为需要做到以下几点：（1）举行中学教师体格检查。教育行政当局检定中学教师时，应举行体格检查，倘若其体格不及格，那么无论其学问怎样好，教法怎样好，都不予及格；（2）大学学生注重体格训练，因为中学教师大都是大学毕业生，欲训练其学生为优良的中学教师，非注重体格之训练不可；（3）严格规定每周教学时数；（4）增加教师待遇；（5）服务相当年后给假一年。关于学校行政方面，需要做到：（1）施行健康诊断；（2）严格考查缺课；（3）病后回校须受诊断；（4）注意学校卫生；（5）设置教师娱乐室；（6）举行教师运动会。关于教师自身方面，需要做到：（1）生活有规律；（2）厉行运动；（3）注意营养；（4）多行校外教学；（5）假期旅行；（6）免除郁闷。在上述解决中学教师健康问题的办法中，卢绍稷认为教师自身方面最为重要，因为"教育行政和学校行政当局的补救，究是被动的、暂时的；身体和精神上的不健康，非由自己补救，必不能达到完善的地步"①。1937 年 7 月，调查报告由《教育杂志》刊载问世。虽然目前没有足够的资料证明这份调查报告中提出的各项措施所产生的社会反响，以及能在多大程度上引起时人对中学教师健康的足够关注，② 然而就整个调查的具体方法而言，即便以今天的眼光来审视之，其调查程序已相当完整。这种研究实际上代表着我国教育社会学正逐渐由理论建构面向实践探索。美国社会学家默顿（R. K. Merton）曾说过，一门新兴学科要在学术领域里赢得独立的地位，不是强调其在学术领域里的独特性格，便是强调此学问的实际效用。③ 近代中国教育社会学学者致力于教育社会学"中国化"的种种尝试，特别是其立足于本国教育现实所进行的各项社会调查及教育调查，既是为在学术领域中作出独特贡献，更是为了突出教育社会学在近代中国的实际效用。可以说，卢绍稷在上述两个方面都发挥了重要作用。

---

① 卢绍稷：《中学教师健康问题》，《教育杂志》1937 年第 27 卷第 7 号。

② 据笔者查阅相关资料发现，重视中学教师健康问题的例子即是教育行政机关重视中学教师休假并制定了专门的法律法规。如 1942 年 11 月，教育部颁布《奖励中等学校教员休假进修办法》对休假具体规定为："休假进修之期限为一年仍支原薪及各项补助或津贴，由各省市教育行政机关，每年核计应行休假进修教员人数，细列各该省市教育文化概算内，本部另予核给奖金分甲乙两种，其数目及每年核给名额另以命令定之"。参见李友芝编《中国近代教育史资料》第二册，内部材料，第 462—463 页。

③ 钱明辉：《教育社会学——现代性的思考与建构》，北京大学出版社 2005 年版，第 18 页。

第四章

近代中国教育社会学与
乡村建设运动

20 世纪二三十年代，中国兴起了乡村建设运动，这场运动最初是由社会服务机构、开明士绅及民间团体等依据各自的背景与理想，本着改善农村生活的目标，分别以建立实验区、模范村或县、平民学校等形式而开展起来的。随后连一些国家行政机关、地方政府也参与其中。据统计，参加这场运动的团体和机构先后达 600 多个，在全国形成了大大小小 800 多个乡村建设中心。① 可以说，它是抗日战争以前中国近代史上影响最为广泛的一场社会改革运动，近代乡村建设运动的代表人物晏阳初甚至将其提升到更高的位置，他认为这是近代以来，继太平天国运动、戊戌变法运动、辛亥革命运动、五四运动、北伐战争之后的第六次民族自救运动。②

近代中国教育社会学学者也积极参与到乡村建设运动中来，他们一方面注重乡村教育的理论研究和乡村教育的实际调查，另一方面努力创办各种乡村教育实验区。在他们看来，乡村教育和乡村建设理应是中国教育社会学上的重要问题，③ 并在参与乡村建设运动的过程中推动着教育社会学学科在中国的进一步发展。本章一方面力求阐明教育社会学对促进乡村建设和乡村教育的贡献和影响，另一方面力求揭示乡村建设和乡村教育对近代中国教育社会学的"反哺"作用。

---

① 参见阎明《一门学科与一个时代——社会学在中国》，清华大学出版社 2004 年版，第 95 页。

② 马秋帆、熊明安主编：《晏阳初教育论著选》，人民教育出版社 1993 年版，第 189 页。

③ ［德］鲁塞克著，许孟瀛译：《社会学与教育》，商务印书馆 1947 年版，"译者序言"。

第一节 教育社会学学者与乡村建设及乡村教育研究
——以余家菊为考察中心

近代乡村建设及乡村教育理论是一个庞杂的系统，许多学者对其都有所论述。当时参加乡村建设运动的主要代表人物，如晏阳初、梁漱溟以及陶行知等人在从事乡村教育实践活动之余，均多次撰文进行理论阐述。若从乡村建设及乡村教育理论发展的进程来考察，教育社会学者中最早关注乡村教育问题并予以研究者当推余家菊。1919 年，《中华教育界》刊登余家菊的《乡村教育的危机》一文，此为"国中言乡村教育之第一文"①。不久，他又撰写了《乡村教育运动的涵义和方向》，继续为乡村教育鼓吹和呐喊。余氏的文章和观点，在学术界和教育界引起强烈反响，越来越多的学者纷纷加入到乡村教育的理论研究中去，进而发展成一场声势浩大的乡村教育运动。诚如古楳所说："因为以前中国的教育走错了路，忽略了百万个乡村，直到民国八年，才有人觉得义务教育的重要不仅在少数的都市和城镇，而尤重在这百万个乡村"，"余家菊在当时发表的《乡村教育之危机》和《乡村教育运动的涵义和方向》两文，即为一个代表。……自此以后，乡村教育运动便在中国扩大起来了。"②

一 余家菊的乡村教育研究历程

余家菊（1898—1976 年），字景陶，又字子渊，1898 年出生于湖北省黄陂县的一个书香世家，7 岁入私塾读书，1909 年入湖北省黄陂县立道明高等小学接受新式教育。民国元年，余家菊就读于武昌文华书院，不久考入了武昌中华大学预科班学习，肄业三年后又考入大学本科中国哲学系学习，于1918 年 6 月毕业。余家菊是一位笔耕不辍、著述颇丰的学者。据他本人回忆道："我一生在不断的写作之中，弄清楚了我的写作便弄清楚了我的生活"③。其中多数篇目都是站在教育的立场上来写的，由于"从来对乡村饶

---

① 章开沅、余子侠主编：《余家菊与近代中国》，华中师范大学出版社 2007 年版，第390 页。

② 古楳：《乡村教育》，商务印书馆 1935 年版，第 60 页。

③ 余家菊：《六三回忆录·我的写作》，余家菊：《余家菊余景陶先生回忆录》，慧炬出版社1994 年版，第 9—12 页。

有兴趣"①，乡村教育是他较早就从事的研究领域之一。与此同时，余家菊还是一位兴趣广泛、视野开阔的学者，凡社会学、教育学、哲学、心理学等学科他均有所涉猎，这不仅为他从事乡村教育研究打下了广博的学术基础，而且有助于他加深对后者的认识和理解。事实证明，余家菊对乡村教育的研究正是通过他广泛涉猎上述学科而逐步深入和系统化。

如前所述，早在1919年，余家菊就撰写了《乡村教育的危机》一文，这是他第一篇探讨乡村教育的文章。该文最早发表在余氏与其友人创办的刊物《教育改进》上，同年冬转载于《中华教育界》第十卷第一期。他在文中指出，中国教育以往只重视城市，教育是城市的出卖品，也是特别阶级的专利物，而在乡村只设立一两所小学校。与城市相比，乡村教育面临着巨大的危险：一、乡村的教育已经破了产；二、乡村的教育事业大家都不愿干。不仅如此，占乡村教育绝大部分比重的私塾也危机重重，最突出要数"经济的不足"和"有志的青年不喜替私人服务"②。他强调，乡村学校不好，还可以向私塾发展；乡村私塾不好，那就无路可走了，因而严格来说，乡村已是无教育。他进一步指出困扰乡村教育的五种原因是：（一）薪俸太薄；（二）无高升的希望；（三）无志同道合的乐趣；（四）应付社会的困难；（五）缺少增进知识的机会，从而呼吁人们设法解救乡村教育。不过除上述之外，该文尚有两点需特别注意：其一，余家菊在文中列举了他个人开展的针对武昌市的中华大学附属小学、高师附小、模范小学等三所小学中来自于乡村学生数等教育调查资料，这一点非常难得，因为在当时尤其是五四运动前后教育调查才刚刚传入中国，且并不受重视，而依据实际调查所得来阐发议论者更是凤毛麟角；③　其二，此

① 余家菊：《乡村教育通论》，中华书局1934年版，"自序"。

② 余家菊：《乡村教育的危机》，《中华教育界》1919年第10卷第1期。

③ 据记载，教育调查作为一种科学的研究方法，于五四运动时期始传入中国，我国学者最早开展的教育调查是1919年的"济南教育调查"，但因"事属草创，未为国人注意"（邰爽秋：《教育调查》（上卷），教育印书合作社1931年版，第4页）。20世纪20年代后，教育调查逐渐发展成为一种运动，并开始由城市扩展至乡村，最早的乡村教育调查是1924年由东南大学教育科教授冯锐于是年冬至次年春在江苏省金坛县王母村及广东番禺县开展的教育调查，但直到20世纪30年代，有学者还感慨"中国之乡村学校，向无精确之调查，故欲言其实际状况，除用文字叙述外，殊难作数量上之比较也"（参见古楳《乡村教育新论》全一册，民智书局1930年版，第148页）。由此可见，余家菊关于乡村学生数量调查的开创意义。

时余家菊还只是纯粹从教育的立场"根据事实说明乡村教育危险之情况及其原因"，① 并没有意识到将乡村教育与整个社会实际情形联系起来加以探讨。

1920 年 2 月，余家菊考入北京高等师范学校教育研究科第一班，在此期间受业于杜威、蔡元培、胡适、邓萃英等中外知名学者，对当时英美教育名著"尽取而读之"②，同时还翻译了英国哲学家罗素的《社会改造原理》（*Principles of Social Reconstruction*）和德国哲学家倭铿（Rudolf Euchen）的《人生之意义与价值》（*The Meaning and Value of Life*）③，引起了社会的广泛关注。"考虑到学识须自己求之，而教育事业亦宜急起直追，乃决计入湘"④，同年 9 月，余家菊应湖南省立第一师范学校之聘，⑤ 担任"教育社会学""教育学"等课程的教学工作。年底，他辞去该校职务返回家乡，因有感于"社会的改造，要文化运动普遍到了低层社会才有希望"，只有"彻底的研究才能供改造的参考"，⑥ 遂利用返乡的机会就自己

---

①　余家菊自己坦言，《乡村教育的危机》一文是他"纯依教育的立场者"，直至《乡村教育运动的涵义和方向》一文，才对乡村教育运动之社会的意义已"确然认识矣"。参见余家菊《乡村教育通论》，中华书局 1934 年版，第 11 页。

②　余家菊：《北京游学》，余家菊：《余家菊余景陶先生回忆录》，慧炬出版社 1994 年版，第 213 页。

③　倭铿（1846—1926 年），德国哲学家，先后就读于格廷根大学和柏林大学，并获格廷根大学文学博士。倡导精神生活的哲学，强调精神有其独立性，精神不断克服物质的阻力而取得胜利，人生就是自主的行动。代表作有《精神生活的统一》《一种新的人生观》《社会主义的分析》等，其思想主张对近代中国学者影响较大，除余家菊翻译的《人生之意义与价值》著作外，还有李石岑的《倭铿精神生活论》（《民铎》，1919 年第 6 期）、民质的《倭铿人生学大意》《东方杂志》（1916 年第 13 卷第 1 号）等文章。1926 年倭铿去世时，《晨报副刊》（1926 年 11 月 27 日第 62 期）上曾发表汤鹤逸的《悼倭铿教授》一文，以示悼念。

④　《余家菊年谱简编》，章开沅、余子侠主编：《余家菊与近代中国教育》，华中师范大学出版社 2007 年版，第 391 页。

⑤　据舒新城回忆，当时湖南省立第一师范学校由易寅村（培基）担任校长，易氏乃湖南名宿，以"新派人物"著称，但实际负责主持校务的是教育主任熊仁安和训育主任匡互生，熊、匡两人都毕业于北京高等师范学校。为把学校办好，熊、匡两人大力延聘名师任教，被聘请的有夏丏尊、沈仲九、舒新城、崔载阳，以及被誉为"武昌三杰"之余家菊、陈启天、恽代英等人，同时还延聘杜威、罗素、蔡元培、吴稚晖、李石岑等中外知名学者来校演讲。参见舒新城《我和教育》，中华书局 1941 版，第 163—173 页。

⑥　余家菊：《农村生活彻底的观察》，《少年世界》1920 年第 1 卷第 2 期。

"习见习闻"的农村情形，撰成《农村生活彻底的观察》一文，发表在《少年世界》1920 年第一卷第二期。在文中，他指出农村生活是底层社会的生活，并将农村生活与社会改造密切联系起来；进而从两个角度对他自己接触到的农村生活进行深入的分析：一是各种农村的共同生活；一是各种农民的生活，力求从中揭示农村生活的艰难，农民生活的痛苦；最后指出由于农村生活的艰难所带来一系列的危机，包括教育的危机，以唤起人们对这方面的关注。

　　1921 年 3 月，余家菊赴河南开封第一师范学校任教员，并在该校举办的暑期学校上作《乡村教育的实际问题》演讲。① 他指出，乡村教育是一个重要的问题，并且较城市教育尤为重要，需要很多的人参与，为之努力，乡村教育才能成功。同时，他还分析了乡村教育中存在的各种实际问题，如乡村女子教育、乡村社会教育、乡村职业教育以及乡村教育经费等，并针对每一个问题均提出了具体的解决办法。不仅如此，余家菊此时已认识到乡村教育与社会实际之间的密切关系，开始有意识地将两者联系起来加以把握，他强调道："乡村教育与各方面都有关系，不只是乡村问题，乃是社会问题。"② 该演讲于 1922 年在《少年中国》第三卷第六期公开发表，受到了时人高度认可。左舜生在其后附志道："中国在五年或十年内，将有一种绝大的运动要发展起来，便是'乡村运动'"，"我们既认定《少年中国》的基础在乡村，所以我尤其希望我会内（指少年中国学会——笔者注）的同志多从这方面注意。"③

　　同年，余家菊又于《中华教育界》上发表《乡村教育运动底涵义和方向》一文。该文与《乡村教育的危机》被学界认为是引发乡村教育运动的原因之一，并不断被有关乡村教育的论著所援引。在文中，余家菊首先肯定了中国教育界开始关注乡村教育是一件幸事，进而对乡村教育运动的涵义和其发展方向进行了一番探讨，指出乡村教育运动的涵义应有两种解释：（一）乡村教育运动，乃所以救济社会底危机，直接是救济乡村的危机，间接就是救济全社会的危机；（二）乡村教育运动，乃所以改进乡

---

① 该演讲公开发表的时间是 1922 年《少年中国》第 3 卷第 6 期，但考虑到余家菊乡村教育思想演变的逻辑顺序，故按照演讲实际举行的时间来叙述。

② 余家菊：《乡村教育的实际问题》，《少年中国》1922 年第 3 卷第 6 期。

③ 同上。

村教育，直接可为乡村留一部分优秀分子，间接就是为全社会添一股中坚人物。他认为造成乡村教育不振之原因很多，从事乡村教育之方法不能不是多方位的，弄清楚了乡村运动不振之原因，才能树立正确的发展方向：（一）向师范学校去运动；（二）向乡村学校去运动；（三）向一般社会去运动。最后，他特别强调成立乡村教育运动团的必要性，认为乡村教育运动闹了许久，对实际却不见得有多大的影响，在很大程度上就是缺少了这样一个乡村教育运动组织，有之则从事乡村教育的人士就可以通力合作，共谋乡村教育之改进和发展。与前有所不同的是，此时余家菊不仅依据社会的立场来研究乡村教育，而且对乡村教育与社会实际之间的关系及其意义已"确然认识矣"。①

　　1922 年春，余家菊赴英国留学，先入伦敦大学政治科学学院肄业，师从沃拉斯（Graham Wallas）②和霍布豪斯（L. T. Hobhouse），学习社会学和政治哲学。不久，为实现出国前的"多学实验科学之原意"，余家菊向伦敦大学申请做心理学研究生，经与大学交涉并由史皮尔曼（C. E. Spearman，今通译为"斯皮尔曼"）教授推荐，自 1922 年夏起，他成为了伦敦大学心理学专业的一名研究生。由于研究生每周必修课程不多，余家菊便选修了实验生理学、变态心理学、儿童心理学、教育哲学等课程。与此同时，他还利用课余时间收集新书，努力汲取新知，"于近代文明之面目以及各级文化形态之真相，始有所见"③。1923 年，余家菊又转入英国爱丁堡大学研习教育哲学，并在该校师范学院兼习实验教育学，直至第二年回国。

　　留学英国，不仅使余家菊眼界大开，获益良多，同时也使他的思想和学术态度发生了很大的改变。据他后来记载，在留学期间，他曾将英国著

---

　　①　余家菊：《乡村教育通论》，中华书局 1934 年版，第 11 页。

　　②　沃拉斯（Graham Wallas，1858—1932 年），英国政治学家和教育家，倡导用实验方法研究人的行为。自 1890 年起，先后任大学公开讲座讲师、伦敦大学政治经济学院讲师、皇家行政事务委员会委员、伦敦大学政治学教授、波士顿大学娄厄耳讲座讲师。曾于 1886—1904 年间参加费边社，并成为英国费边运动的领袖之一和重要理论家，后因政见分歧退出。主要著作有《费边论丛》《我们社会的传统》《思维的艺术》《伟大的社会》及《政治中的人性》等，其中《政治中的人性》和《伟大的社会》是姊妹篇，被视为现代政治理论的经典著作之一。

　　③　余家菊：《踏出国门》，余家菊：《余家菊余景陶先生回忆录》，慧炬出版社 1994 年版，第 221 页。

名社会心理学家麦独孤（William Mcdougall）的《社会心理学》① 及其别的著作"尽读之"，读后"恍然于国民性之厘然在目以及其不可消灭，免使人类文化趋于单调之故，且各国皆有高度之国民性之觉，欲加消灭亦不可能"。② 而对他影响最大的要数伦敦大学心理学教授史皮尔曼和该校师范学院院长沛西·能（T. P. Nunn，1870—1944 年），余家菊认为两人各有所长，其中史皮尔曼"富哲学头脑，长分析工夫，而出之以实验方法"，"分析如毫毛，谨严如军令"；沛西·能主讲教育哲学，但"饶生物哲学意味"，所著《教育之原理及其资据》（Education，it's Data and First Principles）一书更是成一家之言，两人对他的影响各不相同，前者偏于思想态度方面，后者则于思想内容上影响很深，但两人"同为毕生所不能忘"。③

伴随着留学英国的学术态度和思想观点的变化，余家菊深刻意识到中国社会有着自身的特点，同时也意识到乡村教育对于中国社会的重要性，因而对乡村教育的研究亦渐趋深入，尤为注意联系中国社会实际来进行考察。1928 年，他编撰《中国教育辞典》，为"力求成一册'中国的'教育辞典，而不愿为一纯粹抄袭之作，故于本国固有之教育学说、教育史实、教育名家，乃至于教育有密切关系之各项事例，莫不留意搜採"④，收录了"乡村教育"词条，对乡村教育的特征、重要性和实施方式等分别予以说明。他指出，乡村教育是与城市教育相比较而言的，乡村学校规模小、设备简陋、师资短缺，中国四分之三以上的人口均在乡村，乡村教育的好坏"影响于国本之大"；⑤ 教育之道，不仅限于教儿童读书识字，应当以乡村学校为中心，举行讲演会、展览会等，使附近农民在做工之余能受良好的教育，灌输以科学知识，培养其国家观念，务使人人明了其在

---

① 麦独孤（William Mcdougall，1871—1938 年），英国著名心理学家。1902 年参与创建英国心理学协会，1912 年任伦敦皇家学会研究员，一生著述颇丰，其中以《社会心理学》最具代表性。

② 余家菊：《踏出国门》，余家菊：《余家菊余景陶先生回忆录》，慧炬出版社 1994 年版，第 222 页。

③ 余家菊：《英伦琐记》，余家菊：《余家菊余景陶先生回忆录》，慧炬出版社 1994 年版，第 226 页。

④ 余家菊、王倘编：《中国教育辞典》，中华书局 1928 年版，"中国教育辞典凡例"。

⑤ 同上书，第 774 页。

社会之地位及所负对于国家之责任，如此乡村教育的目的方可达到。同时，他在结合自己多年来研究乡村教育经验的基础上，提出实施乡村教育的三条建议：第一，当造成重视乡村教育之舆论；第二，当造就乐于服务乡村之人才；第三，当积极筹定基金。

1930 年，余家菊应北平师范大学教育系主任邱椿的邀请，到该校教育系任教，讲授乡村教育。成立于 1924 年的北平师范大学教育系，对乡村教育的教学和研究均非常重视，1925 年就将"乡村教育"作为一门课程，正式纳入教育系课程体系。同年还以教育系师生为骨干，成立了乡村教育研究会，以加强对乡村教育的研究力度。此外，在该校教育学会出版的《师大教育丛刊》也曾发表不少关于"乡村教育"问题的文章。① 1931 年，北平师范大学研究院（1933 年改为研究所）成立，下设教育科学门和历史科学门，乡村教育被纳入教育科学门的重要研究课题。教育科学门主任李建勋非常重视科学系统地研究教育问题的重要性，强调教育科学门的功用旨在"一为培养学生之研究知识与技能；一为研究教育实际问题，以求适当的解决。关于后者，学生非不能有所贡献，但所贡献者仅局部的、细微的"，"而整个的及有系统的研究，不能责诸一二学生之身"②，呼吁教师们积极从事教育实际问题的系统研究。余家菊也有感于当时对乡村教育问题"能依学术的见地，为系统的整个搜讨者，既不多见，而能依事实的需要为全盘的筹画者，亦未之前闻"③，遂将自己平时教授乡村教育的讲义整理汇编成《乡村教育通论》一书，成为近代中国教育社会学者系统研究乡村教育的专著。

二　《乡村教育通论》：乡村教育研究的综合性成果

《乡村教育通论》一书是余家菊在北平师范大学讲授"乡村教育"所用讲义的基础上编撰而成的，该书是他关于乡村教育理论研究的综合性成果。在他看来，"凡属于学术的研究，必须以事实为对象，施以分析和考核，综

---

① 《师大教育丛刊》于 1930 年初由北平师范大学教育学会出版，在两年多的时间里，共出版了七期，其中"乡村教育"类的文章有：傅继良的《定县平民教育一瞥》（第 1 卷第 2 期）；杜占真的《参观定县平教会工作后之感想》（第 1 卷第 2 期）；李蒸的《积极的社会教育》（第 2 卷第 1 期）；陈骥的《乡村学校教师问题》（第 2 卷第 2 期）等。

② 许椿生编：《李建勋教育论著选》，人民教育出版社 1993 年版，第 154 页。

③ 余家菊：《乡村教育通论》，中华书局 1934 年版，"自序"。

合的整理，以求得若干原理原则，而建立一定路线上的系统知识焉，是为现代研究学术者之必然态度"①，此外，他还依据社会学和教育社会学的原理，认为乡村教育的研究至少有以下三种理由：（1）须探讨乡村社会的特殊情形及其原因，使乡村教育适应乡村社会，从而尽教育改造社会的职能；（2）须探讨乡村教育的受教育者（包括儿童、成人在内）各种特征，以确立适当的乡村教育目的；（3）须探讨乡村受教育者长居乡村社会需要哪些智能和品德，又如何加以培养和启发，以实现教育增加人生的幸福，促进社会的作用。② 他由此将全书内容分为乡村教育之社会背景、乡村教育之目的、乡村教育之体系三大部分来进行论述，所以该书在一定的程度上可以看成是他运用社会学和教育社会学理论与方法对其乡村教育理论研究成果的总结。本小节即以此三大内容为逻辑线索深入剖析该书，以求展示近代中国教育社会学学者对乡村教育研究的成就及其特色。

（一）乡村教育之社会背景

余家菊首先明确了乡村教育在乡村建设中的主体地位。他指出，近代教育的发展始于都市，在都市教育发达后教育者才将注意点转移至乡村，"先觉之士，目睹乡村之落后，于是遂起而大声疾呼，力求乡村之改进，而型（形）成所谓乡村运动"③，乡村运动以改进乡村为目标，以"到田间去"为途径，其分别依据四种立场：（1）教育的；（2）社会的；（3）经济的；（4）政治的，而"一切乡村运动皆以教育为主旨，以其他事业辅助之"④，所以乡村教育既是乡村运动中一种最重要的依据，更是一场广义的乡村建设运动。

教育是一种社会制度，是整个社会制度不可分割的组成部分，同时亦受社会的影响和支配，故设施教育，首先须明了教育的社会环境。余家菊深谙此理，指出："乡村教育为设施于乡村之教育，吾人研究乡村教育，从而必须了解乡村之本质、状况与价值。"⑤ 乡村的社会环境究竟怎样？他认为主要有以下六点：（1）乡村人民之职业——乡村人民从其构成上看，尽管有老幼有少壮，有男有女，有贫有富，有工商，有绅士、僧侣，

---

① 余家菊：《乡村教育通论》，中华书局1934年版，第17页。

② 同上书，第23—24页。

③ 同上书，第3页。

④ 同上书，第12页。

⑤ 同上书，第29页。

亦有农人、渔夫，其职业工作极为复杂，不能一概而言。就大体而言，乡村人民之职业以农业为主，"所谓以农业为主者，不仅谓多数人之职业皆在于农也，实兼谓一般人皆与农业具有多少的关系"[1]，而农业无论是对于个人抑或国家，均有莫大的关系，正所谓"国以民为本，民以食为天"，乡村之价值即在于此！（2）乡村人口稀少——乡村人民除以农业为主要职业外，其最主要的特点便是人口稀少，而人口稀少有积极和消极两方面的影响。就积极方面言之，人口稀少则居民朝夕相见，彼此互相认识、互相了解，各人的行为皆由他人所注意而力自约束，乡村社会风俗因此而较为纯净；就消极方面言之，人口稀少则经济能力薄弱，创业非常困难，且乡村村落相距遥远，联络合作事业更为不易。（3）乡村耕地不足——乡村人民以农业为主业，农业又以土地为根本要素，土地分配量之多寡与乡村经济之荣枯之间有莫大的关系。而中国的实际情况，幅员虽然辽阔，但可耕地面积在全部土地面积中只占14.8%；若从耕地人口密度来看，在与世界其他国家相比较中，中国位于第二，中国的农村经济之困难，由此可以想象。（4）农民为经济界的弱者——在经济系统中，农民常处于被剥削的地位，"购买货品，须以高价得之。出售物产，又须以贱价卖之"[2]，结果使农民陷于贫穷、愚昧、生产效率低下之境况，对社会也会发生极其不利的影响。（5）人口集中都市——自产业革命以来，世界各国均有人口集中于都市之现象，最直接的后果便导致乡村人口的锐减，乡村生活因此而枯寂、闭塞、无生气。中国当前正处于人口向城市聚集之进程中，须注意改进乡村的物质生活和精神生活；同时须培养乡村人乐于乡居的心理态度，从而为乡村保留人口，使城市与乡村人口比例分配合理。（6）乡村民性保守——乡村人民因交通不便、见闻稀少，一切习惯观念均墨守成规、故步自封。这种保守的性格一方面缺乏进取的精神和改革的态度，使社会停滞不前；另一方面亦敦厚持重，而无城市社会之浮躁习气，能使社会归于安定。主持乡村运动者应利用其长处，纠正其短处，使社会得以平稳前进。

总之，乡村人民保守、乡村人口稀少、乡村耕地不足、农民为经济界的弱者、人口集中都市以及乡村人民性格保守等六点，在余家菊看来是近

---

[1]　余家菊：《乡村教育通论》，中华书局1934年版，第30页。

[2]　同上书，第39页。

代中国乡村社会的重要特征，其中有利有弊，无论是言改良社会者还是谈乡村教育者，"皆当常目存之"①。

（二）乡村教育之目的

余家菊认为，探讨教育之目的是从社会学的观点研究教育的应有之义，乡村教育亦不例外，不过，乡村教育的含义是探讨乡村教育目的之前提，对此，余家菊运用教育分类法从教育对象、教育性质、教育形式和教育地域等层面对乡村教育的含义进行界定。他指出乡村教育是"指教育之举办于一种地域者（乡村——笔者注），则除与都市教育为对待的以外，至于其他分类法中之一切教育，则并不互相排拒，而可以各含一部于期内。盖乡村有幼稚教育，小学教育，中等教育，高等教育；有普通教育，职业教育；亦有学校教育，社会教育或民众教育"②。在此基础上，余家菊进一步指出，乡村教育是教育系统中一个有机组成部分，其目的不能自外于一般教育目的，若与城市教育相比较，其目的、着重点与贯彻的具体标准可以有异于城市教育，而其教育之普通目的，则应与城市教育完全一致。由此，他将乡村教育的目的分为普通目的和特殊目的来进行详述。

关于乡村教育的普通目的，余家菊认为其包括公民的、经济的和个己的三大项。具体而言，"公民的"目标应当是：（1）养成乐群的习惯与理想，矫正其孤独怪僻的性情；（2）养成合作互助的习惯与理想；（3）授以关于社会制度与机关之正确知识，并启发其对于各种社会制度与机关应有的价值观念，且培养其应有的习惯与态度；（4）启发其对于人群生活中所起的种种公民活动所必须具有的知识，并培养其对于公民活动的理想与标准，且养成其适当的习惯；（5）启发其对于国家活动与国民生活之种种主要知识，并培养其对于国家活动与国民活动之理想与标准，且养成其适当的习惯；（6）启发其政治知识，并培养其对于政治的理想与责任心，且养成其适当的习惯；（7）启发其社会良心或社会责任心。"经济的"目标为：（1）启发其职业活动的知识，培养其职业活动的技能与习惯；（2）启发其对于经济原理之最低必要的知识；（3）启发其对于世界经济状况之知识，并培养成其对于世界经济之健全的理想与标准观念；（4）考察其职业兴趣之所在，而指导转移扩大之；（5）使其了解各种职

①　余家菊：《乡村教育通论》，中华书局1934年版，第20页。
②　同上书，第19页。

业在社会生活上所具有的固有价值；（6）启发其对于同业间、异业间、劳工资本间、生产者消费者间，所应用的关系之适当的观念，并养成其适当的习惯；（7）启发其了解经济与政治间之必然关系，而养成其适当的态度与习惯。关于"个己的"目标则为：（1）使其了解纵为纯粹的个人私生活，其行动的影响亦及于社会，故个人应有社会责任心；（2）培养身心之优美状态；（3）培养其消闲享乐的标准观念与适当兴趣；（4）启发其对于若干恶劣娱乐所发生的悲惨结果之正确知识。此四者在余家菊看来，不得有所偏倚与弃置，否则即谓"非健全之论也"①。

对关于乡村教育的特殊目标，余家菊说"欲期其正当精密，必当树立适当的依据"②，主要有四个方面：第一，依据教育之普通目的，即将上述各普通目的于乡村教育实施中加以具体运用。第二，依据适应乡村环境，使普通目的"乡村化"，即（1）培养爱好乡土观念；（2）保留乡村人民，勿使其趋向都市；（3）养成重农观念，勿使其舍本务而贪末利。第三，依据纠正乡村缺点，即（1）发展其爱国观念与世界知识，以破除一孔之见；（2）发育其互助合作之精神，以破除其孤特独立之性格；（3）发育其试验改进之理想，以破除其故步自封之习性；（4）使其有谋求公益之理想与习惯；（5）使其有参加公民活动之兴趣；（6）使其有讲求卫生之习尚；（7）使其有从事高尚娱乐之爱好；（8）使其知树立乡村经济组织之必要、可能与方法，并具有实现之志愿。第四，依据教育的立场，即凡在教育立场所能做之事，无论其为政治的、经济的抑或社会的，皆教育者之所应悬为目标而努力奔赴之，教育者之责任决不仅限于校内学生之教导，教育之研究，亦不仅限于加减乘除之教授法也，教育者可随时树立乡村教育之适当目标，亦可拒绝不当的目标，其功用仍不可小视。

（三）乡村教育之体系

如前所述，余家菊坚持认为，乡村教育相对于城市教育来说，只是实行区域之不同，其他教育形式皆应相同，乡村教育决不仅仅是小学教育，更不等于农村教育，"论乡村教育而专论乡村小学，是一种错误，论乡村教育而专论农业教育，更是一种错误"③，乡村教育是一种自成体系的教

---

① 余家菊：《乡村教育通论》，中华书局1934年版，第46页。

② 同上书，第47页。

③ 同上书，第20页。

育事业，诸如教育行政、初等教育、高级教育以及师范教育等问题均应涵盖其中，它们都是乡村教育事业中的重要事项。不仅如此，他还认为乡村教育的各种事项均有独立研究之必要，原因主要在于以下两点：其一有问题便须研究，乡村教育具有乡村教育的特殊问题，乃不可否认的事实，就此特殊问题而研究之，于是遂成为乡村教育研究或乡村教育学；其二教育与社会相适应，乡村教育实施于乡村社会，乡村社会有其特殊的情况，乡村教育当然须适应之。① 正是在这种思想指导下，余家菊对乡村教育的各个组成部分分别予以详细的论述。

　　余家菊认为，乡村教育行政问题是继乡村教育目的之后探讨的首要问题，包含了乡村教育行政系统、乡村学制以及乡村教育经费等三个方面的问题。他首先分析了中国教育行政系统的设置情况：掌管全国教育行政事务者为教育部，部内设高等教育司、普通教育司和社会教育司，另有参事、秘书等处；掌管各省区教育事宜者为教育厅，厅内设第一、第二、第三诸科，更加以秘书、编辑、督学诸员；掌管县之教育行政者为教育局，其组织视教育厅具体而微。县以下之教育行政机关，依《地方学事通则》，自治区按照《地方自治试行条例》及有关教育之法令规程，办理地方教育事宜。自治区为最低一级的教育行政机关，其教育职权有：（1）划分区内学区；（2）组织自治区学务委员会；（3）联合两个以上之自治区设立学校及办理其他教育事务；（4）受邻近自治区之委托，处理教育事务；（5）征收公益捐以补救教育经费之不足；（6）得置基本财产及积存款项。自治区设置区董一职，以处理区内之教育事务、巡视区内之教育情况、考察各学区委员之服务情形、于每届自治会议时会同学务委员编列教育议案、会同学务委员编列教育经费预算案、保管区教育事项之契约文具公文图书簿记。学务委员会由自治区内之学务委员组织之，每一学区置学务委员一人，必要时得增设一人，学务委员辅佐区董，办理学区内教育事务。在此基础上，余家菊指出，这些详细的教育规程中，没有任何关于"乡村教育行政"的具体明确的规定，这是导致乡村教育"奄奄无生气"之主因，对于乡村教育行政制度，"思有以振作而奋兴之"②，并提出了自己的看法和主张。他认为，第一，教育厅与教育局应"乡村化"。

① 余家菊：《乡村教育通论》，中华书局1934年版，第23页。
② 同上书，第66页。

鉴于我国社会本以乡村为主体，省教育厅与县教育局所办理之事务，本以有关于乡村教育者为多，因此，当力求教育厅与教育局之"乡村化"，使置身其中者皆对于乡村有深切的认识，一切措施不至于有碍于乡村教育之发展，且能促进其效率。第二，应成立教育合议机关。他指出，我国教育行政系统中，缺乏代表教育人员之合议机关，一切政策之决定，多成于官僚之手，以至于隔靴搔痒，窒碍难行。因此平行于教育部者设置全国教育会议，平行于教育厅者设置全省教育会议，平行于教育局者设置全县教育会议，并分别汇合教育专家，以决定教育方针及向立法机关提出法案时之咨询。

就乡村学制而言，余家菊深刻地揭示了当时学制的弊端："今日之学校制度，一贵族阶级之学校制度也。学校非教育之授予场所，乃资格之养成机关也"，明确地提出"欲立有利于乡村人民之学制，首须打破此念"[1]。学制如何才能有利于乡村人民？他分别从四个方面对此予以回答：其一，于学制阶段划分中逐渐完备乡村学校系统。具体办法是，小学期限为六年，以各乡村学区设立为原则；中学为四年，一县至少须设一所；大学为三到六年，一省须设立一所，且逐渐广设乡村分院，此三者（指乡村小学、乡村中学和乡村大学）皆为主干学校。其二，应完备补助学校系统，使乡村人民中业已投身职业者，能有机会继续享受教育以增高其智能；其三，各级学校新生入学，废除资格证书之限制，只需查看能力，而不问资格证书之有无；其四，承认私家教授。"此四者，皆为普及乡村教育而提高乡村学术之必要条件。"[2]

乡村教育经费问题，在余家菊看来同样是乡村教育行政所要解决的重要问题，"既是乡村教育效率的必要条件，也是乡村教育之最大障碍，研究乡村教育者不可漠视之"[3]。近代中国乡村教育经费来源主要有以下三项：（1）固有公共款产之移用；（2）捐税之设立；（3）国库省库之补助。固有公共款产主要包括学田、各族族款、寺庙庙产和公共山林水利等收入，其中余家菊最为看重的是公共山林水利之收入，认为它是地方一种营业收入，而地方教育经费由地方营业收入来支持是最理想的办法，应逐渐

---

①　余家菊：《乡村教育通论》，中华书局1934年版，第69页。

②　同上书，第71页。

③　同上。

予以推广其范围。对于捐税之设立，他认为大规模兴办教育是不可避免的，但在财政上却是"笨拙之计"，尤其是在学款往往移作年费之时代，更是一种"权宜之计"，不可视作一成不变之法则也。而国库省库之补助，在余家菊看来也不失为一种良策，补助方法有单一制、混合制和折中制，且要依据"顾及地方财政之丰啬""顾及教育之发展""顾及教育之效率"三条原则。

乡村初等教育（乡村小学教育）在乡村教育体系中占有非常重要的地位，翻阅时人有关乡村教育的论著，不难发现其中大多数都是将乡村小学教育作为论述的重点。[①] 余家菊也非常重视小学教育，他说："初等教育是属于小学教育阶段，亦即实施义务教育时期，义务教育为推行民治之必备条件"[②]。针对当时我国实行为期四年的强迫教育，他指出："吾国规定为四年，比较欧美各国之规定为八九年者，实相差太远"，"假使能诚心努力以实现之，未始不聊胜于无也。"[③] 不过，他认为乡村实施强迫教育，在诸如学龄、学校设置、校舍设备、师资、教材、班级编制等方面均要根据国家的规定作出适当的调整，以适应乡村教育的实际情形。他提出的具体措施主要包括：（1）乡村小学学龄应由 6 岁至 13 岁改为 8 岁至 14 岁，同时得规定离校程度和在校最少日数（三十五周）；（2）设置小学首当划分学区，同区学童须入同一学校，每区一所小学，收本区内所有学龄儿童而教育之；（3）校舍以卫生、实用及经济为原则，设备以教育的必要为前提，以经济的可能为限度，能有师生自己制造者则制造之，能利用乡村材料者则利用之；（4）乡村小学师资严重不足，最多只有二位，因此二人通力合作、分工而治，即一人长于教学，一人长于教务；一人长于文艺美术，一人长于数理科学，各用所长以共成一事；（5）教材的选择以在文明上的价值为其唯一的标准，对于乡土教材之补充、各科目间之畸轻畸重和适应地方情形之秩序编制方法，均一一讲求之；（6）班级编制的方法分为单级和多级编制两种，其中多级编制又可分为三种：单式、复

---

① 如雷通群的《中国新乡村教育》、古楳的《乡村教育新论》、庄泽宣的《乡村建设与乡村教育》、卢绍稷的《乡村教育概论》，等等。这些著作都将乡村教育的重点放在小学教育阶段。这种偏倚现象受到时人严厉的指责，被认为是造成"虽有乡教运动而未能蓬勃推动之一因"，参见石玉昆：《乡村教育通论》（书评），《中华教育界》1935 年第 22 卷第 11 期。

② 余家菊：《乡村教育通论》，中华书局 1934 年版，第 77 页。

③ 同上书，第 78 页。

式和两部，由于乡村学生少而程度不齐，经费又不足，且教师少，故宜采用单级编制和复式编制，特殊情况下，也可采用两部编制。

乡村高级教育是指初等教育以上一切教育，乡村小学教育虽为重要，但高级教育在乡村也绝非"奢侈品"，这是余家菊论述乡村高级教育的出发点。针对当时有学者认为乡村教育的中心点是小学教育，甚至视乡村教育为小学教育之别名，他不以为然，并予以有力的驳斥。他说,："乡村教育的目的在于启发乡村人民，繁荣乡村经济，促进社会进步，巩固民治基础，则仅赖触及教育之振兴，决不足以实现之"，因为小学所教授的只是人生日常生活的"低级工具与粗浅常识"，在文明发达学术进步的时代，一切生产工具皆已科学化，一切社会活动皆已组织化，这些低级工具与粗浅常识，不足以适应世界的进步和现实的需要，更不用说"一部千字课之教授完毕也。"①接着，他就学校设立和课程设置等具体问题提出自己的见解和主张。他主张中学应由"省立"改为"县立"，以纠正教育中心集中于都市之现象；高等学校则是将全省分为若干区，每区设立一所乡村学院和省立大学之乡村分院。为避免人们将乡村学院与农学院混淆，余家菊对其作了明确的区分，指出乡村学院是启发和繁荣乡村的中心指挥机关，具有农学院的性质而不同于农学院。农学院侧重农业的研究，而乡村学院则对于政治、经济、社会、文学等方面均有所研究，农业知识的传授不过是乡村学院一种功能而已；乡村学院的科系设置虽不必像普通大学那样完备，但对于人类生活所必需的各种知识，都应力求传授，并设置相应的课程，具体可分为五组：（1）文史组；（2）社会科学组；（3）自然科学组；（4）农学组；（5）艺术组。其中，第四组为基本必修科，第一组和第五组为选修科，第二组和第三组为辅助必修科，以备将来从事适当的职业。

较之乡村初等教育和高级教育，余家菊更为关注乡村师范教育。他说："教育的发源地是师范学校，教育的根本是师范教育"②，并在《乡村教育运动底涵义和方向》一文中，将乡村教育运动的发展方向概括为三点，其中首要方向就是"向师范学校去运动"，由此可见，乡村师范教育在他心目中的地位和重要性。综观他对乡村师范教育的论述，主要集中在乡村师范学校设立、课程设置和乡村教师培养等方面。他主张乡村师范学

---

① 余家菊：《乡村教育通论》，中华书局1934年版，第102页。
② 余家菊：《乡村教育运动底涵义和方向》，《中华教育界》1921年第10卷第10期。

校应"独立",所谓"独立"包括两个层面:一是师范教育本身应单独设置;一是乡村师范应与都市师范分离。前者的优点体现在"精神易于专注,设施易于集中,训练易于贯彻";后者基于三个方面的原因:其一,乡村师范学校须养成安心服务乡村之教师;其二,乡村师范学校须养成能任乡村学校课程之教师;其三,乡村师范学校须养成了解乡村领导乡村并能改进乡村之教师。[①] 不难看出,余家菊关于乡村师范教育的指导思想在于乡村师范必须"乡村化",这一点也同样体现在他对乡村师范课程设置和乡村教师培养等问题的阐述。他指出,课程设置一般依据设学的目的、学生已受的教育程度和学生将来的任务等三条原则。依据第一条原则,即乡村教育之目的在于教育学生和改进社会,所以乡村师范学校学生不仅要有教导儿童的能力,而且要有指导社会的能力。教导儿童须有语文、数学等专科知识,同时须有教育心理等职业知识。指导社会须有政治、经济等公民知识,同时须有农林畜牧诸种技术知识,由此,乡村师范课程应有四类:(1)担任学科;(2)教育学科;(3)公民学科;(4)技术学科。依据第二条原则,乡村师范课程应视其学生所受教育程度差异而对课程作相应的补充和调整,必要时得在第一条原则基础上加授第五类"常识学科"。依据第三条原则,即乡村师范学校的学生将来大多为乡村教师,而乡村教师一般兼任多种课程,乡村师范课程必须平均发展,无所偏倚。所以乡村师范课程于必修的课程外(指第一条中的四类课程),还应于自然农事组、文史教育组和艺术组等三组中任选一组作为必修课。同样地,余家菊认为乡村教师的培养也应以"乡村化"为其目标。具体而言,培养乡村教师,除注意于一般教师所应有的品质外,如专门知识、教育兴趣、教育技能等,还需要有种种特殊的必备修养,分别是"丰富的常识""真挚的心情""勤劳的习惯""谦和的态度""与人为善的精神"和"开创的气概"。在他看来将"此六者再合以一般教师必备的诸种修养而勤修精炼之,必能担当领导乡村而改进乡村之责任,乡村教育之使命,庶几可以完成"[②]。余家菊对乡村师范教育真可谓是用心良苦。

此外,余家菊还就乡村民众教育的发展表明了自己的看法和主张。他将民众教育的对象界定为"年长失学之教育",认为民众教育的课程设置

① 余家菊:《乡村教育通论》,中华书局1934年版,第115页。

② 同上书,第122页。

不应以"识字"为主，而应以实质性"知识学科"为主，他强调"识字诚为重要目的，而知识启发则尤为重要"①。

　　总之，在余家菊看来，"乡村教育直接是乡村的问题，间接就是社会的问题。这是从社会学立足点看，不能不促进乡村教育的一种理由"②，这种思想认识贯穿于他整个乡村教育研究历程，从起初在期刊杂志上撰文，"以为乡村教育之鼓吹"，③ 到最后运用社会学及教育社会学原理和方法系统研究乡村教育，并形成专著《乡村教育通论》，期间经历了一个由浅入深，由零碎到系统的学术历程，余氏也由此成为了近代中国教育社会学学者中系统研究乡村教育的突出代表。

　　事实上，近代中国教育社会学学者中关注乡村教育并予以系统研究绝非余家菊一人。例如，雷通群就曾强调指出："现在讨论乡村教育者，须先得正确的社会学观念，庶免蹈于畸形的论调"④，而"国内所梓行的乡村教育专书，千篇一律的肤浅谫陋，无足以供大学程度之研究，即以供中等学校的教本，仍多似鸡肋之无味"⑤，遂撰成《中国新乡村教育》一书。卢绍稷也批评当前关于乡村教育的各种书籍，"俱不能使读者得一'乡村教育'之概念"，⑥ 尤其是乡村教育的整体观，因而主张从教育社会学的视角来对乡村教育进行系统研究，同时撰成《乡村教育概论》一书。不过，雷通群和卢绍稷对乡村教育的研究与余家菊有着明显的区别，突出地表现在雷、卢两人倾向于将有关乡村教育的论述作为其构建"中国化"教育社会学理论体系的重要素材和基本内容，而余家菊则是专论乡村教育，把乡村教育作为教育社会学的专题来开展比较专门而深入的研究，因而研究的视角和侧重点有所不同。

　　不仅如此，就著作本身来看，区别也很明显。雷通群的《中国新乡村教育》和卢绍稷的《乡村教育概论》两部著作，无论是对乡村教育目标，抑或乡村教育体系之论述，均不及余家菊的《乡村教育通论》系统、全面。例如，雷通群在其《中国新乡村教育》一书中，认为乡村教育的中

①　余家菊：《乡村教育通论》，中华书局 1934 年版，第 132 页。

②　余家菊：《乡村教育运动底涵义和方向》，《中华教育界》1921 年第 10 卷第 10 期。

③　余家菊：《乡村教育通论》，中华书局 1934 年版，"自序"。

④　雷通群：《中国新乡村教育》，新亚书店 1932 年版，第 7 页。

⑤　同上书，"序"。

⑥　卢绍稷：《乡村教育概论》，大东书局 1932 年版，"序言"。

心点在乡村小学教育，尤其是乡村义务教育，由此在主张乡村教育"社会化"的大目标之下，主要针对乡村小学教育的课程、师资、经费等方面进行了较为详细的论述；卢绍稷的《乡村教育概论》主张乡村教育应"乡村化"，围绕着"乡村化"将乡村教育体系分为乡村学校教育和乡村社会教育两个主要部分，并分别就它们的课程、师资、教学法、经费等方面进行详细阐述。① 而余家菊的《乡村教育通论》则将乡村教育目的分为"普通目的"和"特殊目的"两方面来予以分述："普通目的"又分别指公民的（指"社会化"）、经济的、个己的等三个不同的层面；"特殊目的"则是上述普通目的在乡村教育中的具体应用，其中尤以"乡村化"为核心，基本包括了"社会化"（如雷著）和"乡村化"（如卢著）等教育目标。此外，余家菊还坚持认为，乡村教育既应包括"小学教育、中等教育、高等教育，也包括普通教育、职业教育，亦有学校教育、社会教育或民众教育"②，《乡村教育通论》遂围绕上述各项展开系统论述。因而可以说，《乡村教育通论》是一部关于乡村教育的既"通"又"专"、通专结合的著作，有学者读后给予较高的评价："通论中欲求其言整个的乡村教育能方方顾到而有系统的搜讨者，实不易多觏"，它是"一本可称为'通论'之书"，并极力向国人推荐此书道："（本书）无论在范围上，在理论上，在实施上，在材料上，在编制上，甚至在价格上，都相当的给吾们一个好印象，凡研究乡村教育的人或研究教育的人，都得一读本书。"③ 就余家菊本人来看，他对此书的价值也非常自信，认为它是"以学术的系统为骨干，以实际的办法为血脉，为事业家制图案，为研究者辟草莱"④。《乡村教育通论》之所以能取得这样的成就，一个重要的原因在于余家菊在该书中比较自觉地运用教育社会学乃至社会学的分析视角和方法。

第二节　教育社会学学者投身乡村建设运动

与余家菊等侧重于乡村教育理论研究的教育社会学学者不同，另一部

---

① 有关雷通群《中国新乡村教育》和卢绍稷《乡村教育概论》两书的具体内容可参见本书第三章第四节。

② 余家菊：《乡村教育通论》，中华书局 1934 年版，第 20 页。

③ 石玉昆：《乡村教育通论》（书评），《中华教育界》1935 年第 22 卷第 11 期。

④ 余家菊：《乡村教育通论》，中华书局 1934 年版，"自序"。

分学者则更倾向于积极投身乡村教育的实践活动，且在 20 世纪 30 年代前期较为有影响的乡村建设派别中占据一席之地。据 1935 年 11 月姜琦的《乡村教育的动向》一文所述，当时已有人从主要代表人物、理论中心及其根据等方面将投身乡村建设运动的人归纳为 10 个不同的派别，姜氏本人则认为应加上邰爽秋的"念二社派"。①

表 4-1　姜琦《乡村教育的动向》所介绍乡村建设主要派别一览表②

派别	国民党农民运动		村治派	晓庄派	
理论家	孙中山	沈玄庐	梁漱溟	赵叔愚	陶行知
理论的中心	用和平团结方式，使农民得到实际利益	运用民众的组织，唤起民众的力量以与封建势力抗斗	以伦理本位为哲学背景，走政教合一与推行合作经济的路，来建设中国乡村的各方面	主张教育权由少数人到多数人，农民的知识与组织经济三者并重	普及生活教育，运用新式方法，达到改进社会救济农民的目的
理论的根据	由平均地权到耕者有其田	实行二五减租	在政治上反对欧洲民主政治与苏俄共产党的路，在经济上反对资本主义与共产党要走的路	革教育制度的命，农民三大训练	工学团，小先生制，人口统制等

表 4-2　姜琦《乡村教育的动向》所介绍乡村建设主要派别一览表（续表一）

派别	平民教育派	农村复兴委员会	中华职业教育改进社	无锡教育学院	中国的社会主义者
理论家	晏阳初	汪兆铭（汪精卫）	江问渔	高阳	冯和法等
理论的中心	认定了社会的病象，以教育为主体，进而建设乡村，再造民族	主张农业建设为主，军事政治交通为辅	以"教、富、政"三者并重，而以教育为中心	主张用教育力量，组织民众从政治、经济、文化多方面的推进乡村建设	注意集中农家生活程度，及农产物的收获与价格，而出商业资本社会的观察

---

① 姜琦：《乡村教育的动向》，《教育杂志》1935 年第 25 卷第 11 号。

② 参见姜琦《乡村教育的动向》，《教育杂志》1935 年第 25 卷第 11 号。

续表

派别	平民教育派	农村复兴委员会	中华职业教育改进社	无锡教育学院	中国的社会主义者
理论的根据	实施四种教育，三种学校方式，划县为实验单位，以做乡村工作	各地农业放款技术改良等	先行职业教育，后办乡村改进	以具有充分意义的教育机关为实施中心机关，并主张政教合一	提高农民购买力，寻找压迫农民的主要因子

表4-3　姜琦《乡村教育的动向》所介绍乡村建设主要派别一览表（续表二）

派别	广西的国民基础教育者	普通大学教授派		
理论家	雷沛鸿	庄（庄泽宣）、崔（崔载阳）、古（古楳）等	子钵（尚仲衣）	千家驹
理论的中心	引导全省青年所有各事，使学问与劳动合作，使儿童成人均协助政府	反对建设要防崩溃①	反对人口统制，以农民耕田不足是另一阶级剥削不是人口的关系②	反对平教会以中国农村破产是"穷"，"穷"为帝国主义封建势力的产物，要激进
理论的根据	民众教育与小教合作，全省军事化	以建设助长崩溃，根本要与民休息	列举各种数字，证明三十亩的农民，证明耕场缩小的关系	要不穷，须先推翻帝国主义与封建势力

表4-4　姜琦《乡村教育的动向》所介绍乡村建设主要派别一览表（续表三）

派别	普通大学教授派	念二社派
理论家	杨开道	邰爽秋
理论的中心	主张新村建设以技术、经济、社会三者合一	以发展人民生计的经济活动为骨干，来改进民众生活，扶植社会生存，保障群众生活而达到"民族复兴的教育"
理论的根据	注重垦殖以达到民治的社会	以实际参加或力能参加民生经济活动的男女老幼民众为教育之对象，提倡经济分团制，寓一切教育于民生建设之中等

---

　　① 中国社会教育社于1933年8月在济南举行第二届年会，年会以"由乡村建设以复兴民族"作为讨论中心，分无锡、邹平、定县、广东四组分别讨论，其中庄泽宣、崔载阳、古楳三人属于广东组，他们以"如何防止乡村的崩溃"为题，表达了他们对这次提案的意见。参见庄泽宣、崔载阳、古楳《如何防止乡村的崩溃》，《教育与民众》1934年第5卷第10期。

　　② 参见尚仲衣《中国经济现状与教育》，《大上海教育》1933年第5期。

按照上述划分，近代中国的教育社会学学者不少都被包括进去了，如崔载阳、邰爽秋和廖泰初等人①。然而从教育社会学学者参与乡村建设运动的方式来看，各人却不尽相同。相比较而言，崔、邰二人侧重于依据一种新的教育理论学说，试图以此来改造和指导乡村教育进而推动整个乡村建设运动；前者即通过创立"民族中心教育"学说来改造乡村教育，后者则提出"民生本位教育"思想来指导和发展乡村教育。与崔、邰二人不同，廖泰初是将一种新的教育研究方法即"居住调查法"运用于所要调查的区域，从而获得真实的材料，用他自己的话来说，即是"要研究，要建设，要做就方案，非从这点滴得来的真实材料不为功"②。尽管各人参与的方式、具体过程以及侧重点不尽相同，但是他们都是以大学（包括大学的院系、研究所）为主要平台，因为在他们看来，大学与乡村之间有一种密不可分的关系："大学与乡村的关系实在是很密切的。第一，大学研究的资料和问题都直接与乡村有关；第二，大学毕业生的出路应该在乡村开辟。"③ 这反映出学术史视野中近代学者参与有关乡村的各种理论研究以及各种实践活动中最为明显的特征。

---

① 这里需要特别说明的是，廖泰初的名字虽然没有直接出现在姜琦关于乡村建设11个派别里面，在"普通大学教授"这一派中有以燕京大学社会学者杨开道为主要代表。据杨氏本人回忆，大约在1933年，美国洛氏基金会决定在1934年秋至1937年夏，三年投资100万美元来支持各地的乡村工作者。燕大遂于1934年成立了一个由法学院的经济、政治、社会三个系以及文学院的教育系组成的"农村建设科"，其中主要负责人除杨开道以外，还有许仕廉、张鸿钧等人。为此，燕大教育系筹办"乡村教育专业"，并派廖泰初参与由张鸿钧负责的山东省汶上县教育专题研究。详见杨开道《我所知道的乡村建设》（全国政协文史资料委员会编：《文史资料存稿选编》（教育），中国文史出版社2002年版，第1084—1090页）；廖泰初《动变中的中国农村教育——山东省汶上县教育研究》（出版地不详，1936年版）和《燕大教育系的来龙去脉》（燕大文史资料编委会：《燕大文史资料》第3辑，北京大学出版社1990年版，第36—41页）等。

② 廖泰初：《定县的经验说到农村社会调查的缺欠和补救的方法》，《社会研究》1935年第103期。

③ 郑彦棻：《国立中山大学乡村服务实验区报告书》，国立中山大学出版部1936年版，第6—7页。

一　谋"民族中心教育"之实现——崔载阳与国立中山大学教育研究所乡村教育实验

崔载阳（1902—1991 年），出生于广东增城一个书香世家。1918 年考入国立广东高等师范，1921 年公费留学法国，进入里昂大学文学院学习。在里昂大学期间，他同时选修哲学、教育学、社会学、伦理学、逻辑学、哲学史等数门课程，在考取高等教育文凭（相当于硕士学位文凭）后，又于 1924 年以"关于法美两个著名学者教育哲学的比较"① 作为自己博士论文的研究方向。留法期间，他撰写了与博士论文有关的《近代六大家心理学》和《近代六大家社会学》两本专著，同时翻译了涂尔干的《道德教育论》。② 他尤为推崇涂尔干的教育学说，并深受后者的影响而成为近代中国教育社会学学者的重要代表人物。③

1927 年，崔载阳应国立中山大学戴季陶校长的邀请到该校教育系任职。一年后他参与创办了国立中山大学教育学研究所，1933 年 8 月开始接任研究所主任一职。1937—1939 年间，他赴欧参加法国巴黎国际初等教育及民众教育会议，同时参观了北欧和北美国家的教育，期间由尚仲衣（字子钵）代任主任。1939 年 5 月，教育研究所遵令改为师范学院，他出任院长。1947 年师范学院易名为教育研究所，崔载阳担任该所教育学部主任，直至 1949 年，在国立中山大学任职长达二十余年。

---

① 关于崔载阳博士论文题目的记载稍有出入，如毛松年的《教育哲学宗师——崔载阳先生生平》（《广东文献》1991 年第 21 卷第 1 期）认为是《比较研究涂尔干与杜威之教育哲学》；台湾"国立"编译馆编的《教育大辞书（六）》（文景书局 2000 年版）认为是《比较研究法涂尔干与美杜威的教育哲学》；庄泽宣、陈学恂的《民族性与教育》（商务印书馆 1938 年版，第 620 页）中认为是《杜威与涂尔干学说的比较》。为慎重起见，本文根据崔氏自己的回忆，只列出论文的大致研究方向，详见崔载阳的《里昂零忆》（陈三井：《勤工俭学运动》，正中书局 1981 年版，第 447—450 页）。

② 这本书正式出版发行的时间是在崔载阳回国后的 1930 年。

③ 回国后，崔载阳曾多次提及涂尔干及其教育学说，如他在《里昂零忆》一文中特别介绍了涂尔干；1929 年，他在福州学术讨论会上作关于《涂尔干的教育学说》的演讲，后发表在《教育研究》第 13 期；1930 年他在其所翻译的《道德教育论》"序言"中也极力论述涂尔干教育学说对我国教育界的重要性，而他后来提出的"民族中心教育"，其思想方法即取自涂尔干关于"教育是社会的事物"的观点。

据现有资料，崔载阳始终是国立中山大学教育研究所的核心人物，[①]对于该所的研究方向和发展规划进行了宏观上的把握和调整。自他接任教育学研究所主任一职以来，根据实际形势发展和所内工作的需要，对研究所进行了一系列的改革。先是扩充组织机构和增强师资力量，在教育学研究所之下设立设备和研究两大部，设备部包括教育图书室、心理实验室、教育博物室、教育编译室，又在研究部下分设实验心理部、普通教育部、社会教育部和教育行政部四部以扩充其组织机构。每部分别设主任一人，除他本人兼任普通教育部主任职务外，实验心理部主任为许逢熙，社会教育部主任为周葆儒，教育行政部主任为雷通群。除了各部主任兼任指导教授外，还聘请了杨敏琪、王越、钟鲁斋等人担任指导教授，方惇颐、林锦城、戚焕尧、石玉昆等人担任助教。同时，他还注意加强教育研究所与国内外其他学术团体和机构的学术交流与合作。他曾代表研究所两度（1934年和1936年）参加中国社会教育社（以下简称社教社）年会，第二次更是以社教社年会筹备会副主任身份参与讨论；又以"在广东从事乡村工作者不乏人，但以未有联络，工作上未能收观摩之效"[②]而筹划研究所与广东省立民众教育馆共同举行广东乡村工作讨论会，在会上作题为《乡村工作的我见》的演讲。1937年，他代表研究所出席在巴黎举行的国际初等教育及民众教育会议，在会上宣读《中国民族教育哲学》一文，备受赞许[③]。不仅如此，他还对研究所的方针、方法、内容等方面作了调整。由过去的"从客观事实的寻求转到最高原理的发挥，从教育问题个别的探讨与认识转到国家教育之全部的建立与试行"；方法上，由过去注重科学研

[①] 这至少可以从以下两方面得到证实：其一，诸如《国立中山大学教育研究所之过去现在与将来》《从教育学研究所到师范研究所》《师范学院建设方针》，等等，这类侧重于宏观叙述教育研究所计划、方针、目标之类的文章，均属崔载阳所作；其二，庄泽宣多年后回忆起中山大学教育学研究所的工作情况时曾这样说道："该所以经费所限并无专任研究人员，先后参加工作除作者外虽有崔载阳、胡毅、邵爽秋、林砺儒、陈礼江、尚仲衣、阮真、林本、许逢熙、唐惜芬、唐现之、黄敬思、曹刍、古楳、徐锡龄、杨敏祺、陈子明及教育系毕业同学方惇颐、林锦城、戚焕尧、梁瓯弟等二十余人。但除崔先生仅脱离年余外，余均不足六年，而平均服务期恐不足二年，在崔先生离所之时期中研究工作几完全中断。"参见庄泽宣《中国教育研究的后顾与前瞻》，《广东教育》1946年第1卷第3&4期。

[②] 国立中山大学研究院教育研究所：《本所研究事业十年》，出版地不详，1937年版，第57页。

[③] 毛松年：《教育哲学宗师——崔载阳先生生平》，《广东文献》1991年第1期。

究转向注重哲学研究；内容上，由过去"自由研究"转向注重"中心工作"；事业上，由注重各种事业的推进转到注重人才培养，开始正式招收研究生并授予学位。在这些改革中，最为重要的当属研究内容的调整。扩充机构、加强师资和学术交流，甚至包括方针、方法的调整，所有这些均是为了更好地从事研究工作，而这一切成功与否最终还是要落实到研究内容上来，研究内容的适时调整"充分反映出我国近数十年来教育思潮的趋势，同时亦创造着我国近数十年教育研究的前途"①。据崔氏本人回忆，1933 年以后由于研究所内外形势发生了显著的变化，他开始意识到有建立全部工作体系之必要，由是首先在"'民族中心教育'一个目标一致步骤下，集中力量，分工合作"②。

　　"民族中心教育"被作为国立中山大学教育研究所全部工作之体系，说它是研究所集体创造的产物并不为过。③然而崔载阳有首倡之功，最早使用"民族中心教育"一词是他与方惇颐合撰的《根本改造我国小学课程之尝试》（又名《民族中心制小学课程论》）一文。④ 该文指出我国小学教育改革之失败，多囿于局部的表面的改革，而不知作全部的实质的改革，进而分别从课程中心、教材编配、科目合并、修业年限等方面详述如何根本改革我国小学教育，并强调课程中心的改革最为重要。崔载阳指出，课程是学校教育实施的重心所在，足以决定教育的成败，而全部课程缺少鲜明的学习中心更是导致教育失败的根本原因之一。他认为中国的小学教育应该以民族为中心，原因有两点：（1）从消极方面来看，除了民族之外，没有别的东西可以做中心，以前的教育多半是以"家族"为中心，这种教育适足以助长自私自利的性格；而"儿童中心"的教育也只能做方法上的根据，不能做教育的最终目的。（2）从积极方面来说，"民族中心"教育不仅不会与其他中心的教育冲突，而且是最适宜的教育，因为要振起民族的精神延续民族的生命，非实行"民族中心"的教育不可；唯有这种"民族中心"的课程，才能培养"精忠报国"的精神。在课程中心确立的基础上，他着手进行"民族中心制小学课程"的编制。先是

---

① 崔载阳：《从教育学研究所到师范研究所》，《教育研究》1942 年第 100 期。

② 同上。

③ 任剑涛、彭玉平主编：《论衡》（第四辑），中山大学出版社 2006 年版，第 244 页。

④ 参见崔载阳、方惇颐《根本改造我国小学课程之尝试》，《教育研究》1934 年第 51 期。

从民族各方面的需要出发选出约二百个重要问题来作为课程具体的内容，依据"由浅入深由近至远"的原则将它们排序，依次为：乡土环境—民族的现状—民族的过去—世界环境，由此形成四个大单元：我们的乡土、我们民族的现状、我国民族的过去、我们的世界，并强调道："为使小学课程平民化、社会化、实用化起见，非以乡土为研究之起点不可"。① 同时又进行修业年限的缩短和教学科目的合并，修业年限由原来六年缩减至四年；教学科目由部颁的"十科"（公民训练、卫生、体育、国语、社会、自然、算术、劳作、美术、音乐）② 合并为"六科"，即国语、算术、音乐美术、公民社会、劳作自然、体育卫生，其中前三种是工具科目，后三种是内容科目，内容科目包含政治、经济、军事三种重要意义；并根据上述各种大小单元来选取这六科的材料，如是合之成一大单元，分之仍能各科独立。他认为这种编制，可以把"单元制"和"学科制"两种长处都包括在内。

不过，《民族中心制小学课程论》只能算是崔载阳试图将"民族中心教育"作为一种方法来根本改造近代中国小学课程的具体尝试，而对"民族中心教育"的理论本身所述甚少。至1935年5月他在教育研究所核心刊物《教育研究》上发表的《民族中心教育的基本理论》一文，则是他依据教育社会学的基本原理来集中论述"民族中心教育"理论的文章，这也是国立中山大学教育研究所乃至当时国内最早的一篇。尽管是区区一篇论文，但对民族中心教育的起源、本质、目的、方法等方面的论述均十分详尽。

第一，民族中心教育之起源。崔载阳认为："民族教育并不如一般人的想象是从国难引发而来，反之它有着内在的深远的根源，它是从民族社会的本身里来，亦即是从教育的本身里来"③。要明白这一点，他强调必须先弄清两个重要的问题：一是教育与社会之间的关系；二是民族的本质。对于前者，他指出"每一种社会的关系都有一种教育的关系，同时每一种教育的关系都是一种社会的关系。人类的教育概念愈进步，愈加显出

① 崔载阳、方惇颐：《根本改造我国小学课程之尝试》（又名《民族中心制小学课程论》），《教育研究》1934年第51期。

② 宋恩荣、章咸主编：《中华民国教育法规选编1912—1949》，江苏教育出版社1990年版，第238页。

③ 崔载阳：《民族中心教育的基本理论》，《教育研究》1935年第60期。

社会与教育关系的切密（原文如此——笔者注）"①。人类对于教育的概念一直在演进着、扩大着，从最初的教育只是被看作人对人的一种动作，如赫尔巴特（Herbart），至近来彼得森氏（Petersen）的"社会以无数的形形式式的生活自然的无意识的教育着"②。时至今日人类的教育概念又向前进步了，人们不只要认为社会随时随地教育着，而且还会发现教育简直就是社会的一种机能，一种最根本的机能。教育学者必须要树立健全的教育概念——教育社会一元观，即"一个社会就有一种教育，一种教育就是一个社会，教育与社会二者固有相互依存的关系，更有融合为一的意味"③。于教育社会一元观之下，必然会有一种以社会为中心的教育概念。然而直到现在，一般学者的教育理想依然囿于个人方面，他们的教育理想不是以社会为中心的，尤其不是以民族为中心，故只是主观地自己创造出来的幻想，这样离开具体的现实社会而谈教育，则这种教育当然只是抽象的无内容、无精神、无生命的。至于民族的本质，崔载阳认为，民族是文化生活的统一体，其本身是不断地生长，同时也是民族中各个成员的生长基础，而教育在某种意义上不过是民族与其文化滋养个人使其不断生长的一种过程。民族是社会进化历程中的最高形式，要成为教育的中心，"民族中心教育，不只是一种理想，亦是一种事实，不只是当然亦是必然。论其来源则在民族社会本身，没有民族就没有民族中心教育，既有民族则必有民族中心教育"④。将来世界进化的结果可能会有一些超民族的团体出现，届时教育也将会富于人类的性质，然而人类终将是民族进化的成果。世界进化的结果必然会有许多民族，所以每个民族能够健全生长是健全人类的先决条件。人类文化的发展必须置于民族文化基础之上，民族中心教育将随着民族生命而永存不灭。

第二，民族中心教育之本质。崔载阳强调指出，民族中心教育既然来源于社会自身，要明白其本质必须先要明白教育的本质。接着，他依据"教育社会一元观"的观点，将近代学者关于教育的本质分为下述两大派别：一派是视教育为使社会协同生活的一种作用，以克里克（Krieck）和

① 崔载阳：《民族中心教育的基本理论》，《教育研究》1935 年第 60 期。

② 同上。

③ 同上。

④ 同上。

涂尔干为主要代表；另一派视教育为一种社会演进的历程，以马克斯（即马克思）与杜威等人为主要代表。崔载阳认为，这两派的教育本质论有一定的进步意义，但它们都各有所偏，都未能表现出正常的文化。具体说来，第一派仅顾及教育有使社会协同生活的作用，却没认识到教育还有使社会前进的功能，第二派刚好相反，仅注意到教育使社会前进，却未能顾及教育使社会协同生活的那一面。在此基础上，崔载阳进一步指出，民族中心教育恰好能弥补上述两派的不足，因为它的本质是"协进"，是协同迈进，是协力长进，是协和上进，社会上凡是团体、个人、前后代，彼此间协同生活以求精神身体之进步，生产分配之进步与各种自然关系人事关系的进步，那都是一种协进，亦都是一种教育，都是社会一种根本的机能，亦都是教育之原形或本质。根据民族是一种社会组织形式，民族的本质决定教育的本质，中国之所以须实行民族中心教育，是由中国民族的特点决定的。中国民族天然是一种协进的民族，中国人之宇宙观念不是征服自然，也不是超越自然，而是顺应自然，与自然合而为一，以遂其生，所以它生存方法的特征是彼此协和。这种特征的形成是有一定的社会背景：第一，中国以家庭为社会基础，其作用在使人们互相接近，互相辅助，以求生存；第二，中国社会无政治上、宗教上的特权，上下皆以修身为本；第三，中国农业经济分配均匀，无阶级对立；第四，中国民族根本上富于礼俗，重义务而轻权利，重礼让而薄夺取。此外，中国民族于内外协和中同时亦有不断的进步，究其原因在于中国民族为"至大至刚"之民族。因为是"至刚"，所以能不断地开拓生命的前途而不为外界所压迫摧残；因为是"至大"，所以能对过去的与外来的文化不断地吸收同化而求进步。换言之，中国民族的进步方式总是先求人与人关系的满足，然后求（个人）物欲的满足，职是之故，历代的政治、经济、法律、教育等一切设施，都渗透了人生的意味，今后无论主张"复古"抑或"西化"均要顾到这个特点，否则中国民族便不能满足其需要，亦即不能满足人类正常社会的需要。①

第三，民族中心教育之目的。依据民族中心教育的本质，崔载阳对其目的进行了具体阐述：因为民族中心教育的本质是协进，所以教育的目的必然的是更协进，使民族更能生存与发展。因为是更"协"，所以它的目

---

① 崔载阳：《民族中心教育的基本理论》，《教育研究》1935 年第 60 期。

的不是极端的个人主义，也不是极端的社会主义，而是社会个人间的大众协和主义；同时因为是更"进"，所以不偏于极端的自然主义，也不偏于极端的理想主义，而是数者间的绵延"上进主义"，从协和上进到更协和上进，就是民族中心教育的目的。然而联系到实际，有很多人却认为民族中心教育的目的和民族主义教育的目的相同，与三民主义的教育宗旨也无异，崔载阳对之一一廓清。他指出，民族中心教育与民族主义教育之最终目的虽然同是求民族之生存与发展，然而前者在于使民族大众协和绵延上进，而后者则异乎此，它偏重于国家方面而忽视其他方面；此外，民族主义教育是由外部侵略引发的，且是出于一时的，当外部的侵略松散了，民族主义教育再也不需要了，而民族中心教育则是从民族内部发生的，随民族社会内部之生长而生长，与民族社会相互依存而不灭。至于民族中心教育的目的与三民主义教育宗旨的关系更是不同。在一般人看来，民族中心教育是三民主义教育的一部分，这在崔载阳看来，不仅是错误的，而且实际上则刚好相反——三民主义教育是民族中心教育的一部分，其理由如下：（1）三民主义教育的本质是什么？其统一性是什么？三民主义教育之哲学基础是唯心的、唯物的、抑或是唯生的？对于这些问题，三民主义的教育宗旨并没有明确地给出回答，三民主义教育缺乏统一的基础和健全的教育哲学，有寻求统一性之必要；（2）三民主义教育虽有为国家的自由平等的目标，同时追求国家的自由平等也确为当前急务，但"'自由'而不尽'义务'，'平等'而不讲'礼让'，其流弊必致增加民族之离心力"，同时"自由平等的教育有消极的解脱作用，而少积极的建立作用，以之解放现实之痛苦则有余，但以之建设将来之社会则不足"，[1]"礼让"与"义务"实为今日建设民族之要图，故追求自由平等的三民主义有求完整之必要；（3）三民主义虽负有解决民族的、政治的、经济的等种种问题，但三民主义教育不过是一种政治教育而已，而人生所需的教育除政治教育外理应有其他的教育形式，三民主义教育既未能包括整个人生，故它有求改进之必要；（4）三民主义虽以求国家自由平等为其目的，但如何达到此种目的，三民主义的教育宗旨及设施方针似乎缺乏一种必要的观念，即"向上进步"之观念，因为中国要达到自由平等之目标，口号、标语小组、集会已不够用，必须得到全国上下绵延不断地向上进步，如此

才能达到三民主义的真谛，故三民主义教育有求促进之必要。总之，无论三民主义教育本身的内容如何，它总是为中国民族所有，为中国民族而有，绝不是中国民族为它所有与为它而有，而民族中心教育是民族社会所固有的，由此中国民族中心教育是"体"，三民主义教育是"用"，并且是一部分的"用"，一时的"用"，三民主义纵使被认为适合国家现时需要，它也有待于民族中心教育之统整改进。

第四，民族中心教育之方法。根据教育的本质决定教育的方法的原理，崔载阳认为，民族中心教育的本质既然异于其他教育理论中所讲的教育本质，因此学校制度和课程教法也须有不同之处。教育的本质如果是协进，那么学校制度中就应渗透协进的精神，即一方面将教育机会普及于每一个人，使社会的关系更趋于平衡谐协，另一方面应让每个人的特别才能发展得透彻，以使社会的文化更趋于向上进展，唯有如此，学校制度才能尽"协进"的能事。具体来说，"协进主义"下的学校制度，即是要在一切教育普及下去求各个人的才能发展；同时要在个人的特别才能充分发展中，去促进教育之普及，在学制上，应是单轨制中的多轨制或多轨制中的单轨制。教育行政是伴随学校制度之形成而出现的，"协进主义"下的教育行政不是偏于"集权"或偏于"分权"，反之应是均权的：第一均权的观念是以义务观念为其基础的，不是以权利观念为其基础，因此各级教育行政都应受各方面的切实襄助；第二各级教育行政的目标要同一，步骤同一。相对于学校制度和教育行政来说，课程与教学方法则属于具体的教学问题。崔载阳指出，历史上关于学校课程常有"儿童中心"与"成人中心"之对抗，且教育理论越发达，它们的对立就越延展。从民族中心教育的立场来看，教育学不过是教育者与被教育者，经验与理想，实际与希望，现在与将来之不断地互相作用和互相推进之境地，因为所谓"儿童中心"抑或"成人中心"都各有其道理，然都应绝对地统摄在民族中心教育之下，如此方能正常发展。其中又以课程内容的分类最为重要，若同样从民族中心教育的立场来看，民族社会的制度决定人生的活动，故课程分类应以民族制度的分类为依归，最健全的分类法即是将全盘课程统摄在军事、政治、经济、人文这四种制度之下，而不应将其划分得琐琐碎碎，或空空洞洞。课程的内容是教材，教材与教法显然不能相离。民族中心教育的教学法，决非社会化的或注入的方法，亦决非个别化的或自由的方法，而是于协同创进的方法中求之。

《民族中心教育的基本理论》得到时人的高度评价。吴家镇说："振导簇新学说，促进自由研究，不为一义一旨所拘泥，洵属难能可贵者一也"；"不泥于古，不拘于今，择善而从，唯理所在；既非全盘洋化，采用中国中心，此诚独具慧眼，不同凡响者二也"。[1] 庄泽宣认为它是一种"改造民族性有具体的教育方案"（即民族中心制小学课程）的思想学说。[2] 而且这种"具体的教育方案"也同样为时人所称道，被誉为"接近现代的教育潮流"[3]。1934 年 2 月，民族中心制小学课程在教育研究所办理的民族中心制小学实验班进行实验，实验一年后的结果显示：实验班学生修业一年之程度已超过城市小学一年之程度，而与其修业二年之学生的程度相等。[4] 这可以说是"民族中心教育"的初战告捷。之后，中山大学教育研究所相继创办了龙眼洞乡村教育实验区和花县乡村教育实验区，民族中心制小学课程的实验依然是重点。这不仅使得崔载阳得以在乡村尝试实践自己的理论，而且能谋求"民族中心教育"之彻底实现。

本着"从教育入手，以乡村小学为中心，而改进乡村社会；并使选习乡村教育之学生有实习及研究机会"的宗旨[5]，中山大学教育研究所计划创办乡村教育实验区。第一个实验区是与番禺县政府联合办理，选择坐落在番禺县东北，距离广州市约 28 公里，三面环山的一个村落——龙眼洞作为实验地址。该实验区于 1934 年 11 月开始筹备，至 1935 年元旦始正式成立。其组织系统是在中山大学与番禺县政府之下设立龙眼洞乡村教育实验区指导委员会，委员会由来自教育研究所的崔载阳、周葆儒、雷通群三人和番禺县政府推选的一人联合组成，负责指导督促之。该区以教育为起点而进行各项乡村工作，全部工作从教育对象看可分成儿童组、青年组、妇女组、年长组，从工作内容看可分为四类：生产教育、公民教育、语文教育、康乐教育。其中尤以儿童组的教育成绩最为突出。儿童组分为

① 吴家镇：《民族中心教育的基本理论之商榷》，《教育研究》1935 年第 62 期。

② 庄泽宣、陈学恂：《民族性与教育》，商务印书馆 1938 年版，第 620 页。

③ 徐学楷：《民族中心课程四年制小学的理论与实施》，《社会与教育月刊》1937 年第 1 卷第 8 期。

④ 崔载阳：《国立中山大学教育研究所之过去现在与将来》，《教育杂志》1935 年第 25 卷第 7 期。

⑤ 国立中山大学研究院教育研究所：《本所研究事业十年》，出版地不详，1937 年版，第 44 页。

两种编制，一种依照县教育局初级小学一、二、三、四年级编制；一种参酌中山大学教育研究所民族中心小学制。先从一年级起开设，名为实验班。实验班的教学完全采用民族中心制小学的办法：缩短年限为四年；课程共分为四个大单元，每个大单元再细分为四个小单元。单元的内容是：第一大单元"我们的乡土"：自然界、物质生活、经济政治、社会情况；第二大单元"我们民族的现状"：自然界、军事政治、经济财富、社会情况；第三大单元"我国民族的过去"：初兴、发达、内忧外患、复兴；第四大单元"我们的世界"：天与地、动植矿、过去的人类、现代的人类。大单元相当于一学年，小单元相当于一学期；① 教学用书也采用由教育研究所所编的民族中心制小学用书。1936 年 9 月 30 日，委员会召开了该年度第一次会议，会议对这一年半以来的工作进行了总结。实验区的乡村小学在改进乡村社会中心的实验、民族中心小学课程的实验、集团教育实验等方面都取得了较好成绩。②

　　为"谋整个理想教育系统之树立"③，教育研究所计划筹办以"县"为单位的乡村教育实验区。恰逢 1936 年 1 月，中国社会教育社在广州举行第四届年会，会议决定联合广东省教育厅及中山大学举办实验区以作教育上的试验。同年 5 月，在中山大学召开了第二次筹备会议，会议通过了选区标准、董事会及主任人选、实验主旨等各项事宜。选区标准为：（1）距广州以一日来回为宜；（2）民众教育程度不要太高；（3）富力不太大；（4）壮丁与青年所占成数以较高为宜；（5）能自成一社会单位；（6）居民多为直接生产者；（7）人口约以五千至一万为宜。④ 根据这七项标准最后确定区址为花县。董事会为实验区最高行政机关，由广东省教育厅、中国社会教育社、中山大学三方各选出三人组成，并推选崔载阳为实验区正主任，负责具体计划。实验主旨为"寻求推行普及教育之最经济办

---

　　① 周葆儒：《华南的一个乡村教育实验区》，《中华教育界》1935 年第 23 卷第 6 期。

　　② 《龙眼洞乡村教育实验区指导委员会廿五年度第一次会议录》，《国立中山大学日报》1936 年 9 月 30 日，转引自吴定宇主编《中山大学校史（1924—2004）》，中山大学出版社 2006 年版，第 135 页。

　　③ 崔载阳：《国立中山大学教育研究所之过去现在与将来》，《教育杂志》1935 年第 25 卷第 7 期。

　　④ 王璋：《合办花县乡村教育实验区进行计划大纲》，《乡村建设半月刊》1936 年第 6 卷第 8 期。

法，与适应生活需要之教育设施，藉供省内外各地之参考"①。具体来说，关于推行普及教育，即：（1）教育在普及一地方内之儿童、青年及成人；（2）经费要节省。关于教育适应生活需要，即：（1）教育以民众生计为中心，以复兴民族为鹄的；（2）教育材料，应从生活需要中选取；（3）教育历程，要充分利用各种活动；（4）教育效果要能行于日常生活。根据实验主旨，该实验区主要从事三个方面的实验：（1）乡村青年训练；（2）乡村基础教育；（3）乡村事业辅导。其中每一项实验中又分别有着具体的方针、内容以及方法等。

乡村青年训练是源于以前的乡村服务人才训练，后者旨在训练知识分子下乡，是一种间接的办法，这是因为知识分子与农民之间存在一定的隔阂，且少驻即去，不能永远留驻在乡村，而训练乡村青年是一种直接的办法，养成乡村之中坚人物，从事于乡村服务事业。乡村青年训练以精神训练、基本知识训练、实用技术训练、乡村服务训练为基本内容，每项又包括若干科目。如"精神训练"一项，内含纪念周、精神讲话、民族运动讲话、音乐等。同时以开设乡村青年学校作为入手办法，学校教育方针为：（1）民族中心教育，我国目前最急迫的问题在于解救国家，复兴民族，乡村作为民族建设的基础，其教育当以民族教育为纲领；（2）劳动实践教育，训练青年，绝不是专偏重于心智方面，是将有计划、有组织、有系统的团体自治生活知识传授于他们；（3）乡村更生教育，训练青年的最终目的是要他们回到自己的乡村，来负起建设乡村的重任。训练期间，一方面在于充实其建设乡村的知识，另一方面须注意精神训练，培养他们伟大的精神人格，使其有为乡村服务之决心和毅力。

实验区第二项实验是乡村基础教育之实验。该实验的目标是欲从"乡民训练及乡村建设辅导之进程中，探求培养乡民力量及充实乡间资源之途径与方法，并从而谋乡村之再造及民族之复兴"②。为实现此目标，遂确立乡村基础学校为实施乡村基础教育之机关，并为建设乡村之中心。其教育方式采取"学校式"和"社会式"两种，二者之间不分界限，是合一的、整个的。其课程借鉴民族中心制课程，学科以采用混合编制为原则，科目尽量减少，注重各科之间的联络等等。实验区进行的第三项实验为乡

---

① 石玉昆：《花县乡村教育实验区的实验工作》，《教育研究》1937 年第 77 期。
② 同上。

村事业之辅导。该项实验是基于"乡村工作者的力量，不是主动力而是推动力"①；"乡村建设，根本是乡村自己的工作。从事乡村工作者，是在使他们有自觉，指示他们有自力更生的途径"② 等认识。因此，相比较前两项实验而言，这是一项非常广泛的实验工作，且本项工作人员均处于协办与指导地位。然而，乡村工作者究竟在何种方式下才能有效地完成自己的使命？乡村教育对这个使命究竟有多大的办法？这是该实验区力求解答的问题。在当时实际情形之下，该项实验主要围绕三个方面来开展：（1）以农村经济建设为中心工作；（2）以农村文化建设提高大众知能；（3）以农村政治建设为各项建设之纲领。③

无论是龙眼洞乡村教育实验，还是花县乡村教育实验，它们在教育研究所中都占有非常重要位置，是教育研究所事业中一个有机组成部分，诚如崔载阳所说："整个研究所本身将来能成为一个有机体，自有其独特的生命。如此自非将教育上科学的研究与哲学的研究同时兼顾，同时发扬不可。由科学的研究以揭发一切精确的客观的教育事业，由哲学的研究以找出一些最高价值的教育原理。然后由实验教育工作负责把双方的研究成果加以配合，使双方的理论都能发为各种行动，行诸实际，以为改革整个国家教育之张本"④。依崔氏的意思，教育研究所若要成为一个独立的研究机构，教育科学、教育哲学及教育实验三者缺一不可，其中教育科学在于发现教育事业中一些客观存在的事实和规律，教育哲学将这些科学研究上升至哲学解释以确立一种理论指导体系（即他所提出的"民族中心教育"），而所有这些理论研究最终还要落实到教育实验的各种活动中去检验，如此方能为整个国家的教育改革事业提供有价值的参考。然而，任何一项改革和实验的成功与否，关键的因素在于是否有稳定的环境和充裕的时间，而这恰恰是近代中国最为缺少的两个条件。随着抗日战争的全面爆发，实验区的既定工作被迫作出一些调整，以适应抗战救亡的需要。如龙

---

① 崔载阳：《乡村工作的我见——在广东乡村工作讨论会演讲》，《教育研究》1935 年第 58 期。

② 石玉昆：《花县乡村教育实验区的实验工作》，《教育研究》1937 年第 77 期。

③ 王璋：《合办花县乡村教育实验区进行计划大纲》，《乡村建设半月刊》1936 年第 6 卷第 8 期。

④ 崔载阳：《国立中山大学教育研究所之过去现在与将来》，《教育杂志》1935 年第 25 卷第 7 期。

眼洞乡村教育实验区，在抗日战争爆发后工作计划就进行了相应的调整。为动员本区的全体成员参加抗战，并将"抗战的意识与技能透过每一儿童、青年和成人"①，实验区以举行战时短期训练班、战时教材之编辑、壁报、剧社、大众教育社、自修会、民众图书室、单元展览、壮丁教育、合作社、侦察队、消防队和救护队等十三项为其中心工作。这些工作分三个阶段进行，且每项工作自有其体系，力求前后连贯并持续开展。而花县实验区，于 1939 年日军入侵后为适应当时的形势，其所有工作均围绕抗日救亡的总目标来开展，原有的部分事业则被"中山大学社会教育推行委员会"所继承和发展。

二　促"民生本位教育"之普及——邰爽秋与大夏大学的"念二运动"

邰爽秋（1897—1976 年），江苏东台人，1923 年毕业于东南大学教育系，同年赴美国留学。1924 年获美国芝加哥大学教育硕士学位，1927 年获美国哥伦比亚大学师范学院教育学博士学位。作为教育社会学学者，邰爽秋曾写过颇有代表性的文章，题为《社会化的教育》②。在文中，他首先明确指出，教育的社会化是现代教育发展的主要趋势，进而又分别从"教育的社会价值"和"教育社会化的实施"两方面深入探讨。他说，教育的社会价值在于教育一方面使得个人向上发展，一方面使得社会向上发展，从而将个人与社会打成一片；教育社会化的实施有两个最基本的原则：一是发展儿童的本能——使个人健全，二是养成团体的生活，使社会进化，并具体通过学校训练、教材、教学法等方面来实施教育的社会化。与此同时，他特别强调教育社会化过程中"最该注意的一点，就是社会调查，根据社会的调查，为实施的地步，我深望国内的学者做这一种功夫③。而他本人日后即主要致力于这方面的研究和应用。

邰爽秋是近代中国较早从事教育调查的学者之一，如前所述，早在 1920 年，他就利用南高师暑假学校的机会，对前来参加暑假学校的小学

---

①　石玉昆、戚焕尧：《龙眼洞乡村教育实验区战时工作计划大纲》，《教育研究》1937 年第 80 期。

②　邰爽秋：《社会化的教育》，《中华教育界》1920 年第 10 卷第 1 期。

③　同上。

教员进行问卷调查，主要调查小学教师的薪水及家用等情况，并根据调查所得写成《小学教员的生计》一文，于 1921 年发表在《南高教育汇刊》第一集。该文也是中国最早调查有关小学教员生活的文字，此后有关小学教师生活状况的调查遂成为当时学者关注的焦点之一。[1] 留美期间，邰爽秋对教育调查依然保持着浓厚的兴趣。据他本人回忆，他当时虽是学习教育行政，但"感于科学的研究方法之重要，故特别致力于教育调查一科，计费于该科之光阴，先后不下二年"[2]。归国后，又先后在中央大学、中山大学、暨南大学等学校数次担任"教育调查"课程的讲授。至 20 世纪 30 年代中期前，邰爽秋已是一位对教育调查素有造诣的学者。此时他不仅在《教育杂志》《中华教育界》等知名期刊上发表了多篇自行撰写的教育调查类文章，[3] 同时还出版了《教育调查》（上卷）、《教育调查应用表格》专著，对教育调查的原理和方法进行系统论述，成为近代中国教育调查研究的集大成者。

　　同样为后人所经常提及的还有邰爽秋的"民生本位教育"思想及实践活动。在中国近代教育史上，邰爽秋是"民生本位教育"思想的倡导者和推行者。为实验"民生本位教育"的各项主张，他于 1933 年秋任上海大夏大学教育学院院长之际，与海内外学者共同发起一场以"提倡土货、厉行社会节约、努力社会生产、发展国民经济、改进民众生活、协谋中华民族之复兴"为目标的运动，[4] 因该年是中华民国二十二年，读作"民国念二年"，所以这场运动也叫作"念二运动"。为促进念二运动更好地开展，他组织了名叫"念二社"团体。该社是"从经济的立场提倡土货以复兴民族改造社会的一种具有教育性质之服务团体"，兼有教育性、经济性、社会性等特点，是提倡和推行念二运动的主要机构。邰爽秋认为，作为一个团体，念二社"同学校一样或民众教育机关，各地方或各私人团体皆可自由组织创办，彼此的行动不发生连带的关系，并且社内各分

　　① 详见本书第二章第二节。

　　② 邰爽秋：《教育调查》（上卷），教育印书合作社 1931 年版，"卷头语"。

　　③ 发表在《教育杂志》上的有：《教育调查初步着手之方法》（1930 年第 22 卷第 9 号）、《教育调查中之地方社会状况调查》（1931 年第 23 卷第 3 号）；发表在《中华教育界》上的有：《编制教育表格调查表格之原理及方法》（1930 年第 18 卷第 7 期）、《地方学校校舍与调查之报告》（1932 年第 20 卷第 3 期）。

　　④ 参见徐国屏等《金家巷农村念二社实验报告》，《中华教育界》1934 年第 22 卷第 4 期。

子的单独行动，彼此也不发生连带的关系"。① 由此，邰爽秋等人又制定了念二社章程10条，详细规定了其社名、宗旨、规约、社友、组织、社务、会社费、社址和附则。念二社的规约为："（1）不吸纸烟；（2）不穿西装；（3）不敷脂粉；（4）不穿高跟鞋；（5）不吃贵重海货；（6）服用土货；（7）实行节约；（8）能纺纱能织布；（9）随时随地能组织念二社或宣传念二社的宗旨。"② 念二社的社务主要有："（1）宣传念二社的宗旨和使命；（2）调查土货的种类；（3）研究改良土货的办法；（4）举办土货陈列馆；（5）举行土货展览会；（6）举行土货运动周；（7）创办土货生产合作；（8）创办土货贩卖合作；（9）创办土货介绍所；（10）创办合作银行；（11）创办纺织训练所；（12）开设农村小手工艺训练所；（13）举行社会节约周；（14）举行与念二社宗旨中有关系之讲演；（15）办理与改进民众生活有关之各种事业。"③ 这些章程中，除了社名、宗旨和附则等几项各地必须采用不得变更外，其余各条可就各地情形斟酌采用，不必拘泥。一时"念二社"之创设风起云涌，其中尤以大夏大学师生提倡最为热烈；而邰爽秋创立的"沪西念二社"及他为该社实验区所制定的原则和方法更是一度成为其他念二社实验活动的重要参考依据。

1933年冬，邰爽秋组织大夏大学教育学院师生三十余人深入上海西郊农村，创立"沪西念二社"，下设秘书处、土货介绍所、纺织训练所、工艺训练所，并创办了中山村教育实验区。各处、所、区之秘书、主任及干事等职务，皆由大夏大学教育学院暨师专科的毕业及肄业的同学王人驹、常文凌、王万成、黄纶书、孙礼陶、李庆萱、唐茂槐等人分别担任。④ 但由于该区范围小、农户少，不易贯彻念二运动之理想。是时大夏大学民众教育实验区成立，邰爽秋及沪西念二社同人为避免工作重复同时也为实验农村教育起见，遂与大夏大学民众教育实验区共同办理，并将中山村实验区扩充至梵王渡西北。因尤为注意普及教育方法之试验，而名之曰"梵王渡普及教育实验区"。该实验区设立"梵王渡普及教育实验区委员会"以行使统一领导的职权，委员会成员由大夏大学民众教育实验区和

---

① 邰爽秋：《念二运动》，《乡村教育之理论与实际》，教育编译馆1935年版，第55页。

② 同上书，第56页。

③ 同上书，第57—58页。

④ 唐茂槐：《实验的民生教育》，《民生教育》1937年第1卷第2和3期。

沪西念二社各推举五人组成，共同指导本区的教育实验活动。在实验的过程中，邰爽秋非常注意运用和贯彻教育社会学的原理和方法，并依此来制定本区的宗旨、目标、原则等各项措施。他指出，教育与社会密切联系，"中国的教育没有出路，就是中国社会没有出路，也就是中国民族没有出路"①。以他之见，中国社会的病根很多，但总结起来不外乎以下两点："在物质上，是普遍的贫穷；在心理上，是普遍的自私"②，两者互为因果，相伴而行，这是认识和解决中国所有社会问题的出发点，并进一步强调道，中国的教育要适应中国社会的需要，尤其要适应中国最大多数民众最迫切的需要，而所谓最大多数民众最急迫的需要就是"民生的需要"，也即民众经济生活的需要，"农民经济的问题一日不解决，一切教育都是白费心血，不会收效"，"只有真正帮助老百姓经济发展的教育，才是老百姓所需的教育"。③ 同时，他坚决主张通过提倡"土货运动"来发展国民经济、充实人民生活，以建成国家一切建设所需要的基础，进而谋求实现社会公平和民族复兴，最后再分别以"社会公平打倒自私"，以"民族复兴打倒贫穷"。④ 因此，该区以"试行民生本位的教育，以救死救亡为脊干，提倡服用土货，推行社会节约，努力社会生产，发展农村经济，改进区民生活，协谋中华民族之复兴"为其实验宗旨⑤。实验目标分个人和社会两类，个人方面又包括知识、行为和技能三个方面。

　　个人方面：（1）知识方面——知道做一个老百姓应尽的义务和应享的权利，知道普通卫生的方法，知道中国历史上有名人物，知道中国人口种族领土的大小和近百年来丧失的概况，知道中国各地方的物产和富源，知道帝国主义侵略中国的方法和影响，知道中国目前危急的情势，知道三民主义的意义，知道念二运动的意义，有读完教育部甲种三民主义千字课的程度；（2）行为方面——穿着老土布，不穿西装，不吃香烟，尽先购用土货，不敷脂粉，不抽鸦片，不因结婚而卖

---

① 邰爽秋：《土货运动与中国民众教育的前途》，《民众教育通讯》1933 年第 3 卷第 7 期。

② 同上。

③ 杨肃：《陶行知邰爽秋二先生农村教育主张之不同》，《中华教育界》1935 年第 22 卷第10 期。

④ 邰爽秋：《土货运动与中国民众教育的前途》，《民众教育通讯》1933 年第 3 卷第 7 期。

⑤ 邰爽秋：《梵王渡普及教育之新试验》，《大夏》1934 年第 1 卷第 3 号。

田或借贷，每月都有些储蓄，肯捐钱办公益事，不赌、不嫖、不打架、不欺人、不骂人、不随地大小便、清洁整齐、参加念二社一种或二种以上的活动；（3）技能方面——有一种生产技能，有救急的技能，有算账的技能，有自写书信的技能。

社会方面：（1）增加以工艺生产如纺纱织布之类为主业或副业的家数；[①]（2）增加利用新式农具或科学方法以增加农事生产之农家数；（3）发展三种以上的合作经营的生产事业；（4）增加能利用合作社之家数；（5）增加衣暖食饱居住足避风雨的家数；（6）建立三种以上地方公益如救灾恤难及卫生设施等；（7）街道河池清洁修整；（7）桥梁堤岸完好。[②]

该区实验原则包括：（1）以全区为整个教育场所，取消学校，并打破家庭、学校、社会三种教育分立的制度；（2）以民众为教育之对象，施行混合式之教育，打破儿童教育、成人教育分立的传统观念；（3）寓一切教育于经济建设之中，就社会实际需要，随时随地施行有形或无形之教育，所有按时上课、下课、寒假、暑假及学期、学年等办法，一概废除；（4）以本区社会上直接或间接的经济活动为基础，制为大单元的设计，贯穿各种教育，文字教学仅居辅助地位，所有班级制度、科目制度，一概废除；（5）指导民众互教互学，先生就是学生，学生也就是先生；（6）经费须逐渐由本区民众负担；（7）设施务以有裨于民生教育者为先，并力求适合一般国民的经济状况；（8）以民众为活动之主体，随时就地培植人才，担负本地方之改进事业。[③]具体的实施办法为：（1）由本区工作人员通过举行社会访问、与农民或工人谈话等方式，以发现大多数民众生活上之急迫需要；（2）由沪西念二社社员提倡适合本地方情形并且最易收效之生产的或消费的经济活动；（3）根据本区目前情形及民众需要，先成立纺织团、工艺团、缝纫团、蓄养团、种植团、推销团等各种经济活动之团体；（4）就各团民众中选出知识程度及能力较高者为团长，依据"与民众实际生活切合、以民众切身的关系为出发点、把教育送到民众的

---

①　"家数"意思为"家庭的数量"，下同。

②　邰爽秋：《梵王渡普及教育之新试验》，《大夏》1934年第1卷第3号。

③　同上。

面前、利用民众在家自修"等原则来推行各种民众教育。此外，为"教育与社会打成一片，并为节省费用计"，邰爽秋等人设计发明一种"普及教育车"。该车形如木箱，长高各约二尺，宽约一尺。木箱上设一块两面互用、前后移动之黑板；木箱内分上下两层，各有数格，上层放置农产物样品种子之类可随时展览，下层放置教育及卫生用品。车上更有活动木架，用来悬挂民众读物。车下有四轮，可推行各处。该车及设备用品总共费用不过三十余元，而且具备教室、桌椅、巡回文库以及流动展览等各种功用。不过，对于该车的构造及使用方法还有待于进一步完善，尽管如此，邰爽秋仍不无自信地说道："欲谋我国教育之普及，非赖此种工具不为功也。"①

为进一步贯彻"念二运动"之理想，1935 年春，邰爽秋在原设"念二社"基础上，发起成立"念二运动促进会"，自任总干事。由于深感"民生本位教育"实验有扩大的必要，于是联络上海市社会局局长潘公展、大夏大学副校长欧元怀等人研究，决定将梵王渡普及教育实验区范围推广到整个沪西农村，使其向纵深发展，并与大夏大学其他的民众教育实验区合并，成立"沪西民生教育实验区"。该区于同年秋正式建立，唐茂槐担任区主任。1936 年春，邰爽秋又发起成立中国民生教育学会，联合"念二运动促进会"共同指导沪西民生教育实验区。该区是梵王渡普及教育实验区的深入和发展，两者实验目标上是一致的，但从规模上看，后者较前者更加扩大和拓展。沪西民生教育实验区仅念二社就有四处（梵王渡普及教育实验区仅有沪西念二社），即沪西念二社、金家巷念二社、蔡家桥念二社、江桥念二社，各社根据自身所辖地的具体情况组织相应的经济合作团。如沪西念二社的居民以拉车者为多，于是便组织拉车合作团；金家巷念二社附近学校很多，于是便组织洗衣合作团，等等。此外，在实验原则、实验方法等方面，也比梵王渡实验区更加详细、具体。尤其是从实验的成效来看，梵王渡普及教育实验区因为是初次尝试，很多事情都处在试验和摸索阶段，所以其实验成效并不显著，而沪西民生教育实验区则不同，经过近两年的实验，邰爽秋等人从中总结出诸多有益的经验并加以推介。具体包括：（1）经济合作团成为推动各种教育的核心。"合作团是以力能（原文如此——笔者注）参加经济活动的'人'为分子，以公平分配免除独占的'法'为原则，以自造自供自给的'策'为制度的新经济组织；这种新组织自始即可发挥教育的、经济的、政治的力量，而为全社会服务，逐渐形成一个具有共同经济基础的自治团体"①。（2）流动教学开辟了普及教育的新路。流动教学的主要设施，就是在梵王渡普及教育实验区首次使用的普及教育车，发明者邰爽秋经过一段时间的摸索和改进，至此时车内已藏有文字教育箱、工艺教育箱、休闲教育箱、卫生教育箱及农业展览箱等，并能单独携带，便于山区推行教育之用，因而具有"流动车库""游行教坛""民众报社""临时医院"等十二种功能。②（3）城市教育与乡村教育以同型异法来实施。邰爽秋认为：农村和城市因为"环境不同，对象不同，需要不同、习惯不同，所以指导的方法和教材都可以不同，但以'民生'为出发点则是一致的"③，因此工作者也就必须有一种应常应变的经验才足以胜任愉快。

至 1936 年底，沪西民生教育实验区的工作已开展一年半，在克服人才、经费、对象等多重困难的情况下，初具规模，并在国内外产生了广泛的社会影响。当时国内外报刊对民生教育实验及普及教育车多有社评或专文推介。例如，蔡元培曾在上海《新闻报》上撰文高度评价普及教育车"用力少而成功多，教育之工具莫良于此矣！"④ 1936 年，南京国民政府教育部通令全国采用该车："普及教育车，构造尚为精巧，内藏教育物品甚多，均能变换活用，携带亦甚便利，洵为普及义务教育推广民众教育之利器。应准通令酌量采用。"⑤ 国外报刊亦有称颂民生教育实验的文字发表。例如，美国纽约大学教育学教授梅戈登（A. M. Gordon）曾专程来华考察沪西民生教育实验区，并在《生活》杂志上发表了《念二运动与中国新教育之前途》一文，文中写道："第一部普及教育车是在沪西近郊使用的。那里是'念二运动'的策源地。这些基本教师，就是今日中国最有希望而富于爱国心的学生。大多数是大夏大学来的。现在许多学生自动

① 唐茂槐：《实验的民生教育》，《民生教育》1937 年第 1 卷第 2 和 3 期。

② 顾明远主编：《中国教育大系·历代教育名人志》，湖北教育出版社 1994 年版，第 583 页。

③ 唐茂槐：《实验的民生教育》，《民生教育》1937 年第 1 卷第 2 和 3 期。

④ 熊明安、周洪宇主编：《中国近现代教育实验史》，山东教育出版社 2001 年版，第 553 页。

⑤ 《转发邰爽秋普及教育车说明书》，《广东教育厅旬刊》1936 年第 5—6 期。

地平均一小时在那里服务。我们常常可以看见这些自动服务的教师在工作。在适当的空地或道路旁边，他就可以改变普及教育车的装置，将一个活动的户外学校成立起来。第一步就用展览的物品引起人们的注意，人们就会寻找他们有兴趣的物品，如杀除农作物害虫的药粉，南京大学改良的黄豆种，美国的玉蜀黍，江宁县的白棉种等等。到教师引起人们充分的兴趣时，他就可以开始谈到他的学校了。一面对话，一面动作，他将设置改变了，箱子盖拿下来做黑板，附在箱子里折叠的凳子可以当座位，如果需要的话，可以坐四十人。这样学校就成立了。学生都用这活动学校分给的小石板书写。但是念二运动的教师，不仅是普通写算的教师，他还使学习的人懂得健康的要素；初步的中国史和中国在现在世界的地位；指导他们改除不正当的行为，如化妆品与麻醉剂的使用，乱搞两性关系，公共场所内的赌博与便溺；鼓励每个人都要养成手工生产的技能，希望由这种供给技术上的帮助，使人们由手工艺的过渡阶段进入到社会化工艺的时代。"[1]本来，邰爽秋等人计划从 1937 年起进行第二阶段的实验，可惜抗日战争爆发，沪西民生教育实验被迫中断，大夏大学的念二运动遂告一段落。

在大夏大学推行民生教育实验的过程中，邰爽秋还十分注意从理论上进行总结，形成其颇具特色的"民生本位教育"思想主张，主要包括关于"民生本位教育"的起源、实施、目标等观点。他首先明确指出，中国教育的出路在于满足今日中国最大多数民众最急迫的需要，即"民生的需要"，而民生的需要又系于民生问题的性质，所以认清民生问题的性质是认识"民生本位教育"的前提和基础。他认为，当时中国民生问题的性质在于：第一，国民经济建设的责任不在救贫，而在救民；第二，当谋城乡经济问题同时解决；第三，当提倡社会节约；第四，当以工裕农，维持并发展手工生产；第五，当提倡服用土货。邰爽秋还联系近代中国所提倡的民族教育、乡村教育、民众教育、生产教育等强调，任何教育不应离开民生，"民族教育应以民生教育为基础，乡村教育应以民生为脊干，民众教育应以民生教育为灵魂，生产教育应以民生教育为归宿"[2]；反之，忽视民生的根本需要会导致"民族教育之基础落空，乡村教育之没有脊

---

① 转引自丁锦均《邰爽秋与民生教育》，《华东师范大学学报》（教育科学版）1988 年第 1 期。

② 邰爽秋：《民生教育刍议》，《教育杂志》1935 年第 25 卷第 6 号。

干，民众教育之缺少灵魂，生产教育之忽视分配"①。因为无论是民族教育和乡村教育，还是民众教育和生产教育，它们都不过是当时中国教育界人士从社会某一部分需要出发，如"有的说过去的教育忽略了中国的现势，于是乎提倡民族教育；有的说过去的教育太偏重于城市，于是乎提倡乡村教育；有的说过去的教育是少数人的专利品，于是乎提倡民众教育；有的说过去的教育只能养成士大夫，于是乎提倡生产教育"②，更为重要的是，这些教育不是从社会的"真正需要"出发，只有民生教育才是从中国大多数民众所真正需要的教育出发，中国的教育应当以此来做标准，若离开了民生，便不是今日中国所需要的教育，这就是"民生本位教育"的真正起源及其意义之所在。

就"民生本位教育"具体的实施办法而言，邰爽秋认为应从以下几点来进行：（1）对象——以实际参加或力能（原文如此——笔者注）参加民生经济活动的男女老幼民众为教育之对象；（2）组织——提倡"经济分团制"，就发展民生的经济活动，将民众分为若干经济合作的团体，凡是经济活动相同的民众，不分男女老幼，只要程度相同，便可在一团内某组中一同受教，不拘于儿童教育、成人教育、青年教育、妇女教育的种种界限；（3）活动——寓一切教育于民生建设之中，以发展民生的经济活动为经，以文字、公民、卫生、休闲、自卫、救国的种种教育为纬，制为大单元的设计，取消了传统的科目制度以及通常把各种教育和生计教育并列不分轻重先后拆开训练的办法；（4）场所——不用传统式的学校和社会争夺民众，充分利用经济活动场所施教，因此打破了学校、社会、家庭三种教育分立的制度；（5）时间——不仅在工余农闲时间施教，工忙农忙的时候教育同样重要，所有开学、放学、学期、学年、毕业等等的制度一概取消；（6）教学——取消离开了民生经济活动的关系而施教的办法，要充分利用机会，在经济活动上教，在经济活动上学，指导民众，互教互学，不管年纪大小，先知教后知，先觉教后觉，无所谓先生，也无所谓学生；（7）设备——设备力求适合 一般国民经济的状况，力避无谓铺张；（8）设施——设施务以有裨于民生者为先，不提高民众消费的欲望，不直接或间接推销外国货物，不把民众造成新士大夫；（9）经费——不

---

① 邰爽秋：《民生教育刍议》，《教育杂志》1935 年第 25 卷第 6 号。

② 同上。

因创办教育而增加民众之负担，惟利用社会上未有正当用途之资财，并于增进民众富力的当中逐渐解决教育经费的问题；（10）学制——推翻以学科为基础以造就学者为目标的传统教育制度，而代以根据民生经济活动以造就民生事业专家为目标的新制度；（11）人员——普及民生教育的人，应有农业、工艺、畜牧生产的技能，指导合作、教学的技能，实用医学的技能；还应有释迦慈悲救世、耶稣牺牲服务、孔子"杀身成仁"、孟子"舍生取义"、墨氏"摩顶放踵"、武训"行乞兴学"、孙中山"天下为公"、甘地"刻苦奋斗"的精神；穿着老土布的便装深入民间做普及民生教育的工作。

就"民生本位教育"的目标而言，邰爽秋指出，"民生本位教育"是以发展人民生计的经济活动为脊干，来改进民众生活，扶植社会生存，保障群众生命而达到民族复兴的教育等四个目标。他进一步解释道，"民生本位教育"是发展民众的经济生活使各个人皆能衣暖食饱，并在此过程中改进民众包括文字生活在内的其他各种生活，以达到美满人生的目的；同时还使全社会的民众集合而成为一种有机的生命单元，使全社会全民族里的群众生命有着安全的保障，使民族生命得以延续。不过，"民生本位教育"的四个目标是有先后的、次序的。其中发展人民生计是一种基本的工作，必须把发展民众生活、扶植社会生存、保障群众生命的工作贯穿在发展人民的生计活动当中，才能达到民族复兴的目标。总之，中国教育的出路即是民生问题的解决，提倡民生教育的最终目标即是希望"用这'民生教育'的锄头为我中华民族在教育上开一条新路，从民生的需要上，建设我国教育的新基础！"[1]

邰爽秋的"民生本位教育"思想受到时人的瞩目和高度赞扬，当时的舆论将其与黄炎培的职业教育、陶行知的生活教育、梁漱溟的乡村教育、晏阳初的平民教育相提并论，[2] 并将邰氏与晏阳初、梁漱溟、陶行知称为"中国教育界四大怪杰"[3]。而由他所创立的念二社也被誉为"在最

---

[1]　邰爽秋：《民生教育刍议》，《教育杂志》1935 年第 25 卷第 6 号。

[2]　参见杨肃《陶行知邰爽秋二先生农村教育主张之不同》，《中华教育界》1935 年第 22 卷第 10 期；刘剑声：《民生本位教育与生活教育》，《民生教育》1937 年第 1 卷第 2 和 3 期；唐茂槐：《民族复兴运动中之普教问题》，《大夏周报》1934 年第 11 卷第 4 期。

[3]　熊明安、周洪宇主编：《中国近现代教育实验史》，山东教育出版社 2001 年版，第 686 页。

经济的设施中求最宏大之效果为鹄的"，且方法"力避抄袭、模仿、空想、玄妙，而含以革命性的新教育方法"。① 更为重要的是，邰爽秋以教育与社会之间的关系为基础，将教育与经济发展密切联系起来，不仅借鉴了杜威、史密斯（W. R. Smith）、欧文·金（Irving King）② 等西方教育社会学学者的思想学说，③ 如教育与生产、生活的密切联系，教育的社会效率，教育的社会化等，而且从中国社会的实际需要出发，揭示了教育与经济发展的关系、教育与生产劳动相结合以及教育的大众化等。所有这些不仅适应了当时中国农村社会发展和农村民众生活的需要，也顺应了 20 世纪二三十年代乡村教育乃至整个教育改革发展的方向，是教育社会学学者对近代中国教育改革的又一贡献，也为教育社会学在联系中国社会实际方面开辟了又一途径，从而有助于这门学科在近代中国的进一步发展。

三　觅教育研究之新途径——廖泰初与燕京大学"乡村社区的教育研究"

廖泰初（1910—2000 年），广东高要县人。1926 年秋，他就读于通州潞河中学，1928 年夏以优异的成绩被保送到燕京大学教育系学习，1932 年本科毕业后入燕大研究生院继续深造。在攻读硕士学位期间，为深入了解教育与社会实际之间的联系，他曾到河北定县、望都和山东汶上县等地进行社会调查，并以社会调查作为硕士论文的选题，题目为《定县的实验——一个历史发展的研究与评价》。④ 不久，他围绕定县的实验又

① 唐茂槐：《民族复兴运动中之普教问题》，《大夏周报》1934 年第 11 卷第 4 期。

② 欧文·金（Irving King, 1874—?），美国社会学家、心理学家，衣阿华大学教授，曾师从美国著名心理学家迈尔斯（Walter. R. Miles），主要著作有 "the Psychology of Child Development"（1903 年）、"the Development of Religion：A Study in Anthropology and Social Psychology"（1910 年）、"the Social Aspects of Education"（1912 年）、"Education for Social Efficiency：A Study in the Social Relations of Education"（1913 年）、"the High School Age"（1914 年）等。

③ 这一点在《社会化的教育》一文的参考文献中可清楚地看出，其中杜威的 "Democracy and Education" "Schools and Society" "School of Tomorrow"、史密斯的 "An Introduction to Educational Sociology"、欧文·金（Irving King）的 "Education for Social Efficiency：A Study in the Social Relations of Education" 等人著作均在其列。参见《社会化的教育》，《中华教育界》1920 年第 10 卷第 1 期。

④ 廖泰初的这篇硕士论文也被看成是对近代中国社会调查不足的批评。参见黄兴涛、夏明方《清末民国社会调查与现代社会科学的兴起》，福建教育出版社 2008 年版，第 121 页。

发表了《从定县的经验说到农村社会调查的欠缺和补救的方法》一文。在文中，他批评当时农村社会调查走错了路，只有热心而没有适当的方法，并认为在农村社会中进行普通社会调查（实际上就是下文提到的"Booth 式"调查）至少有五种困难，[①] 同时这种调查的真正错误是"量上用功而忘记了质"，与科学的农村社会调查相差甚远，原因在于"我们不只是要单位要数目，我们还要生命，要准确，要生活的各方面，不是片断的记载"。在此基础上，他提出科学的农村社会调查应为"居住调查法"（英文与之对应的词汇有 Participant Observation、Community Study and Life – study method，类似的译法还有"原野调查""实地调查"等，都是社区研究方法的不同表达），因为要明了一个社会的生活方式，唯一的办法就是住在这个社会里，和这社会的住民过同样的生活，同时又会意识到自己的任务而细心留意身边一切的情况，这样所调查到的才是"活的社会现象，是生动的社会情况"，[②] 也只有用这种方法积集起来的记录才是真正的农村生活。不难看出，廖泰初的这种学术研究取向，主要是深受当时盛行于燕京大学社会学系乃至整个学界的社区研究方法的影响。

大致而言，社区研究作为一种社会调查方法，在 20 世纪 30 年代以后开始在中国被广泛运用，其中首推燕京大学社会学系。众所周知，燕京大学是近代中国社会调查的发源地之一，近代中国历史上第一个系统的社会调查即是由后来成为该校社会学系创始人之一的步济时（John S. Burgess）所主持的关于"北京人力车夫生活与工作状况"的调查。[③] 此后，社会调查便成为燕京大学社会学系开展的一项重要工作，燕大社会学系也因而成为近代中国提倡、推行社会调查的重镇。不过，在社区研究盛行于燕京大学社会学系之前，占主导地位的是"Booth 式"调查。[④] 所谓"Booth 式"

---

① 这五种困难分别是：中国农民没有调查的习惯和意识、农民的回答似是而非、调查员本身的问题、农村社会里数量单位的不统一、农民心理上的不舒适。

② 廖泰初：《定县的经验说到农村社会调查的缺欠和补救的方法》，《社会研究》1935 年第 103 期。

③ 步济时（1883—1949 年），美国人，1909 年来华，任北京基督教青年会干事，1919 年后任燕京大学社会学系教授，一度为系主任，著有《北京的行会》（The Guilds of Peking，1928）等书。

④ 有关民国时期社会调查的派别称谓不尽相同，有的论著称"Booth 式"调查为"社会调查派"，称"社区研究"为"社会学调查"或"燕京学派"，本文并不为专门论述社会调查而作，为叙述方便起见，遂取其中一种称谓。

调查，缘起于英人蒲司（Ch. Booth，1840—1916 年）在《关于伦敦人的生活与工作》（*Life and Labor of the People in London*）这部社会学的早期经典中首创这种调查及其方法，也为日后国际学界提供了社会调查的范例，①"Booth 式"调查因此而得名。当时燕大的"Booth 式"调查以许仕廉为领军人物。许氏是燕京大学社会学系聘请的第一位中国籍专任教师，1926 年开始担任燕京大学社会学系系主任。在他的亲自实践、倡导下，创造了一批为后世所称道的社会调查成果，如《北平郊外之乡村家庭》《北京犯罪之社会分析》《邹平市集之研究》等；同时，许氏也为燕大社会学系的制度建设贡献颇多，其关于社会学学科建设的构想中将社会调查置于非常重要的地位。他在《对于社会学教程的研究》一文中明确指出，社会学作为一门高深研究的科目，可分为理论研究与社会服务两项，而要进行社会服务必须同时从事实地调查。② 正是由于许仕廉的大力推动，燕京大学社会学系逐渐形成了理论、服务（社会工作）、社会调查三者并立但有所侧重的学科建设特色，同时为社区研究在燕京大学社会学系的开展奠定了必要的理论基础。

"社区研究"的理论主要来源于以下两派：一派是以马林诺斯基（B. Malinowsk）和拉德克里夫·布朗（A. Radcliffe Brown）为主要代表的功能学派社会人类学；另一派是以罗伯特·派克（Robert Park）为首的芝加哥派人文区位学。而社区研究之所以在近代中国能够首先推行于燕京大学，可以说有两个最为关键的因素：其一是由于吴文藻的努力倡导和实践。吴氏是近代中国提倡社区研究最为有力的人，早年留学美国并获哥伦比亚大学研究生院社会学博士学位，1929 年回国后任燕京大学社会学系教授，并于 1933 年开始担任燕大社会学系系主任。在此期间，他一方面积极撰写发表《功能派社会人类学的由来与现状》《英国功能学派人类学今昔》《西方社区研究的近今趋势》《现代社区实地研究的意义和功用》等文章，系统介绍功能学派、人文区位学的理论以及社区研究的相关观点和方法；另一方面编辑《北平晨报》副刊《社会研究》，供燕京大学师生们在此发表有关人文区位学和功能学派研究的理论成果，上述廖泰初的《从定县的经验说到农村社会调查的欠缺和补救的方法》一文就发表于该

---

① 参见吴文藻《论社会学中国化》，商务印书馆 2010 年版，第 201 页。
② 许仕廉：《对于社会学教程的研究》，《社会学杂志》1925 年第 2 卷第 4 号。

刊。同时，他又将刊物内容分成三个板块：（1）小言论；（2）社会事实的叙述（包括实地社会调查报告与重要问题的分析）或研究方法的介绍；（3）通讯消息或书评。三者之中他视第二板块最为重要，并呼吁投稿人多发表实地调查报告类的文章。① 第二个关键的因素是派克来华讲学，这在一定的程度上可以看成是促成社区研究在燕京大学推行的重要契机。1932 年秋，派克应邀到燕京大学社会学系讲学，对燕大社会学系产生了重要的影响，该系 1932—1933 年度报告中认为派克的讲学"注重社会学研究与教学之质的方面"，② 为配合派克讲学还新设一门名叫"集合行为"的课程；而其最大的影响应该说发生在燕大社会学系甚至社会学系以外的学生们当中。费孝通本人的回忆堪为例证，因为它真实地反映了派克来华讲学对中国社区研究兴起的深刻影响：

　　1933 年是我在燕京大学里学习的最后一年。正是这年美国芝加哥大学的社会学教授罗伯特·派克（R. E. Park）到燕京大学来讲学。他是美国盛誉一时的美国芝加哥派社会学的奠基人，主张理论应当密切联系实际。而且提倡实地调查的方法：就是研究者必须亲自深入社会生活，进行详细观察，亲自体会和了解被研究者的行为和心态，然后通过分析、比较、总结事实，提高到理论水平。这种实地调查方法是从社会人类学里移植过来的。社会人类学用之于土著民族，社会学则用之于城市居民。芝加哥社会学系就是以这种方法研究芝加哥城市各种居民而著名的。他也称这种研究作 Community Study，我们把它翻译作"社区研究"。

　　派克不仅在班上讲解人类集体行为的性质、社区的结构而且特别引起我们这些学生兴趣的是他亲自带领我们参观北京各种类别的居民区。这真正打开了我们这些象牙塔中的小青年的眼界。我们这辈学生真心感激他，把我们带出了书本，进入了活生生的现实世界。

　　我们感激派克老师更重要的是他给我们指出了"社会学中国化"

---

① 编者：《第三年的开始》，《社会研究》1936 年合订本。

② 《燕京大学社会学及社会服务学系一九三二——一九三三年度报告》，《社会学界》1933 年第 7 卷。

的具体方法。只有这个愿望是不够的，必须掌握具体的操作方法。"社区研究"就是他给我们的这把钥匙，同时更具体地告诉我们这套方法可以向社会人类学者去学习。围绕着它（他）这个主意我们一批学生包括杨庆堃、林耀华、黄迪、廖泰初等形成了一个小小的学术团体，在天津益世报办了一个专页附刊——"社区研究"，从1933年起直到抗战开始才停止。我们还分别自己下乡找问题进行调查研究，在我们圈子里形成了一个风气。①

受这种"风气"的浸染，廖泰初对当时教育研究的现状非常不满，他指出："频年说理论的人多，谈思想的人众，创新意立新说的人也不少，对普通的一般学问是如此，在教育的园地里也并非例外，真真的到原野去发现事实研究事理的人太少了，结果是理论新意新说的只成为理论新意新说，在广大的原野里没有他们的地位，和乡间的一切组织风俗习惯配搭不上，失却了现实性、可能性。"② 并开始积极寻找能做实地调查的合适目标。如前所述，他在燕大研究生院攻读硕士学位期间，教育系为筹建"乡村教育专业"特派他去河北省一些县从事教育经费调查，后又到山东省汶上县开展专题研究，他最后选择山东汶上县作为实地考察的目标，主要是基于以下因素的考虑：其一是"个人方面的方便"③，因为当时廖泰初任汶上县县政府的视学员，这有利于他开展各种实地调查。其二是私塾作为一个现存的、尚在活动的社会和教育制度，较适合用实地调查的方法来进行研究工作，而汶上县距孔子的故乡曲阜最近，是中国传统教育制度历史最长、保存最久、通行最广的区域，而且私塾并不是汶上县特有的教育制度，所以汶上县的私塾发展情形在相当程度上具有普遍性，也许可以揭示出中国传统教育制度的形式及其转变到现代教育制度过程中的某些普遍规律。至于"洋学"的研究，他认为非得以县为单位不可，因为县是中国内地教育行政最基本的区域，诸如法令的施行、经费的供给、视导工

① 费孝通：《略谈中国的社会学》，《新华文摘》1994年第3期。

② 廖泰初：《动变中的中国农村教育——山东省汶上县教育研究》，出版地不详，1936年版，第4页。

③ 因为当时廖泰初任汶上县县政府的视学员，在这种名义下他具有开展各种实地调查的方便。

作等一切"洋学"的组织都以县为依归。① 在研究刚开始进行时，廖泰初就发现汶上县教育中存在着三个重要的问题：第一是私塾的组织；第二是"洋学"的组织；第三是学田的纷扰。第三点专属于社会经济结构的问题，而前两点正代表了徘徊在十字街头的中国农村教育，而且两者之间互相对立，各不相容："洋学"是在政府的严令下挣扎维持着，私塾则在老百姓们的烘托里枝叶繁盛；若没有政府，洋学可能早已是"寿终正寝"让私塾压死了。更为惊人的是，诸如"洋学也认识中国字么，也是孔圣人的字么""花钱不念洋书，念洋书不花钱""洋学反正不拿钱，到那里玩玩不碍事"之类的话语在 20 世纪 30 年代的汶上县乡间依然是最流行的说法。既然如此，"洋学"占据什么样的地位，处于什么样的环境，他认为这其中必有文章。更进一步的问题是"为什么洋学打不进老百姓们的队伍里，为什么以西洋文化为背景产生的洋学不为老百姓所欢迎？"② 本着"明白事理，分析现象，在相当的范围内，发现问题之所在"的实地研究目的，③ 他对私塾和"洋学"分别作了更深入的观察和调查。

在对汶上县私塾开展实地调查的过程中，廖泰初发现最令他惊异的现象是：汶上县的私塾是一个近乎完整的教育制度，等级分明，各有特殊的目的和希望。例如，在中国近代学校制度里，现行的有大学、中学、小学，这里有黉局、私塾、蒙学；现行的有师范学校，这里有"大学私塾"或曰"私塾大学"。两种完全不同的教育制度，竟然在一个地方同时推行。汶上县私塾的源头，最早可以追溯到孔子，孔子虽不是汶上人，但他的六十三世孙孔用，赐衍圣公，是汶上过继的。这是汶上教育史上最光荣的一页，也是汶上县私塾不断发展的一支"兴奋剂"。从数量上看，整个汶上县的私塾约为 1500 至 2000 所，而且分布很广，几乎是一村一所；从质量上看，私塾的功能不只是停留在教育的范围里，只管教几个孩子就算了事，其更重要的功能已扩展到社会其他的活动上去，俨然是一个村的中心，这主要与私塾的创办者及当地老百姓们对私塾的态度有密切的关系。据汶上县一般人的意思，认为洋学堂是官办的，老百姓自然用不着管；私

---

① "洋学"即指学校，廖泰初之所以称"洋学"而不称学校，其主要用意在于突出教育制度文化基础的不同，即洋学是"西洋文化"的产物，私塾是"本位文化"即本土文化的产物。

② 廖泰初：《动变中的中国农村教育——山东省汶上县教育研究》，出版地不详，1936 年版，第 3 页。

③ 同上。

塾却是老百姓自己的东西，县府也不应该去管，并认定私塾是正常的出路，"洋学"不过是变态反常的组织，以致把兴学的大部分精力放在私塾上面。创办私塾者不是士绅就是地主，再不就是曾在外做官告老还乡的大人物，或是现任的乡村长。这些人物和地方的关系最深，最得地方的信仰，一旦有所动议，没有不水到渠成的。通常情况下，一所私塾就是由他们作为"塾东"，再聘请塾师、联系"邀东"，从远亲近戚或好朋友的子弟中招进若干个塾生（塾生的父兄也是当然的组成人员），一所完整的私塾便算成立起来了，而"由兴趣相似，关系相同的集团而组成的私塾，是一种力量，一个活动单位，一个社会组织"①。尽管塾东作为私塾组织的领头人，其作用不容忽视，但私塾中又以塾师的地位最为关键。一般来讲，塾师多是地方上数一数二的才子；若是外面罢官回来当塾师的，那简直成了"土霸"，他懂得官场的规矩，懂得社会的情形，见的事物多，有较为远大的眼光，遇到非常事件，不去求他解决似乎是无人可求了。在地方上，以塾师塾址为中心而形成一个近乎参议院雏形的说法，并非言过其实。一所私塾尽管不能直接干预地方行政，但其间接活动的力量却大得足够惊人；这些活动一般情况下都是由塾师来完成，如反对增税、摊工、水利、防灾等对付县府之类的活动；包揽诉讼之类的活动；给小孩起名、写春联、讣闻之类的活动，等等。可以说，塾师与村庄里各分子的关联，以及整个经济结构的维系，都有相互的影响。相比较私塾的创办者而言，地方上的老百姓是其枝繁叶茂的沃土。然而，老百姓爱私塾、信仰私塾而不接受"洋学"的原因究竟何在？

通过研究，廖泰初发现并总结出大致有以下几种原因：（1）大部分人民对政府已经失去了信仰心，凡是官府闹的东西，不是要钱就是要命。"洋学"是政府办的，不花钱能读出什么东西？这是老百姓对洋学最一般的观念。再加上教育行政机关人员更换频繁，导致地方教育机关的行政权力全部掌握在乡镇长手里，这些人正是创办私塾的热心者。（2）私塾的教材管理法完全迎合老百姓的胃口，贴近儿童日常的生活经验。在老百姓们眼里，私塾无论如何不会把孩子教坏，上几年私塾就能写字、记账，知礼仪、识诗文，文言文是助人谋生上进的，将来就是不做官，也是候补士

---

① 廖泰初：《动变中的中国农村教育——山东省汶上县教育研究》，出版地不详，1936年版，第26页。

绅、书香子弟、一表人物。此外，私塾用的是个别教授法，在乡间学生经常缺席的情况下是最合适的，有事请假只是迟读几天书，不会无法读，更没有什么补功课赶功课的说法，而"洋学"却不是这样，缺上一两个星期的课程，就是老师允许他补，学生也不愿意念了。（3）有关升学问题，私塾与"洋学"相比，又是前者占了优胜的地位。因为整个汶上县都没有一所中学，要升学的话得上外县去，这是经济力不容许的；而私塾升学非常容易，从蒙学到爨局、私塾大学，不在本村就在临近的村庄，每年花上二三十块钱算是最多的了。（4）历来出外读书的子弟，毕业后都不愿意回家，认为乡间是一条死路；城市失业回家，成为游手好闲的无业者，既不种地又不工作；研究三角化学理论，又是英雄无用武之地，做小学教师，月薪最多也是几元钱，精明些的老百姓已充分看透了其中实情。（5）老百姓认为只有"四书五经"才是圣人书，要读书就得读这种书，升官食禄也只有靠这些书才有办法。廖泰初指出，以上这些正是产生问题之根源所在，而年来县政府只在取缔私塾上做功夫，忽略了问题的症结，忽略了私塾产生诱惑力的根源。

在对汶上县"洋学"进行实地调查的过程中，廖泰初发现的却是另一番景象：与私塾历史的源远流长相比，汶上县"洋学"的历史却极其短暂。严格地说，汶上县的新教育应以1928年为起点，以前只是一种风气罢了；而且无论是从质抑或从量来看，都不能让人觉得汶上县已有了新教育。以中等教育为例，全县只有一所县立师范讲习所，目的是培养乡间初级小学师资。按规定应收高小毕业的学生，实际上是什么程度都收，只要来就算，只要算就准能毕业。当时只开设一班，学生30余人，两年毕业。每月经费一百一十三元四角，校长一人，专任教员两人，义务教员一人。除去薪金、灯火等开支外，别的什么都没有了。教地理的时候，连地图都没有；教数学连尺都不多一把；校舍是前当铺的一部分，楼房高大却是年久失修，屋顶瓦垄俱是草木丛生，其他的情况可以想见。薪金地位，请不到好教员；科目众多，三个教员不知如何分配。自成立以来，前后毕业学生共90余人，多数分配到乡间担任教师。一种敷衍的情形，实在是叫人伤感，当地政府遂命令于1936年6月停办。这样就连仅有的一所中等学校都不保了，其他的学校教育便可想而知。然而，真正使"洋学"难以维持的还是汶上人对"洋学"态度的冷淡。"洋学"正如洋货一样，留给当地老百姓一种古怪的印象，认为是跟他们不相干。一般情况下，在

"洋学"里读书的都是较为贫困的学生。换句话说，人民的穷苦是"洋学"能维持下去最重要的原因，假如老百姓每家都分得了20亩地，"洋学"当天就可以"关门大吉""寿终正寝"了。站在塾师的角度来看，"洋学"简直是最要不得的东西：一些野孩子穷孩子，不好好读书，乱叫乱跳，书本里又满是一些猫儿狗儿都会说话的骗人把戏。至于"洋学"师资质量的低劣，那更是汶上人对之冷淡的直接导火索。小学毕业就担任小学的教师，再读两年讲习所，就是了不得的人物。这些人不能适应地方的需要，缺乏对付地方的力量，无法博得乡间的信仰也就无足为奇了。诚如汶上人所说："年纪轻，经验少，在乡间地位没有声望，老头子们看着他生，看着他长，在他们眼中，还不过是个毛小子，谁会拿他当老师看，连写个账都不会，一切应用的知识全拿不出来，又谁敢把孩子送到他们那里学乖。"① 此外，不同于私塾的个别教授法可以减少不规则假期所带来的不便，"洋学"里缺上一两个星期的课程，便不容易补上；而所学非所用，所选用课本的材料，打不入乡间；等等。在对"洋学"进行一番深入观察调查之后，廖泰初形成了以下看法："学生的不到校，老百姓们的不欢迎洋学，绝对不是在计算每年花一二元钱纸笔费，也不全然是没有时间孩子要做活的问题。问题是整个教育制度由外而内，由上而下，由城市而乡间，换句话说是由西洋抄袭而来，强使之在内地生长，由政府主动，用政令施行，从城市观察到的成绩，硬要搬到乡间实现，结果是整套家伙的不适合乡间的生活习惯，不适合老百姓的胃口。我们见到的假期、升学、科目、时间等等，完全打不进老百姓们的生活中，他们的思想、态度，不曾准备好去接受这些东西，同时也没有接受的必要。"② 总之，"洋学"和"私塾"是两种最不相同的东西。一种是西洋文化的产物，从外国抄袭，用人工的方法栽培到乡间；一种是根据乡间社会的需要和其他的一些理由自然演变成的产物。两者结局不一样是显而易见的。

为进行上述调查研究，廖泰初从1935年10月开始，至1936年1月正式结束，在此期间他共走访过汶上县200多个村庄，参观了150多个私塾。据他本人介绍，在此次实地调查中，为了得到更为真实的观察，须使

① 廖泰初：《动变中的中国农村教育——山东省汶上县教育研究》，出版地不详，1936年版，第69页。

② 同上书，第85页。

被观察的人并不因观察而改变他们原有的状态，唯一的办法只有使他们明白这种观察对他们没有任何损害，因此首先需要作初步的访问。他每到一处都设法与当地的人物作亲密而坦诚的交流，直到他们愿意介绍他去和塾师谈话，和塾生见面，廖泰初才开始讨论、观察、校核，以搜集他所希望得到的材料。难能可贵的是，尽管廖泰初一再强调他在汶上县进行的是实地调查，也即他前文所极力提倡的"居住调查法"，但他并没有因此而忽视通过其他途径和方法来获得资料。例如，他自1935年10月曾在汶上县发放600份私塾调查表，截至1936年12月共收回197份，调查表包含塾师、塾名、塾址、创办时日、学生数目、经费、教学方式、设备、毕业年数、教师年龄、教师学历、感觉困难等12项内容，并提醒调查者注意以下三点："（1）此种调查完全为欲得各私塾概况，思有以补助之，改善之；（2）调查者态度务须温和恭敬；（3）遇有特别情形，可在备注项下填写"①。这次问卷调查虽因种种原因致使反馈信息的可靠性受到影响，但仍不失为实地调查研究的一种有益参考。此外，廖泰初参加过汶上县政府举办的小学教师讲习会，直接听取当地塾师关于私塾问题的讨论意见；他还翻阅县政府的档案、地方志，从中获得了有关汶上县私塾过去的发展情形。由此，他根据从各个方面所搜集的资料编撰了《动变中的中国农村教育——山东省汶上县教育研究》一书，客观地描述"私塾"与"洋学"之间的竞争和冲突。该书不仅是廖泰初"居住调查法"首次应用实践所取得的重要研究成果，而且是近代中国学者运用社区方法于教育研究的一次重要尝试，对社区研究在中国的进一步发展起了重要的推动作用。如费孝通曾写道："我读了泰初的《汶上县的私塾组织》（即《动变中的中国农村教育——山东省汶上县教育研究》——笔者注），更使我对于社区研究有坚决的信仰。"② 廖泰初自己也坦言，他在山东汶上县进行实地调查研究中发现很多有趣的事实，③ "有些事实不是亲眼见到，真不易教

———————————

①　廖泰初：《动变中的中国农村教育——山东省汶上县教育研究》，出版地不详，1936年版，第11页。

②　费孝通：《费孝通文集》（第一卷），群言出版社1999年版，第393页。

③　这些事实有：重男轻女的传统思想、女人根本是用不着识字的，她们的生活不要"字"的帮忙、十分之九的"洋学"是在庙宇家祠内设立的，等等。参见廖泰初《动变中的中国农村教育——山东省汶上县教育研究》，出版地不详，1936年版，第78—79页。

人相信"，^① 由此也更坚定了他提倡和开展社区研究的信心。不仅如此，他还以此为契机对中国以往的教育研究进行认真的回顾和深刻的反思，呼吁和倡导在中国建立以乡村为社区研究的基本单位。因而，在《动变中的中国农村教育——山东省汶上县教育研究》之后不久，廖泰初又相继发表了《中国教育学研究的新途径——乡村社区的教育研究》和《中国教育研究的回顾与前瞻提要初稿》两篇文章，集中论述他关于近代中国新教育及教育研究的看法和主张。

廖泰初认为，中国的新教育本质上是一种"洋教育"，是"搬运""抄袭"外国的教育，因而中国的新教育是"外铄居多，内发占少，被动居多，自主占少，抄袭居多，研讨占少，甲不适合时则抄乙，乙不合时则抄丙，教育目的随之而颠沛流离，三番四次变更，莫衷一是"^②，并进一步指出，由于中国历史悠久内地交通不便以及古代文化根深蒂固，这种由外国抄袭而来的教育要完全培植到中国广大农村去，事实上很难办到，也是不可能的，所以新教育成立至今，其势力也不能超出中国几个大城市，而广大农村的人民仍然保持着原来的面目。新教育不能到达中国农村内地的原因固然有很多，但不能满足中国农村社会的需要是其最根本的原因。由此，他认为，中国新教育的失败已成为不可掩瞒的事实，失败的根源在于"教育与一切现存的社会经济政治组织隔离"，"没有认清中国内在的教育问题是整个社会的演变，和整个社会各部门配搭的关系"，"纯粹的抄袭主义，整套的搬运，不顾自身的社会准备，文化背景，演变需要的历程"，"硬要把外国社会里产生的'洋教育'搬到中国来，自然会发生不调适的问题"^③，而"各国教育本身已自有其矛盾不适宜之处，也非尽善尽美，抄袭的结果是盲人骑瞎马"^④。

廖泰初坚持认为："一国的教育政策绝不能轻易抄袭得来，更无侥幸捡得的道理，各国有各自的历史背景、文化部门、风俗习尚，一个制度的产生，须经过若干演变的事实，亦得相当的时间"^⑤，并且"教育组织应

① 廖泰初：《中国教育学研究的新途径——乡村社区的教育研究》，《教育学报》1938年第 3 期。

② 同上。

③ 同上。

④ 同上。

⑤ 同上。

该融合在整个政治经济社会系统中，离开了就没有教育"①，因此教育方面的任何改革应建立在"缜密的综合研究"基础上。② 然而，仅观中国的教育研究，廖泰初指出，绝大部分教育研究仍然是盲目抄袭西方尤其是美国的教育学说，"谁要抄袭得像，抄袭得肖，就是国内的专家"③；偶有一些所谓的研究，然而也只是局限于学校式教育内的部门，如课室管理、温度光线、教授方法、分组法、儿童卫生、校长须知等，对广大的中国农村社会认识过于浅薄，只在学校教育园地里绕圈子，打算盘；即便是研究得有很好的结果，仍然是无法推行，因为"研究是一回事，中国社会背景又另是一回事，城市是一回事，穷乡僻壤又另是一回事，江苏浙江是一回事，云南四川又另是一回事，各方面条件未能满足，研究是不会有结果的"④。他批评中国过去的教育研究，"只是在敷衍暂时的狭窄局面，只是取巧的走近路，只是零碎片段的现买现卖，从未下过苦心彻底的研究一下，更没有整个的研究计划"，这种教育研究"脱离了中国文化的背景，隔离了其他社会生活"。⑤

反思是为了正确地认识自身，以便于找到解决问题的途径和方法。如何改变这种局面，在廖泰初看来，中国目前最重要的是创立一个新的教育制度，一方面要迎合世界潮流，另一方面要适合中国社会的需要，解决这个问题的关键须走一条新的途径，尤其是教育研究的新途径，即运用"乡村社区的教育研究"或"功能派社区研究"的观点和方法来对中国教育进行彻底的、综合的研究，并就功能派社区研究的基本理论、内容和方法一一作明确的说明。他指出，功能派社区研究关于教育（包括形式教育和非形式教育）最基本的理论是，"教育生活是社会生活的一部分，教育本身是一种社会功能，教育组织是社会组织的一种，教育制度亦是社会组织

① 廖泰初：《动变中的中国农村教育——山东省汶上县教育研究》，出版地不详，1936 年版，第 6 页。

② 廖泰初：《中国教育学研究的新途径——乡村社区的教育研究》，《教育学报》1938 年第 3 期。

③ 廖泰初：《中国教育研究的回顾与前瞻提要初稿》，《教育学报》1940 年 4 月，第 5 期单行本。

④ 廖泰初：《中国教育学研究的新途径——乡村社区的教育研究》，《教育学报》1938 年第 3 期。

⑤ 同上。

的一部分，研究教育的决没有把教育制度割离于社会整个组织而单独着手的道理"①，并将教育置于整个文化发展背景及趋势中去认识和把握。其研究内容包括下述两部分：一是"社区中教育制度组织的研究"（dia-chronic study；equilibrium approach）；二是"社区中教育制度动变的研究"（synchronic study；developmental approach）。概而言之，前者是一种横向的研究，是现存一切活动的综合研究，即以教育或某一方面为中心，注意与之相关的一切社会活动及其他各方面关系的研究；后者是一种纵向的研究，是演变的研究、哲学理论的研究、历史的研究，它所注意的是教育在传递文化与创造文化中的作用以及中西文化交替中的教育演变。不同的研究内容决定了研究方法也有所不同，"社区中教育制度组织的研究"的具体路径有两条：其一是选定某一社区作一种综合的研究，用同等的眼光看待社区各方面相互连接的关系，从而去认识整个社区的生活；其二是从社区内某一方面入手（如教育），以此为研究的中心，同时注意到与之相关的一切其他社会活动，而"社区中教育制度动变的研究"主要可采用两种方法：一是社区历史研究法，即通过历史材料的搜集，以某一个时期为起点，考察教育在整个社会机构上的功能及所表现的方式，然后再拿一个较前或较后的时期作同样的研究，从中可以清楚地发现演变的事实；二是社区比较研究法，即选择不同的地点作为社区，将各个社区的事实一同列出来，如同一幅鲜明的社会图画，从中很容易找到事实的根据。他主张两种研究法相互补充，相互依赖，共同实现功能派社区研究的目标。

廖泰初认为，功能派社区研究的优点就在于它"对一切社会事实作综合性关联性的探讨，注意到一切事实配搭勾连的缜密，从不单独站在某一圈套里，去观察某个角落的活动；尤属可贵的就是对原野或是实地研究的认识，作居住研究的尝试，这个观点，正适合了人类活动天然的趋势"②，并强调功能派社区研究不仅成全了他个人的研究计划，③ 而且特别适合作为中国教育研究的新途径及发展方向，因为中国国土辽阔、人口众多、文

---

① 廖泰初：《中国教育学研究的新途径——乡村社区的教育研究》，《教育学报》1938 年第 3 期。

② 同上。

③ 廖泰初声称自己的研究计划即是以功能派的理论为基础，其要点有三部分：一是实地研究，二是综合的看法，三是教育范围的扩大。参见廖泰初《中国教育学研究的新途径——乡村社区的教育研究》，《教育学报》1938 年第 3 期。

化背景深厚，"一切社会改造，文化各部门的估价，善恶优劣的问题，须得在整个研究结束之后"，而"在实地研究中，我们深信必能发现若干重要的事实，宝贵的材料，强大的潜势力，这时候我们才有资格去评定目下教育的得失轻重的问题，谁是谁非的问题，集权分权的问题，制度问题，读经尊孔的问题，课程问题，这些问题得在田野材料充实以后，才能有所根据"[①]；更进一步来讲，"只有在对本国的文化社会环境认识以后，教育才有所依归，才能找到推行实施的可能"[②]，唯有如此，才能达到教育改造的最终目的，这才是中国教育的真正出路，更是中国教育研究的真正出路。

第三节　近代中国教育社会学与乡村建设运动的互动及其影响

就近代中国教育社会学对促进乡村建设和乡村教育的影响而言，上述余家菊、崔载阳、邰爽秋、廖泰初等近代中国教育社会学学者关于乡村建设和乡村教育的理论及实践活动无疑是最为核心的部分，因为这些学者的思想及活动均与乡村建设运动有着密切的关联，并对推动乡村建设和乡村教育的发展产生了不可忽视的影响。不过从他们各自参与乡村建设运动的方式来看，又可粗分为两种类型：一类是以余家菊为代表的"理论型"，因为余氏未直接参加乡村建设运动的实践，主要致力于乡村教育理论的探讨，《乡村教育通论》是其所取得的重要理论成果；另一类是以崔载阳、邰爽秋、廖泰初等人为代表的"实践型"，因为崔、邰、廖三人直接参与了乡村建设运动的实践活动，但他们之间又有所不同，其中崔、邰两人在参与乡村建设运动中提出并实践了新的理论，前者是"民族中心教育"思想，后者是"民生本位教育"思想，而廖泰初则主要参与乡村教育和乡村建设的调查和研究。

教育调查尤其是乡村教育的调查对于乡村教育研究和乡村建设运动来

---

① 廖泰初：《中国教育学研究的新途径——乡村社区的教育研究》，《教育学报》1938年第3期。

② 廖泰初：《中国教育研究的回顾与前瞻提要初稿》，《教育学报》1940年4月，第5期单行本。

说至关重要。例如，有的学者认为乡村教育调查是"使乡村教育的提倡由空谈理论，进为言而有物有据"①，是乡村教育者观念进步的重要标志。有的学者则对不重视乡村教育调查批评道："中国之乡村学校，向无精确之调查，故欲言其实际状况，除用文字叙述外，殊难做数量上之比较也。"② 而教育调查是教育社会学的基本研究方法，是教育社会学成为科学的重要基础，教育社会学的理论研究显然离不开教育调查。诚如有的学者就认为："教育社会学的研究，决不是徒然念几本书，或冥思默索所能了事，必须有具体客观的方法，从事实际材料的搜集予以寻绎其中意义，才能有济。"③ 而所谓客观的方法主要就是指社会调查及教育调查，其具体步骤为"运用科学方法，按照规定之计划与步骤，本客观态度，搜集资料；用统计与图表方法，更推究各方面之关系，解释所得结果，最后建议报告，使从事教育者，明了于所办教育事业优点与劣点之所在，以为估定教育政策，改良教育设施之根据"④。有鉴于此，本节一方面拟增补 20 世纪三四十年代开展乡村教育调查的若干主要成果，以作为为乡村建设的开展提供相应的事实依据和科学指导的具体事例，试图从这一角度进一步论述教育社会学对促进乡村建设和乡村教育运动所产生的影响；另一方面力求在上述分析的基础上，进一步揭示近代中国教育社会学所接受和获得的来自于乡村建设和乡村教育运动的"反哺"作用。

一　近代中国教育社会学对促进乡村建设运动的影响

教育调查（Educational Survey）作为一种科学的研究方法，兴起于西方，尤以美国最为发达，五四运动前后传入中国。1919 年，南京高等师范学校教育科开设"教育调查"课程，由廖世承指导开展"济南教育调查"，这是近代中国最早举行的教育调查，因"事属草创，未为国人所注意"⑤。但不久之后，教育调查在近代中国发展成为一种"运动"。有的学者对此总结道："近一二年来，我国教育界的一种好现象，就是大多数的

---

① 龚宝善主编：《昨日今日与明日的教育——教育历程的开拓》，开明书店 1978 年版，第 200 页。

② 古楳：《乡村教育新论》（全一册），民智书局 1930 年版，第 148 页。

③ 罗廷光：《教育研究指南》，国立中央大学教育学院教育研究所 1932 年刊，第 157 页。

④ 邰爽秋：《教育调查》（上卷），教育印书合作社 1931 年版，第 1 页。

⑤ 同上书，第 4 页。

教育家，都知道空谈学理是不中用的；大家都知道要改良教育，必须从实际调查着手"，"这种实际教育的运动，真是一种好气象，是将来改革教育的一种稳固的基础"。① 此后随着乡村建设运动的兴起及乡村教育改革的呼声日隆，教育调查的范围也由城市而扩展到乡村，有关乡村教育的调查于是逐渐为国人所重视。最早的乡村教育调查于 1924 年由东南大学教育科组织的"乡村教育与乡村改进委员会"发起，以该科教授冯锐（1898—1936，广东新滘人）负调查之责。冯氏于是年冬至次年春，先后在江苏省金坛县王母观村，及广东番禺县茭塘司河南岛五十七村等处，进行乡村社会状况、经济状况及教育状况之调查。20 世纪二三十年代，教育调查已在教育领域的各个方面展开。有关教员的调查、学生的调查、教育经费的调查、学校校舍的调查、教材的调查等，一时教育调查的成果纷纷面世，其情形诚如程其保所言："有系普遍的，有系片面的，有系已经发表的，有系尚未公布的"②。而从乡村教育调查开展的具体情况来看，主要分为两种类型：一类是乡村社会状况的调查，有关乡村教育的调查也是其中重要的组成部分，此类调查以社会学学者居多；另一类是专门的乡村教育调查，此类调查以教育学者占主导地位。

表 4 – 5　　　　20 世纪三四十年代主要乡村教育调查成果一览表

成果名称	作　者	发表状况
一个市镇调查的尝试	许仕廉	《社会学界》1931 年第 5 卷
清河村镇社区——一个初步研究报告	黄迪	《社会学界》1938 年第 10 卷
北京西郊挂甲屯家计调查	华北综合调查研究所	华北综合调查研究所，1944 年刊
南阳农村社会调查报告	冯紫岗、刘端生	黎明书局，1934 年初版
山西阳曲县二十个乡村概况调查之研究	刘容亭	《新农村》1933 年第 3—4 期"调查专号"
山西阳曲县三个乡村农田及教育概况调查之研究	刘容亭	《新农村》1933 年第 1 期
山西高平陵川神池三县十六个乡村概况调查之比较	刘容亭	《新农村》1934 年第 9 期

---

① 张裕卿：《学校调查纲要》，商务印书馆 1923 年版，第 1 页。

② 程其保：《学务调查》，商务印书馆 1930 年版，"序言"。

续表

成果名称	作　者	发表状况
山西祁县东左墩西左墩太谷县阳邑镇平遥县道备村经商者现况调查之研究	刘容亭	《新农村》1935 年第 22 期
太谷县贯家堡村调查报告	武寿铭	山西大学行龙提供，1935 年
兰溪农村调查	冯紫岗	《浙江大学农学院专刊》1935 年第 1 号
上海特别市各区农村概况	周丽章、周汝元等	《社会月刊》1930 年第 2 卷第 5—11 号
上海市百四十户农家调查	作者不详	《社会月刊》1930 年第 2 卷第 5—11 号
上海市中心区百零六户农民生活状况调查录	作者不详	《社会月刊》1931 年第 2 卷第 12 号
昆山县徐公桥乡区社会状况调查报告书	赵叔愚、杨卫玉、冯递霞等	《联合改进农村生活董事会丛著》第一种，1926 年刊
嵊山渔村调查	江苏省渔业试验场	江苏省渔业试验场，1935 年刊
安徽省芜湖县第四区第三乡农村调查	江国权	《农业经济丛书》（第一辑），中国农业经济研究会，1944 年刊
赣县七鲤乡社会调查	李柳溪	地方政治丛书之九，江西省地方行政干部训练团，1941 年刊
武昌凯字营蓬户教育实验区概况	湖北省政府秘书处统计室调查队编制	调查报告第二种，湖北省政府秘书处统计室调查队，1937 年刊
华阳县农村概况	叶懋、潘鸿生	四川省农业改进所统计室，1942 年刊
本馆办理民众教育实验区社会初步调查报告		湖南省立农民教育馆，1935 年刊
湖南长沙崇礼堡乡村调查	孙本文、陈倚兴	国立中央大学社会研究所丛刊第二种，1948 年刊
衡山县古乡社会概况调查	湖南省衡山乡村师范学校	中华平民教育促进会，1937 年刊
新宁白杨乡社会概况调查	湖南省衡山乡村师范学校第一二五班	湖南省立衡山乡村师范学校，1939 年刊
广东番禹县茭塘司河南岛五十七村普通社会的与经济的调查报告	冯锐	"东南大学教育科丛书"，1925 年刊
樟林社会概况调查	陈国梁、卢明	国立中山大学社会研究所，1936 年刊
江宁县淳化镇乡村社会之研究	乔启明	《金陵大学农林丛刊》1934 年第 23 号
皖北农村社会经济实况	杨季华	安徽省立第二乡村师范学校，1935 年再刊
卢家村	蒋旨昂	《社会学界》1934 年第 8 卷

续表

成果名称	作　者	发表状况
南京城内农家之分析研究	姚佐元	《农林新报》1934 年第 29、第 32 期
旧凤凰村调查报告	伍锐麟、黄恩怜	《岭南学报》1935 年第 4 卷第 3 期
京郊农村社会调查	蒋杰、乔启明	《中华农学会报》1937 年第 159 期
北平郊外之乡村家庭	李景汉	《社会研究丛刊》第三种，商务印书馆 1929 年版
农村家庭调查	言心哲	商务印书馆 1935 年版
十个中等农业职业学校调查的研究	赵植基、孙祖荫	《农林新报》1934 年第 17 期
江宁自治实验县乡村教育初步调查	章之汶、辛润堂、蒋杰	《农林新报》1934 年第 2 期
南京市郊乡村小学之调查	赵石萍	《农林新报》1935 年第 18 期
安徽和县第二区乡村教育初步调查	辛润堂	《农林新报》1935 年第 4 期
我国中等学校乡村化程度的调查	童润之	《教育杂志》1936 年第 26 卷第 10 号
山西乡村教育概况之调查	宋震寰	《新农村》1934 年第 13—14 期

资料来源：李文海主编：《民国时期社会调查丛编·文教事业卷》，福建教育出版社 2005 年版；李文海主编：《民国时期社会调查丛编·乡村社会卷》（二编），福建教育出版社 2009 年版。

综观上述调查成果，或以教育团体机关名义，或以大学名义，或以个人名义，但无一例外的都是通过科学的手段和方法来进行有关乡村教育和乡村社会状况调查的成果，既为乡村建设运动的开展提供了真实可靠的第一手材料或信息，又在一定的程度上发挥了对其进行科学指导的作用。为更清楚地揭示教育调查对乡村建设运动的贡献和影响，下文从上述两类乡村教育调查中分别选出许仕廉的《一个市镇调查的尝试》与燕京大学清河实验，以及童润之的《我国中等学校乡村化程度的调查》与广西国民中学教育，以作具体分析。

许仕廉（1896—?），湖南湘潭人，著名社会学家。早年留学美国，获衣阿华大学哲学博士学位，1924 年回国，先后任国立武昌师范大学教授、燕京大学社会学教授，1926 年又任燕京大学社会学系主任。1928 年为主持创办清河实验区，对清河的历史、地理、商业、人口、婚姻家庭、教育等方面，做了一次普查，其成果为调查报告《一个市镇调查的尝试》（*Ching Ho: A Sociological Analysis*）。该报告称清河其地理位置在历史上极具重要意义地位，北平通往张家口及蒙古等地之要道正经过该镇的中心，它也是北平前往中国西北大道上的第一个停靠站。但自北京至绥远的铁路修成后，清河的重要性随即被削弱。商业上，清河镇是一个收集农产品、销售制造品的集散地，有各式各样规模不等的商铺，在所调查的122家商铺中，小的只有一个人经营，大的则雇佣18人，平均每家有5个人。清河的总人口构成中，按年龄分成幼年组、中年人、老年组三组，其中以中年人居多，占总人口一半以上；幼年组中男性百分数最高，老年组则反之。若以婚姻及血统关系来计算人口密度的话，在所调查的371家中，每家人口的平均数为4.8人，所以通常认为的中国家庭包含有数代且人口众多的说法，在清河的调查中不能完全成立。相比较前几项的调查，报告对清河教育部分的调查所占比重最大，资料也最为详细，并列出多个统计表来作数量分析。例如，在对126个学生的家长职业统计中发现，51位学生的家长从事商业，占41%居首位；30位学生的家长从事工业，占23.8%名列其次；学生家长中务农的排在第三位，占16.6%。由此可见，清河的教育多趋重于商业方面，而非农业方面。从经商人口识字程度调查中得出如下数据：10岁以上的人不识字者占31%，其中男性不识字者占25.3%，女性是100%；关于家庭人口识字程度的调查中则发现，10岁以上的人只有2%能读报纸，不识字者占69.7%。但清河并不存在讲演所、平民学校及图书馆之类的设置。在122家商户中，有89家（占73%）没有报纸，32家（占6.2%）仅有一种报纸，只有一家有两种报纸，其中订阅日报者只有一家，其余均系小报，且这122家均未有任何书籍。

根据上述调查结果，许仕廉提出五条改善清河社会生活的建议，其中就有两条是关于清河教育方面的。具体包括：（一）成人教育。鉴于当地居民中有很多不识字者，而报纸又简陋，所以应办理成人教育班、乡村图书馆等。（二）儿童教育。因儿童入学率只有45.4%，应设法帮助办理当地小学校。此外，还应设立童子军、女子职业班等，以求促进儿童进校学习的兴趣。（三）医疗。因清河除了药店外，并没有其他的健康服务设施，也没有受过专业训练的接生人员，应开办一个卫生诊所。（四）应帮助农民设立销售合作社。（五）当地政府人员应自动地与人民合作致力于修筑道路沟渠等基础设施，最终将清河建成为本地区的模范镇。① 在调查研究的基础上，"清河社会实验区"于1930年2月正式成立，隶属于燕京大学社会学系。燕大社会学系委派工作人员（以该系师生为主），与当地

---

① 许仕廉：《一个市镇调查的尝试》，《社会学界》1931年第5卷。

居民一起举办清河实验区的各项改良活动。本着"以调查为基础、实事求是"的工作原则，实验区主要举办了三个方面的活动：（一）经济方面：1. 与华洋义赈会救灾总会协作，试办农村信用合作社及其他各种合作社，如合作商店、合作工厂、运销合作等；2. 设小本借贷处，试验贷款以改进生产事业，消除高利贷，为将来设立农民银行作参考；3. 因地制宜，提倡家庭毛纺织业；4. 改良牲畜品种；5. 改良农作物品种以增加农作物产量。（二）社会服务方面（包含教育方面）：围绕儿童和妇女工作的性质，开办了儿童会、幼儿园、幼女班、母亲会、家政训练班等；针对调查中发现的教育问题，举办了小学教师研讨班，讨论有关小学教授法、小学管理法、小学娱乐、小学师资之预备、学校卫生等问题，以求改善本实验区的小学和私塾；此外，还开办了图书馆及阅览室，并出版《清河旬刊》与壁报；其中图书馆分儿童部、成人部和巡回部。（三）农村卫生方面：开展卫生防疫工作、环境卫生、科学助产、医疗诊治等工作。[①] 不难看出，上述五条建议尤其是关于教育的建议，都得到了一定程度的实施。

　　童润之（1899—1993 年），原名德富，安徽全椒人，著名乡村教育学家和中等教育专家。早年毕业于南京金陵大学农科本科，1926 年 7 月赴美留学，在加州大学教育研究院攻读中等教育，两年后以《用设计教学法来改组中学课程》一文获教育硕士学位。回国后，他任教于江苏省立教育学院，主要教授"乡村中等教育""乡村社会学"等课程，在此期间对近代中国中等教育尤其是乡村中等教育的发展颇为关注。他指出，近年来中国中等教育出现几种新的趋向，即"乡村化""社会化""注重劳动与生产教育""注重青年训练"，这四种趋向有连带关系不能孤立看待，而又以"乡村化"最为重要，"如果中等学校能乡村化，则易走入社会化、生产化与劳动化；能社会化、生产化与劳动化，则青年所受训练必较切实"。[②] 乡村中等教育既然如此重要，那么中国中等学校的乡村化程度究竟如何？为此，他制成一份调查表，分发给各省市的中等学校，希望借此机会认识掌握实际情况，为中等教育的研究提供科学根据，并唤起教育界、文化界人士的注意，这便是他调查乡村中等教育的初衷。

---

　　① 张鸿钧：《燕京大学社会学系清河社会实验区工作报告》，章元善、许仕廉编：《乡村建设实验》（第一集），中华书局 1934 年版，第 62—92 页。

　　② 童润之：《我国中等学校乡村化程度的调查》，《教育杂志》1936 年第 26 卷第 10 号。

该项调查既以研究"中等学校的乡村化程度"为主要目的，则调查表中的内容除请各学校填写校名、地址及编制外，共列入与"乡村化"的程度密切相关的 12 个调查项目。其中关于学生数量的有 3 项：一是在校男女学生的人数；二是最近三年来毕业生人数及其升学就业等人数的百分比；三是来自乡村的学生人数及其百分比。关于课程方面的有 2 项：一是该校如系普通中学则劳作一科内容如何；二是该校属于农业的课程有几种。关于农场设施情况有 2 项：一是该校有无农场，面积有多少亩，主要事业如何；二是农场的目的、困难何在。关于推广事业及特殊事业有 2 项：一是请各校列举各项推广事业；二是该校有何特殊事业，内容如何。关于常年教育经费的有 1 项。关于教育目标的有 1 项。关于学校所在地及迁移计划的有 1 项。1935 年 10 月，调查表以江苏省立教育学院名义，分发给沿海及沿长江、珠江流域各省及特别市的 750 所中等学校，至 1936年 1 月底止，共回收 210 份表格，在此基础上形成《我国中等学校乡村化程度的调查》一文，以"研究报告"的形式发表在《教育杂志》上。这份调查对近代中国中等学校"乡村化"程度作了如下描述和分析：第一，210 校的学生，半数以上是来自乡村；若以全国各地来估计，由乡村到城市里去受中等教育的学生，至少要占全体中学生 60% 以上。第二，中等学校的学生虽然大部分是乡村青年，但中等学校的校址则大都设于城市。在调查的 210 校中，设于乡村的校数，仅占 12.38%，而其中皆为农业学校与乡村师范。至于普通中学之设于乡村的，则为数极少。第三，普通中学是以升学为目的，但依此次调查的结果，普通中学毕业生不升学的约占40%，其不到毕业时期而于中途辍学的为数亦不少。此种情形，对于乡村学生极为不利。纠正之道，在多设中学于乡村，并变更中学性质，使不专以升学为目的。第四，将中等学校设于乡村，不独节省学校经费，且能减少学生费用，因而有助于增加乡村青年享受中等教育的机会。第五，在提倡生产与劳动教育的呼声中，农场的设施极为重要。但 210 校中有农场的，仅占三分之一，且大都面积狭小，类似校园，不敷农事教学之用。第六，在 189 所普通中学与师范中开设农业课程的仅 45 校，其余 144 校，虽乡村学生甚多，但农业方面的教学全无；即使有农业课程的学校，亦大都开设一两门简单的科目。第七，推广教育是中等学校主要功能之一，设于乡村的农业学校及乡村师范大都注意此项工作，而城市的学校，特别是普通中学，因斤斤计较于学生的会考及升学准备，对于此项功能大都忽视；例如在 210 校中有推广事业的共 61 校，其中大部分是农校与师范学校，至于普通中学则少有办理推广事业的；即使有亦不过是附设一所民众夜校或短期义务小学而已。依据这份调查结果，童润之非常赞成蒋梦麟等人所说的"依现行学制，学生由农村而城市（小学升中学），由城市而省会都会（中学升大学），毕业后，即不肯再重返田间，如此下去，不独农村无建设人才，省市亦多浮游子弟……"①。进而又指出中等教育的唯一出路是力求"乡村化"，使青年学生不致由农村而群趋于城市，同时亦使农村社会不致感受建设人才缺乏之苦。联系到当时中国中等教育过分偏重升学、集中城市的现象，童润之认为改革此种弊端的最理想的办法便是创设国民中学。

国民中学作为一种学校教育制度是 1936 年由时任广西教育厅厅长雷沛鸿主持创建的。在此之前，雷沛鸿就倡议"沿着国民基础教育运动所用的'国民'的名称"②，于三三制普通中学之外创办一新型的中学，并邀请省内外同行专家就国民中学的创设及其他相关问题进行专门讨论。1936 年 2 月，广西省政府委员会第 209 次会议接受雷沛鸿的建议，并通过由他制定的《广西国民中学办法大纲》和《广西国民中学组织规程》两项法规。法规规定国民中学是广西省政府为便于继续基础教育及适应本省"四大建设"之需要而设立，③ 其目标为"培养继承及创造民族文化之健全新国民、准备基层组织之基干人员、准备其他公务员"④；还规定国民中学修业年限暂为四年，分前后两期进行，前期修业两年算是结业，在指定地点服务或参与职业锻炼后，再升入后期两年继续学业，修业期满后始可毕业。在这两个法规保障之下，广西国民中学进入正式试验阶段。然而，创建者雷沛鸿离职后，国民中学初期试验也随之中断夭折。不仅如此，继任省教育厅厅长邱昌渭废止了《广西国民中学组织规程》，于 1937 年 10 月颁布《修正广西国民中学组织规程》。该规程把国民中学前后期分割成两个各自独立的阶段，读完前期或后期均予以毕业，使原来相互衔接的四年制度变得支离破碎；取消了有关国民中

---

① 编者：《本国教育文化史的新页》，《教育杂志》1934 年第 24 卷第 2 号。

② 韦善美主编：《雷沛鸿文集》（续编），广西教育出版社 1993 年版，第 438 页。

③ 四大建设分别是：政治建设、经济建设、军事建设、文化建设。

④ 韦善美主编：《雷沛鸿文集》（续编），广西教育出版社 1993 年版，第 573 页。

学毕业生可以投考高级中学或专门以上学校的规定；并改国民中学的组织一律依普通初高级中学的方式办理，从而将国民中学列为三种普通中学之一。对此，雷沛鸿痛心疾首道："诚以这种措施，不但使国民中学变了质，而且把国民中学变了形。"[1] 1938 年 7 月，雷沛鸿再次被敦请回广西服务时，他决心继续尝试国民中学制度，并与童润之、董渭川等人对国民中学试验进行理论再设计。

此后，童润之以前述调查为基础，相继撰写了《国民中学的理论与实施》（1938 年）、《对广西教育的一个建议》（1939 年）、《广西国民中学教育》（1940 年）、《创办国民中学刍议》（1940 年）、《广西国民中学制度创设之背景及其特质》（1940 年）、《以国民中学为一县文化中心的设计》（1941 年，与董渭川合作，并由后者执笔）等论著，对国民中学的特点、优点及缺点作了深入研究和论述，强调国民中学如果办理得宜可以推行于全国，并就国民中学的使命、特性和创设办法等方面提出了自己的看法和主张。他认为"国民中学是为改造我国中等教育之缺陷而创设的"[2]，其使命不外乎有两点：其一是继续国民教育以提高地方文化水准；其二是培养地方干部人才，并协助地方建设事业。每一种使命中又分别包含着若干不同的特性，就继续国民教育以提高地方文化水准而言，含有"系乡村中学而非城市中学""为国民教育之自然进阶，并补充基础教育之不足""提高地方文化水准，并树立一县之文化中心"等特性；就培养地方干部人才，并协助地方建设事业而言，含有"非升学准备机关，但并不堵绝青年之深造机会""非职业训练机关，但富有职业陶冶之功能""系地方干部人员之基础准备，而不偏于某种人员之培养"等特性。在此基础上，他就创设国民中学的具体途径、原则和步骤等提出了十余条建议，主要有"国民中学为一县之文化中心，负有一县教育之设计、辅导与推动之责""国民中学以县立为原则，但偏僻地区，得由二县以上联合设立一所""国民中学以设置于农村为原则，各县已设有初级中学或简易师范者，须逐渐改为国民中学"，"各省于普遍推行国民中学制度以前，应以省款先行办理实验国民中学一所，以资研究与示范"等等。[3] 这些看法及建议为

---

① 韦善美主编：《雷沛鸿文集》（续编），广西教育出版社 1993 年版，第 432 页。

② 童润之：《广西国民中学制度创设之背景及其特质》，《建设研究》1940 年第 2 卷第 5 期。

③ 童润之：《创办国民中学刍议》，《教育通讯》1940 年第 3 卷第 17 期。

雷沛鸿进一步完善国民中学的制度提供了重要的依据或参考，而且有些被经过修订后于 1942 年 8 月重新颁布的《广西国民中学办法大纲》和《广西国民中学组织规程》两项规程所借鉴或采纳，例如，增列了"改造中等教育""树立各县之文化中心"等，规定"每县至少设立一所，现有之县立初级中学，应逐渐改办或合并为国民中学"，并计划以"广西省政府为国民中学教育之实验与表证，得择地设立省立国民中学"等等。

二 乡村建设运动对教育社会学的"反哺"作用

杜威曾说过："任何影响他物变化的东西，本身都是受到改变的。"[①] 20 世纪二三十年代，教育社会学在对近代中国乡村教育理论和乡村建设运动产生影响的同时，也受到来自于后者的"反哺"作用而加速了自身的学术研究进程。总体而言，这种"反哺"作用主要体现在两个方面：其一，从量的方面来说，近代中国教育社会学无论是学术研究还是人才培养都取得了较为丰硕的成果；其二，从质的方面来说，近代中国教育社会学学者通过参加乡村建设运动增强了"本土化"的意识。

众所周知，学术研究是一门学科的核心。1922 年，陶孟和《社会与教育》一书出版，初步确立了教育社会学在近代中国的学科地位，但中国教育社会学的学术研究并没有就此步入"快车道"，很长一段时间内都只是停留在对国外教育社会学论著的翻译和介绍的层面上。教育社会学的学术研究在中国的真正崛起或者说是颇具规模地展开，是在 20 世纪的 20 年代中后期至 30 年代，尤其是 30 年代，这一时期可以说近代中国教育社会学学术研究最为活跃的时期，也是最能代表近代中国学者教育社会学学术研究水平的时期。之所以出现这种情形，原因固然很多，但不可否认的是，教育社会学与近代中国乡村建设运动的密切结合是其获得较快发展的一个重要因素，甚至可以说是一个非常有力的因素。

这一时期可谓近代中国教育社会学研究成果丰收的"金秋时节"，仅学科类的著作就有 5 种，它们是雷通群的《教育社会学》（1931 年）、卢绍稷的《教育社会学》（1934 年）、沈冠群和吴同福的《教育社会学通论》（1932 年）、苏芗雨的《教育社会学》（1934 年）、陈翊林的《教育社会学概论》（1933 年）。这几种教育社会学著作有两个重要的特点：其

① 洪谦主编：《现代西方哲学论著选辑》（上），商务印书馆 1993 年版，第 247 页。

一是多数被当作教科书而广泛使用，如雷通群的《教育社会学》是他本人在厦门大学教育学院讲授"教育社会学"时所使用的教科书；卢绍稷的《教育社会学》是他在江苏省立上海中学师范科所使用的教育社会学教科书，"曾三次作为课本，无甚流弊"；① 陈翊林的《教育社会学概论》是他在国立成都大学（后并入四川大学）讲授"教育社会学"课程时所使用的教科书。有的还被其他院校的学者列为教科用书，如赵廷为在中央大学教育学院教育系讲授"教育社会学"时就曾用雷通群著的《教育社会学》作为教材。作为教科书使用，一方面说明这些著作本身的学术价值已获得学界普遍认可，另一方面也有利于扩大这些著作在该领域的实际影响。其二是这些著作大多力求最大程度地联系并反映中国社会实际尤其是教育实际的需要。陈翊林在说明其撰写《教育社会学概论》的原因时写道："十年来，中国的大学教育学院以及普通师范学校多设有此学科（指教育社会学——笔者注），任学生选习。不过教材多系取诸美国，甚至采用美国的原本，不胜合于中国学生之用。著者有见于此，久有意于撰述一本教育社会学，以中国实际社会为讨论的根据"②；雷通群强调其撰写《教育社会学》的宗旨是"使教育社会学成为中国化，用系统的研究法，兼顾理论与实用双方面"，在内容组织上则"尤重中国现时教育界之实用"；③ 卢绍稷也申明他的《教育社会学》是为适应"中国学术界之需要"而作④，同时也非常重视教育社会学对中国教育实际问题的应用，并将全书分为基础、原理及应用三篇。

此外，还有一些专题性质的教育社会学研究著作也集中出现在 20 世纪 30 年代，代表性的有钱歌川的《社会化的新教育》（1934 年）、陈德征的《社会化的教学法》（1931 年）、程其保的《学务调查》（1930 年）、郁爽秋的《教育调查》（上卷）（1931 年）、黄敬思的《学校调查》（1937 年）等等。在这几本教育社会学的专题研究中，前两本专就教育社会学中"社会化"问题作了较为深入的探讨，且各有侧重。如钱歌川《社会化的新教育》一书的立论基础为："教育的最简明的定义，原是告

---

① 卢绍稷：《教育社会学》，商务印书馆 1934 年版，"序言"。
② 陈翊林：《教育社会学概论》，中华书局 1933 年版，"叙"。
③ 雷通群：《教育社会学》，商务印书馆 1931 年版，"例言"。
④ 卢绍稷：《教育社会学》，商务印书馆 1934 年版，"序言"。

诉我们做人。再引申其义，便是如何能够立足于社会。离开了社会，便不能谈教育"，所以"新兴教育之主张社会化，毋宁是当然的事"。① 陈德征《社会化的教学法》的出发点在于："社会化的教学法，虽不能解决教学上的一切问题，与医治社会上的种种病态，但他（它）对于儿童个人的启发，及学校社会目标的实现，给予充分的可能。"② 后三本书就教育社会学密切相关的研究方法所进行的系统的论述，也是各有特色。《学务调查》的重点是论述了该项调查的方法及范围，作者认为学务调查的方法可分为三步：搜集事实、整理材料、表示方法；其范围主要包括学生、学生卫生、教员、智力学力测验、教育经费、校舍以及课外作业等方面的调查。再如，《教育调查》旨在说明教育调查之原理及其方法，并特别重视对地方教育的调查。以作者之见，"盖地方教育为教育行政之基础，欲谋改进一国教育，当以此为起点也"③，书中同时附有多项应用表格以便于教育调查的实践应用。相比较《学务调查》和《教育调查》，《学校调查》的涉及范围显然要狭窄一些，不过作者对此解释道："因为现在教育仍以学校为中心，学校的范围比较确定，本书是注重方法之获得，而不在调查内容之庞大"，"学校调查范围小，讲起来便当点"。④ 当时就有学者对该书极为推崇，并将其与《学务调查》和《教育调查》进行了一番比较后评价道："邰书较程书为完备，惜未能终其卷数……《学校调查》一稿见示，读之，觉其体裁完备，叙述简赅，便于阅读，大有推荐之价值。"⑤ 总之，这些专题性的著作，多是就教育社会学某一方面做深入研究，在不断加深人们对这一学科理解的同时，也有力地推动了近代中国教育社会学理论研究的进一步发展和深化。

与著作相比，论文类似于学术研究中的"轻骑兵"，其目光敏锐、观点独到，在学术研究方面起着不可替代的作用，无疑也标志着近代中国教育社会学学术研究水平的提升。在 20 世纪 20 年代，中国教育社会学的论文几乎全是国外学者研究内容的翻译和介绍，进入 30 年代后，由国人自行撰写的教育社会学的文章日渐增多，达到数十篇。重要的有张安国的

① 钱歌川：《社会化的新教育》，中华书局 1934 年版，"序"。
② 陈德征：《社会化的教学法》，商务印书馆 1931 年版，"序"。
③ 邰爽秋：《教育调查》（上卷），教育印书合作社 1931 年版，第 12 页。
④ 黄敬思：《学校调查》，中华书局 1937 年版，第 1 页。
⑤ 同上书，"序"。

《教育社会学的思潮》（《教育杂志》，1930 年第 22 卷第 1 号）、邰爽秋的《教育调查初步着手之方法》（《教育杂志》，1930 年第 22 卷第 9 号）、李日刚的《社会化教学法之理论与实际》（《教育丛刊》1933 年第 1 卷第 1 期）、张云缙的《教育社会学与民众教育》（《民众教育季刊》，1932 年第 2 卷第 2 号）、郑若谷的《教育社会学专论》（《新月》，1932 年第 3 卷第 4 号）、陈翊林的《社会学与教育》（《中华教育界》，1932 年第 19 卷第 11 期）、庄泽宣的《教育之社会的基础》（《教育杂志》，1938 年第 28 卷第 7 号）、孙本文的《教育社会学浅说》（《教育通讯》，1938 年第 23 和 24 期）、张敷荣的《教育社会学与师资训练》（《国立四川大学师范学院院刊》，1944 年"创刊号"）、陈劭南的《教育社会学的发展》（《社会学讯》，1946 年第 2 期）等等。这些论文尽管在数量上仍不能与当时的译文比拟，[①] 但却真实地展现了近代中国学者对这门学科的学术研究的深度和广度。论文所涉及的领域非常广泛，有对教育社会学思潮的梳理，教育社会学学科要素的论述，关于教育社会化、教育调查以及教育社会学与教育现实问题关系的阐述等等，同时也不乏闪烁着真知灼见的作品，特别值得一提的是庄泽宣的《教育之社会的基础》。作者认为教育社会学的系统研究应包括四大部分：第一，自然环境与教育；第二，民族性与教育；第三，社会组织与教育；第四，经济力与教育。尤其是第二和第三部分的研究，前者可以再分为"民族性的意义与成因""英、美、德、法民族性与教育的相互关系""中国民族性的分析与成因""中国如何利用教育去发扬优良民族性和改造庸劣民族性"；后者也可以再分为"社会组织的意义和功能""西欧社会组织与教育关系""中国社会组织的概况""如何使中国教育适切与改进社会组织"，并强调中国乡村是最能代表中国原有社会组织的特质与力量，由此呼吁人们多注意这方面材料的搜集与研究。

　　如果说，学术研究是学科发展的核心，那么专门人才的培养则是其发展的根本，对一门学科的发展尤为重要。就近代中国教育社会学学科专门人才的培养而言，一般是通过在大学开设教育社会学课程及设置系科来实现的。如前所述，教育社会学作为一门课程，它最早于 1918 年是为适应我国教育学学科专门研究的需要而开设的，不过当时开设教育社会学课程的高校数量非常少，只是零星地开设在个别高等师范学校，如南京高等师

范学校于 1918 年开设，北京高等师范学校于 1920 年开设。自 20 世纪 20 年代以后，开设教育社会学课程的院校逐渐增多，至 30 年代中期前增至 30 所，① 而且这 30 所院校中，绝大多数是在 30 年代初前后才开设的。如中山大学于 1927 年秋才开始设立教育学系，该系规定学生于第二学年才必修"教育社会学"；成立于 1924 年的北平师范大学教育学系，也迟于 1928 年才开设"教育社会学"；武汉大学在 1930 年设立哲学教育系，一年后才开设"教育社会学"课程；浙江大学 1928 年筹设文理学院，1932 年开设"教育社会学"课程，等等；有的学校在 20 世纪 20 年代就已开设，作为"选修"，但到 30 年代则改为"必修"。② 不过，对于教育社会学专门人才的培养来说，将其作为一门专业课程远不如将其作为一门系统的知识学科以成立系科重要，后者也于 30 年代左右才开始出现，国立中央大学首开其端。前面说到，中央大学于 1929 年 9 月，自原有教育学系分设出教育社会学系，这也是近代中国唯一的教育社会学系科设置。该系第一年的公共必修课若不计算在内的话，③ 三年时间仅开设的必修课就包括教育行政、比较教育、乡村教育等在内的 20 门，还有大量的选修课。1932 年 9 月，因师资、经费等其他各种原因，经中央大学整理委员会议决，教育社会学系又被并入教育学系。在其存在三年左右的时间里，共计培养出沈灌群、袁昂、龚宝善等数十名教育社会学类的专门人才。

就在近代中国教育社会学学术研究迅速发展的过程中，教育社会学"本土化"意识得到了进一步增强，并且这种"本土化"意识也主要是围绕着乡村教育和乡村建设来展开的，大致可分为以下两种不同的类型：

其一是部分学者通过运用社会学和教育社会学的原理和方法对近代中国乡村教育进行系统而深入的研究，以余家菊最具代表性。余家菊依据社会学和教育社会学的基本原理，指出乡村教育不仅仅是近代中国的教育问题，也是社会问题，进而又分别围绕着乡村教育之社会背景、目的、体系等三方面予以专门而深入的研究，在此基础上所撰成《乡村教育通论》

---

① 详见本书表 2 - 1。

② 北京大学的教育社会学设置即是如此，在 20 世纪 20 年代，曾分别在社会学系和教育学系均开设，但都是以"选修课"的形式开设，至 30 年代，在教育学系改为"必修"。参见《国立北京大学文学院课程一览》，民国二十三年至二十四年度。

③ 当时中央大学教育学院自教育学系共分设出三个学系：教育心理系、教育社会学系、教育行政系。第一年公共必修课三系是相同的。详见本书第二章第三节。

一书，更成为近代中国教育社会学学者系统研究乡村教育的重要理论成果。当然，近代中国教育社会学学者中对乡村教育予以系统分析和论述绝非余家菊一人，雷通群、卢绍稷也是其中重要的代表人物，并且雷、卢两人也同样有乡村教育研究专著问世，分别为《中国新乡村教育》和《乡村教育概论》。然而，有所不同的是，雷通群和卢绍稷关注和研究乡村教育是基于其构建"中国化"教育社会学理论体系的需要，因而他们所形成的乡村教育思想本身即可视为教育社会学在近代中国特定的历史背景和社会条件下的一种特殊的理论形态，换言之，也是教育社会学"本土化"的重要成果；而余家菊则主要借鉴和运用西方社会学及教育社会学的理论和方法，针对乡村建设和乡村教育运动中出现的重要问题开展更为全面、系统的专门研究，而且鉴于乡村教育在近代中国社会的特殊性和重要性，这种研究在客观上有助于推动教育社会学在近代中国的进一步发展，理所当然也是近代学者致力于教育社会学"本土化"理论探索成果中的重要组成部分。

其二是部分学者将西方社会学及教育社会学原理与中国历史传统和社会现状相结合，构建出一种新的理论学说和方法，最后又将其运用到近代中国乡村建设和乡村教育的实践活动中去，如崔载阳、邰爽秋等人。如前所述，崔载阳通过借鉴中国传统思想资源和国外教育社会学的理论方法提出"民族中心教育"的理论，以求实现其"不左右抄袭，不泥古眩今，惟向世界取雨露，从乡土吸营养，使旧根出新芽"的教育理想，[①] 并以此作为由他主持创办的国立中山大学教育研究所开展研究工作的基本方针和指导思想，此后他又以该所为平台创办龙眼洞乡村教育实验区和花县乡村教育实验区以实验其"民族中心制小学课程论"。邰爽秋则利用大夏大学教育学院为学术平台，从教育与社会的基本关系出发组织"念二社"，依据西方教育社会学理论和中国社会实际提出"民生本位教育"思想，同时以"念二社"为具体形式，通过创办梵王渡普及教育实验区和沪西民生教育实验区来贯彻其"民生本位教育"的思想学说。这些学者参与近代中国乡村建设和乡村教育实践活动所运用的思想方法基本上都是借鉴西方社会学和教育社会学的原理（但不排除部分学者借鉴中国传统的思想资

---

① 崔载阳、方惇颐：《民族中心小学课程实验的总报告》，《教育研究》1938 年第 85、86 期。

源），同时又创办各种乡村教育实验区进行实验，在实践中推动着教育社会学"本土化"的进程，而各种乡村教育实验区则成为这种"本土化"进程的"实验室"。①

　　需要强调的是，近代中国学者围绕着乡村社会现实所开展的社会调查和教育调查也对教育社会学"本土化"的推进发挥着不可替代的关键作用。具体而言，一方面社会调查及教育调查的行为本身就在一定程度上推动着教育社会学"本土化"的进程。众所周知，近代学者将教育社会学从西方导入中国的同时也将其基本的研究方法如社会调查及教育调查移植过来，但此类调查毕竟是西方科学研究发展的产物，其具体的方法技术也是根据西方社会实际的需要而制定的，因而它们在中国的运用首先必须考虑到中国社会情形，尤其是"要顾到中国的民间生活状况而规定出适合中国情形的方法及技术来"，② 当时从事社会调查及教育调查的学者，除了须满足自己特定的需要外，③ 也十分注意"能在社会科学上有相当的贡献"④。这方面尤以廖泰初最具代表性。廖泰初在充分借鉴西方社区研究方法的基础上，联系中国的社会实际倡导"居住调查法"，并在参与乡村建设的活动中加以应用尝试，此后更是在此基础上提出了以"乡村社区"为核心的中国教育研究途径。他认为，"中国教育研究要有出路的话，必种根在大多数劳苦民众的身上，他们要有出路，中国的教育研究才有出路"。⑤ 另一方面通过这些实际调查而获得的大量有关乡村教育和乡村社会状况的数据和资料，为近代中国乡村教育的研究和乡村建设的开展提供大量的事实依据和科学指导，"详究乡村之各种事实，报道乡村之实际状

---

① "乡村是中国实验室"说法最早见于美国芝加哥大学人文区位学派的开创者派克（R. E. Park），他曾就东西方社会学发展的不同路径论述道："都市是西方社会学的实验室，乡村是东方社会学的实验室；现代西方的社会问题是都市社会问题，而东方的社会问题是乡村社会问题"。参见李培林、渠敬东等编《中国社会学经典导读》（上册），社会科学文献出版社 2009 年版，第 374 页。

② 李景汉：《定县社会概况调查》，上海书店出版社 1992 年版，"晏（阳初）序"。

③ 如李景汉的《定县社会概况调查》即是为了满足晏阳初定县乡村实验的需要；由李柳溪主持、许仕廉和杨开道指导的《社会调查与邹平社会》是应山东邹平县乡村建设的需要等。

④ 李文海：《社会调查：近代中国学术史上一场"真正的革命"》，《民国时期社会调查丛编·乡村社会卷》（二编），福建教育出版社 2009 年版，"前言"。

⑤ 廖泰初：《中国教育研究的回顾与前瞻提要初稿》，《教育学报》（燕京大学）1940 年 4 月，第 5 期单行本，第 25 页。

况，提供有力之建议，以备作为改良我国乡村社会之张本"① 是当时大多数学者开展乡村社会和教育调查的基本出发点，有的学者甚至将其看成学科价值的重要体现，如许仕廉曾指出："从社会学的观点上，对于一个地方，用相当的时间，作数量分析的研究，较比普通用概略的方法叙述社会生活为有价值。"② 而随着这些调查资料的逐步问世，以及由此而形成的若干意见和建议在一定的程度上得以实施，必然会推动着与之关系密切的相关学科在中国的进一步发展，无疑也有利于教育社会学实现其"本土化"的目标。

---

① 李文海主编：《民国时期社会调查丛编·乡村社会卷》（二编），福建教育出版社 2009 年版，第 797 页。

② 许仕廉：《一个市镇调查的尝试》，《社会学界》1931 年第 5 卷。

第五章

近代中国教育社会学的主要成就、学科地位及其局限性

以上各章分别对近代中国教育社会学兴起的主要背景，近代中国教育社会学的学科建制和理论研究，以及近代中国教育社会学与乡村建设运动的互动及其影响等重要问题进行了具体的分析与考察。作为对全篇论文的归纳和总结，本章拟在概括近代中国教育社会学的主要成就、学科地位的基础上力求揭示出其主要特征及影响，并分析其历史局限与不足。

第一节 近代中国教育社会学的主要成就及特征

教育社会学经欧美及日本移植到我国后，在近代中国特定的时代和社会背景下，其理论构架、研究方法等均呈现出某些鲜明的特色。

一 学科理论构架基本形成

近代中国教育社会学在其逐步发展的过程中，其理论研究积累了较为丰富的成果，这些成果是近代中国教育社会学成为一门独立学科的重要标志。为了使读者能对近代中国教育社会学的理论研究有较为具体而清晰的印象，现将其主要成果包括译著和专（编）著，按其时间出版的先后顺序罗列如下：

《学校之社会训练》，朱元善，商务印书馆1917年

《学校与社会》，［美］杜威著，刘衡如译，中华书局1921年

《社会与教育》，陶孟和，商务印书馆1922年

《明日之学校》，［美］杜威著，朱经农、潘梓年译，商务印书馆1923年

《社会化的学程》，［美］德尔满著，郑国梁译，商务印书馆 1923 年

《教育之社会原理述要》，［美］伯兹著，刘建阳译，商务印书馆 1925 年

《应用教育社会学》，［美］史密斯著，陈启天译，中华书局 1925 年

《社会学与教育》，厚生等，商务印书馆 1925 年

《民本主义与教育》，［美］杜威著，邹恩润译，商务印书馆 1929 年

《教育论》，［英］斯宾塞著，任鸿隽译，商务印书馆 1929 年

《道德教育论》，［法］涂尔干著，崔载阳译，民智书局 1930 年

《教育社会学》，雷通群，商务印书馆 1931 年

《社会化的教学法》，陈德征，商务印书馆 1931 年

《教育社会学》，［日］田制佐重著，刘世尧、环家珍译，民智书局 1932 年

《教育社会学通论》，沈冠群、吴同福，南京书店 1932 年

《教育社会学概论》，陈翊林，中华书局 1933 年

《教育社会哲学》，［美］芬尼著，余家菊译，中华书局 1933 年

《教育社会学》，卢绍稷，商务印书馆 1934 年

《教育社会学》，苏芗雨，人人书店 1934 年

《社会化的新教育》，钱歌川，中华书局 1934 年

《教育社会学原论》，［美］彼德斯著，鲁继曾译，商务印书馆 1937 年

《教育环境学》，［日］细谷俊夫著，雷通群译，商务印书馆 1938 年

《教育与现代文明》，［美］克伯屈著，孙承光译，中华书局 1939 年

《社会学与教育》，［德］鲁塞克著，许孟瀛译，商务印书馆 1947 年

《教育社会学》，陈科美，世界书局 1947 年

上述专（编）著的作者和译著的译者以有从事高校工作经历的学者居多，这种情形使得近代中国教育社会学的理论研究中具有非常明确的学科意识。第一种专门论述教育与社会关系的著作《学校之社会训练》于 1917 年产生，而从学科的角度来系统论述教育与社会之间相互关系的《社会与教育》也在 1922 年就问世，到 20 世纪三四十年代，近代中国教育社会学的译著和专（编）著在数量上已相当可观。这些论著的研究，整体上看大致沿着由普通到专门、由宏观到微观的这样一条由表及里、由浅入深的路径渐次展开；其研究内容始终围绕教育与社会的基本关系这一

主题，广泛论述了社会各团体、制度与教育的关系及教育对它们的促进作用，同时视包括学校教育在内的各种教育形式为一种社会制度，并对其教学目标、课程、教学法等内部构成要素进行社会学分析，教育社会学成为一门独立的学科的基本要素及其研究领域已涵盖其中，初步形成近代中国教育社会学的理论构架。纵观近代中国教育社会学理论构架的形成和发展，呈现出了以下两个显著的特征。

第一，与中国教育改革实际相联系，适应教育改造社会功能的需要。

与西方教育社会学是由工业革命所引起的社会剧变导致教育面临着各种困境而自发产生的背景有所不同，教育社会学对于中国而言是外来的，不是内发的。外来学科在一个国家的传播和发展，不仅仅要取决于这一学科本身，而且还要受到特定的时代和社会文化背景的制约。教育社会学在中国的传播和发展显然也不可能脱离中国历史和社会发展的背景，表面上看，教育社会学在中国的产生是学术发展的必然产物，但更深次的原因则在于近代中国社会和时代发展的客观需要，尤其是近代中国社会改革及教育改革的实际需要。

当时中国教育改革面临的实际情形是，由于辛亥革命后中国民族资本主义经济的迅速发展对教育形成了巨大的冲击，教育与经济、学校与社会之间的各种矛盾日益突出，迫切需要从整个社会需要出发来变革教育，使教育与社会发展真正相适应。然而在教育领域中影响较大的是偏重于个体及其心理素质的赫尔巴特学派及其教育思想，这使得教育与社会之间的复杂关系无法得到科学和合理的理论解释。教育社会学作为专门论述教育与社会之间相互关系的学科，主张从个人与社会结合的角度来确定教育目标、制定教育政策，使教育与社会相适应，其特征迎合了当时思想认识与教育改革的实际需要。可以说，正是在上述改革旧教育、解决教育与社会需要之间矛盾的背景之下，中国教育社会学应运而生。

教育社会学在中国的产生也适应了教育改造社会功能的需要。在中国传统的文化思想中，教育即被认为是传递文化和维护社会稳定的重要工具，儒家经典中的"建国君民，教学为先""化民成俗，其必由学"便是这种思想认识的集中反映。这种思维方式为西方教育社会学传入中国奠定了思想基础，也有利于中国教育社会学的形成和发展。加之当时中国的社会现实是"内忧外患交逼"，有识之士在危机意识的促使下意识到"非从教育上养成国民意识，力求国家的独立与统一，不足救亡"，① 因而教育必须担负起"救亡"的社会使命。而面对日益复杂的教育问题，有学者认为主要原因是由于教育与社会的严重脱节，"学校毕业生尚未皆能为社会上实际有用之人物"，"现今中国教育之不适于社会所用"。② 同时指出，那种偏重于个人主义的教育理论只能指示教育一部分或数部分改造方法而已，并局限了人们对教育问题的整体认识。因此，应将"教育放在整个社会现象中来观察，能使教育的意义与作用更为明了，能看出教育这种事实和其他社会现象的关系……总之，能用较广的眼光了解教育的全体"。③ 如陶孟和认为："现在教育之要务不只是传递知识，更须使被教育者要能够明白，并且实行合作、互助、服务、利他、民治这些道理"④；雷通群同样认为，现代教育之"标的"就在于其"社会的效用"，教育所造就的人才须"不得不负改良社会的职责"，也要使个人成为"国家、家庭、俱乐部及实业团体"中的"能员"。⑤ 卢绍稷将教育的目的界定为"社会化的个人"，即"使其有共同之理想，为公服务之精神，与创造进展的社会之能力"。⑥ 沈冠群、吴同福二人则断言："欲求一个民族国家的隆替盛衰，教育虽无万能的把握，然而至少也是主要因素之一"，"教育是社会生长的方法，教育的设施应以适应社会、改造社会为理想"。⑦ 陈翊林强调，教育的本身即含有社会的意义，教育就是一种社会关系，离开了各种社会关系，不但无从实施教育，并且无所谓教育，因为"教育的中心，固不是教师，也不是儿童，而是社会"，因此，"教育的设施必须适应社会的需要"，"教育的效果须能促进社会的进步"。⑧ 类似的观点在近代中国教育社会学学者中非常普遍。

正是在上述基础上，许多学者纷纷提出改革教育的具体对策，并"以

---

① ［美］史密斯著，陈启天译：《应用教育社会学》，中华书局 1925 年版，"译序"。
② 卢绍稷：《教育社会学》，商务印书馆 1934 年版，第 34—35 页。
③ ［德］鲁塞克著，许孟瀛译：《社会学与教育》，商务印书馆 1947 年版，"译者序言"。
④ 陶孟和：《社会与教育》，商务印书馆 1934 年版，第 13 页。
⑤ 雷通群：《教育社会学》商务印书馆 1931 年版，第 13 页。
⑥ 卢绍稷：《教育社会学》，商务印书馆 1934 年版，第 36 页。
⑦ 沈冠群、吴同福：《教育社会学》，南京书店 1932 年版，第 5 页。
⑧ 陈翊林：《教育社会学概论》，中华书局 1933 年版，第 7—9 页。

中国实际社会为讨论的依据"①，一方面探讨社会团体、社会制度与教育之间的关系，主张以社会学的观点和主张（以社会为价值取向）来决定教育目标、课程设置、教学方法以及学校训育等；另一方面探讨教育应如何实现其改造社会、促进社会变迁的重任，从而构成了近代中国教育社会学中教育与社会关系的基本内容。

第二，突破学校教育的藩篱，注重面向中国社会实际。

教育社会学的本质在于承认教育是一种社会现象，具有明显的社会性，基于此可以将教育社会学的研究分为教育的社会背景、教育的社会功能、教育自身的社会系统等三大领域，其中前两者可视为教育社会学的宏观研究领域，后者为微观研究领域，一般指以学校教育为中心的社会学分析和研究。

对学校教育予以社会学的分析和研究是西方早期教育社会学理论体系中一个非常重要的研究领域，在某种程度上，正是伴随着学校教育凸显为一种重要的社会现象，以及学校教育构成社会的公共事务之后，教育社会学作为一门专门学科的研究在西方才真正形成与发展。②

近代中国教育社会学的理论研究也很早就意识到运用社会学原理分析和研究学校教育的重要性，最显著的例子就是中国第一种教育社会学性质的专著——朱元善著《学校之社会训练》，该书即专门论述学校教育的社会训练方式，虽然作者没有明确提出教育社会学的概念，但为日后的教育社会学视学校为一个专门的（微观）研究领域而奠定了重要的基础。此后，在近代中国学者的教育社会学论著中，很多都涉及学校教育，有的甚至辟有专门章节论述学校教育。在他们看来，学校是一种社会团体，"与家庭、国家、民族同期地位"③，"学校的生活务须与实际的社会生活接近，如此则学校的效率既增，而儿童之在校生活，亦与直接参加社会生活无异"，"更如儿童在校时，已养成合作互助的习惯，则出校后，仍可利用此习惯以谋合作生活"。④ 综观这些研究，既有整体上对学校教育的社会学分析，也有关于学校教育内部，如行政管理、课程设置、教学法、师

---

① 陈翊林：《教育社会学概论》，中华书局 1933 年版，"叙"。

② 叶澜主编：《二十世纪中国社会科学·教育学卷》，上海人民出版社 2005 年版，第229 页。

③ 沈冠群、吴同福：《教育社会学》，南京书店 1932 年版，第 184 页。

④ 雷通群：《教育社会学》，商务印书馆 1931 年版，第 16 页。

资等局部的社会学分析。

　　然而，随着近代中国教育改革运动的深入发展，其改革的实践不断向学校教育以外的领域拓展和延伸，平民教育、乡村教育、民众教育等越来越成为其重要的教育形式。这些教育形式在其逐步的发展过程中，所遇见的各种问题，既是教育问题，更是社会问题，迫切需要从整个社会的角度来加以指导，并合理解决。这种情形必然对以教育与社会之间关系为基础，视关注教育实际问题为己任的教育社会学研究产生影响。早在教育社会学刚刚成立时，有的学者就从学科建设的角度强调道："社会与教育之间包括许多活的、实际的问题"①。值得注意的是，从 20 世纪 20 年代末开始，近代中国教育社会学的研究已逐步突破学校教育的藩篱，开始面向上述教育实践形式和领域。例如，卢绍稷在论及运用社会学研究社会教育时指出："时人对于社会教育有一种误会，以为社会教育是一部分人的教育"，"各地对于社会教育之实施，亦有一种'畸形发展'之现象"，"社会学能使吾人获得'全体'或'总体'之概念，今日社会教育既有此种偏面实施之现象，故非用社会学眼光加以改造不可，盖社会教育，若不加以改造，则不能使全体民众皆有受教育之机会也"。② 雷通群也对运用社会学研究乡村教育阐释道："现在讨论乡村教育者，须先得正确的社会学观念，庶免蹈于畸形的论调"③，同时还认为运用社会学研究民众教育是当时中国最好的办法。④ 不仅如此，两人都曾在自己的教育社会学著作中对社会教育、乡村教育、民众教育等教育实践形式予以社会学分析。由此可见，近代中国教育社会学的研究领域已不局限于学校教育，而注重面向中国社会教育及其与之相适应的各种教育实践形式。

　　尽管，近代中国教育社会学的理论研究依然存在很多不足，有的学者甚至认为其内容不过是"当时西方也存在的教育的社会哲学的翻版"⑤，但不可否认的是，近代中国学者对教育社会学作为一门学科所应具备的学科性质、研究对象、研究内容等均有一定的探讨，且已形成了相对完整的学科体系和知识系统，这或许也是当前我国学者将这一时期

①　陶孟和：《社会与教育》，商务印书馆 1934 年版，"序言"。

②　卢绍稷：《教育社会学》，商务印书馆 1934 年版，第 157—158 页。

③　雷通群：《中国新乡村教育》，新亚书店 1932 年版，第 7 页。

④　雷通群：《民教意义和范围之又一看法》，《教育与民众》1933 年第 5 卷第 3—4 期。

⑤　吴康宁：《教育社会学》，人民教育出版社 1998 年版，第 48 页。

称为中国教育社会学学科的萌芽期或创建期的依据。① 因而从这个角度看，近代中国教育社会学的理论构架已基本确立，只是其呈现出来的体系还比较粗糙。

二　学科方法论初步确立

学科方法论大致包括两方面的内容：一是研究过程中所使用的具体方法；二是针对方法论本身的研究。鉴于近代中国教育社会学研究所使用的具体方法，即社会调查与教育调查在本论文第五章第二节将有所论述，本小节主要从研究方法与学科建设的关系出发对教育社会学的方法论作一综论。

纵观教育社会学在近代中国的发展历程，近代中国学者不仅对其理论构架进行了初步的探索，而且对其方法论也进行了相关的研究和论述，这方面尤以陶孟和、卢绍稷和陈科美等人贡献最大，他们分别代表了近代中国教育社会学方法论研究的三个不同阶段。

陶孟和是近代中国教育社会学的创始人，也是近代中国倡导社会调查与教育调查的第一人。他曾在《社会与教育》一书中，辟有专章详细论述了社会调查与教育调查之间的关系，以及二者对于了解和研究教育与社会之间关系的重要性。他认为教育与社会生活的各方面互相牵连，无论从教育方面或从社会方面来看，教育调查都是社会调查的最重要部分。在陶孟和看来，教育与社会的关系有两层：一层是教育自身要成一种社会的组织；另一层是教育要适合于社会并且可以补救社会的偏弊。前者可以社会学原理知识作为参考，而后者则要通过调查社会的现状，以作方法上的考证，用他自己的话来说，即"通过社会调查，可以获得决定教育政策、规划教育组织、筹划教育设施的基础认识；通过教育调查，一方面可以知道

---

① 当代很多学者都视这一时期为中国教育社会学的初创期或萌芽期，如程天君的《中国教育社会学"学科论"百年概要》（《北京大学教育评论》2011 年第 4 期）；闫广芬、裘庆辉的《中国教育社会学的发端——一种知识社会学的视角》（《河北师范大学学报》教育科学版，2008 年第 5 期）；杨昌勇、李长伟的《20 世纪中国大陆教育社会学的回顾》（《河北师范大学学报》教育科学版，2003 年第 3 期）。笔者通过将近代中国教育社会学的理论构架与当代中国教育社会学著作（如吴康宁的《教育社会学》）的理论构架进行比较后，也同样认可这种观点。

教育将来的发展，另一方面可以充分发挥教育指导社会、改革社会的能力。"① 不过，尽管陶孟和强调社会调查及教育调查的重要性，但只是宽泛地将两者作为一种社会科学方法来介绍，没有与教育科学研究联系起来，更没有意识到要将社会调查及教育调查作为教育社会学的基本研究方法。

卢绍稷也是一位非常重视社会调查与教育调查的学者，他同样强调社会调查与教育调查之间的密切关系，他曾阐述道："社会调查有普通者，有特殊者，亦有复杂者，有简单者，普通与复杂二种，为教育调查之基础；而教育调查又为人类社会活动之一种研究。"② 不过两相比较，卢绍稷更为重视教育调查。他认为，教育调查（或称学务调查）是用科学方法调查各地教育实况，其形式有多种：由全国之教育机关（教育部）主持，范围及于全国各种教育者，称"全国教育调查"；由地方教育机关（如省教育厅、县教育局等）主持，范围只以一地方为限者，称"地方教育调查"；由学校教育团体或私人主持，专门调查学校教育者，称"学校教育调查"。其价值可分为对于教师、教育局、公众、教育科学的研究四个方面，尤以对于教育科学方面的价值最为重要。关于教育科学方面的价值，卢绍稷曾指出："对于教育科学之价值——学校调查由专家搜集与整理精确之资料，可以逐渐构成可靠之教育理论，而建设科学的教育学。自教育社会学注重社会方面，以建设适合社会之教育原理，于是吾人不得不举行教育调查，搜集实际材料，而谋教育之改进焉。"③ 显然，卢氏已意识到教育调查对于教育科学研究方面的重要性，并试图将其与教育社会学学科建设联系起来。

与陶孟和和卢绍稷所不同的是，陈科美已将教育调查作为教育社会学一种重要的研究方法，并从学科建设的角度对其进行详细论述，从而最终促成了近代中国教育社会学方法论的初步确立。陈科美指出："教育调查在教育社会学中有其特殊的地位，而有详加说明的必要"④，并就教育调查的地位、内容和贡献分别加以论述。他分析道："教育调查一方面是教

---

① 陶孟和：《社会与教育》，商务印书馆 1934 年版，第 32 页。
② 卢绍稷：《教育社会学》，商务印书馆 1934 年版，第 177 页。
③ 同上书，第 179 页。
④ 陈科美：《教育社会学》，世界书局 1947 年版，第 69 页。

育实施的起点和根据；另一方面又是教育实施的终点和证验"，"因为教育的实施须从社会情形的了解开始，而学校的设立须以社会实际的需要为根据；再者，教育不仅要根据社会需要来开始实施，还要根据实施后所发生的影响来证明实施的效果。"① 而教育调查的内容，在陈科美看来，主要包括学校性质和教育的需要、校舍和设备、行政组织、教师、班级编制、课程、教学、学校和社会关系等八项，其中他特别强调最后一项"学校和社会关系"，因为"学校不能离开社会而独立，而且必须和社会打成一片；故学校和社会的关系非常重要，而须加以调查。"② 对于教育调查的贡献，陈科美认为主要在于"教育实施"和"教育学术"两方面，并对它们进行了颇为详细的分析和说明。首先，就教育实施的贡献而言，通过教育调查，可以造成健全的舆论和指导教育界人士，这又可从消极和积极两方面来说明：消极方面能消除不合事实的批评，积极方面又能产生改进学校的情绪。就教育学术方面的贡献而言，同样也有两方面，即"使教育行政学术化"和"使教育学术实际化"。所谓"使教育行政学术化"是指教育调查对于教育行政人员成为一种无形的教育，教以新学理和新方法，以免其固守成见；而所谓"使教育学术实际化"是指教育学者人手调查报告一部，则对于学校实施情形、训教困难、改进方法等均可明了，然后知理论不必皆能实行，而实际也不必全合理想，且知事实上的变化必须引起原则上的改变，而新原理的产生又须从事实上去寻求。总而言之，教育调查能将教育行政和教育学术打成一片，使教育学术成为"学以致用"的学术。

一般来说，近代西方（主要指欧美）教育社会学的研究方法主要来源于近代社会科学尤其是社会学的研究方法，这种方法在哲学上主要是指实证主义的方法论。实证主义方法论最早由法国社会学家孔德提出，他认为只有在经验的范围内，理性才是实证的，精确的观察和实际的经验是唯一科学的方法，不仅可用于考察自然界，而且可以用来考察人类社会，并在其四卷本的《实证哲学教程》中详细论述了他的实证主义方法论。但孔德的实证主义方法论是直接比照自然科学的观点和方法来研究社会，带有明显的机械论色彩，真正建立起属于社会学的实证主义方法论的人则是

---

① 陈科美：《教育社会学》，世界书局 1947 年版，第 69 页。
② 同上书，第 73 页。

涂尔干。1895 年,涂尔干在其《社会学方法的准则》一书中系统阐述了社会学方法的原则。他认为"第一条也是最基本的规则是:要把社会事实作为物来考察"①。以他之见,社会现象和自然现象一样,都是受客观必然性的支配,因而可以用研究自然现象的实证主义方法来对社会加以分析和解释。与孔德所不同的是,他指出不能直接用物理学、生物学等纯粹自然科学的方法来解释社会,必须用社会学的观点来解释社会。所谓社会学的观点,就是把社会事实作为物,它独立于个人之外并支配着个人的行为,而社会学的研究对象和单位就是这种独立存在的社会事实。涂尔干认为,不能从个人方面,必须从社会结构方面来解释社会现象,社会结构是一个客观实体,对社会结构这个实体本质的认识只能用实证主义的经验方法来获得。为此,他还专门探讨了社会学的研究方法,提倡用社会调查的方法获得经验材料。涂尔干对实证主义的发展,使得他的社会学方法论原则以及社会调查成为 20 世纪西方社会学理论研究的指导思想,受此影响社会调查及教育调查成为了近代西方教育社会学的主要研究方法。

近代中国学者对教育社会学的研究对象、研究范围以及学科性质等方面存在诸多争议和分歧,不过对教育社会学基本的研究方法却达成共识,一致认同社会调查尤其是教育调查对于教育社会学研究至关重要,并从学科建设的角度对社会调查及教育调查进行探讨,从而初步确立了这门学科的方法论。

第二节　近代中国教育社会学的学科地位及影响

自 1922 年《社会与教育》问世至 1949 年,其间经过 20 余年的发展,教育社会学作为一门新兴学科得到近代中国学界的接纳和认可。在此基础上,近代中国学者对教育社会学在教育学和社会学中的学科地位分别进行了界定,从而充分体现了这门学科交叉性的基本特征。诚然,近代中国教育社会学在中国教育学术史上产生了不可忽视的重要影响,尤其表现在它促进了教育研究方法的"科学化"方面。

---

① ［法］迪尔凯姆（即涂尔干）著,狄玉明译:《社会学方法的准则》,商务印书馆 1995 年版,第 35 页。

一　近代中国教育社会学的学科地位

从学术史的角度来看，学科是特定研究领域走向专门化、专业化的产物，"称一个研究范围为一门'学科'，即是说它并非只是依赖教条而立，其权威性并非源自一人或一派，而是基于普遍接受的方法和真理"①，"称一门知识为学科，即具有严格的具认受性的蕴义"②。近代中国教育社会学作为一门学科，亦不例外。1928 年中华书局出版的《中国教育辞典》收录了"教育社会学"词条，对其性质、研究对象与内容进行了界定："Educational sociology，立于社会学的见地以研究教育的理论及实际之科学也。特重个人与环境之关系，教育之社会功用，以及社会之教育需要。"③ 1930 年商务印书馆出版的《教育大辞书》也列有"教育社会学"词条，主要从教育目的和教育程序两个方面来具体阐述教育与社会之间的关系：从教育目的来看，"不应如曩之专在造就良善之个人，尤在养成营共同生活之个人，以增进社会之生活"，"教育目的既重在社会，则教育之功用亦应以社会为前提"；④ 从教育程序来看，"教育程序之最主要之机关为学校"，学校生活不仅是社会生活之缩影，也是社会生活之一部分，其特质即在"集合社会所遗传之文化于学校，使儿童得练习享用之"，⑤ 进而指出教育社会学成立的必要。此外，1938 年庄泽宣编写的《教育学小词典》、1941 年教育部公布的《教育学名词》和《社会学名词》中都收入了"教育社会学"学科。所有这些均表明近代中国教育社会学作为一门学科已得到时人的接纳和认可。

在近代中国教育社会学产生和发展的过程中，国人并没有就其学科地位进行过专门探讨，但一部分学者在尝试着对教育学和社会学学科分类问题从理论上进行分析和归纳时也涉及了教育社会学，从中不仅可以管窥近代中国学者对教育学和社会学学科体系的构建，而且也有助于人们认识教育社会学在近代中国的学科地位。

---

① ［美］华勒斯坦著，刘健芝译：《学科·知识·权力》，生活·读书·新知三联书店 1999 年版，第 13 页。

② 同上书，第 14 页。

③ 余家菊、王倘编：《中国教育辞典》，中华书局 1928 年版，第 669 页。

④ 唐钺、朱经农、高觉敷编：《教育大辞书》，商务印书馆 1933 年版，第 1048 页。

⑤ 同上书，第 1049 页。

表 5 - 1　　　部分中国教育学学者关于教育社会学学科地位一览表

陈科美的《新教育学》（开明书店1932年版）中的分类	纯理部分 1. 纵面——教育史：普通教育史（或名教育通史）、各国教育史（如中国教育史）、各种教育史（如小学教育史） 2. 横面——教育科学：教育心理学（附教学法研究）、教育社会学（附课程研究）、教育统计（附测验研究） 3. 深面——教育哲学（附教育原理） 实际部分 1. 纵面——幼稚教育、小学教育、中学教育、大学教育 2. 横面——职业教育、师范教育、乡村教育、艺术教育、女子教育、特殊教育、社会教育、比较教育、宗教教育、公民教育、体育、学校卫生 3. 深面——教育行政学（附学校行政研究）
傅继良的《肯定教育科学的实际根据》（《师大月刊》1933年第4期"教育学院专号"）一文中的分类	理论的科学 1. 抽象的：教育哲学、教育原理、教育统计 2. 具体的：普通的（包括各级教育和幼、小、中、大、师范等之研究）、特殊的（包括教育社会学、比较教育）、联合的（包括教育思潮、教育史）、应用的（包括实验教育、艺术教育、公民教育、健康教育、生计教育） 实际的科学 1. 普通的：各种教育（包括个别、家庭、职业、军事、社会、民众、农村、特殊等教育） 2. 特殊的：儿童研究、学习心理、教学视察、学校管理、教员、课程编造、工作分析 3. 联合的：教育制度、学制系统、教育法令 4. 应用的：教育测验、智力测验、学务调查、学校建筑、学校卫生、教学法参观及实习
张宗麟的《教育通论》（商务印书馆1939年版）中的分类	1. 本质部分：教育学、教育心理学、教育社会学、教育经济学、儿童心理学、教学法、培育法、课程编制、教育行政、教育视导、教育史、教育哲学、异常儿童心理学、异常儿童教育、特殊教育学、卫生教育学、乡村教育、工人教育等 2. 方法部分：教育统计学、教育测验法、教育调查法、各级学校各科教材编制法
姜琦的《教育学新论》（正中书局1946年版）中的分类	1. 教育哲学，教育之本质和价值底研究（特殊哲学对一般哲学而言） 2. 教育学（狭义的），教育之现象的研究 （1）教育历史，教育之历史和社会的研究（记述科学）：现在的（包括现代教育思潮、比较教育、教育社会学等）、历史的（中外教育史） （2）理论教育学（规范科学）：教育目的论（包括教育之意义、目的和制度）、教育方法论、（包括课程、科目教材、教学法、训育和养护等） （3）应用教育学（实际科学）：教育行政（包括学制系统、教育行政、学校行政、师资培养）、教育技术论（各科教材与教学法、教育心理、学习心理、测验与统计、训育实施法）
徐德春的《教育通论》（中华书局1948年版）中的分类	1. 属于制度的 纵的方面：比较教育、教育行政、教育制度等 横的方面：国民教育（即初等教育）、中等教育、高等教育、职业教育、女子教育、家庭教育等 2. 属于理论的 过去的：教育史料、教育体制与思想、教育哲学等 现实的或未来的：教育社会学、教育问题和实验假设等 3. 属于方法的 课程教材：课程研究、教材研究、教育实验等 管理训练：教育心理、教育测验统计、课外活动等

续表

王秀南的《教育学的研究与实践》（《中华教育界》1948年，复刊第2卷第8期）一文中的分类	理论门 1. 教育历史：史前教育（教育民族学）、教育通史、教育专史（各国教育史、各级教育史、各种教育史） 2. 比较教育：各国教育比较研究、各级教育比较研究、各种教育比较研究、教育问题比较研究 3. 教育哲学：教育学说、教育哲学总论（包括教育论理学、教育伦理学、教育美学）、各派教育哲学 4. 教育科学：教育原理、教育社会学、教育生物学、教育心理学、教育测量学、教育统计学 实际门 1. 各级教育：国民教育（包括幼稚教育、小学教育、民众补习教育）、中等教育、高等教育（包括专科教育和大学教育） 2. 各种教育：公民教育、师范教育、职业教育（包括职业教育、职业补习教育、职业指导）、乡村教育、社会教育、家庭教育、女子教育、国民体育、艺术教育、宗教教育、特殊教育（包括天才教育、低能教育、残废教育、露天教育） 3. 教育行政：教育行政（包括教育行政制度、教育制度、教育人员管理、教育经费、教育调查、教育视导）、学校行政（包括行政组织、教导设施、事务管理、实验研究、推广事业） 4. 教育方法：教学方法（包括教学通论、各科教学法、各级教学法、各种教学法、电化教育）、训导方法（包括训育论、生活管理、学生自治、学校卫生） 教育学的研究方法来看：教育事实的研究（历史研究法）、教育理想的研究（哲学研究法）、教育实施的研究（科学研究法） 理论门的教育历史、比较教育方面学科的研究属于教育事实的研究，运用历史研究法，其中教育历史是对过去的教育事实进行研究，比较教育是对现在的教育事实进行研究；理论门中的教育哲学方面学科属于教育理想的研究，运用哲学研究法；理论门中的教育科学方面学科以及实际门中的所有学科属于教育实施方面的研究，运用科学研究法

表5-2　　部分中国社会学学者关于教育社会学学科地位一览表

陶孟和的《社会与教育》（商务印书馆1934年版）中的分类	纯粹社会学：专就事实，考究原理或通则，包括研究社会之起源、社会之演化、社会之组织 应用社会学：把社会学原理应用在人群生活上，解决社会上的诸般问题，指社会之改良，教育社会学属于应用社会学
孙本文在《社会学原理》（上）（商务印书馆1935年版）中的分类	1. 纯理社会学：（1）普通社会学；（2）特殊社会学：地理社会学、生物社会学、心理社会学、文化社会学（包括政治社会学、经济社会学、宗教社会学、法理社会学、艺术社会学） 2. 应用社会学：农村社会学、都市社会学、教育社会学、犯罪社会学、社会工作及其他 3. 历史社会学 4. 社会学方法论

　　总体来看，近代中国学者不仅在教育学分类中确立了教育社会学的学科地位，也在社会学分类中确立其学科地位，充分体现了这门学科的交叉

性特征，但两者中的教育社会学学科地位不尽相同。

　　就教育学的分类而言，近代中国学者并没有就教育学的分类问题进行过专门的研究，只是在其所发表的相关论著中涉及该问题的探讨，而且这种探讨也是在综合和借鉴国外教育学分类知识，主要是赫尔巴特学派的代表人物莱因（W. Rein）① 对教育学所作分类的基础上而提出了国人自己的分类体系，其中部分学者也涉及了教育社会学，如表 5 - 1 所列。综观这些学者的教育学分类方法大致有以下三种：（1）"理论——实践（实际）"两分法，陈科美、傅继良、徐德春、姜琦等人的分类属于此。这些学者的分类基本上都是在莱因教育学分类框架的基础上加以充实而成。例如，陈科美在借鉴莱因两分法而"姑分为纯理与实际二部分，每部分又为纵、横、深三方面"②。徐德春虽不同意莱因将"历史的教育学"纳入教育学的分类系统，只对"系统的教育学"进行分类，但他的分类也仅仅在莱因分类的基础上增加一个"制度"维度。姜琦的教育学分类则综合了克里克（E. Krieck，1882—1947）、洛霍奈（R. Lochner，现译为"洛赫纳"，1895—1978）及莱因教育学分类的长处和缺陷，"撷长补短"，同时"又参照我国固有的治学方法和现行的教育实际情形"所拟定的"一种教育学的新体系之分野"。③（2）"本质——方法"两分法，张宗麟是这种分类法的典型代表，其中从"本质"角度的分类，实际上从以教育学研究对象的分类，从"方法"角度的分类则是以教育研究方法的分类，这是国内较早强调以教育研究方法所进行的分类。（3）"理论——实践（实际）——方法"三分法，以王秀南的分类最为典型。王秀南在广泛综合国外的分类和国内的分类的基础上提出自己的分类，既坚持以研究对象为

----

　　① 莱因（W. Rein，1847—1929 年），德国赫尔巴特学派最主要的代表人物，是赫尔巴特学说的集大成者，他应用赫尔巴特学说，使理论的教育学更加完善，又使教育学的方法更加系统化。1887 年，他在《系统教育学》一书中对教育学最早进行了分类：（一）历史的教育学；（二）系统的教育学，其中包含：1. 理论门，分目的论和方法论，其中方法论包括教授论和管理论，教授论分通论（包括教案论和教程论）、各论（即各科教授法），管理论分训练论、教导论、卫生论；2. 实际门，分学校形式和学校行政论，学校形式又分个人的（私教育、家庭教育）和团体的教育，团体的教育包括公立学校教育、私营教育和公私立补习教育，学校行政论又分为学校制度论、学校设备论、学校管理论、教师养成论、补习教育论。参见姜琦的《教育学新论》，（台湾）正中书局 1946 年版，第 13 页。

　　② 陈科美：《新教育学纲要》，开明书店 1932 年版，第 147 页。

　　③ 姜琦：《教育学新论》，台湾正中书局 1946 年版，第 14 页。

分类标准，从理论和实际两方面进行分类，又增加了研究方法分类维度，代表着近代中国学者教育学分类的最高水平。

近代中国学者关于教育学的分类各有不同，从其分类所构建的教育学学科体系亦繁简有别，但对于教育社会学在整个教育学学科体系中地位的认识基本一致，他们大多数从社会学与教育学的关系出发，强调社会学是使教育学成为科学的重要依据，教育社会学是教育学的基础学科，从而将教育社会学归入到教育学分类中的"理论（或本质）"类。例如，张宗麟指出："从社会学的观点来重新估计教育的价值，分析社会来规定教育的目标与课程，使教育学更能进入科学的境界"，他认为正是在社会学、心理学等科学的帮助下，教育学已是专门的学问，且内容非常丰富，若用"本质"与"方法"进行分类说明，"教育社会学"应属于"本质"类。①徐德春认为："教育学之能形成为科学，系以哲学、社会学、生物学、心理学等为基础"，并进一步强调道："教育学是社会学中间的一门，二者之间具有密切之关联，举凡社会的演进、组织、发展等等，莫不与教育学有关系，而为教育学所应当讨论的事"②，遂将教育社会学归入教育学"理论"类中有关"现实或未来的"教育理论的探讨。姜琦进一步发挥这种观点和认识，他首先肯定道："无论伦理学、心理学、社会学和教育学，这种种科学，都有它自身的基础存在着，并不能够允许彼此之间互相侵犯的，不过在彼此之关系上看来，这种种科学，应该互相联系或互相借助的"；进而又指出："教育学有它自身的一种独特的任务，可以独立研究的"，不过它也应"常时借助于其他种种科学所获得的种种知识来说明与教育活动有密切关系之种种事项，如教育的本质、意义、目的、方法和价值等等"③，并将教育社会学归入教育学"理论"类中有关"现实"教育问题的理论探讨。

相比较而言，陈科美和王秀南关于教育学分类中的教育社会学学科地位最具代表性。陈科美是国内较早指出教育社会学是教育学的基础学科的学者之一。他强调，教育社会学是一门"比较后起的教育科学，又是一种

①　张宗麟：《教育概论》，商务印书馆 1939 年版，第 162 页。

②　徐德春：《教育通论》，中华书局 1948 年版，第 246—250 页。

③　姜琦：《教育可能成为一种独立研究之科学》，《教育杂志》1948 年第 33 卷第 5 号。

比较复杂的教育科学"①，是继"教育心理学之后成为教育学的另一块基石，以构成教育学的大部分基础"②。因此在其关于教育学的分类中，他将教育社会学直接归为教育学"纯理"部分的"横面——教育科学"类，并将其定义为"应用社会学方法于教育事实及原理之发现与说明者"。③王秀南是近代中国学者关于教育学分类的代表性人物，他综合国内外学者的教育学分类方法，并结合当时教育学学科发展状况而提出自己的分类观点。在他看来，"由于教育学的突飞猛进，而内容的孳乳也日渐增繁"，为了"制繁执简，约博求精，择其最需要而最不可少的教育学识与技能，列为教育学科"。④ 而在他所提出教育学分类中有关教育社会学学科地位，也同样代表着近代中国学者在这方面的认识水平。例如，他将教育学分为"理论门"和"实际门"，教育社会学属于"理论门"；同时又从教育学的研究方法角度出发，将其分为教育理想、教育事实和教育设施三大门类，每一门类不仅包括若干不同的学科，而且研究方法也不一样，其中教育社会学属于"教育设施"类，该类所用的研究方法为科学的研究，由此教育社会学也同样被视为教育学的基础理论学科。

与教育学分类一样，近代中国学者也没有专门针对社会学的分类成果，不仅如此，有关社会学学科分类的介绍也不多见。笔者只在个别学者的社会学著作中发现此类问题的探讨，如表 5 - 2 所列。其中陶孟和借鉴美国社会学家沃德（Lester. F. Ward，1841—1913 年）的社会学分类法而将社会学研究分为"纯粹（理）"和"应用"两部分；孙本文则综合了德国维塞（L. Von. Wiese）⑤、俄国索罗金（Pitrim Alexandrovitch Sorokin）⑥、美

---

① 陈科美：《教育社会学》，世界书局 1947 年版，"自序"。

② 同上书，第 3 页。

③ 陈科美：《新教育学纲要》，开明书店 1932 年版，第 148 页。

④ 王秀南：《教育学的研究和实践》，《中华教育界》1948 年复刊第 2 卷第 8 期。

⑤ 维塞（1876—1969 年），德国社会学家，曾任汉诺威工业大学、科隆大学教授，德国社会学会会长。他遵循齐美尔的社会学说，创立了关系社会学，认为人类社会是虚构的，而"社会的"或"人与人之间的"关系才是客观存在的。著有《论社会学说的创立》（1906 年）、《作为人类关系学和人类形象关系的普通社会学》（1924—1929 年）等。

⑥ 索罗金（1889—1968 年），俄裔美国社会学家，原国际社会学学会主席，原美国社会学协会主席。曾任俄国彼得堡大学、美国明尼苏达大学教授，1930 年创办哈佛大学社会学系，并任教授，一年后升为主任。著有《革命社会学》（1925 年）、《社会流动》（1927 年）、《当代社会学理论》（1928 年）等。

国麦可勃（McCobb）等学者关于社会学分类，后"加以整理"而提出了自己的分类，① 这是当时国内最为详细的社会学分类方法。尽管陶、孙两人的社会学分类方法不尽相同，但他们对教育社会学在整个社会学学科体系中的地位的认识基本相同，都认为教育社会学是社会学的应用科学，是将社会学原理与方法应用于教育。例如，陶孟和指出，教育社会学就是"应用社会学的材料、方法、原理，以解决教育问题"②；孙本文也同样断言，教育社会学是"把社会学的原理应用到教育上去的一种科学研究"③。

需要特别指出的是，近代中国学者关于教育社会学学科地位的认识与当时高校教育社会学课程设置的演变，两者表现出相当的一致性。如前所述，20世纪30年代中期之前，教育社会学课程主要开设在公立、私立及教会大学的教育学系。虽然不同类型的大学其教育社会学设置表现出不同的特色，但就这门课程的设置类别来看，一般都以开设在"教育原理（理论）类"为多。另据1935年，许椿生针对国内29所大学教育学系（国立7所、省立7所、私立15所）的课程设置进行问卷调查，在中央大学、北京大学、北平师范大学、文汇文理学院、湖南大学、河北女子师范学院、河南大学、辅仁大学、燕京大学及厦门大学等10所大学教育学系课程中④，共有9所大学教育学系的教育社会学课程均开设在"教育原理类"。⑤ 30年代中期之后，一方面由于南京国民政府实行旨在专门养成中等学校师资的"师范学院制度"，课程设置以实用为主，受此影响各大学的教育学系教育社会学课程设置大幅度减少；另一方面，教育社会学课程在各大学社会学系中地位不断上升，并于1944年在《文理法农工商各分院分系必修选修科目表》中实现了课程设置的"制度化"，但由于教育社会学被视为社会学的应用学科，教育社会学只是被列为"选修科目"。

二　近代中国教育社会学与教育学"科学化"

自教育学被引进中国以来，教育学的学科地位一直不是很高，即便是

---

① 孙本文：《社会学原理》（上册），商务印书馆1935年版，第93—97页。
② 陶孟和：《社会与教育》，商务印书馆1934年版，第19页。
③ 孙本文：《教育社会学浅说》，《教育通讯》1938年第23期。
④ 这10所大学基本囊括了近代中国各种类型的大学，其课程设置所表现出的特征在一定的程度上具有普遍意义。
⑤ 参见许椿生《大学教育系之课程》，《师大月刊》1935年第20期，"教育专号"。

到了 20 世纪三四十年代，国人对教育学的学科地位仍存在着一定的诘难和质疑。① 因此，当时很多学者都把教育学"科学化"与提高教育学学科地位密切联系在一起，并将其作为教育学学科建设过程中十分重要的环节和工作。为了提高教育学的学科地位，近代学者积极倡导教育学的"科学化"。夏承枫对此有充分的表述，他说："教育学术，至今不能成为专科，这是古今从事教育者的奇耻"，并进一步指出，"教育学术在学术上的地位一天不确定，教育事业便不能赎回固有的独立性质，用科学方法增进教育效率的理想永远不能实现"，因此"现代教育学术趋向科学方法，亦可算是教育学术界的雪耻运动"。② 钟鲁斋甚至明确断言："20 世纪的教育学是科学化"③。正是在这些学者的积极倡导下，教育学"科学化"在近代中国一度发展成为一场运动。就近代中国教育社会学对这场运动的影响与作用而言，集中表现在以下两点。

（一）丰富教育学的内容

在西方，"教育学"（pedagogy）一词作为教育知识最为正式和通用的学科称谓源于希腊语"教仆"（pedagogue）。但长期以来，"教育学"这门学科的研究对象仅限于教育过程，对教育实践的影响也以小学为主要目标，这不仅削弱了这门学科的学术地位，也严重限制了其进一步发展。后为提高教育学的科学性，争取相应的学术地位，以美国为首的一些英语国家开始用"education"一词代替"pedagogy"，以此来指称整个教育知识领域，其研究范围也"从传统的教学方法、学校管理扩充到社会的所有教育功能和教育机构"④。

"教育学"一词称谓上的变化也同样发生在近代中国。据考证，在1920 年之前，近代中国学者所出版的教育学类书籍中，关于"教育学"的英文均表述为"pedagogy"，而在此之后，尤其是从 1925 年开始则多将

---

① 如姜琦的《教育可能成为一种独立研究之科学》一文（《教育杂志》1948 年第 33 卷第 5 号）即是在上述背景下撰写的，作者通过反复论证得出结论，教育学有自身独特的任务，可以独立研究。

② 夏承枫：《教育学术科学化与教育者》，《教育杂志》1926 年第 18 卷第 2 号。

③ 钟鲁斋：《教育科学研究之史的演进及其最近趋势》，《中华教育界》1937 年第 24 卷第 11 期。

④ 毛祖桓：《教育学科体系的结构研究》，中央民族大学出版社 1999 年版，第 6 页。

其英文表述为"education"。① 后来，为准确地区分"pedagogy"和"edu-cation"两词起见，将前者译为"教授学"，后者则译为"教育学"，有时甚至直接用"教育学"来代替旧的"教授学"。这种变化并非偶然，有学者曾对此予以专门的分析指出："旧时的教授学范围太窄，所包含的至多不过教授法、管理法一类，今日教育的内容，除此之外，尚有教育史、教育行政、心理与生理卫生及正常和特殊的儿童，都是很重要的"；"往日只把教育当作课室内（至多一学校内）的工作看待，什么教授管理云云，都不过指点这个，现时大家承认教育是一种国家事业、社会事业，它和政治、经济、社会、文化等相关甚切，非从其政治、经济、社会、文化等方面背景加以剖析，定难得到相当的了解和适宜的解决，然而这便不是旧式教授学所能胜任了"；现时教育学日益"科学化"，它"藉了许多基本学科——如心理学、生物学、生理学、社会学、经济学等的知识，来帮同解决教育上的重要问题"。②

笔者以为，若从学术发展的角度来看，近代中国由"教授学（peda-gogy）到"教育学"（education）的转变，绝非仅仅是对"教育学"称谓上作出改变这样简单，实则是对这门学科所涵盖知识领域范围不同的一种深刻理解。相比较而言，前者仅仅以哲学、心理学为学科知识体系的基础；而后者则建立在包括哲学、心理学、生理学、社会学、管理学、经济学、历史学等学科的人文社会科学基础之上，广泛吸收这些学科关于教育学的知识，其中自然也包括近代中国教育社会学的理论知识，教育学知识体系范围因此而日趋扩大，其内容也更为系统化。从这个意义上讲，近代中国教育社会学充实了中国教育学的知识体系，促进了教育学的"科学化"。但需要弄清楚的是，近代中国教育社会学究竟在多大程度上丰富了教育学的知识内容，换言之，近代中国学者在构建教育学知识体系时究竟涉及或包含哪些教育社会学探讨的基本课题。据查阅，1922—1949 年间国人自著的 41 种教育学著作中有 16 种著作都涉及教育社会学探讨的基本课题。③

---

① 参见叶志坚《中国近代教育学原理的知识演进——以文本为线索》，浙江大学博士学位论文，2009 年，第 159—160 页。

② 罗廷光：《教育科学纲要》，中华书局 1935 年版，第 7—8 页。

③ 关于此处说的 41 种教育学理论著作，详见侯怀银《中国教育学发展问题研究——以 20 世纪上半叶为中心》，山西教育出版社 2008 年版，第 336—375 页。

表5-3　1922—1949 年间国人自著教育学理论著作所涉及或包含的教育社会学基本课题一览表

基本课题	作者及著作					
	王炽昌《教育学》1922	孙贵定《教育学原理》1922	祁森焕《教育概论》1928	朱兆萃《教育学》1932	陈科美《新教育学纲要》1932	孟宪承《教育概论》1936
教育与社会	√					
个人与社会					√	√
学校与社会			√	√		√
教育之社会基础（根据）		√			√	
民族与教育						
家庭与教育						√
政治与教育						
经济与教育						
国家与教育						√
教育与社会变迁						

表5-4　1922—1949 年间国人自著教育学理论著作所涉及或包含的教育社会学基本课题一览表（续表一）

基本课题	作者及著作				
	钱亦石《现代教育原理》1934	吴俊升王西征《教育概论》1935	黄明宗《教育概论》1937	浦漪人《教育概论》1936	张宗麟《教育概论》1939
教育与社会					
个人与社会	√	√		√	
学校与社会					
教育之社会基础（根据）	√	√			
民族与教育					
家庭与教育			√		√
政治与教育					
经济与教育					
国家与教育					
教育与社会变迁				√	

表5-5　　　1922—1949年间国人自著教育学理论著作所涉及或
包含的教育社会学基本课题一览表（续表二）

基本课题	作者及著作				
	范仁宇 《教育概论》 1943	徐德春 《教育通论》 1948	石联星 《教育学概论》 1946	程今吾 《新教育体系》 1945	邱觉心 《教育通论》 1948
教育与社会	√	√	√		√
个人与社会					
学校与社会					
教育之社会 基础（根据）				√	
民族与教育			√		
家庭与教育	√	√			√
政治与教育	√				
经济与教育					
国家与教育		√			√
教育与社会变迁					

　　以上用表格的形式将近代中国教育学理论著作中所涉及或包含的教育社会学基本课题的教育学著作作一整体呈现，从中可以发现以下两个特点：其一，这些涉及或包含教育社会学基本课题的教育学理论著作问世的时间基本都是在1922年以后，而且以30年代最多，这与近代中国教育社会学发展的历程及特点十分吻合；其二，上述教育学理论著作所涉及或包含的多是教育社会学探讨的最重要的课题，这恰好从另一个侧面说明近代中国学者视教育社会学为教育学的基础学科，这在很大程度上体现了近代中国教育社会学的产生和发展对中国教育学知识内容及其体系所产生的作用与影响。为更清楚地说明这个问题，下文从上述表格所列著作中分别选取陈科美的《新教育学纲要》、吴俊升（与王西征合作）的《教育概论》以及孟宪承的《教育概论》三种著作来作具体分析。

　　由上述表格可知，陈科美的《新教育学纲要》主要包含了"个人与社会""教育之社会的基础"等教育社会学的基本理论课题，这与他所构建的教育学学科体系中有关教育社会学的学科地位基本一致。如前所述，陈科美从教育学分类出发将整个教育学学科体系分为"理论"与"实际"两部分，并将教育社会学视为"理论"部分中"横面——教育科学"类。

然而，真正将教育社会学的理论知识纳入教育学学科体系中却要得益于他此前对教育社会学的学习和研究。

早在留学美国时，陈科美就曾学习过社会学及教育社会学，据他自己介绍，他于1920年入伊利诺斯州立大学教育系学习，因为考虑到教育事业的复杂性，学术基础应广泛些，所以留美期间除教育系必修学科之外，还选修了天文学、细菌学、社会学、文学名著选读等。1923年，因"感到钻研教育，不能局限于客观事实和调查实验，须把教育事实和科研成果提升到教育理论的高度，才能高屋建瓴和高瞻远瞩"①，遂转入哥伦比亚师范学院教育哲学系攻读硕士学位，同时也选修了该校教育社会学系的许多课程。回国后不久，陈科美即入暨南大学任教，所教课程很多，但主要围绕教育理论方向，其中也包括"教育社会学"课程。该课程内容分为五个部分：1. 绪论；2. 教育之社会学的基础；3. 教育之目标及价值；4. 课程及方法；5. 指导与训育。所用课本即美国教育社会学家史密斯《教育社会学导言》英文版。② 通过对教育社会学多年的教学和研究，使得陈科美不仅对这门学科有了系统的认识，也为他借助社会学及教育社会学原理来构建教育学知识体系奠定了基础。

《新教育学纲要》是陈科美系统构建教育学学科知识体系的首次尝试，他强调此书的目的在于"与习教育者一普泛而正确之教育观"，在他看来，"普泛而正确之教育观可为科学的，亦可为哲学的：科学的教育观重在叙述与说明教育事实……哲学的教育观重在组织与批评内容"，然而"欲求综合，必须贯串，欲得贯串，必须另立一观点，以为组织之中心"；"欲得事实，必须求之于各种科学及实际状况"。③ 由此，他以"教育历程乃一意识连续适应之历程"④ 这一学术观点作为贯串全书的中心，并广泛借助诸如生物学、心理学、社会学等学科知识论证之。例如，他说："教育之所以可能，即在其有二方面之基础；一为生物的与生理的基础，一为心理的与社会的基础"，前者是教育"连续适应之可能"；后者则是"有

---

① 高增德、丁东编：《世纪学人自述（第一卷）》，北京十月文艺出版社2000年版，第268页。

② 《学程一览》，《国立暨南大学一览》1930年，第75页。

③ 陈科美：《新教育学纲要》，开明书店1932年版，"序"。

④ 同上书，第9页。

意识的连续适应之可能"。① 而 "所谓生物的与生理的基础者，即凡为生物者皆具有创造、保存、分歧、合一及灵觉五种性能；所谓心理的与社会的基础者，即凡为人类，除五种性能外，尚具有各种本能、心能、兴趣及习惯"② 等，并分别从生物学、心理学、社会学等角度对上述这些性能及能力予以探讨。最后得出结论："教育之可能即基于先天之禀赋与环境之影响，而各种能力者则与先天禀赋与环境影响之结果也"③，并始终围绕这两点进行阐述和分析。综合这些不难判断出，作者借助社会学及教育社会学原理来构建教育学知识体系的意图非常明显。

吴俊升与王西征合作编写的《教育概论》也包含了 "个人与社会" "教育之社会的基础" 等教育社会学的基本课题。这一方面是出于实现编写目标的需要，因为该书编写基本依照当时师范学校及乡村师范学校教育概论的课程标准，对于 "使学生认识教育上显著之事实及问题，唤起其专业研究之兴趣"，"使学生理解教育上主要原则及方法，为专业研究之准备"，及 "使学生体认教育与民族及社会之关系，激发其对于专业之忠诚" 等三项目标，力求 "特别注意与兼顾"。④ 另一方面更与作者的教育思想认识变化密切相关。⑤ 据作者吴俊升说，他 "在东南大学受教育时，受杜威的学说影响很大"⑥，是 "杜威教育学派的一个教育信从者"⑦。不过，伴随着对教育理论的深入思考，吴俊升渐渐认识到 "杜威的教育学说，对于教育的两极，儿童与社会，本是兼顾的。他（指杜威——笔者注）在美国还是超越十九世纪的个人主义而注重教育的社会一面的第一个

① 陈科美：《新教育学纲要》，开明书店 1932 年版，第 27—28 页。

② 同上书，第 28 页。

③ 同上。

④ 吴俊升、王西征：《教育概论》，正中书局 1935 年版，"编辑大意"。

⑤ 此处以吴俊升为主要考察对象，而有关王西征的生平未见详细记载，仅有零星的史料可知，他是吴俊升就读南高师教育科时的同学，毕业后曾担任《新教育》第 11 卷第 2—3 期的编辑干事，做过北平师范学校校长，任期为 1927 年 7 月至 1928 年 2 月，此后在北大做兼职教授。参见王西征《从新教育到新教育评论》，《新教育评论》1926 年第 2 卷第 2 期；邓菊英、高莹编：《北京近代教育行政史料》，北京教育出版社 1995 年版，第 39 页；汤世雄、王国华主编：《北京师范学校史料汇编（1906—1948）》，北京教育出版社 1995 年版，第 430—476 页；吴俊升：《教育生涯一周甲》，传记文学出版社 1976 年版，第 56 页等。

⑥ 吴俊升：《教育生涯一周甲》，传记文学出版社 1976 年版，第 42 页。

⑦ 同上书，第 17 页。

教育学家。他的第一本划时代的著作，便是《学校与社会》。可是他的学说，在中国的发展，渐渐偏到儿童个人方面"。① 对于这种偏于儿童个人方面的教育思想，吴氏"感觉偏颇"，再加上"受了五卅惨案的刺激"，更使他意识到"为了发愤图强，教育应兼顾国家主义"，他的教育思想遂发生转变，"已经趋向于注重到教育的社会方面"。② 因此，他于1928年赴法国留学时，即"想在教育的社会学基础方面，多下功夫。"③

1928年4月，吴俊升偕夫人倪亮远赴法国留学，同年秋入巴黎大学文科攻读社会学与教育学。此时主讲巴黎大学社会学与教育学讲座的是涂尔干之嫡传弟子富孔奈（Paul Fauconnet）教授。对此吴俊升说道："这正合我学习方面的需要，所以我便拜入福谷奈（即富孔奈——笔者注）教授门下，听他的课。同时涉览涂尔干和其他法国学者的有关社会学与教育学的著作，希望打好教育学的社会学基础，补以往学习方面的不足。"④ 1931年，吴俊升获得巴黎大学文科博士学位，同年秋回国任北京大学教授，讲授教育哲学、教育社会学、德育原理等课程。而教育社会学课程的讲授，据吴俊升自己交代，他所讲的内容与当时美国大学所用的教育社会学课本不同，后者"乃是社会学对于教育的应用（The Sociology Applied to Education）"，而他"是把教育当成社会事实来研究，研究它和其他社会事实的关系，而寻索出其相关的法则。即如在何种社会体制之下，即有何种教育，便是可能找出的一种相关法则"。⑤ 虽然他一再称由于觉得"这样讲教育社会学，为时很早，既少现成的材料，而自己研究的时间又不足"⑥，所以其授课讲义不曾出版，但有关教育社会学的思想却在其后《教育概论》一书中得以再现，并在该书中多次运用社会学及教育社会学的原理和方法来分析教育。例如，他说："教育本是社会建设工作之一，它的目标由任何偏狭的社会学来决定，当然不可；但若由社会之整个的理想来决定，自然是无可非议的"⑦，因此"个人与社会关系的密切观察，

① 吴俊升：《教育生涯—周甲》，传记文学出版社1976年版，第42页。

② 同上。

③ 同上。

④ 同上。

⑤ 同上书，第63页。

⑥ 同上。

⑦ 吴俊升、王西征：《教育概论》，正中书局1935年版，第45页。

向为一般教育者所忽视，我们却应该加以重视"①。并进一步强调道："社会的组织，既是为了人类生活这件事实产生，现在的社会，却又在各种复杂的组织里暴露出更多的人类生活之缺陷；教育倘要使人能够继续适应社会以求生长，那么对于这人类生活中所暴露的许多缺陷之实际情形，就不容不悚然的加以正视——特别是中国"②，"现在不容我们再因循敷衍下去了，了解社会的组织及活动，建设教育的观点，实属必要的事"③。正是在这个意义上，该书被学界认为是一部包含着教育社会学课题的教育学论著。

与吴俊升的《教育概论》一样，孟宪承的《教育概论》也是为满足当时师范学校教育概论课程的教学需要，在于"使学生认识教育上显著的事实及问题"和"理解教育上的主要原则及方法"④，但它也有自身特色的一面，即"为使读者对于教育得到一个初步的概观，也为避免和其他科目的重复，每章都没有尽列一切有关的事实，而最注重的，却在于几个原则的透彻说明，以及各章的贯通和联络"⑤，其中就有关于"个人与社会""学校与社会""家庭与教育""国家与教育"等有关社会学及教育社会学的原则。如此编撰原因固然很多，但与《教育概论》一书出版之前他所从事的教育社会学教学和研究无疑有着最为密切的联系。

如前所述，1923 年孟宪承曾在江苏全省师范讲习所联合会上发表题为"教育社会学"的演讲，虽然全部演讲时间只有 6 个小时，共六讲，但仍然揭示了教育社会学中"重要的部分和问题"⑥。除第一讲"导言"部分外，剩余的五讲主要围绕"教育与社会的关系"和"教育是社会的过程"两个核心主题分别进行探讨。前者包括社会需要之适应、社会进步之动力及教育势力之联络；后者则以教学、训育为主。整个演讲主题清晰、逻辑连贯、结构完整，显示出作者对于教育社会学这门学科全面、深刻的探索和思考。此外，孟宪承还在浙江大学文理学院教育学系开设过"教育社会学"课程，课程内容包括两部分："（一）社会学原理：1. 社

---

① 吴俊升、王西征：《教育概论》，正中书局 1935 年版，第 46 页。

② 同上书，第 47—48 页。

③ 同上书，第 48—49 页。

④ 孟宪承：《教育概论》，商务印书馆 1936 年版，"编辑大意"。

⑤ 同上。

⑥ 孟宪承：《教育社会学讲义》，江苏全省师范讲习所联合会 1923 年刊印，第 11 页。

会起原（源）；2. 其（即社会——笔者注）组织；3. 其（即社会——笔者注）进化。（二）教育之社会的基础：1. 目的；2. 课程；3. 方法"①，课本使用美国彼得斯（C. C. Peters）的 *Foundations of Educational Sociology*。② 所有这些都为他日后在教育理论著述中吸收和融合社会学及教育社会学的原理和方法奠定了雄厚的基础。在其所著的《教育概论》一书中，他不仅注重从社会和社会学的角度论述教育问题，如他认为教育的意义在于"教育是个人生长或发展的过程，这过程是在社会的环境中进行的"，所以"教育学者于个人发展一个概念之外，常同时提出对于社会的适应的第二个概念"③；"学校是一个社会组织，或者说是社会为教育而特有的一个组织。它的活动和社会的经济、政治、文化诸般的活动，息息相关"④；而"课程既是社会的经验，自然跟着社会自身的演变而演变"⑤；等等，而且他还将社会学及教育社会学的原理设为专门章节加以探讨，如第一章"社会的适应"中第一节"个人与社会"，第三章"教育机关"实际内容就是论述诸如学校、家庭、国家等各类社会团体（组织）与教育的关系。由此可见，社会学及教育社会学原理对该书整个知识内容及其体系的作用和影响。

（二）促进教育研究方法的"科学化"

要求教育"科学化"或把教育学建设成一门科学，自然离不开教育科学研究，离不开运用科学方法来研究教育，故"所谓教育科学研究，固不外运用科学方法阐发教育精义和解决教育问题而已"。⑥ 综观近代中国教育学的发展历程，有关教育学的科学研究虽不是教育学研究的全部（比如有学者主张用历史的、哲学的方法研究教育），但可以肯定的是主流。当时很多学者在报刊上发表文章，积极鼓吹教育学的科学研究和教育研究方法的"科学化"。如1918年，蒋梦麟在《教育杂志》上撰文指出："自十九世纪科学发达以来，西洋学术，莫不以科学方法为基础；即形上之

---

① 《国立浙江大学一览》，1932年，第72—73页。

② 孟宪承此时所使用的是英文教材，因为该书直到1937年才由鲁继曾翻译至中国，命名为《教育社会学原论》，有关该书的具体内容详见本论文第三章第一节。

③ 孟宪承：《教育概论》，商务印书馆1936年版，第30页。

④ 同上书，第161页。

⑤ 同上书，第116页。

⑥ 罗廷光：《教育科学研究大纲》，中华书局1932年版，第12页。

学，亦以此为利器。至今日一切学问，不能与科学脱离关系。教育学亦然。故今日之教育，科学的教育也。舍科学方法而言教育，是凿空也，是幻想也。幻想凿空不得为二十世纪之科学。"① 再如有的学者认为："今日时令所趋，教育学术受了科学的洗礼"，今后的教育研究应："1. 打破个人之私见，求客观的标的；2. 废除散漫的观察，作严密的实验；3. 由等级的评判进于单位的测量；4. 由定性的方法，进于定量的研究。"② 进入30 年代，钟鲁斋甚至将教育研究方法的"科学化"视为决定教育改革成败的关键因素。他说："现在中国教育的改革，大部分上很依据短时间召集的全国教育会议议案，或少数专家会议议决案，或中央全体大会议决案，或出自教育行政人员的偏见或主张，其中极少能用着科学方法去调查、去设计、去实验，将其结果作成具体的证实的有效率的科学化的计划。以故改进教育的施行，常免不了遇着下列几个结果：（一）改革因缺乏科学根据，一经施行，即引起辩论或纠纷，至不得已的时候，教育部只得修改原案，变通办法，以求勉强敷衍；（二）教育政策因人而变，在朝者所学不同，其主张亦不同，因此忽而仿日，忽而仿美，忽而仿欧，变化不定，收效极少；（三）所谓改革，只在会议时间文字上去修改，表面上似既改进，其实没有施行，或不能施行，与实际无补；（四）改革案与实际情形不合，施行后有弊无利"，并明确主张"此后要改进吾国教育，非用科学方法不可，这种方法，就是本文标题的科学的教育学"。③ 这一时期教育学界已形成了关于教育研究方法的"科学化"的共识。陈翊林曾在《近代中国教育总评》一文中总结了民国以后中国教育发展的八大趋势，其中第五点就是："要求教育的科学化。即一方面要求在教育中增高科学的地位，注重科学的研究；又一面要求将教育的本身也构成一种科学。最近几年来的科学教育和教育的科学研究——教育调查、教育测验、教育试验和教育研究的发达，便足以证明这种趋势"④。

不过，就学术发展而言，教育调查、教育测验、教育试验等教育科学研究方法之所以能在近代中国广泛传播和运用，这在一定的程度上得益于

---

① 蒋梦麟：《高等学术为教育之基础》，《教育杂志》1918 年第 10 卷第 1 号。

② 甘豫源：《论教育上之科学方法》，《教育杂志》1927 年第 19 卷第 17 号。

③ 钟鲁斋：《科学的教育学对于吾国教育之改进几个可能的贡献》，《中华教育界》1933 年第 21 卷第 6 期。

④ 陈翊林：《近代中国教育总评》，《中华教育界》1930 年第 18 卷第 4 期。

心理学、社会学、经济学、管理学等学科相继产生和发展，其中自然有近代中国教育社会学的一份功劳。从近代中国教育社会学对教育科学研究方法的贡献来看，以教育调查最为突出。

应该说，教育调查作为一种科学研究方法不是教育社会学的专利，其他学科也重视教育调查（如社会学、经济学以及教育学的其他分支学科），并在各自的研究中运用到这种方法。但相比较而言，教育社会学尤为重视教育调查，这一点在近代中国教育社会学发展过程中表现得十分明显。如前所述，近代中国从事教育社会学研究的学者在对其学科要素进行探讨时，都一致认为社会调查及教育调查是教育社会学的基本方法。有的学者还针对两者之间的关系予以特别强调。例如，罗廷光指出，教育社会学的研究必须有具体客观的方法，以"从事实际材料的搜集予以寻绎其中意义，才能有济"①。卢绍稷甚至认为，教育调查是教育社会学独立学科地位的重要标志，"盖一门科学之所赖以成立者，即在其有固定之目的与良好的研究法也"。② 不仅如此，在近代中国教育社会学研究成果中，很多论著都辟有专门的章节详细论述教育调查的方法，例如，卢绍稷的《教育社会学》中第十八章"社会调查与教育调查"，苏芗雨的《教育社会学》中第二章"社会调查与学校调查"，陈科美的《教育社会学》第七讲（章）"教育调查"。有的是将教育调查纳入社会调查中来进行探讨，如陶孟和的《社会与教育》中第三章"社会调查"，沈冠群与吴同福的《教育社会学通论》中第七章第三节"社会调查论"，等等。此外，这些论述都在一定的程度上强调教育调查的"科学性"问题。陶孟和曾指出，教育调查是一种精密的科学的调查。卢绍稷称："教育调查（或称学务调查），是用科学方法调查各地教育实况"③。有的学者还将教育上科学调查的结果与个人经验进行比较，以突出科学调查的益处："1. 科学能除个人偏见；2. 科学法是分析的；3. 科学的手续是增加分量的；4. 科学家择确可代表的事例始认为公例；5. 科学家最忌以少数事例为断。"④ 更为重要的是，有的学者还明确指出教育调查对于教育科学整个学科建设所具有的价

---

① 罗廷光：《教育研究指南》，国立中央大学教育学院教育研究所 1932 年版，第 157 页。

② 卢绍稷：《教育社会学》，商务印书馆 1934 年版，"序言"。

③ 同上书，第 178 页。

④ 同上书，第 167—168 页。

值和重要性。例如，卢绍稷认为："吾人欲改良教育，必先详细调查现在教育之实际状况，以为规定'改进教育方案'之根据"，并在此基础上进一步强调教育调查对于教育科学研究之价值："学校调查由专家搜集与整理精确之资料，可以逐渐构成可靠之教育理论，而建设科学的教育学"。[①]沈冠群与吴同福两人同样认为："从学校调查 的结果，可以建设教育科学"。[②] 陈科美则指出教育调查对于教育学术上的贡献主要在于"使教育行政学术化"和"使教育学术实际化"，并主张将教育行政和教育学术打成一片，使教育学术成为真实而有用的学术。由此反映出近代中国教育社会学对于教育研究方法"科学化"的促进作用。

第三节　近代中国教育社会学的局限性

因为教育社会学从根本上说是"舶来品"，也由于近代中国教育学科及各门人文社会科学的建设尚处在初级阶段，所以近代中国教育社会学在其发展过程中虽取得了可喜的成就，也逐渐形成一门独立的学科，但不可避免地存在着很大的局限性与不足之处，归纳起来主要可概括为以下几点：

其一，实证性研究相对薄弱。

近代中国教育社会学的理论研究偏重于价值判断，明显地受到早期西方教育社会学的影响。早期西方教育社会学的理论研究重在探讨社会理论，尤其是个人与社会的关系、个人与团体的关系以及个人社会化等理论。从事教育社会学研究的学者以教育学者居多，他们大多着眼于解决当时社会上所产生的各种教育问题，"藉以探讨与评价社会，指示最理想的社会形式（social forms），并使这些理想的社会形式得以反映于教育目标与课程之中"[③]，其学科特征主要表现在判断教育如何改造以促成理想的社会变迁，而不是判断教育事实是如何存在的。由于存在着强调价值判断的取向，早期西方教育社会学在研究方法上难免思辨重于分析，规范研究

---

① 卢绍稷：《教育社会学》，商务印书馆1934年版，第179页。

② 沈冠群、吴同福：《教育社会学通论》，南京书店1932年版，第146页。

③ 陈奎熹：《教育社会学的发展趋势》，龚宝善主编：《昨日今日与明日的教育——教育历程的开拓》，开明书店1978年版，第635页。

重于实证研究。受其影响，近代中国教育社会学理论研究从总体上说偏重
于通过探讨个人与社会的关系、个人与团体的关系等来揭示理想的社会形
式，认为真正有价值的教育是摆脱个人主义羁绊的教育，应该以适应社会
的需要为教育目标。如雷通群说："教育社会学之要务，是在研究个人在
团体中如何生活，尤要研究个人在团体生活中得到何种教训及团体生活上
所需何种教育。"① 卢绍稷同样说道："教育目的应体谅社会情形，使个人
成为社会化的个人，而能为社会上实际有用之人物。"② 而所谓"教育的
社会化"，在他们看来即实行社会化的教育行政管理，开设社会化的课
程，运用社会化的教学法和训育方法，并通过实施社会教育以及社会化的
乡村教育、职业教育等，最终实现教育适应社会、改造社会的价值目标。
可见，其理论研究旨在论证和判断教育如何改造以适应社会的目标，而不
是解释和判断作为社会现象的教育事实是如何存在的。

　　如前所述，孔德、斯宾塞等人在继承英国经验主义哲学及其方法论的
基础上创立了实证主义哲学及其方法论，主张运用观察、实验等方法考察
人类社会的历史和现状，通过对经验事实的分析归纳来揭示人类社会发展
的规律和法则。近代中国学者大多受到上述实证主义哲学及其方法论的影
响，提倡运用各种科学尤其是社会学的研究方法，并强调科学的研究方法
是教育社会学成为独立学科的重要标志。③ 因此，许多学者都在其著作中
提到教育调查的重要性，认为"教育调查在教育社会学中有其特殊的地
位"。④ 与此同时，廖泰初、许仕廉、童润之等人积极开展了教育调查。
近代中国开展的教育调查还可举出一些例子，如沈锐（即沈冠群）1928
年对上海小学生退学原因的调查与分析，⑤ 1933 年许恪士对国立中央大学

----

① 雷通群：《教育社会学》，商务印书馆 1931 年版，第 14 页。
② 卢绍稷：《教育社会学》，商务印书馆 1934 年版，第 36 页。
③ 同上书，第 38 页。
④ 陈科美：《教育社会学》，世界书局 1947 年版，第 69 页。
⑤ 这份调查是沈锐通过对上海市立 47 所学校的问卷调查，对 1927 年第一学期学生退学的
情况及其原因进行深入细致的分析。作者统计出退学人数比例之后，发现有 15 中退学原因，如迁
居、转学、智力低下、就业、家贫、患病、家长亡故等。随后，又从社会学的角度对此 15 种原因
进行剖析，并得出结论：女生退学的年龄比男生的为早，这主要是受社会习俗的影响，社会上仍
忽略女子的教育；家长不大愿意其大龄女儿还在校读书。最后，作者联系当前中国实际情形，针
对部分退学原因提出补救办法。参见沈锐《上海小学生退学原因之研究》，《教育杂志》1929 年
第 21 卷第 1 号。

实验学校一百一十个学生社会背景的调查等。[①] 但总体而言这类调查研究的成果并不多见，而且大部分调查的结果未能反映到学者的理论建构中。因此，近代中国出现的教育社会学论著偏重于命题分析和价值判断，而缺乏事实分析和实证考察，带有较强的哲学思辨的色彩。

其二，教育社会学学科的制度化建设很不完善。

如果说，一门学科的制度化建设至少需要满足诸如在大学开设课程或建立相关系科、成立全国性的学术研究机构以及创办发行专业期刊等条件的话，那么近代中国教育社会学的学科建设远未达到全面制度化的程度。[②]

由前面章节的论述可知，近代中国教育社会学的学科建设主要在课程设置方面取得了长足的发展，分别在国立大学、私立大学以及教会大学开设，甚至在部分中学及师范讲习所也开设过。然而，20 世纪 30 年代中后期之前，由于当时大学的课程设置没有统一的标准，在同样开设教育社会学课程的各所大学里，其课程性质及地位却不尽相同。如近代中国国立大学中，师范型大学与综合性大学的"教育社会学"课程地位明显不同。前者多以"选修课"的形式开设，如北平师范大学；后者多以"必修课"的形式开设，且开设层次相当高，最具代表性的是中山大学教育研究所针对所内的研究生所开设的教育社会学课程；而在私立大学和教会大学中，两者也同样表现出若干差异。近代中国私立大学因自身所处环境和地位的需要，十分注重教育学科建设，因而设置了教育学系、教育心理系、社会教育系等系科，教育社会学也因此得以在这些系科中开设；而近代中国教会大学除了重视教育学科建设外，也非常重视社会学的教学和研究，这为教育社会学作为一门由教育学和社会学交叉形成的学科的课程设置提供了

---

① 该项调查以学生的社会背景为限，分为九大类：1. 普通状况；2. 家庭及其经济状况；3. 教育状况；4. 生理及卫生状况；5. 社会心理状况；6. 社会接触适应及冲突状况；7. 娱乐状况；8. 特别兴趣、信仰、嗜好；9. 个人将来的志愿及你的父母对于你的希望。参见国立中央大学实验学校教务系《国立中央大学实验学校小学部一百一十个学生的调查》，国立中央大学实验学校出版社 1933 年版，第 3 页。

② 国内有的学者曾将中国近代学术体制的建立分述为以下几个方面：知识人的学术职业化；新式学会的创立；大学的创办；学术研究机构的创建；近代图书馆制度的建立；学术期刊的出版发行；学术出版制度的建立；学术评估体制的确立；学术资助体制的建立。参见左玉河《中国近代学术体制之创建》，四川人民出版社 2008 年版。

较好的条件，其教育学科和社会学科都曾开设过教育社会学课程，这是近代中国教会大学中教育社会学课程设置最具特色的地方。此后，虽然南京国民政府教育从制度上规定教育社会学为社会学的"选修课"，因而实现了"制度化"，但课程设置规模远不及 30 年代中后期之前。另外，近代中国教育社会学虽曾在中央大学成立了专业系科，但也由于存在时间仅仅 3 年，难以发挥深远的影响。所有这些都在很大程度上影响和制约着近代中国教育社会学学科的制度建设。

另一方面，从专门的学术研究机构和专业性学术刊物的角度来看，近代中国教育社会学基本上可以说没有突出的成就，它既没有组织起自身的专门研究机构，也未创办学科的专业期刊，只是借助相关学科的研究机构和期刊来做一些关于教育社会学学科建设的工作，如利用教育学类刊物和团体及社会学类刊物和团体来作为团聚本学科研究人员、开展学术交流的平台。总之，近代中国教育社会学"尚未走完确立制度的全部过程"①，这不能不说是其学科制度化建设过程中的严重缺憾。

其三，出版物以教科书为主，缺少专题性研究成果。

与上述两点相吻合的是，近代中国公开出版的教育社会学著作以教科书为主，且多是作者在日常教学中所使用的授课讲义的基础上编撰而成的。如《社会与教育》是陶孟和在北京大学讲授"教育社会学"课程时所使用的讲义；雷通群的《教育社会学》是他在厦门大学教育学院讲授这门课程时所用的讲义；卢绍稷的《教育社会学》是他在上海中学师范科所用的讲义；陈翊林的《教育社会学概论》是他在成都大学讲授教育社会学时所使用的讲义，等等。一般而言，一门学科的教科书或教材以传播该学科的基本知识为主，教育社会学作为一门学科，教育与社会的相互关系是其最基本的课题，因此 1922 年陶孟和在其《社会与教育》一书中即围绕教育与社会的关系，重点阐述教育与社会之间的基本原理。至 30 年代，教育社会学出版物仍是以教材为主，雷通群的《教育社会学》是其中极具代表性的一本教材。较之《社会与教育》，该书探讨的课题广度和深度均有所发展，如已关注教育这个"小社会"自身内部的特殊性，并开始深入到教育与社会关系的微观层面，但也主要是将社会学及教育社会学的基本原理与方法，尤其是"社会化"在学校教育目标、课程、教

①　吴康宁：《教育社会学》，人民教育出版社 1998 年版，第 48 页。

学法等问题上作"注解式"的应用而缺乏深度分析。40 年代问世的陈科美的《教育社会学》，虽非以教材的形式出版发行，但作者一再强调该书是"一本'鸟瞰'性质的书，也是一本介绍性的书"，旨在将近些年有关这方面的研究作总结，以收"综合的效果"。① 如果说，教育社会学在近代中国成立之初，通过对授课讲义进行整理而出版教科书，这对于初学者或初次接触这门学科的人确实起到了启蒙和引路的作用，同时也较符合一门学科初创时的特点以及学术发展的一般规律，那么在学科成立 10 余年后依然停留在教科书式、介绍性的著作的层面，则不能不说反映了这门学科研究和建设的不足。

---

① 陈科美：《教育社会学》，世界书局 1947 年版，"自序"。

近代中国教育社会学译文篇目汇编

〔美〕杜威著，天民译：《台威氏明日之学校》，《教育杂志》1917年第9卷第9号。

〔美〕史密斯（W. R. Smith）著，刘著良译：《教育社会学导言》，《安徽教育月刊》1918年第12期，1919年第15期、第20期、第22期。

〔美〕杜威著，杨亦曾译：《民本主义与教育》，《安徽教育月刊》1919年第18期、第20期。

〔美〕史密斯（W. R. Smith）著，章浑译：《教育的社会化》，《安徽教育月刊》1919年第32期。

〔美〕爱尔乌德（Charles. A. Ellwood）著，陈兆蘅译：《教育与社会进化的关系》，《教育丛刊》1919年第1集。

〔美〕杜威著，刘建阳译：《杜威学校与社会进步》，北京高等师范学校《教育丛刊》1919年第1集。

〔美〕爱尔乌德（Charles. A. Ellwood）著，杨效春译：《社会化的教育》，《解放与改造》1920年第2卷第7期。

〔美〕伯兹（George. H. Betts）著，李诚译：《个人与社会》，《少年中国》1920年第1卷第10期。

〔美〕史密斯（W. R. Smith）著，汪尚华译：《教育社会学导言》，《安徽教育月刊》1920年第28期。

〔美〕史密斯（W. R. Smith）著，太玄译：《教科内容之社会化》，《教育杂志》1920年第12卷第5号。

〔美〕伯兹（George. H. Betts）著，岳庐译：《教育的目的：他的来历和功用》，《少年中国》1920年第1卷第10期。

〔美〕伯兹（George. H. Betts）著，周学超译：《学校的社会组织》，北京高等师范学校《教育丛刊》1920年第2集。

［美］哈脱（Joseph. K. Hart）著，李声堂译：《社会即教育者》，《教育丛刊》1920 年第 3 集。

［日］山冈雄太郎著，太玄译：《社会学与教育》，《教育杂志》1921 年第 13 卷第 7 号。

［美］伯兹（George. H. Betts）著，刘建阳译：《教育之社会原理述要》，《教育杂志》1922 年第 14 卷第 8 期、第 10 期。

［美］史密斯（W. R. Smith）著，张念祖译：《社会化教育底课程》，《中华教育界》1922 年第 10 卷第 4 期。

［美］史密斯（W. R. Smith）著，何作霖译：《社会学与教育》，《社会学杂志》1922 年第 1 卷第 3—4 合号。

［美］史密斯（W. R. Smith）著，何雨农译：《个人与社会及教育之关系》，《社会学杂志》1922 年第 1 卷第 3—4 合号。

［美］史密斯（W. R. Smith）著，钱翼民译：《社会化的新教育》，《青年进步》1922 年第 56 期。

［美］史密斯（W. R. Smith）著，陈启天译：《应用教育社会学》，《中华教育界》1923 年第 6、7 期。

［美］史密斯（W. R. Smith）著，陈启天译：《应用教育社会学》，《中华教育界》1924 年第 8 期、第 9 期、第 10 期。

［美］罗宾斯（Charles. L. Robbins）著，赵廷为译：《社会化的教学法》，《教育杂志》1924 年第 16 卷第 8 号。

［美］史密斯（W. R. Smith）著，赵廷为译：《斯密司的积极的学校教育》，《教育杂志》1926 年第 18 卷第 6 号。

［美］史密斯（W. R. Smith）著，述先译：《教育社会学的性质与功用》，《国立劳动大学周刊》1929 年第 2 卷第 11 期。

［美］佩恩（E. George. Payne）著，雷通群译：《社会学和教育的现实关系》，《教育杂志》1929 年第 29 卷第 9 号。

［日］田制佐重著，郑诚译：《学校教育之社会化》，《中华教育界》1930 年第 18 卷第 10 期。

［日］田制佐重著，陈德徽译：《科学的教育社会学》，《上海教育》1930 年第 12 期、第 13 期。

［日］田制佐重著，丘学训译：《社会的过程与教育》，《教育杂志》1931 年第 23 卷第 9 号。

［日］野田义夫著，蒋径三译：《利脱的教育思想》，《教育杂志》1931 年第 23 卷第 7 号。

［日］田制佐重著，凌琳如译：《学校科目之社会化》，《中华教育界》1932 年第 20 卷第 4 期。

［日］田制佐重著，钱歌川译：《学校教育与社会进步》，《中华教育界》1932 年第 19 卷第 7 期。

［日］田制佐重著，潇洒译：《社会中心的学校》，《中华教育界》1932 年第 19 卷第 11 期。

［俄］修尔谨著，钱歌川译：《学校与国家》，《中华教育界》1932 年第 19 卷第 10 期。

［日］野濑宽显著，赵敦荣译：《教育学与社会学之本质的关系》，《实验教育》1933 年第 1 卷第 3 期。

［美］罗格（Rugg）著，倪文宙译：《由教育以图设计改造》，《中华教育界》1933 年第 20 卷第 9 期。

［美］罗格（Rugg）著，龚均如译：《新教育的述评》，《大上海教育》1933 年第 1 卷第 5 期。

［美］司纳登（David Snedden）著，陈培元译：《教育与社会变迁》，《存诚月刊》1934 年第 1 卷第 1 期。

［美］欧文·金（Irving King）著，廖鸿恩译：《教育与社会革新》，《存诚月刊》1934 年第 1 卷第 1 期。

［美］康得耳（J. L. Kandel）著，方惇颐译：《教育与民族主义》，《教育杂志》1934 年第 24 卷第 4 号。

［美］韦斯（Weiss）著，许恪士译：《教育社会学中的一个问题——个人之社会性的发展》，《实验教育》1936 年第 3 卷第 3 期。

［日］清水几太郎著，张百高译：《社会与个人》，《国立武汉大学社会科学季刊》1936 年第 6 卷第 1 号。

［美］爱尔乌德（Charles. A. Ellwood）著，陈志标译：《教育社会学的基本研究》，《中华教育界》1936 年第 23 卷第 11 期。

［美］康得耳（J. L. Kandel）著，林砺儒译：《论教育与社会变迁》，《文化杂志》1942 年第 1 期。

［美］康得耳（J. L. Kandel）著，王学孟译：《教育与社会变迁》，《教育学术》1948 年第 3 期。

附录二

近代中国教育社会学发展大事记

1916年,《教育杂志》第8卷第7号、第8号连载朱元善的《学校之社会训练》一文。

1918年7月,南京高等师范学校教育专修科开设"教育社会学"课程,这是近代中国高校最早将教育社会学列入课程设置。

1918年12月,《安徽教育月刊》第12期刊载刘著良翻译的《教育社会学导言》,该文译自美国教育社会学家史密斯(W. R. Smith)所著的《教育社会学导言》(*An Introduction to Educational Sociology*)。

1920年,北京高等师范学校教育研究科将"教育社会学"列入课程设置。

1921年1月,刘衡如翻译杜威的《学校与社会》(*School and Society*)一书,这是近代中国学者翻译的第一本国外教育社会学著作。

1922年7月,陶孟和在北京大学讲授"社会与教育"的基础上撰成《社会与教育》一书,这标志着教育社会学在中国的发端。

1922年12月,《社会学杂志》第1卷第3号、第4号开辟"教育特号",刊载《教育之社会目的》《社会学与教育》《个人与社会》等文章。

1923年4月,朱经农和潘梓年合译杜威著《明日之学校》(*School of Tomorrow*)一书,后作为"大学丛书"由商务印书馆出版。

1923年,郑国梁翻译美国学者德尔满(E. L. Terman)《初小社会化的学程》(*A Socialized Project Curriculum for the New Six year Elementary School*),该书被列为"燕京大学丛书",由商务印书馆出版发行。

1923年,孟宪承在江苏全省师范讲习所联合会上发表题为"教育社会学"的演讲。

1924年6月,厦门大学教育学系开始设置"教育社会学"课程。

1925年,刘建阳翻译美国学者伯兹(George. H. Betts)所著的《教育之社会原理述要》（*Social Principles of Education*），由商务印书馆出版。

1925 年，陈启天翻译美国史密斯（W. R. Smith）所著《教育社会学导言》的下半部，取名为《应用教育社会学》，由中华书局出版。

1925 年 12 月，厚生等著成《社会学与教育》一书，后以"教育丛著"第四十五种的形式，由商务印书馆出版发行。

1928 年，北平师范大学教育系开始设置"教育社会学"课程。

1929 年 9 月，中央大学教育学院设置教育社会学系，这是近代中国历史上最早也是唯一设立过的教育社会学专业系科。

1929 年，邹恩润（即邹韬奋）翻译杜威著《民本主义与教育》（*Democracy and Education*），后被收入商务印书馆"大学丛书"。

1930 年，崔载阳翻译法国教育社会学家涂尔干著《道德教育论》（*Moral Education*）一书，由民智书局出版。

1931 年 1 月，陈德徵编著《社会化的教学法》一书，由商务印书馆出版。

1931 年 7 月，雷通群在厦门大学讲授教育社会学所使用的讲义的基础上撰成《教育社会学》一书，这是近代中国第一本冠名为"教育社会学"的专著，该书先作为"厦门大学教育学院丛书"出版，后又被收入商务印书馆"大学丛书"。

1932 年，刘世尧、环家珍合译日本教育社会学家田制佐重的《教育社会学》的上篇，取名为《教育社会学》，由民智书局出版。

1932 年 7 月，卢绍稷编著《乡村教育概论》一书，从教育社会学的角度主张乡村教育应"乡村化"，该书由大东书局出版。

1932 年 10 月，沈冠群与吴同福合著《教育社会学通论》，由南京书店出版发行。

1932 年 12 月，雷通群撰成《中国新乡村教育》，该书在"社会化"的宗旨之下详细论述了中国乡村教育的发展，由新亚书店出版。

1933 年 2 月，余家菊译出美国学者芬尼（R. I. Finney）的《教育社会哲学》（*A Sociological Philosophy of Education*），该书由中华书局以"教育丛书"的形式出版发行。

1933 年 5 月，陈翊林在成都大学讲授教育社会学讲义的基础上撰成《教育社会学概论》一书，由中华书局出版发行。

1933 年 12 月，卢绍稷在江苏省立上海中学讲授教育社会学讲义的基础上编撰《教育社会学》一书，后被列为商务印书馆"万有文库第一集一千种"。

1934 年 3 月，钱歌川编撰《社会化的新教育》，由中华书局出版发行。

1934 年，余家菊在北平师范大学讲授"乡村教育"所用讲义的基础上撰成《乡村教育通论》，该书是近代中国教育社会学学者关于乡村教育理论研究的综合性成果。

1934 年 12 月，苏芗雨编著《教育社会学》一书，由北京人人书店出版。

1936 年，鲁继曾翻译美国教育学家彼得斯（C. C. Peters）著《教育社会学原论》（*Foundations of Educational Sociology*），该书被列为"大学丛书"，由商务印书馆出版发行。

1936 年，廖泰初根据在山东省汶上县所搜集的资料编撰了《动变中的中国农村教育》一书，描述和分析了"私塾"与"洋学"之间的竞争和冲突，该书成为近代中国学者在教育研究中运用社区方法的一次重要尝试，对社区研究及教育社会学在中国的进一步发展起到了重要的推动作用。

1938 年，雷通群译出日本学者细谷俊夫的《教育环境学》，由商务印书馆列入"师范丛书"出版。

1941 年 11 月，南京国民政府教育部在分别公布的中英文对照的《教育学名词》和《社会学名词》中，均列入"教育社会学"。

1944 年秋，南京国民政府教育部颁布《文理法农工商各学院分系必修选修科目表》，规定教育社会学课程为社会学系"选修科目"。

1947 年，许孟瀛译出德国学者鲁塞克（T. S. Roucek）所撰写的《社会学与教育》，由商务印书馆出版。

1947 年 6 月，陈科美撰成《教育社会学》一书，该书是对近代中国教育社会学"鸟瞰式"的总结，后被列入"教育讲话丛书"，由世界书局出版。

主要参考文献

（一）基本史料

1. 教育部编：《第一次中国教育年鉴》，开明书店 1934 年版。

2. 教育部教育年鉴编纂委员会编：《第二次中国教育年鉴》，商务印书馆 1948 年版。

3. 沈云龙著、教育部编：《中华民国教育法规汇编》，文海出版社 1986 年版。

4. 中国第二历史档案馆编：《中华民国史档案资料汇编》（第三辑·教育）、（第五辑·教育），江苏古籍出版社 1991 年版。

5. 中国第二历史档案馆编：《中华民国史档案资料汇编》第五辑·第一编·教育（一），江苏古籍出版社 1994 年版。

6. 中国第二历史档案馆编：《中华民国史档案资料汇编》第五辑·第一编·教育（二），江苏古籍出版社 1994 年版。

7. 中国第二历史档案馆编：《中华民国史档案资料汇编》第五辑·第二编·教育（一），江苏古籍出版社 1997 年版。

8. 中国第二历史档案馆编：《中华民国史档案资料汇编》第五辑·第二编·教育（二），江苏古籍出版社 1997 年版。

9. 中国教育学会编：《三十三年中国教育学会年报》，中华书局 1944 年版。

10. 潘懋元、刘海峰编：《中国近代教育史资料汇编·高等教育》，上海教育出版社 2007 年版。

11. 璩鑫圭、唐良炎编：《中国近代教育史资料汇编·学制演变》，上海教育出版社 2007 年版.

12. 璩鑫圭等编：《中国近代教育史资料汇编·实业教育·师范教育》，上海教育出版社 1994 年版。

13. 朱有瓛、戚名绣、钱曼倩编:《中国近代教育史资料汇编·教育行政机构及教育团体》,上海教育出版社 2007 年版。

14. 朱有瓛主编:《中国近代学制史料》第一辑(下),华东师范大学出版社 1987 年版。

15. 朱有瓛主编:《中国近代学制史料》第三辑(下),华东师范大学出版社 1992 年版。

16. 汤志钧、陈祖恩、汤仁泽编:《中国近代教育史资料汇编·戊戌时期教育》,上海教育出版社 2007 年版。

17. 严修自订,高凌雯补:《严修年谱》,齐鲁书社 1990 年版。

18. 丁日初主编:《近代中国》(第 5 辑),上海社会科学院出版社 1991 年版。

19. 中国社会科学院近代史研究所中华民国史组编:《胡适来往书信选》,中华书局 1979 年版。

20. 陈学恂编:《中国近代教育史教学参考资料》上、中、下,人民教育出版社 1986,1987 年版。

21. 教育部编:《中华民国教育法规汇编》,文海出版社 1986 年版。

22. 舒新城编:《中国近代教育史资料》(中),人民教育出版社 1961 年版。

23. 〔日〕多贺秋五郎编:《近代中国教育史资料》(民国编),文海出版社 1976 年版。

24. 李友芝编:《中国近现代师范教育史资料》第二册,内部材料。

25.《南大百年实录》编辑组编:《南大百年实录》(上卷中央大学史料选),南京大学出版社 2002 年版。

26. 王学珍、郭建荣主编:《北京大学史料》第二卷·一(1917—1937),北京大学出版社 2000 年版。

27. 陈营、陈旭华编:《厦门大学校史资料》(第五辑),厦门大学出版社 1990 年版。

28. 燕大文史资料编委会:《燕大文史资料》第 3 辑,北京大学出版社 1990 年版。

29. 全国政协文史资料委员会编:《文史资料存稿选编》(教育),中国文史出版社 2002 年版。

30. 中央教育科学研究所编:《中国现代教育大事记》,教育科学出版社 1988 年版。

31. 李文海主编：《民国时期社会调查丛编·文教事业卷》，福建教育出版社 2005 年版。

32. 李文海主编：《民国时期社会调查丛编·乡村社会卷》（二编），福建教育出版社 2009 年版。

33. 《国立浙江大学一览》，1932 年刊印。

34. 《国立北平师范大学一览》，1934 年刊印。

35. 《国立暨南大学一览》，1932 年刊印。

36. 《国立中山大学一览》，1930 年刊印。

37. 《国立中山大学现状》，1934 年刊印。

38. 国立中山大学研究院教育研究所编：《本所研究事业十年》，1937 年刊印。

39. 厦门大学编：《厦门大学十周年纪念刊》，厦门大学出版社 1931 年版。

40. 《厦门大学布告》，1922—1923 年，1924—1925 年。

41. 《大夏大学一览》，1926 年刊印。

42. 齐鲁大学编：《山东济南私立齐鲁大学文理两学院一览》，1931 年刊印。

43. 教育部编：《大学科目表》，正中书局 1940 年版。

44. 社会调查所编：《社会调查所概况》，1933 年刊印。

45. 中国教育学会编：《中国教育学会第三届年会报告》，1936 年刊印。

46. 中国教育学术团体联合办事处编：《中国教育学术团体联合年报》，1944 年刊印。

47. 中央教科所教育史研究室编：《中华民国教育法规选编》（1912—1949），江苏教育出版社 1990 年版。

48. 刘真主编：《留学教育——中国留学教育史料》，国立编译馆 1980 年版。

49. 国立编译馆编：《教育学名词》，正中书局 1944 年版。

50. 《国立中央大学一览》第二十种"学生录"，1931 年刊印。

51. 《国立中央大学一览》第五种"教育学院概况"，1930 年刊印。

52. 《江苏省立上海中学一览》，1930 年刊印。

（二）近代教育学家、社会学家原著

1. 陶孟和：《社会问题》，商务印书馆 1924 年版。

2. 陶孟和：《社会与教育》，商务印书馆 1934 年版。

3. 雷通群：《教育社会学》，商务印书馆 1931 年版。

4. 雷通群：《中国新乡村教育》，新亚书店 1932 年版。

5. 卢绍稷：《教育社会学》，商务印书馆 1933 年版。

6. 卢绍稷：《乡村教育概论》，大东书局 1932 年版。

7. 朱元善：《学校之社会训练》，商务印书馆 1917 年版。

8. 沈冠群、吴同福：《教育社会学通论》，南京书店 1932 年版。

9. 陈翊林：《教育社会学概论》，中华书局 1935 年版。

10. 苏芗雨：《教育社会学》，人人书店 1934 年版。

11. 陈科美：《教育社会学》，世界书局 1947 年版。

12. ［美］史密斯著，陈启天译：《应用教育社会学》，中华书局 1925 年版。

13. ［美］彼得斯著，鲁继曾译：《教育社会学原论》，商务印书馆 1937 年版。

14. ［日］细谷俊夫著，雷通群译：《教育环境学》，商务印书馆 1938 年版。

15. ［英］斯宾塞尔著，任鸿隽译：《教育论》，商务印书馆 1929 年版。

16. ［法］涂尔干著，崔载阳译：《道德教育论》，民智书局 1930 年版。

17. ［德］鲁塞克著，许梦瀛译：《社会学与教育》，商务印书馆 1947 版。

18. ［美］德尔满著，郑国梁译：《社会化的学程》（1—3），商务印书馆 1923 年版。

19. ［美］克伯屈著，孙承光译：《教育与现代文明》，中华书局 1939 年版。

20. ［日］田制佐重著，刘世尧，环家珍译：《教育社会学》，民智书局 1932 年版。

21. ［美］芬尼著，余家菊译：《教育社会哲学》，中华书局 1933 年版。

22. ［美］伯兹著，刘建阳译：《教育之社会原理述要》，商务印书馆1925年版。

23. ［美］杜威著，刘衡如译：《学校与社会》，中华书局1921年版。

24. ［美］杜威著，邹恩润译：《民本主义与教育》，商务印书馆1929年版。

25. ［美］杜威著，朱经农、潘梓年译：《明日之学校》，商务印书馆1923年版。

26. 钱歌川：《社会化的新教育》，中华书局1934年版。

27. 孟宪承：《教育社会学讲义》，江苏全省师范讲习所联合会1923年刊印。

28. 崔载阳：《近世六大家社会学》，民智书局1930年版。

29. 厚生：《社会学与教育》，商务印书馆1925年版。

30. 曲士培编：《蒋梦麟教育论著选》，人民教育出版社1995年版。

31. 《张文襄公全集》（第一册、第四册），中国书店1990年版。

32. 《饮冰室合集》，中华书局1989年版。

33. 汤志钧主编：《康有为政论集》，中华书局1991年版。

34. 白吉庵、刘燕云编：《胡适教育论著选》，人民教育出版社1994年版。

35. 孙本文：《社会学原理》（上），商务印书馆1935年版。

36. 庄泽宣：《乡村建设与乡村教育》，中华书局1939年版。

37. 余家菊：《乡村教育通论》，中华书局1934年版。

38. 相菊谭：《学校社会服务》，正中书局1943年版。

39. 许椿生等编：《李建勋教育论著选》，人民教育出版社1993年版。

40. 汤才伯主编：《廖世承教育论著选》，人民教育出版社1992年版。

41. 茅仲英主编：《俞庆棠教育论著选》，人民教育出版社1992年版。

42. 高平叔编：《蔡元培教育论著选》，人民教育出版社1991年版。

43. 任建树编：《陈独秀著作选》（第二卷），上海人民出版社1993年版。

44. 陈学恂编：《中国近代教育文选》，人民教育出版社1983年版。

45. 陈学恂、陈景磐主编：《清代后期教育论著选》（上、下），人民教育出版社1997年版。

46. 李培林、渠敬东、杨雅彬主编：《中国社会学经典导读》（上、下），社会科学文献出版社 2009 年版。

47. 张人杰编：《国外教育社会学基本文选》，华东师范大学出版社 2009 年版。

48. 厉以贤编：《西方教育社会学文选》，五南图书出版公司 1992 年版。

49. 孙本文：《当代中国社会学》，胜利出版社 1948 年版。

50. 孟宪承：《教育概论》，商务印书馆 1936 年版。

51. 罗廷光：《教育科学研究大纲》，中华书局 1932 年版。

52. 《胡适文存》（卷四），亚东图书馆 1921 年版。

53. 《孟和文存》，上海书店出版社 2011 年版。

54. 陶孟和：《社会进化史》，商务印书馆 1924 年版。

55. 金毓黻：《静晤室日记》，辽沈书社 1993 年版。

56. 刘古愚：《刘古愚教育论文选注》，陕西人民出版社 1988 年版。

57. ［英］赫胥黎著，严复译：《天演论》，科学出版社 1971 年版。

58. 汤志钧编：《章太炎政论选集》（上册），中华书局 1977 年版。

59. 《谭嗣同全集》，三联书店 1954 年版。

60. 朱维铮编：《马相伯集》，复旦大学出版社 1996 年版。

61. 胡珠生编：《宋恕集》（上册），中华书局 1993 年版。

62. 《康有为全集》，上海古籍出版社 1992 年版。

63. 《饮冰室合集》，中华书局 1989 年版。

64. ［日］远藤隆吉著，覃寿公译：《近世社会学》，泰东图书馆 1923 年版。

65. ［法］黎朋著，吴旭初译：《群众心理》，商务印书馆 1927 年版。

66. 严恩椿：《家庭进化论》，商务印书馆 1918 年版。

67. 陈长蘅：《中国人口论》，商务印书馆 1928 年版。

68. 易家钺、罗敦伟：《中国家庭问题》，泰东图书馆 1928 年版。

69. 欧阳钧：《社会学》，商务印书馆 1923 年版。

70. 高平叔编：《蔡元培哲学论著》，河北人民出版社 1985 年版。

71. 张子和：《大教育学》，商务印书馆 1914 年版。

72. 张毓骢：《教育学》，商务印书馆 1914 年版。

73. 胡适：《丁文江的传记》，安徽教育出版社 1999 年版。

74. 单中惠、朱镜人主编：《外国教育经典解读》，上海教育出版社

2004 年版。

　　75. 田正平、肖朗主编：《中国教育经典解读》，上海教育出版社 2005 年版。

　　76. 赵祥麟、王承绪编：《杜威教育名篇》，教育科学出版社 2006 年版。

　　77. 舒新城：《我和教育》，龙文出版社 1990 年版。

　　78. 卢绍稷：《一个中学教员的自述》，淡江书局 1965 年版。

　　79. 周予同：《中国现代教育史》，福建教育出版社 2007 年版。

　　80. 邰爽秋：《教育调查》（上卷），教育印书合作社 1931 年版。

　　81. 余家菊：《余家菊余景陶先生回忆录》，慧炬出版社 1994 年版。

　　82. 庄泽宣、陈学恂：《民族性与教育》，商务印书馆 1938 年版。

　　83. 程其保、经筱川：《中国教育实际问题分析》，中央政治学校研究部 1937 年印行。

　　84. 北京师联教育科学研究所编：《廖世承教育思想与教育论著选》，中国环境科学出版社 2006 年版。

　　85. 罗廷光：《教育研究指南》，国立中央大学教育学院教育研究所 1932 年印行。

　　86. 钟鲁斋：《教育之科学研究法》，商务印书馆 1935 年版。

　　87. 吴俊升：《教育生涯一周甲》，传记文学出版社 1976 年版。

　　88. 陈科美：《新教育学纲要》，开明书店 1932 年版。

　　89. 姜琦：《教育学新论》，正中书局 1946 年版。

　　90. 张宗麟：《教育概论》，商务印书馆 1939 年版。

　　91. 徐德春：《教育通论》，中华书局 1948 年版。

　　92. 吴俊升，王西征：《教育概论》，正中书局 1935 年版。

　　（三）专著及译著

　　1. 周谷平：《近代西方教育理论在中国的传播》，广东教育出版社 1996 年版。

　　2. 金林祥主编：《20 世纪中国教育学科的发展与反思》，上海教育出版社 2002 年版。

　　3. 王坤庆：《20 世纪西方教育学科的发展与反思》，上海世纪出版集团、上海教育出版社 2000 年版。

　　4. 郑金洲、瞿葆奎：《中国教育学百年》，教育科学出版社 2002

年版。

5. 叶澜：《教育研究方法论初探》，上海教育出版社 1999 年版。

6. 叶澜主编：《二十世纪中国社会科学·教育学卷》，上海人民出版社 2005 年版。

7. 吴康宁：《教育社会学》，人民教育出版社 1998 年版。

8. 钱民辉：《教育社会学——现代性的思考与建构》，北京大学出版社 2004 年版。

9. 钱扑：《教育社会学的理论与实践》，广西教育出版社 2001 年版。

10. 谭光鼎、王丽云编：《教育社会学：人物与思想》，华东师范大学出版社 2009 年版。

11. 周晓虹：《西方社会学历史与体系》（第一卷），上海人民出版社 2002 年版。

12. 郑杭生、李迎生编：《中国社会学史新编》，高等教育出版社 2000 年版。

13. 贾春增编：《外国社会学史》，中国人民大学出版社 2000 年版。

14. 李培林编：《20 世纪的中国：学术与社会》（社会学卷），山东人民出版社 2001 年版。

15. 李培林、李强、马戎编：《社会学与中国社会》，社会科学文献出版社 2008 年版。

16. 杨雅彬：《近代中国社会学》，中国社会科学出版社 2001 年版。

17. 杨雅彬编：《中国社会学史》，山东人民出版社 1987 年版。

18. 阎明：《一门学科与一个时代——社会学在中国》，清华大学出版社 2002 年版。

19. 姚纯安：《社会学在近代中国的进程（1895—1919）》，生活·读书·新知三联书店 2006 年版。

20. 刘捷、谢维和：《栅栏内外——中国高等师范教育百年省思》，北京师范大学出版社 2002 年版。

21. 费孝通：《师承·补课·治学》，生活·读书·新知三联书店 2002 年版。

22. 侯怀银：《中国教育学发展问题研究——以 20 世纪上半叶为中心》，山西教育出版社 2008 年版。

23. 左玉河：《从四部之学到七科之学——学术分科与近代中国知识

系统之创建》，上海书店出版社 2004 年版。

24. 左玉河：《移植与转化——中国现代学术机构的建立》，大象出版社 2008 年版。

25. 左玉河：《中国近代学术体制之创建》，四川人民出版社 2008 年版。

26. 鲁洁：《教育社会学》，人民教育出版社 1990 年版。

27. 王世儒、闻笛：《我与北大》，北京大学出版社 1998 年版。

28. 裴时英：《教育社会学概论》，南开大学出版社 1986 年版。

29. 马和民：《新编教育社会学》，华东师范大学出版社 2002 年版。

30. 李光、任定成：《交叉学科导论》，湖北人民出版社 1989 年版。

31. 刘仲林：《跨学科教育论》，河南教育出版社 1991 年版。

32. 方文：《学科制度和社会认同》，中国人民大学出版社 2008 年版。

33. ［美］华勒斯坦著，刘健芝译：《学科·知识·权力》，生活·读书·新知三联书店 1999 年版。

34. ［美］华勒斯坦著，刘峰译：《开放社会科学》，生活·读书·新知三联书店 1997 年版。

35. 《中国现代教育家传》编委会编：《中国现代教育家传》（第 4 卷），湖南教育出版社 1987 年版。

36. 梁山编著：《中山大学校史》（1924—1949），上海教育出版社 1983 年版。

37. 徐乃乾编：《北京辅仁大学校史》，中国社会科学出版社 2005 年版。

38. 暨南大学校史编写组编：《暨南校史》（1906—1996），暨南大学出版社 1996 年版。

39. 四川大学校史编写组编：《四川大学史稿》，四川大学出版社 1985 年版。

40. 复旦大学校史编写组编：《复旦大学志》（第一卷），复旦大学出版社 1985 年版。

41. 北京师范校史编写组编：《北京师范大学校史·1902—1982》，北京师范大学出版社 1982 年版。

42. 张纬瑛、王百强、钱辛波编：《燕京大学史稿》，人民大学出版社 1999 年版。

43. 燕京研究院编：《燕京人物志》（第一辑），北京大学出版社2001年版。

44. 熊明安、周洪宇主编：《中国近现代实验史》，山东教育出版社1991年版。

45. 岱峻：《消失的学术城》，百花文艺出版社2009年版。

46. 陈新华：《留美生与中国社会学》，南开大学出版社2009年版。

47. 章开沅、余子侠主编：《余家菊与近代中国》，华中师范大学出版社2007年版。

48. 毛祖桓：《教育学科体系的结构研究》，中央民族大学出版社1999年版。

49. 林清江等：《教育学的发展趋势》，幼狮文化事业公司1976年版。

50. 王康主编：《社会学史》，人民教育出版社1992年版。

51. 王宪明编：《严复学术文化随笔》，中国青年出版社1999年版。

52. 洪永宏编：《厦门大学校史：1921—1949》（第一卷），厦门大学出版社1990年版。

53. ［美］卢茨著，曾钜生译：《中国教会史》，浙江教育出版社1988年版。

54. 刘问岫编：《中国师范教育简史》，人民教育出版社1985年版。

55. 余子侠、冉春：《中国近代西部教育开发史：以抗日战争时期为重点》，人民教育出版社2008年版。

56. ［英］班克斯（Olive Banks）著，林清江译：《教育社会学》，复文图书馆出版社1984年版。

57. 陈志科：《留美生与中国教育学》，南开大学出版社2009年版。

58. 茅盾：《我走过的路》（上），人民文学出版社1981年版。

59. 李华兴主编：《民国教育史》，上海教育出版社1997年版。

60. 柯水源等编：《当代教育家》第一辑，台湾省教育会1984年刊印。

61. 高增德、丁东编：《世纪学人自述》，北京十月文艺出版社2000年版。

62. 张岂之：《民国学案》（第6卷），湖南教育出版社2005年版。

63. 靳玉乐、李森主编：《学术与人生——张敷荣教育学术思想研究》，西南师范大学出版社2004年版。

64. 王德滋主编：《南京大学百年史》，南京大学出版社 2002 年版。

65. 冯世昌主编：《南京师范大学志》（上册，1902—2002），南京大学出版社 2002 年版。

66. 程德培等编：《1926—1945 良友人物》，上海社会科学院出版社 2004 年版。

67. 陈其斌、冼奕、曹勤华主编：《人类学的中国大师》，黑龙江人民出版社 2008 年版。

68. ［日］友田泰正著，宋明顺译：《教育社会学》，水牛出版社 2008 年版。

69. ［法］迪尔凯姆（即涂尔干）著，狄玉明译：《社会学方法的准则》，商务印书馆 1995 年版。

70. 杨莹：《机会均等——教育社会学的探究》，师大书苑 1995 年版。

71. 田正平主编：《中外教育交流史》，广东教育出版社 2004 年版。

72. 郭戈：《教苑随想》，开封：河南大学出版社 2005 年版。

73. 陈以爱：《中国现代学术研究机构的兴起——以北大研究所国学门为中心的探讨》，江西教育出版社 2002 年版。

74. 杨翠华：《中基会对科学的赞助》，"中研院"近代史研究所 1991 年版。

75. 刘龙心：《学术与制度——学科体制与现代中国史学的建立》，新星出版社 2007 年版。

76. 孙宏云：《中国现代政治学的展开：清华政治学系的早期发展（一九二六至一九三七）》，生活·读书·新知三联书店 2005 年版。

77. 郑大华：《民国乡村建设运动》，社会科学文献出版社 2000 年版。

（四）论文

1. 侯怀银、王晋：《20 世纪中国学者对教育社会学学科建设的探索》，《华东师范大学学报》（教育科学版），2008 年第 3 期。

2. 胡金平：《雷通群与中国教育社会学的学术传统》，《南京晓庄学院学报》2008 年第 2 期。

3. 阎广芬、衰庆辉：《中国教育社会学的发端——一种知识社会学的视角》，《河北师范大学学报》（教育科学版）2008 年第 5 期。

4. 胡金平：《论雷通群对教育社会学中国化问题的探讨》，《教育学报》2007 年第 5 期。

5. 周勇：《中国教育社会学的学术文化与精神遗产：以陶孟和为例》，《华东师范大学学报》（教育科学版）2007 年第 3 期。

6. 石艳：《教育社会学本土化研究的反思》，《外国教育研究》2006 年第 7 期。

7. 吴康宁：《对我国教育社会学发展的思考》，《南阳师范学院学报》2004 年第 10 期。

8. 杜时忠：《我国教育社会学研究的回顾与前瞻》，《高等教育研究》2004 年第 3 期。

9. 李长伟、杨昌勇：《20 世纪中国大陆教育社会学的回顾》，《河北师范大学学报》（教育科学版）2003 年第 3 期。

10. 厉以贤：《试谈教育社会学的学科性质和研究对象》，《北京师范大学学报》（社科版）1985 年第 2 期。

11. 厉以贤：《西方教育社会学的发展阶段及其特点》，《外国教育动态》1983 年第 6 期。

12. 陈友松、蔡振生：《欧美教育社会学的兴起和发展》，《教育研究》1982 年第 3 期。

13. 于述胜、毕苑、娄岙菲、张小丽：《从教育学史到教育学术史》，《教育研究》2005 年第 12 期。

14. 钱民辉：《对国外教育社会学知识体系的思考》，《北京大学学报》（哲学社会科学版）2003 年第 1 期。

15. 杨昌勇、钱民辉：《对国外教育社会学的介绍研究及其文献的回顾》，《教育理论与实践》1997 年第 5 期。

16. 钱民辉：《教育社会学百年进程》，《社会学研究》1997 年第 5 期。

17. 程天君：《中国教育社会学'学科论'百年概要》，《北京大学教育评论》2011 年第 4 期。

18. 陶英惠：《蔡元培与中央研究院》（1927—1940），《近代史研究所集刊》1978 年第 7 期。

19. 徐明华：《中央研究院与中国科学研究的制度化》，《近代史研究所集刊》1993 年第 22 期下册。

20. 胡逢祥：《中国现代史学的制度建设及其运作》，《郑州大学学报》（哲学社会科学版）2004 年第 2 期。

21. 张忠华：《教育学中国化百年反思》，《高等教育研究》2006 年第 6 期。

22. 董标：《"教之术"到"教育学"演变论》，《华南师范大学学报》（社会科学版）2006 年第 6 期。

23. 曹天忠：《中国社会教育社与乡村教育派分的互动》，《中山大学学报》（社会科学版）2006 年第 4 期。

24. 韩明谟：《中国社会学调查研究方法和方法论发展的三个里程碑》，《北京大学学报》（哲学社会科学版）1997 年第 4 期。

25. 王建华：《学科、学科制度、学科建制与学科建设》，《江苏高教》2003 年第 3 期。

26. 费孝通：《略谈中国的社会学》，《高等教育研究》1993 年第 4 期。

27. 吴国盛：《学科制度的内在建设》，《中国社会科学》2002 年第 3 期。

28. 肖朗：《王国维与西方教育学理论的导入》，《浙江大学学报》（人文社会科学版）2000 年第 6 期。

29. 肖朗：《异源同流，殊途同归——严复与王国维导入西方教育思想的比较研究》，《华东师范大学学报》（教育科学版）2001 年第 4 期。

30. 肖朗：《中国近代大学学科体系的形成——从"四部之学"到"七科之学"的转型》，《高等教育研究》2001 年第 6 期。

31. 肖朗：《康德与中国近代教育思想》，《教育研究》2003 年第 10 期。

32. 肖朗、项建英：《近代教会大学教育学科的建立与发展》，《高等教育研究》2005 年第 4 期。

33. 肖朗、项建英：《近代高等师范学校教育学科的建立与发展——以北高师和南高师为中心》，《华东师范大学学报》（教科版）2006 年第 1 期。

34. 肖朗：《科教兴国的强音：斯宾塞教育思想在近代中国》，《华东师范大学学报》（教育科学版）2008 年第 2 期。

35. 肖朗：《明清之际西方大学学科体系的传入及其影响》，《浙江大学学报》（人文社科版）2009 年第 1 期。

36. 肖朗、项建英：《学术史视野中的近代中国大学教育学科》，《社会科学战线》2009 年第 9 期。

37. 肖朗、许刘英：《陶孟和与中国大学教育社会学学科的发端》，《高等教育研究》2010 年第 1 期。

38. 肖朗、许刘英《雷通群与教育社会学"中国化"的早期尝试——学术史的视角》，《华南师范大学学报》（社会科学版）2011 年第 3 期。

（五）未刊学位论文

1. 项建英：《近代中国大学教育学科研究》，浙江博士学位论文，2008 年。

2. 叶志坚：《中国近代教育学原理的知识演进——以文本为线索》，浙江大学博士学位论文，2009 年。

3. 杨卫明：《教育学会与中国近代教育学术》，浙江大学博士学位论文，2011 年。

4. 黄国庭：《教育刊物与中国近代教育学术》，浙江大学博士学位论文，2010 年。

5. 田海洋：《中国近代德育理论研究》，浙江大学博士学位论文，2012 年。

6. 洪港：《中国近代教育出版研究》，浙江大学博士学位论文，2009 年。

7. 张秀坤：《近代教育出版家王云五研究——以其出版活动和业绩为考察中心》，浙江大学博士学位论文，2012 年。

8. 黄姗姗：《民国教育社会学的学术性与应用性之争及启示》，南京师范大学，硕士学位论文，2009 年。

（六）报刊

1.《教育杂志》

2.《新教育》

3.《中华教育界》

4.《大厦》

5.《教育丛刊》

6.《师大月刊》

7.《民众教育季刊》

8.《社会学杂志》

9.《社会学刊》

10. 《社会学界》

11. 《社会学讯》

12. 《晨报副刊》

13. 《学生杂志》

14. 《民铎》

15. 《申报》

（七）工具书

1. 中国百科大辞典编委会编：《中国百科大辞典》，华夏出版社 1990 年版。

2. 中国大百科全书出版社编辑部编：《大百科全书·教育》，大百科全书出版社 2005 年版。

3. 顾明远主编：《教育大辞典》（第 6 卷），上海教育出版社 1992 年版。

4. 徐友春主编：《民国人物大辞典》，河北人民出版社 1991 年版。

5. 北京图书馆编：《民国时期总书目·教育·体育》（1911—1949），书目文献出版社 1995 年版。

6. 北京图书馆编：《民国时期总书目·社会科学》（1911—1949），书目文献出版社 1995 年版。

7. 台湾中华书局股份有限公司，美国大英百科全书公司联合编辑：《简明大英百科全书（中文版）》，中华书局 1989 年版。

8. 唐钺、朱经农、高觉敷主编：《教育大辞书》，上海商务印书馆 1930 年版。

9. 余家菊、王倘编：《中国教育辞典》，中华书局 1928 年版。

10. 许力以主编：《中国出版百科全书》，书海出版社 1997 年版。

11. 上海图书馆编：《中国近代期刊篇目汇录》（第 3 卷·下），上海人民出版社 1983 年版。

12. 台湾"国立"编译馆编：《教育大辞书（六）》，台北文景书局 2000 年版。

13. 吴美瑶等编：《教育杂志（1909—1948）索引》，心理出版社 2006 年版。

14. 台湾"国立"中央图书馆编：《近百年来中译西书目录》，台湾中华文化出版事业委员会 1958 年版。

（八）外文著述

1. W. R. Smith, *Principle of Educational Sociology*, Cambridge Massachusetts: The Riversive Press, 1928.

2. D. Snedden, *Educational Sociology for beginners*, New York: The Macmillan Company, 1928.

3. F. R.. Clow, *Principle of Sociology with Educational Applications*, New York: The Macmillan Company, 1924.

后　记

本书是在我同名博士学位论文的基础修订而成的。回首攻读博士的一千多个日子，有幸福，有彷徨，有快乐，有迷茫，……可谓感慨良多。但更多的，还是对陪我走过这段时光的老师、学友、家人的深深谢意。

感谢导师肖朗教授。无论在学业，还是做人，肖老师都是一个标杆，一个榜样。博士论文是肖老师主持的国家社会科学基金规划课题"中国近代教育学术史研究"的一部分。学术史，对于当初的我是个陌生的领域，是肖老师的循循善诱，让我逐渐掌握其要领。从论文的选题，到论文的完稿，都凝聚了肖老师的心血。正因为肖老师的教诲，让我品尝到做学问的艰辛与甘甜。肖老师为人谦逊儒雅，平易近人，对学生生活更是关怀备至，每次讨论论文，都会关心问候我及家人情况。当得知我论文即将付梓出版时，肖老师非常高兴，并为之作序，充分肯定论文的学术价值，也对我日后的发展给予殷切的期望。恩师眷眷之情，无以言表。

感谢浙江大学教育学院师友。田正平教授、周谷平教授、商丽浩教授、吴宣德教授、张彬教授、赵卫平教授。各位老师学识渊博、治学严谨。他们为本论文提出了很多建设性的意见，让论文更加丰满扎实。此外，学习各位老师所开设的课程，也让我获益匪浅。本论文的完成也离不开众多师兄弟妹们的帮助。他们是叶志坚、洪港、杨卫明、黄国庭、田海洋、张秀坤、王有春、王少勇、肖菊梅、吴涛等。在与他们学术交流探讨中得到启发和进步，同时他们也给我提供了不少的资料和生活上的帮助。

感谢家人的理解与支持。从读硕士开始，我就很少照顾到家，是我爱人挑起家庭的重担，照顾老人和孩子。爱人放弃读博机会，从物质和精神上帮助我完成学业。女儿聪明可爱，之前每次通电话，最不愿意听到的，就是问我什么时候回家。好在女儿懂事，对我读博很是理解，并以有个博士妈妈而感到自豪。家人是我学习进步的坚强后盾，只有靠着他们，我才能看到彼岸的灿烂与辉煌。

最后要感谢浙江省哲学社会科学规划办对本书出版的大力支持，中国社会科学出版社宫老师为本书的付梓不辞劳苦，在此一并感谢！

许刘英

2016 年 3 月